中国 CFO 发展中心

中国企业财务数智化转型与高质量发展

中国 CFO 发展中心　　主编
西安交通大学管理学院

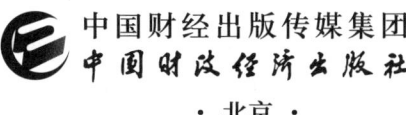

中国财经出版传媒集团
中国财政经济出版社
·北京·

图书在版编目（CIP）数据

中国企业财务数智化转型与高质量发展／中国 CFO 发展中心，西安交通大学管理学院主编．－－北京：中国财政经济出版社，2024.1

ISBN 978－7－5223－2698－6

Ⅰ.①中… Ⅱ.①中…②西… Ⅲ.①企业管理－财务管理－数字化－研究－中国 Ⅳ.①F279.23－39

中国国家版本馆 CIP 数据核字（2024）第 015156 号

责任编辑：叶　彤　　　　　　责任校对：胡永立
封面设计：陈宇琰　　　　　　责任印制：党　辉

中国企业财务数智化转型与高质量发展
ZHONGGUO QIYE CAIWU SHUZHIHUA ZHUANXING
YU GAOZHILIANG FAZHAN

中国财政经济出版社 出版

URL：http://www.cfeph.cn

E－mail：cfeph@cfeph.cn

（版权所有　翻印必究）

社址：北京市海淀区阜成路甲 28 号　邮政编码：100142
营销中心电话：010－88191522
天猫网店：中国财政经济出版社旗舰店
网址：https://zgczjjcbs.tmall.com
北京时捷印刷有限公司印刷　各地新华书店经销
成品尺寸：185mm×260mm　16 开　22.75 印张　400 000 字
2024 年 1 月第 1 版　2024 年 1 月北京第 1 次印刷
定价：89.00 元
ISBN 978－7－5223－2698－6
（图书出现印装问题，本社负责调换，电话：010－88190548）
本社质量投诉电话：010－88190744
打击盗版举报热线：010－88191661　QQ：2242791300

指导单位： 国务院发展研究中心企业所

主办单位： 中国CFO发展中心
西安交通大学管理学院
教育部大数据管理课程虚拟教研室

核心编委 （排名不分先后）

张文魁 先生
国务院发展研究
中心企业所

郭良川 先生
中国 CFO 发展中心

田高良 教授
西安交通大学
管理学院

王化成 教授
中国人民大学
商学院

纳超洪 教授
云南财经大学
会计学院

许汉友 教授
南京审计大学
MBA 教育中心

温素彬 教授
南京审计大学
会计学院

程 平 教授
重庆理工大学
会计学院

张占魁 先生
中国首席财务官
研究院

王竹泉 教授
中国海洋大学
管理学院

叶韶勋 先生
信永中和集团

董付堂 先生
中铁建发展集团
有限公司

施能自 博士
德勤中国

傅俊元 先生
中国 CFO 发展中心

主要编委：名校名师（排名不分先后）

肖 星 教授
清华大学
经济管理学院

陈德球 教授
对外经济贸易大学
国际商学院

陈 俊 教授
浙江大学
管理学院

袁 淳 教授
中央财经大学
会计学院

唐雪松 教授
西南财经大学
会计学院

刘 峰 教授
厦门大学
管理学院

杜兴强 教授
厦门大学
会计学系

陈宋生 教授
北京理工大学
管理与经济学院

何 瑛 教授
北京邮电大学
经济管理学院

李青原 教授
武汉大学
经济与管理学院

张敦力 教授
中南政法财经大学
会计学院

曹玉珊 教授
江西财经大学
会计学院

陈 琪 教授
郑州大学
商学院

余怒涛 教授
云南财经大学

刘昌胜 教授
云南财经大学
会计学院

翟胜宝 教授
淮北师范大学

孙光国 教授
东北财经大学
会计学院

王 雷 副教授
兰州大学
管理学院

梁毕明 教授
吉林财经大学
会计学院

王世杰 副教授
重庆工商大学
会计学院

卢 锐 教授
中山大学
管理学院

 **杜 剑 教授**
贵州财经大学
会计学院

 **朱 滔 教授**
暨南大学
管理学院

 **杨丽芳 教授**
天津财经大学
国际工商学院

 **陈汉文 教授**
南京审计大学
内部审计学院

 **赵丽芳 教授**
内蒙古财经大学
会计学院

 **唐 玮 教授**
安徽财经大学
会计学院

 **李春友 教授**
广西财经学院
会计与审计学院

 **陈建林 教授**
广东财经大学
智能财会管理学院

 **刘 嫦 教授**
石河子大学
经济与管理学院

 **李君艳 副教授**
西安建筑科技大学
管理学院

 **张 敏 教授**
中国人民大学
商学院

 **吴武清 教授**
中国人民大学
商学院

主要编委：名企 CFO（排名不分先后）

 **梁金辉 先生**
古井集团

 **王学嘉 先生**
TCL 科技集团

 **马晓云 女士**
施耐德电气

 **郑 波 女士**
陕投集团

 **凌 芸 女士**
陕西重型汽车有限公司

 **刘湘宁 女士**
步步高集团

 **徐 伟 先生**
复星集团

 **刘 莹 女士**
陕西钢铁集团

 **宋环环 女士**
西安西电
电力电容器

 **张晓涛 先生**
陕汽控股淮南公司

 **张国平 先生**
广投集团

 **梅家秀 先生**
南钢股份

 **严志荣 先生** 兆驰股份

 **李秀丽 女士** 蒙牛集团

 **郭金鹏 先生** 河南资本集团

 **李占森 先生** 兴港投资集团

 **朱奇峰 先生** 三棵树

 **都炳强 先生** 老板电器

 **张兴海 先生** 瓦房店轴承集团

 **杨建华 先生** 内蒙古机场集团

 **钟德红 先生** 云天化股份

 **林贻明 先生** 正泰电器

 **张　强 先生** 协鑫集团

 **叶　军 先生** 中海壳牌

 **方红霞 女士** 孩子王

 **李胜刚 先生** 云从科技

 **魏　强 先生** 华润啤酒

 **白云罡 先生** 特变电工

 **彭　姣 女士** 威胜信息

 **李玉兰 女士** 中国太保集团

 **李小芹 女士** 北部湾投资集团

 **宋金成 先生** 海尔集团

 **李天平 先生** 农信互联

 **凡　展 先生** 海螺水泥

 **赵林悦 女士** 科大讯飞

 **汪　明 女士** 科大讯飞

 **黄文胥 先生** 贝壳找房

 **蒋立志 先生** 特变电工

 **樊国康 先生** 八一钢铁

 **赵 莉 女士** 甘肃电投集团

 **李玉瑞 先生** 甘肃电投集团

 **严 峰 先生** 烽火通信

 **饶国辉 先生** 江西洪都航空工业集团

主要编委：咨询名家 （排名不分先后）

 **魏永明 先生** IBM

 **郭 凯 先生** 波士顿咨询

 **陈 琦 先生** 普华永道

 **龚小北 先生** 普华永道

 **王 焌 先生** 埃森哲

 **陈胜德 先生** 安永中国

 **张蜀楠 先生** 安永中国

 **周 峰 先生** 信永中和

 **叶建锋 先生** 德勤中国

主要编委：软件名家 （排名不分先后）

 **付建华 女士** 用友公司

 **肖远明 先生** 金蝶中国

 **徐晓音 女士** 浪潮通软

 **纪 勇 先生** 东软集团

 **贾大明 先生** 用友薪道

 **史瑞超 先生** 久其软件

 **孙彦丛 女士** 中兴新云

 **魏美钟 先生** 每刻科技

 **马春荃 先生** 合思·易快报

 **巩 炜 女士** 德国蓝科

 **赵里海 先生** 云帐房有度税智

 **陈振铭 先生** 华盟·税纪云

 **刘春刚 先生** 云扩科技

 **王骏杰 先生** Kyriba

 **李 宏 先生** 赛意业财

 **陈 跃 先生** 金蝶精一

 **谭丽清 女士** 虹信软件

 **贺庆龙 先生** 泛微网络-齐业成

 **杨正道 先生** 百望云

 **谭惠江 先生** 汇联易

 **胡一川 先生** 来也科技

 **曾晓丹 先生** FONE

 **张凤琴 女士** 中国首席财务官研究院

　　本次图书调研期间，中国CFO发展中心调研组冯雪、郝新华、栗佳妮、杨俊楠、袁园等均作出突出贡献，在此表示衷心的感谢。

前　言

当前，数字经济凭借强大的发展韧性与创新能力，正在成为刺激经济增长、缓解经济下行压力、推动经济复苏的关键出发点。在后经济全球化和后疫情常态化为主基调、以数字驱动与万物智联为大背景的数字经济时代下，在地缘政治经济新形势的裹挟之下，每一个国家、每一个企业都在各尽其力地应对"不确定性"所带来的种种机遇和挑战，从不确定中找寻与创造确定性，同时也都在积极思考和探索新的商业模式与发展契机，以期突破新时代为我们设定的种种"重围"。

2020年以来，以5G、AI、RPA、GPT、AIGC、XaaS、算力、算法、大数据、大模型、区块链、元宇宙、新基建、数字中国、数字经济、数据中台、数字员工、数据治理、"两化融合""东数西算"、数字化转型为代表的新兴信息技术发展的词汇层出不穷。由此也派生出会计科技、数电发票、智能财务、智能会计、数据资产、财务数智体系等财务转型领域的最IN热词。当初的"不转型等死，转型找死"的调侃，早已成为"不转型等死，转型中求活"。"不敢转、不想转、不能转、不会转"的时代，正在成为过去，数智化转型正在从"要我转"向"我要转"发生变化。"转型"二字已经成为全人类持续发展的共同信仰和行为准则。当下，企业只有具备极高的发展韧性与数字能力，才能从被数智化重塑的全新商业环境中实现破圈与突围。

在各种词汇"乱花渐欲迷人眼"的转型时代，在由后疫情倒逼与加速线上办公与数字化转型的时期，我们清楚地认识到，企业是财务转型的主体，数智化人才是财务数智化转型成败的关键，智能化服务商扮演着技术实施和咨询服务的角色，咨询公司则是顾问和协调者的角色。企业CFO需要全局把握转型的战略和效果，智能化供应商需要提供先进的技术解决方案，而咨询公司则需要提供专业的咨询服务以帮助企业顺利实现转型。三者通过相互协作，共同推动企业的财务数智化转型。

那么，我们的企业财务管理者们该如何利用新兴信息技术，根据企业发展阶段，梳理业务痛点与转型需求，制定财务数智化的转型战略？如何规划财务转型的顶层设计与实施路径？如何应对财务数智化转型对企业财务三支柱的冲击？如何进行财务数智化转型中的伙伴遴选与产品选型？我们的财务数智化教育工作者们，该如何培养时代与社会所需要的数智化复合型人才？我们的财务数智化转型咨询者，又该怎样帮助企业给出量身定制、最适宜的转型战略与咨询方案，帮助企业在数智化转型过程中能够行稳致远？我们的财务数智化转型实施者，又该怎样拿出真正切合企业需求的解决方案与实施路径呢？

为顺应时代发展，回应社会关切，呼应企业需求，响应人才培养，由国务院发展研究中心企业所作为首席学术支持单位，中国CFO发展中心、西安交通大学管理学院及教育部大数据管理课程虚拟教研室作为调研发起与主办单位，同时邀请中国知名高校、知名企业、中国智能化供应商及管理咨询机构等各方共同参与的《中国企业财务数智化转型与高质量发展》项目自2022年5月起，历经近7个月的时间，对20家中国知名财经高校、37家中国各类企业、23家中国智能化供应商以及5家国内外管理咨询机构进行了线上调研。

不积跬步，无以至千里；不经调研，无以成鸿篇。这是一次数实融合、产教融合、产研结合的企业财务数智化转型大型线上调研活动。在此过程中，中国CFO发展中心联合我国高等学府的超过40位著名教授、40位名企CFO、10余位咨询资深专家、10位智能化供应商实施专家等100位业界专家集各维度的专家智慧和各机构的研究成果，基于调研而编撰形成的《中国企业财务数智化转型与高质量发展》将成为我国财务数智化转型领域中涵盖范围最为广泛，参与编撰专家最为众多，凝聚专家智慧最为广博，集结前沿新知最为全面，汇集理论与实践、创新与案例的大成之作，其意义重大，影响深远。

在调研过程中，该如何选择财务数智化转型中的实践者、实施者、咨询者、教育者作为调研对象，才能够更加具有代表性，分享的内容含有借鉴意义？如何设计调研话题与提纲，才能够反映出数字产业化与产业数字化，特别是财务数智化转型的现状与趋势、实践与创新，彰显出转型中的共性与个性，形成转型案例与转型指南呢？

都说万事开头难，确实！调研难，编撰难，成书尤难。惟其艰难，方显价值。因为我们相信，仰望星空，脚踏实地，就一定能够找到答案。在调研中，来自名企名校的名师名家，从宏观着眼、中观着力、微观着手，拆解政策、分析行业、聚焦发展，在讲述各自转型的实践案例、实战经验、实务操作中，分享财务数智化转型的心路历程、心得感悟、心声话语。

我们初心不改，更矢志不渝。郭良川主任在每次调研中都会说的三句话：《中国企业财务数智化转型与高质量发展》将成为我国顶层设计者对于政策制定和趋势研判的有效抓手；将成为我国高等院校在教材编撰和师资培养中的参考文献；将成为企业CFO在财务数智化转型当中最为有效的借鉴范本。

从一天两场、三场调研，到周末全天调研，参与调研的专家学者、企业CFO们，都将此次调研看作是一次集中交流学习企业财务数智化转型理论与实践，了解行业数智化转型现状与趋势，分享财务数智化人才培养先进经验的盛宴，深感收获颇丰。

而作为国内第一家专注服务CFO群体的专业机构，中国CFO发展中心通过线上调研及图书编撰，致力于成为数字经济的观察者，数智转型的倡导者，数据价值的宣传者、数智财务的推动者，数字人才的培养者，特别是数字鸿沟的弥合者。

我们希望，通过做好《中国企业财务数智化转型与高质量发展》调研，通过研究企业财务数智化转型的发展环境、数智体系与企业发展等综合信息，分析财务数智化转型中存在的问题与现实的需求、转型规划、市场展望、转型成效和人才培养等多方面的内容，整合企业、市场、咨询、教育等多层面的数据和信息资源，进而提供颇具深度的财务数智化转型全景研究报告，以专业的研究方法帮助企业深入了解数智化，规避风险，助力转型，切实帮助企业实现高质量可持续健康发展。

我们清楚地认识到，数字经济时代，在企业数字化转型，特别是财务数智化转型过程中，我们当然需要抓住数智化发展的机遇，享受数字化红利，更需要谨慎对待可能产生的各种风险。毋庸置疑，企业数字化转型将会对社会上的就业机会、行业分工和收入分配产生影响。同时，由于数字基础设施建设、数字化发展的程度、数字教育水平的差异，以及年龄、性别、技能等方面的不同，将会造成不同国家、地区之间的贫富差距扩大和不平等的加深，进而可能引发数字鸿沟。

中国CFO发展中心希望通过《中国企业财务数智化转型与高质量发展》的调研编

撰，能够提升企业财务团队、高校教育环节中的数字素养与人才培养，使各方参与者能够积极推进企业财务数智化转型总体流程，参与数字经济各个环节，通过知识的分享、经验的介绍、案例的讲解，确保各方参与者的机会均等性与发展均衡性，共享数字经济发展成果，走向共同富裕。这就是我们的使命与担当。

"星汉灿烂，若出其里"，值此《中国企业财务数智化转型与高质量发展》在中国财政经济出版社付梓之际，中国 CFO 发展中心对参与这项"前无古人、后有来者"事业的所有编委、专家，各位参与调研的高校、企业的专家学者、理论与实务工作者，财务数智化转型的咨询与实施专家们表达诚挚的谢意。你们的参与，将绘就出中国企业构建世界一流财务管理体系与财务数智体系，实现高质量发展，财务转型用数赋智的最美画卷。你们就是中国企业财务数智化转型中最亮的星河。

郭良川

2023 年 12 月

序一

数智化将是二十一世纪上半叶最大一场创造性破坏

许多人都知道熊彼特及其论述的创造破坏性（creative destruction）这个概念。在经济发展过程中，一些创新极具颠覆性，创新者以及正确迎接创新挑战、抓住创新机遇的群体，可以为社会创造巨大价值，同时也获得自身价值，但也可能会有一些企业、一部分人群，由于不能与创新接轨而遭受重大损失。我认为，数智化技术是一项新通用技术，其渗透力和影响力将与上一项通用技术——电气技术一样，持续数十年之久，并将带来二十一世纪上半叶最大一场创造性破坏。

数智化的创造性破坏将体现于经济社会的各个领域，影响着人类的生活和生产。企业部门无疑首当其冲，而且数智化的科技突破和产品开发、应用扩展也主要由企业所推动。我国一些互联网企业、终端和设备生产企业、人工智能开发企业、相关硬件及软件企业，已经实现了较大发展，并具有比较重要的全球地位；而更多企业则积极运用数字化手段，来改进生产流程和经营管理，走数智化转型道路。完全可以说，中国是世界上最令人瞩目的数智化技术大国和数智化转型大国之一。

不过，如果认真分析一下我国数智经济和数智化转型的结构特征，也可以发现比较明显的失衡问题。有关机构的数据显示，2022年，我国服务业的数字经济渗透率为44.7%，工业为24.0%，农业为10.5%。服务业的数字经济渗透率为什么这么高？一个重要因素是电商极为发达。国家统计局的数据显示，2018年实物商品网上零售额在社消零售总额中占比为18.4%，2019年一举突破20%，达到20.7%，2020年到2022年依次为24.9%、24.5%、27.2%。此外餐饮业的电商渗透率也非常高。而美国商务部数据显示，其网络零售额在全部零售额占比2019年为11.7%，2020年到2022年依次为为13.6%、13.2%、14.5%。尽管两国的统计口径有些差别，但可以肯定地说，虽然世界上最大的电商亚马逊在美国，但美国网上零售占比远低于中国。美国餐饮业的电商渗透率应该也远不及我国。我国电商领域的直播带货，更是全球一枝独秀。但工业领域就是另外一幅图景。2021年，我国工业互联网市场规模约为450亿美元，而美国工业互联网市场规模约为500亿美元，略高于我国。不过考虑到我国工业增加值达到大约6.5万亿美元，而美国大约为4.1万亿美元，而且我国的工业门类要齐全得多；折算下来，我国工业互联网体量与工业体量的比值约为0.7%，美国约为1.2%。这0.5个百分点的差距，大概相当于42%的差距。当然，工业领域的数智化转型，远不止工业互联网，还包括工业软件、云服务、智能化、数字孪生体，以及数据基础架构、算力和算法、基础模型、底层程序，当然还有人工智能芯片等诸多方面。在这些方面，我国还存在短板。

至于企业对数智化手段的运用，可以认为，我国在生产流程的数智化方面走在前列。在世界经济论坛评选的十余批共150多家全球灯塔工厂中，我国独占60多家，遥居国别首位。我国的灯塔工厂既有国企，也有民企，既有规模很大的企业，也有规模稍逊的企业。这方面的成就足以令我国骄傲。但也应该冷静地看到，从企业全方位数智化的视角来看，美欧发达国家的企业也走得很快。2023年，美国一家机构对数百家美国制造企业运用人工智能有关问题进行调查，发现78%的企业希望利用人工智能来优化新产品开发方案，88%的企业已经或正在建立数智化供应链，93%的企业正在通过人工智能方案来解决劳动力和工程技术人员的短缺问题。可见，运用人工智能来促进创新，是美国企业的一个重要行动。法国一家机构的调查发现，中国、美国、日本、欧洲的企业都在积极扩展人工智能在制造业中的应用，似乎欧洲企业走得更快一些，而且其应用已渗透到研发设计、生产工艺、财务会计、供应链管理等许多环节。

毫无疑问，财务数智化，是企业数智化转型一个十分重要的领域。从目前形势和可见趋势来看，企业数智化转型将有六大主战场。第一就是生产流程。我国不但在这方面走得早、走得快，也走得好，灯塔工厂就是一个证明。第二就是财务和人力资源。许多企业最开始接触电脑和软件，就是从财务和人力资源软件开始。我国企业的财务数智化转型很有成绩，并且涌现了一批比较优秀的供应商、服务商。但面对人工智能和算法的迅速发展，也应该紧绷"不进则退"这根弦。第三是供应链和客户网。我国企业在这方面的进步非常快。第四是质量控制和设备管理。第五是研发设计。第六是企业生态和产业链条。当然，企业数智化转型并不仅仅局限于这六个领域，譬如数智化办公、数智化会议、数智化存货管理等等，都非常重要，也比较普及，但这六大领域是主战场。特别是在后三大主战场，我国企业，以及其他许多国家的企业，要想取得足够进展，就必须付出足够努力。

即使在前三大主战场，随着人工智能的深入发展，我国企业也面临着新机遇和新挑战。人工智能对数据的要求更多、更高，但我国企业的数据质量还比较差，数据清洗等基础性工作有待加强，而且行业数据如何在保护企业秘密的前提下进行深度挖掘，也是一个十分重大的问题。人工智能发展，必须有基础模型开发和优化，这也需要海量数据。此外，算力不足也会制约人工智能的发展和应用。但是，人工智能的应该也会进一步为企业数智化打开新空间，财务数智化也不例外。重要的是，无论是政策机构，还是企业自身，以及各种中介服务商和教育培训机构，应该保持对这些新挑战和新机遇的高度关注，特别是应该通过扎实的调查研究和深入的分析研判，来及时发现和解决问题，从而有效推进企业数智化的新进程。中国CFO发展中心过去一两年在这方面所做的工作，只是一个开始，希望未来再接再厉，推出更多的高质量调研成果。

张文魁

2023年12月

序二

数智经济是继数字经济以后提出的一个新的概念，数是指大数据，智是指人工智能或者叫做智能算法。用比较流行的概念来概括就是：数智经济是以使用数字化的信息作为关键生产要素，以现代化信息网络作为重要载体，以智能化算法为重要工具来提升生产运营效率和优化经济结构的一系列经济活动的总称。

随着中国互联网的不断普及、平台企业的飞速扩张以及人工智能行业的快速发展，我们迎来了数智经济时代的到来。在数智经济时代，企业财务岗位会发生哪些变化？对财会人员的能力素质有哪些新要求？高等学校的财会教育如何改革？企业数智化转型对高质量发展有何推动作用？都是值得认真研究的课题。

大约在 2022 年初，中国 CFO 发展中心的郭良川主任开始策划中国财务数智化转型的大型调研活动，并从 2022 年 5 月开始，大约用了七、八个月时间，完成了对众多单位的调研，随后又用了大约一年左右的时间，完成了调研报告初稿，经过反复打磨，呈现出了今天的调研报告。受郭良川主任的邀请，本人参与了前期的调研策划、中期的调研活动和后期的调研报告提纲的讨论。

或许是郭主任觉得我对此次调研参与的比较多，在书稿付梓之前，郭主任发来了调研报告的电子稿，嘱我做序。根据我参加的调研相关活动来看，我认为中国 CFO 发展中心为财会界做了一件大好事，使我们对中国企业财务数智化转型的现状有了全面、充分了解。郭主任说：我们做了一件空前但希望不是绝后的事。是的，调研很难，尤其是

2022年开展调研更难，很多调研活动都是以线上和线下结合的方式开展的。但惟其艰难，方显价值。调研难，成书难，做序也难，我时常觉得，为一本书写序，比写书本身还要难。因为写书往往按自己的思路来写就可以了，做序要站在作者、读者以外的第三方角度来写，既要理解作者的写作思路，又要为读者阅读书籍提供引导。好在前期参与了部分调研活动以及书稿大纲的讨论，有一定基础，又抽出时间阅读了郭主任发来的书稿电子版，方有信心，撰写此序。

认真阅读全书后，个人认为，本书有以下突出特色：

一、调研范围广泛，对我国企业现阶段财务数智化转型进行了详细分析

本次调研活动，前后历时一年，调研了37家各类企业、23家各类数智化服务商、5家国内外著名咨询公司和20家高等院校。在充分调研的基础上，中国CFO发展中心，联合高等院校的40多位著名教授，60多位实务方面的专家等组成了100余位撰写、审稿和编辑团队，在浩瀚的调研材料中，经过提炼概括，以图文并茂的方式形成此份调研报告，成为我国财务数智化领域中涵盖范围最广，参与编撰专家最多的一份研究报告。通过调研报告，可以充分了解现阶段我国企业财务数智化转型的成功经验、存在的问题等实际情况，为相关企业推进数智化转型和高等院校开展教学改革提供了坚实的现实基础。

二、调研内容深入，对我国现阶段企业财务数智化转型工作展开了充分研讨

本次调研活动除调研范围十分广泛以外，调研的内容也非常深入，从我参与的几家企业来看，整个调研活动大体上分为以下几个方面：（1）调研活动的背景与意义介绍；（2）被调研企业数智化转型介绍；（3）调研专家与被调研企业研讨；（4）调研专家对调研活动总结。总体来看，像是一个围绕某家单位数智化转型的研讨会。在被调研企业详细介绍数智化转型过程、经验和教训等相关问题的基础上，围绕被调研企业的成功经验，讨论推广的空间；围绕被调研企业存在的问题，讨论改进建议。调研活动除被调研单位和CFO发展中心的专家外，有大量的高校学者和其他企业的财会人员广泛参与。因此，每次调研活动既是对被调研单位的调研会，也是一次理论和实务相结合的学术研讨会，还是一次开展数智化转型的动员会。

三、分析问题透彻,对我国财务数智化转型未来工作提出了各种可行性建议

在深入调研的基础上,研究报告对企业、软件厂商、咨询机构、高等学校取得的成绩进行了充分肯定,但也发现了一些值得关注的问题,提出了许多合理化建议。例如,在对37家各类企业调研时,发现了数据标准不统一、专业人才需求难以满足、各部门业务难以沟通等问题。提出了统一数据标准、加强复合型人才培养、提高业财融合程度等建议。在对高校进行调研时发现了部分学校人才培养目标定位模糊、培养方案相对陈旧、财务数智化教师队伍不足等问题,并提出了精准定位人才培养目标、重新构造人才培养方案以及加强复合型师资队伍建设等相关建议。

当然,任何一份调研报告不可能尽善尽美,本书也不例外。受篇幅所限,本调研报告的典型案例相对较少,有的分析也不够详细,这些都有待在后续的研究报告中进行补充和完善。

在一次数智化人才培养研讨会上,我针对数智化发展的趋势,提出站在未来十年的角度来看,企业财务、会计、审计的工作岗位将发生重大变化,并大胆提出将会出现以下四个重要工作岗位的设想:(1)智能财务核算师。这个岗位主要运用人工智能从事核算工作,传统的会计核算岗位会大量地被智能财务核算师取代。(2)智能财务工程师。这个岗位主要从事系统设计、数据分析和智能算法等工作。这个岗位需要具备一定的理工科的知识,比如计算机、人工智能、数据分析等。(3)智能财务运营师。这个岗位的人员要参与企业的运营活动,参与企业从采购到生产再到销售的整个生产运营过程。(4)智能财务规划师。这个岗位要参与企业战略制定并保证战略落地。这个岗位工作的人员不仅要懂财务、会计、战略等方面的知识,还要具备宏观的战略思维。智能财务核算师会取代大量的核算工作,会计核算岗位会大大减少。但是智能财务工程师,智能财务运营师这两个岗位的人员会大大增加,从核算岗位分流下来的人员,如果自学能力足够强,并且具备一定的知识整合能力,则有可能会充实到智能财务工程师、智能财务运营师的岗位上。但是如果就只是固守在传统的手工记账或电脑记账的状态中,那么这一批人就很有可能被淘汰。

在一次报告中,我曾经借鉴白居易先生的《大林寺桃花》就数智化转型写过一首打油诗作为定场诗,现稍作修改在此呈现出来供大家参考:

> 传统会计芳菲尽，
>
> 数字之花始盛开。
>
> 长恨价值无觅处，
>
> 不知转入智能来。

可以肯定地说，财会工作数智化转型是大势所趋。当然，经济学家们常说，最难的研究是预测研究。因为谁也无法保证每次都能做出准确的预测。人工智能等科学技术的发展给未来的财务、会计工作带来无限发展空间，也带来巨大挑战，任何人都无法准确预测十年以后的会计如何发展变化。但有位哲人说过：预测未来最好的方法就是创造未来。让我们同中国CFO发展中心，同被调研的37家各类企业、23家各类数智化服务商、5家国内外著名咨询公司和20家高等院校，同更多的已经开始数智化转型的单位一起，投入到创造未来的洪流中去，开创中国财会发展的新局面，为创造中国企业一流财务管理体系和实现高质量发展贡献力量。

王化成

2023年12月

序三

加快财务数智化转型，赋能企业高质量发展

百年变局加速进，

数智转型迫在行。

甲辰龙年从头越，

数字经济正当时。

随着数智时代的到来，大数据、人工智能、区块链、ChatGPT等新一代信息技术对全球经济发展、社会进步、人民生活带来前所未有的影响，产品被场景替代，行业被生态覆盖，工业互联网将成为驱动经济发展的新引擎，也对财会理论与实务带来了前所未有的挑战。由上海国家会计学院主办的一年一度"影响中国会计从业人员的十大信息技术"评选，过去五年财务云排第一，今年数电发票名列第一。

党的二十大报告指出，高质量发展是全面建设社会主义现代化国家的首要任务。2022年，国务院印发了《"十四五"数字经济发展规划》，国资委出台了《关于中央企业加快建设世界一流财务管理体系的指导意见》，提出"1455"框架，其中要求企业建立财务数智体系，加快提升财务管理能力水平。2023年，国资委又启动了国有企业对标世界一流企业价值创造行动，强调以价值创造为关键抓手，扎实推动企业高质量发展，加快建成世界一流企业，为服务构建新发展格局、全面推进中国式现代化提供坚实基础和战略支撑。

因此，我们必须把握好数字化、网络化、智能化的发展机遇，充分吸收新技术赋予

的新能量,及时实现企业财务全面转型,由高速度扩张向高质量发展转变,由管控型向赋能型转变,由以票治税向以数治税转变,由核算场景向业务场景转变,由流程驱动向数据驱动转变,由业财分离向业财融合转变,由守护价值向创造价值转变。

基于上述背景,西安交通大学管理学院与国务院发展研究中心企业所、中国CFO发展中心、教育部大数据管理课程虚拟教研室联合发起"中国企业财务数智化转型与高质量发展"系列调研活动,邀请中国知名企业、头部智能化供应商及管理咨询机构、"双一流"高校等共同参与,编写《中国企业财务数智化转型与高质量发展》。本次活动从2022年5月启动,历时半年有余,共调研86家单位,其中37家行业头部企业、23家智能化供应商、5家著名管理咨询机构、20家知名高校。随后经过项目团队艰苦细致的资料整理,多位业界专家学者精心编撰,终于形成本书书稿。

全书共六章。内容包括：财务数智化转型发展环境;企业财务数智化转型：企业分析;企业财务数智化转型：智能化服务商分析;企业财务数智化转型：咨询机构分析;企业财务数智化转型助推高校财务数智化人才培养;企业财务数智化转型赋能企业高质量发展。全书在内容逻辑上,首先,分析了企业财务数智化转型发展的背景和环境。其次,从企业、服务商、咨询机构三个维度,全面剖析了企业财务数智化转型的现状、成效、存在问题及其成因、对策建议及未来展望。再次,阐述了企业财务数智化转型对高校财务数智化人才培养带来的机遇与挑战。最后,论述了企业财务数智化转型赋能企业高质量发展的路径和展望。

本书有三个特点：一是时代性。本书无缝对接国家数字经济发展战略,紧跟数智时代企业财务数智化转型与高质量发展步伐,体现时代性。二是实用性。本书基于86家单位的深度调研,可作为政府部门研判数字化转型趋势的科学依据,企业制定财务数智化转型方案的重要借鉴,高校培养智能财会人才的经典案例。三是专业性。本书由"双一流"高校和知名企业的近百位专家学者联合撰写,充分体现了专业性。

本书撰写具体分工如下：第一章由我和西安交通大学管理学院在职博士生张晓涛正高级会计师撰写,第二章、第六章由云南财经大学会计学院副院长纳潮洪教授、中国西电西容公司财务总监宋环环正高级会计师撰写,第三章、第四章由南京审计大学创业学院院长许汉友教授、西安交通大学在职博士生杨娜老师撰写,第五章由南京审计大学会计学院院长温素彬教授、西安建筑科技大学李君艳副教授撰写,最后,由我和中国CFO

发展中心郭良川主任负责统稿。在本书撰写过程中，得到了国务院发展研究中心企业所副所长张文魁老师、中国人民大学王化成教授、中国CFO发展研究院院长张占魁老师以及众多学者专家的精心指点和鼎力支持，中国CFO发展中心各位朋友安排调研和整理资料也付出了艰辛的劳动，中国财政经济出版社会计分社付克华社长始终关注本书的撰写工作，为本书提出了宝贵的修改意见，在此一并表示衷心的感谢。

在本书撰写过程中，我们参阅了国内外十多本智能财务转型著作，发现各有千秋，但目前尚未有定型的、公认较为成熟的智能财务转型案例教材，加之我们水平所限，错误和问题在所难免，恳切期望智能财务理论与实务界同仁指正，欢迎读者批评，以帮助我们今后对本教材做进一步修订。本书中引用了许多同行专家的重要文献，在此顺致谢忱。

盛唐长安三万里，智能财务创价值！

田高良

2023年12月

目 录

第一章　财务数智化转型的发展环境　　1

第一节　财务数智化转型的背景　　2
第二节　财务数智化转型的宏观环境　　4
第三节　财务数智化转型的微观环境　　9

第二章　企业财务数智化转型：企业分析　　13

第一节　企业财务数智化转型基本情况　　14
第二节　企业财务数智化体系　　25
第三节　企业财务数智化转型作用成效　　48
第四节　企业财务数智化转型存在问题　　58
第五节　企业财务数智化转型规划与方向　　60
第六节　典型案例一：施耐德聚焦 SAP 多模块实现数字化转型　　64
第七节　典型案例二：海尔实施"人单合一和小微众创"全球共享服务模式　　69
第八节　典型案例三："AI + IT"推动科大讯飞财务共享转型　　76

第三章　企业财务数智化转型：智能化服务商分析　　82

第一节　智能化服务商助力企业数智化转型　　83

第二节　智能化服务商特色优势及服务建设成效　　110
第三节　数智化服务供给市场存在的问题分析　　185
第四节　数智化服务供给市场未来展望　　195

第四章　财务数智化转型：咨询机构分析　　199

第一节　国内咨询服务行业赋能经济社会数智化转型　　200
第二节　咨询机构价值作用及建设成效　　204
第三节　咨询机构数智化转型存在的问题分析　　244
第四节　咨询机构数智化转型展望　　250

第五章　企业财务数智化转型助推高校财务数智化人才培养　　259

第一节　财务数智化人才培养的时代背景　　259
第二节　财务数智化人才培养的实践与理论创新　　262
第三节　财务数智化人才培养创新成效显著　　268
第四节　人才培养科学研究成果转化良性循环　　284
第五节　财务数智化人才培养刻不容缓　　288
第六节　财务数智化人才培养任重道远　　295

第六章　企业财务数智化转型赋能企业高质量发展　　304

第一节　企业财务数智化转型赋能企业合规管理　　306
第二节　企业财务数智化转型赋能企业可持续增长　　309
第三节　企业财务数智化转型赋能企业降本增效　　313
第四节　企业财务数智化转型赋能企业转型升级　　318
第五节　企业财务数智化转型赋能企业 ESG　　323
第六节　企业财务数智化转型赋能展望　　329

第一章 财务数智化转型的发展环境

在全球经济复苏不稳定的环境下,基于数字经济背景下赋能企业财务管理与服务模式创新,把握新经济发展阶段客观要求,以数字技术为支撑,顺应信息技术变革之大变局,推动数字经济和实体经济融合发展。数字经济时代下,随着信息技术的快速发展,移动互联网、物联网、大数据、云计算、区块链等新信息技术的发展日新月异,世界已经步入了大数据时代。新一轮的技术革命推进了新产业、新经济、新业态、新商务模式的迭代,财务的信息化、共享化在财务信息采取的技术、功能、开发、实施已经成为一种新的必然。在大数据时代,我国企业财务得到了空前发展,已经出现了智能财务和智慧财务发展趋势,数字经济对于企业智能财务的建设与体系建设产生重大影响,为更好地通过数字经济来推动企业财务转型发展和实现高质量发展提供基础。《中国数字经济发展白皮书(2021)》显示,数字经济成长为我国经济高质量发展的核心驱动力。《中国数字化转型市场预测(2021—2026)》研究报告指出,通过应用智能场景践行数字化优先策略,未来五年预测,中国数字化转型支出规模,无论在中国还是全球,超过50%的经济(中国约超60万亿元人民币)是基于数字化,或直接间接受数字化影响的。据中国信息通信研究院发布的《中国数字经济发展白皮书(2023年)》报告,2022年我国数字经济占GDP的比重已高达41.5%,数字时代蓬勃发展,共创共享赋能生产效率和商业资源的全面创新。《中国数字经济就业发展研究报告(2021年):新形态、新模式、新趋势》指出,数字经济平台的繁荣,推动了会计管理工作数字化转型,财务组织模式和价值体系运行模式得到创新应用,形成科学的业务流程和操作模式。

习近平总书记在哲学社会科学大会上强调:我们处于需要理论并一定能产生理论的

新时代，是一个需求思想且一定能产生思想的时代。应用"大、移、智、云、物、链"等关键技术，创新发展理念，深化信息化应用成果，推动财务职能和会计改革的转变。顺应数据经济时代发展需求，以大数据、人工智能为基础，以数据挖掘技术、数据分析技术为核心，体现智能技术在财务领域应用的力量，实现财务智能系统与会计信息系统的最优功能。加快数字经济发展，以业务数据化为导向，将深度业财融合、发展智能财务为企业发展中的核心，赋能财务管理体系转型升级。应对数字经济，推进业财信息系统集成，构建财务系统业务标准化，推进智能财务管理平台建设。推动数字经济与实体经济的聚合，以数据中台建设为引领，全面建立企业智能化财务体系，推动财务理论创新与管理实践的相结合。实现大数据管理，实现数字经济下财务智能理论体系的创新，推进理念创新和模式创新，满足多角度、多方位的财务管理和共享服务需求。

第一节　财务数智化转型的背景

一、发展历程

《全球数字经济发展指数报告（TIMG 2023）》显示，2021 年，我国数字经济发展总指数在全球排名第 8 位，已经成为世界公认的数字经济大国。2022 年，我国数字经济规模达到 50.2 万亿元，产业数字化规模为 41 万亿元，工业数字经济渗透率达到 24.0%。中国数字经济发展取得了令人瞩目的成就，也探索形成了独特的发展模式，回顾中国数字经济发展历程，总结经验，并对发展趋势作出预判，有助于我们发挥优势、抓住重点，继续创造中国数字经济发展的更好成绩。中国的数字经济发展大致经历了技术孕育阶段、爆发增长阶段，当前正处于深化应用、规范发展、普惠共享的融合协同阶段。二十国集团首次通过《G20 数字经济发展与合作倡议》，明确了数字经济的内涵，提出合作中的一些共识、原则和关键领域，指明数字经济具有高创新性、强渗透性、广覆盖性，是继农业经济、工业经济之后的主要经济形态。党的二十大提出，加快发展数字经济，促进数字经济和实体经济深度融合，打造具有国际竞争力的数字产业集群，推动关键核心技术的研发创新，政府积极探索数字经济治理体系建设，推进数据要素流通和利用的制度创新，密集出台相关法律法规，对数字经济发展作出专项规划，促进数字技术和实体经济深度融合。《"十四五"数字经济发展规划》从顶层设计上明确了我国数字经济发展的总体思路和发展目标，重点推动数字经济和实体经济深度融合，实现商业模式创新。

二、战略目标

随着新一轮科技革命和产业变革的深入发展，大数据、互联网、云计算、区块链、人工智能等数字技术对制造业产生深远影响，数字经济已经成为推进制造业高质量发展的重要引擎。《数字经济发展战略纲要》指出，以5G、大数据中心、人工智能、工业互联网等为代表的新型基础设施是数字经济发展的坚实底座，加快数字基础设施建设，强力支撑制造业数字化转型，形成制造业数字化转型的重要支撑。《"十四五"数字经济发展规划》等一系列政策文件，将数字经济上升为国家战略。党和政府高度重视数字经济和智能转型的发展规律，发挥我国社会主义市场主体作用，将产业数字化作为数字经济发展的主引擎，促进数字技术与实体经济深度融合，赋能传统产业转型升级，拓展数字经济发展新空间，是中国数字经济从规模上实现赶超的重要经验。推动制造业数字化转型，提高全要素生产率，共同构建产业创新战略联盟，促进科技成果转移转化，推动制造业产业范式革新与产业数字化升级。增强数字经济高质量发展的内生动力和创新活力，充分发挥市场在资源配置中的决定性作用，探索建立具有延展性与包容性的数字平台创新生态系统。

三、发展思路

习近平总书记指出，要"提高全要素生产率，发挥数字技术对经济发展的放大、叠加、倍增作用"。数字技术是制造业高质量发展的技术源泉和核心驱动力，推进数字技术创新，是打造驱动制造业全要素生产率增长的新引擎。创新是数字经济发展的第一动力，推动技术创新和商业模式创新是数字经济发展的两大核心支撑。中国始终把创新摆在首要位置，强化核心技术攻关，协同推动技术创新和商业模式创新，鼓励商业模式创新，为数字经济高质量发展提供重要战略性支撑。优化数字经济与营商环境，依托工业互联网平台推动企业利用闲置资源，实现制造资源跨企业优化配置、共用共享，全链条的数字生态系统，融通发展促进数字经济发展的市场活力不断增强。以智能制造为引领方向，提升生产效率和创新产业模式，加快数字经济领域法治建设，为数字技术的创新、应用和推广提供法治保障，加强数字经济国际合作，促进有效市场与有为政府的结合，形成具有国际竞争力的数字产业集群，加大力度培育具有全球竞争力和影响力的大型数字平台，数字经济将成为国际合作的新领域、新赛道。

四、发展思路

从企业来看，以建设智能制造场景、智能制造示范工厂、智能制造企业为着力点，分类推进企业数字化、网络化、智能化发展，制造业产业形态从生产型制造向服务型制造转变，实现数字经济驱动实体经济发展的智能决策和模式创新，培育一批具有国际竞争力的智能制造领军企业。从政府层面，加强数字技术的创新和应用，推动中小企业数字化改造，促进大中小企业融通发展，大力推进全产业链数字化发展。从产业来看，鼓励以规模和效率为竞争优势的产业加快数字化转型升级，加快传统产业的数字化改造和新兴产业的数字化进程，大力发展新产业新业态新模式。从高校层面，鼓励有条件的高等院校开展数字经济和制造业融合发展相关研究，打造制造业数字人才高地，制定"高精尖缺"人才目录和"数字工匠"培育库，加大人才培养力度，跨专业的人才培育体系，为制造业数字化转型提供充足的专业人才储备。要优化人才"引育留用"全链条，激活"人才引擎"新动能，探索制造业人才、数字人才资源共享，培育一批制造业数字化复合型人才，为制造业高质量发展提供人才支撑，使政府、高校、企业形成一个完整的制造业数字化人才培养生态体系。

第二节 财务数智化转型的宏观环境

一、顶层设计

数字经济作为一种新社会经济发展形态，是以数据为要素，以信息技术为依托，通信技术融合发展的经济活动。《中华人民共和国国民经济和社会发展第十四个五年规划和 2035 年远景目标纲要》指出，提升企业的技术创新能力，强化企业创新主体地位，完善创新服务体系，增强企业的盈余管理能力，增强企业创新活力，促进创新要素集聚，建立健全创新有序自由流动机制，加快数字化发展，打造数字经济新优势，协同推进产业数字化转型和数字产业化转型。财政部《会计信息化发展规划（2021—2025年）》指出，会计信息数字化转型工作，对会计数字化转型的顶层设计，加速会计数据要素利用程度和流通能力，提升会计数据的处理能力和获取能力，有效发挥会计信息在宏观经济管理服务智能，发挥会计在服务资源配置中的重要作用。智能财务借助于会计管理活动的思想体系，以数字技术价值为理论基础，推动管理会计与财务会计、会计环境与宏观经济的融合。国务院《关于加快建设世界一流财务管理体系的指导意见》指出，主动适应新技术，发现价值和创造价值，发挥数据的核心功能，是数字经济发展的必然趋势，也是贯彻落实习近平新时代中国特色社会主义思想，构建和培育具有全球竞争力世界一流企业的目标要求。提出企业财务建设总规划图和总路线图，着力推动财务管理理念、机制、组织、功能手段的四大变革，以价值链智慧管理为理念，坚持信息开放和业财融合合作的发展理念，对标国际一流管理经验和智能财务的共同愿景，构建一体化的财务管理体系。《"十四五"数字经济发展规划》，要"加快推动数字产业化"，要增强传感器、量子信息、网络通信、集成电路、关键软件、大数据、人工智能、区块链、新材料等战略前瞻技术创新能力，提升核心产业竞争力，推进重点领域数字产业发展。以数字技术与实体经济深度融合为主线，协同推进数字产业化和产业数字化。国务院《中国制造 2025》指出，在 21 世纪中叶，中国将建成引领世界制造业发展的制造强国目标，为实现社会主义现代化强国梦的实现打下坚实基础。坚持以价值管理为核心，以智能制造为突破口，深度融合建设新一代信息技术与智能制造，以深度业财融合为最终目标，促进产业转型升级，形成新的产业形态、商业模式、生产力模式和经济增长点。

二、大数据技术

智能财务利用大数据和人工智能技术，实现人工智能与财务全面融合，达到财务决策支持的目标，提升财务组织的服务效率，拓展财务服务职能的广度和深度，最终实现财务组织价值与颠覆性创新。伴随神经网络、自然语言处理、模式识别系统、机器人流程化、大数据计算系统的应用，通过大数据技术，企业可以对当前财务数据进行有效整理和分析，从而可以获取具有价值的财务数据。通过使用大数据技术，企业常常可以将各项信息分门别类，获取更多信息资源，不同企业部门之间也会有更加紧密的联系，对信息进行有效传递。大数据不仅是获得各种数字，还将信息化时代融入数据之中，使数据内涵得到了极大丰富，数据已经不再是单纯数字，同时还包含有音频、视频、文本等不同的储存形式。通过将大数据技术与企业财务管理进行有效融合，通过智慧财务来更好地挖掘财务数据价值，从而可以更好地推动企业向前发展。大数据等技术在财务管理中应用，最大限度发挥信息技术、云技术的优势，有利于财务部门构建共享平台，使企业经营的财务数据和业务数据可以相匹配，进而更好地融合。利用大数据等技术和信息资源，构建出一个闭环管理模式，促进资本的循环使用，促进一体化运营水平的提升，打造高质量财务数据库，积极搭建智能财务平台，积极整合财务数据，以全新的技术融入会计信息体系中，以促进企业的技术创新。在大数据环境下加强财务智能化发展，坚持将数据共享作为研究的主要对象，加强企业的全链条动态化管控和全过程管控，借助智能财务将企业财务管理的效率和质量提上来，增强企业在市场上的竞争力。

三、云计算技术环境

适应以大数据、云计算为标志的智能财务环境下的时代要求。通过全新的云技术智能语言实现对企业智能数据的信息集成化处理，达到企业之间数据的无缝对接，通过云技术来实现智慧财务管理，确保大数据智能财务可以为企业的决策提供有效支撑。企业要基于云计算技术，搭建财务共享平台，智能财务的发展离不开云计算技术的高速发展，也离不开先进技术的有效支撑，从根本上推进会计管理的信息化以及财务信息的智能化。依托云技术、大数据技术，加强云技术数据价值链的建设，让数据形成完整的闭环链，让企业财务工作能够实现数据信息的实时共享和采集，为企业的经营提供有效助力。借助大数据和信息系统，自动进行采集和数据收集，使最终所获得的数据与原始数据保持高度一致。在物联网环境下，大数据、云计算等物联网技术提高了各部门之间的沟通效率，工作人员通过操作相关智慧系统，就能够实现数据信息实时采集，企业通过创新数据采集模式，构建科学合理的核算和分析框架，实现企业财务与业务的实时联合，提高决策效率，满足企业的业务需要和实际数据管理需求，实现企业财务的深度一体化。

四、互联网技术环境

基于互联网和云计算的财务共享平台，在智能财务的高速发展中，互联网信息技术发展也会使智慧财务发展变得更加高效便捷，使数据得以高效整合。一般来说，大数据技术可以使数据储存更加可靠，可以做到数据分析和数据挖掘更科学合理，使企业财务平台变得更加透明，充分展示财务信息一体化的闭环管理。互联网成就了信息技术，信息技术催生了互联网的发展，大数据、云存储、人工智能、技术创新等使新型商业模式促进互联网实现数据流程管理的自动化，信息化使财务工作不再仅限于财务部门，还延伸到销售部、管理部等，信息化要求单位各部门取长补短，共享信息。借助大数据技术有效推动企业智能财务的发展，利用互联网技术来实现会计升级和优化，实现业务流程的自动化、一体化，形成多维度的智能财务体系，保证财务的智能化管理有序运转，更好地降低企业运营成本，提高企业的发展质量。

五、数字网络体系

构建完善的数字体系激活组织体系与财务管理职能，实现信息的有效流动推动信息的交互和共享，加强财务管理部门积极转型路径，有效与技术部门转变管理思维，对现有的方案进行优化和调整。数字技术能够激活商业模式，企业紧紧抓住自身数字体系的资源禀赋，促进企业管理的优化，建立适应自身的数字体系和网络体系平台。企业引入数字经济和网络技术，充分利用先进技术，构建数字组织模式和体系建设，统一管理各项资源，实现数字财务的发展与优化。企业应该搭建智能数字化管理体系，实现数字信息的动态共享与平衡，真正做到数字财务动态实时管理，实现数据的标准化管理，满足数据的处理流程化要求，实现资源管理的动态化和智能化。完善数字体系建设，加快我国制造业等实体经济的转型升级步伐，逐步促进企业转型向着数字化、网络化和智能化的方向发展。

六、智能人才体系

习近平总书记提出，关于建立"中国特色，中国气派，中国风格"的学科研究创新体系和思想目标。在数字经济背景下,应该重视智能人才战略的发展。创新智能化财务管理理论体系和人才培养体系,制定和明确智能财务管理人员行为规范体系,促进智能人才发展职能的全面发现。从企业的发展战略和决策模式上,构建新的组织架构,需要一批专业化、现代化、复合型的人才,来推动数字经济和实体经济的全面发展。从理论研究与实际出发,关注市场的发展需求,培养适应新时代新环境的新型智能会计人才,发挥企业智能财务管理的人才促进作用,实现各类技术理论层面上的融合。从产学研融合模式上,推进会计与大数据、人工智能的教学结合,培养技术环境下的"会计+人工智能""会计+大数据"的多元化人才。从企业智能化改革的层面上,要优化和完善人才选拔制度,培养具备大数据专业知识的复合型人才,结合大数据环境设置相关专业,有效应用智能财务系统,培养出更多符合财务管理智能化发展的人才。企业应更重视财务人才培养工作,建立健全人才培养机制,制定针对性的人才激励政策,应该对自身的专业结构进行有效调整,提高员工的财务专业能力与管理水平,明确财务人员晋升渠道,促使财务人员由核算型人才向决策型人才转型,为财务人员的转型升级提供条件。国家和政府作为智能财务体系的引导者,高校作为向社会输送人才的主要场所,以职业规划为向导,以财务工作人员的素质和能力提升为己任,在培养模式上要具有创新性和前瞻性,激发各个行业形成科学合理的智能财务高端人才培养模式和理念,以增强财务人员职业转型的积极性。

七、生态体系

企业在发展过程中,要树立正确的发展理念,明确自身承担的社会责任,以社会主义核心价值观为基础,创新智能财务发展路径,促进企业会计的发展,实现会计的导向作用。围绕企业发展的核心,企业还应针对上下游企业的业务进行整合,掌握核心竞争力,以使企业的经济效益、生态效益统一协调,发挥智能技术的优势,构建人机一体化的协同发展生态模式。坚持利用生态经济学规律,构建区块链发展模式,帮助智能财务工作改变传统工作模式,实现智能财务发展的新空间和新内容。大数据技术的应用,使企业具备较强的市场竞争优势,实现产业链的有效衔接,促进企业产业价值的实现,做到财务的高效管理和协调,为企业创造出更多的效益,推动人工智能与各行业融合创新。智能财务生态体系建设具有较高的智能性,能够在市场中占据主动,不断丰富企业财务功能,实现数据贯通目标,推动财务转型工作的落实,发挥价值创造功能,促使带来更多的经济效益,完整形成智能核心价值观建设。

第三节 财务数智化转型的微观环境

一、企业管理环境

数字经济环境下,信息技术驱动企业智能财务和企业转型的发展,企业需要在大数据环境之下发展智慧财务,通过智慧财务来更好地提高企业财务管理质量和效率,这样才能更好地提高企业在市场上的竞争力。企业的战略管理、企业组织架构、人力资源管理等组织环节,贯穿于整个企业管理系统的组织架构和内在框架,根据组织管理幅度策划智能化的全功能系统,依据管理层次创新组织架构的扁平化。智能财务的发展趋势,说明企业数字化转型已经成为行业发展的趋势,在企业各项数据资源之中,财务信息的准确和真实直接关系到企业管理层的战略决策,从而使财务会计信息成为非常重要的企业资源。通过大数据技术让智慧财务处理信息变得更有效率,通过智能财务信息的有效分析制订出更加有效的决策支持方案。企业通过搭建数字化管理体系、管理模型,让财务部门最大限度发挥智能财务的价值和创造力,积极贯彻新技术、新管理理念,促进共享技术的更迭和升级,实现企业管理工作的全面对接,促进各方面工作的融合。智能财务管理活动是一种全领域的财务管理活动,它以财务管理一体化作为基础,以挖掘分析数据作为主要内容,通过分析数据的内在规律来获得智能共享流程,然后将全新认知运用于风险规避之中,帮助企业达到未来的发展目标。

二、财务管理环境

企业的财务管理水平直接影响企业的盈利能力和市场核心竞争力的提升。在信息技术不断发展的今天,将大数据和信息技术运用于财务管理,已经成为企业财务管理的必然趋势。企业在建立智能化财务模式时,应该结合企业的发展情况,充分考虑市场的未来发展,从财务会计的账务处理开始,不断地延伸数据共享的范围,提高数据共享的效率，大大提高财务信息的准确率和有效率。企业利用先进的信息技术，不断探索自身的发展模式，选择出符合自身发展的智能化技术，使信息数据变得更加高效而且真实，做好企业财务管理信息化建设，增强企业效益，驱动企业长期稳定发展。在数字经济时代，作为一种先进的财务管理模式，智能财务的出现顺应了数字经济时代的发展规律和特点，凸显了财务管理的战略性，让企业利用数据提炼与加工技术对财务信息进行深加工，对企业的经济资源进行价值估算，确定会计主体的经济资源价值，将有价值的信息用于企业决策服务。智能财务使原本单纯的手工记账业务，转向业财一体化管理的融合，财务管理环境的变化和财务管理方法的创新，从根本上提升了财务信息管理的智慧化，可以有效降低财务管理成本，有助于企业运营效率的提升。企业财务智能化管理以业财融合发展模式为基础，以挖掘财务信息中的有价值内容为依托，以提升运营一体化管理的效力为目标，以优化财务的管理模式为手段，以互联网技术的应用效果为结果，使财务管理变得更加智能化、自动化。搭建会计发展新格局，建立新型财务管理平台，实现智能化管理，企业财务管理模式也在向信息化和数字化转变。

三、信息技术平台

财务与技术的融合，创新和驱动着财务的应用场景、工具方法和理论。在实现智能财务的过程中，需要技术部门、财务部门以及各个部门的紧密合作。通过搭建自动化服务信息平台以及智能化财务系统，在信息技术环境中开展财务管理工作，能够打破传统单一化的管理模式，通过对计算机网络的运用帮助工作人员开展财务管理工作，有效提升企业的财务管理工作效率。注重建设和推动智能财务，通过运用大数据技术推动智能财务发展，通过计算机网络系统进行录入并分类储存、处理将智能财务的核心作用发挥出来。信息技术平台能够实现自动化办公，实现信息系统操作人员与财务人员的优化调配，通过信息技术的应用为大数据技术深度分析和市场数据处理提供支持，有效提升财务管理工作的效果，扩大信息交流的范围，扩大企业的业务范围和财务管理空间。数字经济时代，构建一个更加科学合理的企业信息管理系统平台，收集、整理、分析数据的工作，使数据结果的最终准确性得到有效使用和保证，构建完善的数据采集机制，从不同的渠道获取非结构化数据和信息，最终实现财务向自动化、智能化、数字化的方向发展。借助计算机技术、互联网技术与通信技术三者的综合应用，其中的关键技术有传感器技术、光学字符技术，云计算技术、无线射频识别技术、人工智能技术，射频识别技术等将物理基础设施与信息技术紧密结合，将海量数据进行筛选与分析实现数据的采集保持同步更新，通过采集数据的存储与传递实现智能财务信息系统的设置与升级，为智能财务管理平台提供技术支持。

四、业财共享体系

推进业财融合的一体化管理，搭建财务共享平台、共享体系，从整体上实现数据的结构化，促进资源的优化配置，对智能保障、智能核算以及智能管理流程进行优化，最大限度发挥出智能财务管理与财务共享平台的价值。借助智能化财务管理平台，可以推动财务管理的智能化发展，创新财务管理模式，提升财务管理的效率，强化对所有财务数据的分析，实现业财数据的有机融合。财务共享使企业拥有新的价值体系，通过对不同类型的数据作出分析，对财务数据全面收集和处理，实现与各领域的共享和融合，财务智能以当前的先进技术为依托，创新发展财务领域的内容，将业务数据、财务数据、管理数据在管理平台上实现共享，构建一种新的财务管理模式。数字化平台借助财务数据，将财务理论和金融工具结合起来，合理配置企业内部的资源，将资源的使用效率提升，提高企业的经济效益。基于财务共享平台，作为战略规划的重要依据，重新构建财务处理流程，实现交易透明化、流程自动化、数据真实化。

五、智能财务体系

智能化转型是利用数据技术的创新带动智能财务的升级，推动企业发展的智能化。企业财务智能化建设，是一项系统化的工作，需要与企业的经营方式和管理方式有机融合，实现对各类财务业务的管理，使财务管理更加全面、智能。发挥先进技术的优势，融入大数据的思维，做到财务的高效管理和协调，促进智能财务管理的发展，使智能财务具有较强的科学性，具有持续不断的发展动力。构建智能财务会计共享平台，促进智能财务的发展，通过搭建全新的财务共享管理平台，发挥各项数据的价值，实现企业内部信息的共享，促进企业的发展。企业要立足当前数字经济发展的背景，利用横向和纵向分析指标为企业决策提供数据支撑，将智能财务的发展作为基础，制定符合企业发展的智能财务发展规划和路径。把握智能财务发展的良机，运用智能财务信息技术将企业在运营、成本、预算等方面的执行结果展示出来，改革企业运营模式，掌握企业财务工作在大数据环境下的智能化进程，实现全面智能化的财务管理。

　　总之，财务智能化转型是一个不确定性、动态性和复杂性的认知过程，以人工智能、物联网、云计算、区块链为代表的新一代信息技术不断催生和孕育出新产品、新模式、新业态和新产业。研究数字经济发展模式，顺应新时期转型和国企改革的需求，做好新时期企业数据数字化转型，是一个长期战略性规划，需要政府引导企业与社会各界联合产业链，一如既往做好新产业经济服务工作，为数据产业经济发展营造健康有序的市场环境。企业财务智能化建设，从整体上看，是一项系统化的工作，需要与企业的经营方式和管理方式有机融合。智能财务发展将财务与业务进行有效融合，通过智能信息技术来达到资源数据的高度整合，从而可以使供应商、客户以及其他合作伙伴的数据融合产生大数据库，通过大数据库帮助企业做好各项经营决策支持。通过智能技术推动智能财务实时生成数据，这样才能为智能财务提供大数据的有效支撑。

第二章 企业财务数智化转型：企业分析

当今世界面临百年未有之大变局，政治经济和社会环境正在发生深刻变革，企业经营的不确定性急剧攀升，企业面临严峻挑战的同时也迎来了新的发展机遇。当前"加快建设数字中国"已成为新阶段国家重要发展战略，层出不穷的数智化技术成为不确定环境中助力企业高质量发展、赋能企业价值创造的重要推动力。截至2022年年底，已经有超过80%的企业开始或者已经进行数字化转型，推动了商业模式变革和企业转型升级；目前已有超过18%的企业成为数字化转型"领军企业"，呈现出差异化的竞争优势和先进的转型做法，尤其在财务数智化转型方面①。因此，了解当前中国知名企业的财务数智化转型现状显得尤为重要。基于此，我们对身处不同行业、不同地域的37家企业的财务数智化转型现状进行了详细调研，以深入了解每家企业的数智化转型进程、体系、难点、问题和规划，以为中国企业的高质量发展建言献策。

本章将对企业财务数智化转型调研中的37家中国知名企业的数智化转型历程、现状和未来发展进行深入探索。本章共分为四节，分别从企业财务数智化转型的总体情况、转型现状与成效、转型存在问题、转型规划与方向四个方面展开论述。梳理中国知名企业财务数智化转型过程中面临的普遍困难、经历的主要历程、取得的主要成效，归纳中国知名企业财务数智化转型中常用的管理体系、评价体系，以为建设世界一流财务管理体系提供助力。

---

① 埃森哲《2022中国企业数字化转型指数》。

第一节　企业财务数智化转型基本情况

2023年2月,中共中央、国务院印发《数字中国建设整体布局规划》,指出"建设数字中国是数字时代推进中国式现代化的重要引擎,是构筑国家竞争新优势的有力支撑",明确数字化发展目标"到2025年,基本形成横向打通、纵向贯通、协调有力的一体化推进格局,数字中国建设取得重要进展""到2035年,数字化发展水平进入世界前列,数字中国建设取得重大成就"。为全面反映数智化转型企业的基本情况,本部分对样本企业的企业性质、区域分布、行业分布、企业规模和战略规划方面进行考察,分析当前财务数智化转型实践企业的总体情况。

一、样本企业财务数智化转型性质分布情况

本次调研的37家企业中(见图2-1),国有及国有控股企业20家(53%),民营企业15家(39%),外资企业2家(5%),中外合资企业1家(3%)。总体来看,国有企业中财务数智化转型开展较早、推进较快,目前基本形成了较为成熟的财务数智化建设体系,其次是外资、中外合资企业和民营企业。

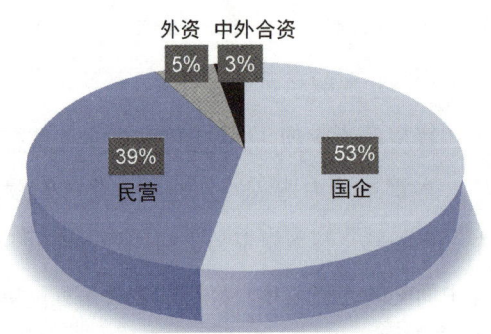

图2-1　样本企业财务数智化转型性质分布

二、样本企业财务数智化转型区域分布情况

本次调研的37家企业中,集中于广东、湖南和北京,且多数企业在数智化研发和财务

数智化推进方面优势明显,尤其是科大讯飞等高新技术企业(见表2-1和图2-2)。

表2-1　　　　　　　　样本企业财务数智化转型地域分布

省份	企业数量	企业举例
广东	4	中海壳牌、TCL集团、卡尔蔡司中国、兆驰股份
湖南	4	威胜信息、步步高集团、科大讯飞、孩子王
北京	3	华润雪花啤酒、农信互联、施耐德电气
安徽	2	海螺水泥、古井集团
广西	2	北部湾投资集团、广投集团
河南	2	兴港投资集团、河南投资集团
江苏	2	南钢股份、协鑫集团
内蒙古	2	蒙牛集团、内蒙古机场集团
陕西	2	陕重汽公司、陕投集团
上海	2	复星集团、中国太保集团
新疆	2	新疆八一钢铁、特变电工
浙江	2	老板电器、正泰电器
福建	1	三棵树
甘肃	1	甘肃省电力投资集团
湖北	1	烽火通信
江西	1	洪都航空
辽宁	1	瓦房店轴承集团
山东	1	海尔集团
天津	1	贝壳找房
云南	1	云天化股份
重庆	1	云从科技

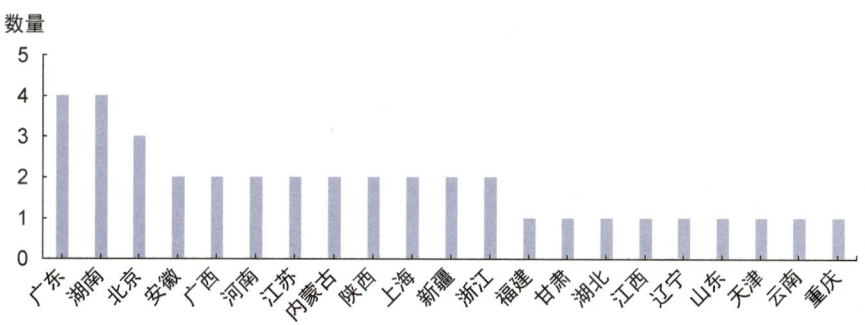

图2-2　样本企业财务数智化转型地域分布

三、样本企业财务数智化转型行业分布情况

本次调研企业涉及制造业、批发和零售业、采矿业、电力热力燃气及水生产和供应业、建筑业等10个行业（证监会行业分类），其中制造业、批发和零售业、采矿业是样本企业较多的行业（见图2-3）。这些行业本身业务重复性较高、流程化业务占比较多，财务数智化的规范化、标准化和业务流程化能够有效提高企业的业务处理效率，加大各业务流程管控力度，最终能够有效实现降本增效，促进企业价值创造。而金融业、科学研究和技术服务业、信息传输软件和信息技术服务业本身的信息技术应用程度较高、重复性和流程化的业务较少，因此这些行业的企业财务数智化转型本身无法为这类行业企业提供更多的边际贡献，财务数智化的作用远远小于制造业等高重复性行业的财务数智化价值。

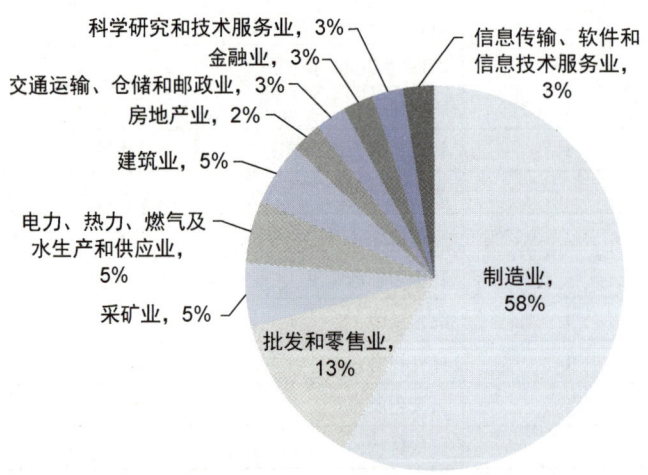

图2-3　样本企业财务数智化转型行业分布

四、样本企业财务数智化转型规模分布情况

37家样本企业中，财务数智化转型的企业多数规模较大（见表2-2），有26.32%的企业总资产在1000~5000亿元，有34.21%的企业总收入在100~500亿元。可见，资产规模和收入规模较大的企业拥有更多的资金和能力来推进企业财务数智化转型。

表 2-2　　　　　　　　　样本企业财务数智化转型规模分布

资产（收入）等级划分	总资产		总收入	
	家数	占比	家数	占比
0~100 亿元的公司	5	13.16%	8	21.05%
101 亿~500 亿元的公司	9	23.68%	13	34.21%
501 亿~1000 亿元的公司	5	13.16%	7	18.42%
1001 亿~5000 亿元的公司	10	26.32%	7	18.42%
5001 亿元以上的公司	3	7.89%	0	0.00%
数据缺失的公司	6	15.79%	3	7.89%
合计	38	100.00%	38	100.00%

五、企业财务数智化转型战略

在本次财务数智化转型调研中，基本所有企业都提及了自身的财务数智化转型战略和规划定位，近三分之一的企业提供了自身的财务数智化转型战略和规划定位全景图。总体来看，样本企业财务数智化转型战略和规划定位总体可分为方向型和结构型两类。

（一）财务数智化战略方向

财务数智化战略规划方向以"中心、方向、愿景、目标、主线"等为关键词，以企业愿景为起点，自上而下分解财务数智化使之与企业战略相匹配，促使财务数智化转型落地。财务数智化转型战略与企业愿景一脉相承，明确战略发展方向和核心主线，有利于指导企业财务数智化转型方向。例如，中海壳牌（见图 2-4），以"一个中心、四个方向、三大主线、五大平台"构建"两大体系"、塑造"一组能力""一个愿景"。即以 SAP 系统为中心，向全流程自动化、协同动态系统、管控全面优化、价值驱动分析四个方向，遵循采购到付款、销售到收款、管控升级到价值驱动三大主线，依托交易协同平台、决策支持平台、运营管理平台、智能生产平台和技术支撑平台五大平台，建构数据标准体系和信息化治理体系，最终实现数字化转型创新能力的提升，力争实现"成为中国最佳石化企业"的企业愿景。

（二）财务数智化战略模块

财务数智化战略模块突出财务数智化转型战略的不同模块结构，明确财务数智化各模块以及其功能作用、职位权责、组织设置、管控体系等，有助于企业财务数智化转型

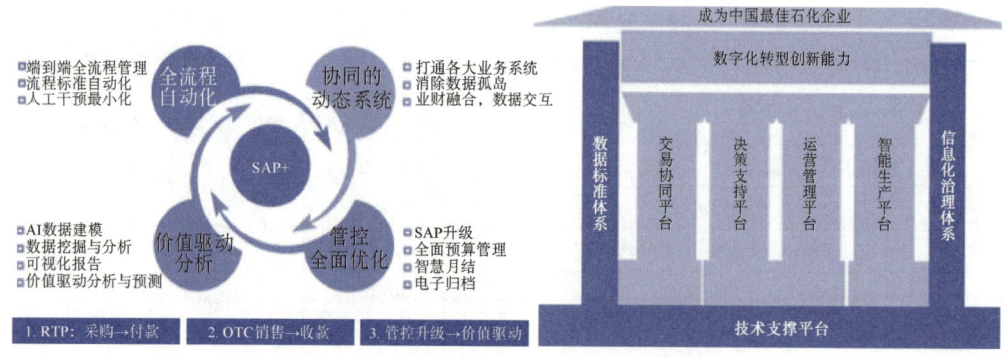

图 2-4 中海壳牌财务数智化转型战略规划

具体工作的推进和落实。

在企业财务数智化战略模块中，呈现出两种战略模块类型。一是"三分法模块"，即按照"战略、业务、运营（或共享）"或"业务财务—专业财务—共享财务"大管控模块构建企业财务数智化转型规划，在提供战略全景图的企业中有72%的企业采用"三分法"战略模式。三分法以企业战略为最高指引，企业多采用"集团—企业—部门"层次来管控财务数智化转型方向和进程，由集团引领企业数智化转型战略，例如陕西重型汽车有限公司在集团层面设立"数据资产管理委员会"，统管企业集团整体数据资产、把控数智化战略方向。

1. "战略财务—业务财务—共享财务"模式

企业将财务数智化管控体系分为战略财务、业务财务、共享财务三个模块，三者通过信息共享和效果反馈共同支撑企业财务数智化管控体系。战略财务负责集团财务数智化牵头工作，分解集团战略规划、提供财务合规指引、把控财务数智化进程、预测管控企业风险；业务财务负责集团本部和子公司的业财融合推进工作，推动财务向业务延伸，负责基础财务的质量管控，以实现研发、制造、销售等全业务过程的财务管理；共享财务通常以财务共享中心为核心，对高重复性、流程化的财务工作进行数智化核算和管控，涵盖会计核算、报表管理、资金管理等模块，为战略财务和业务财务提供基础会计信息支撑。

调研企业如复星集团（见图2-5）、甘肃省电力投资集团（见图2-6）、三棵树（见图2-7）、华润雪花啤酒（见图2-8）等都采用"战略财务—业务财务—共享财务"的财务数智化战略模式。相比于其他模式，"战略财务—业务财务—共享财务"模

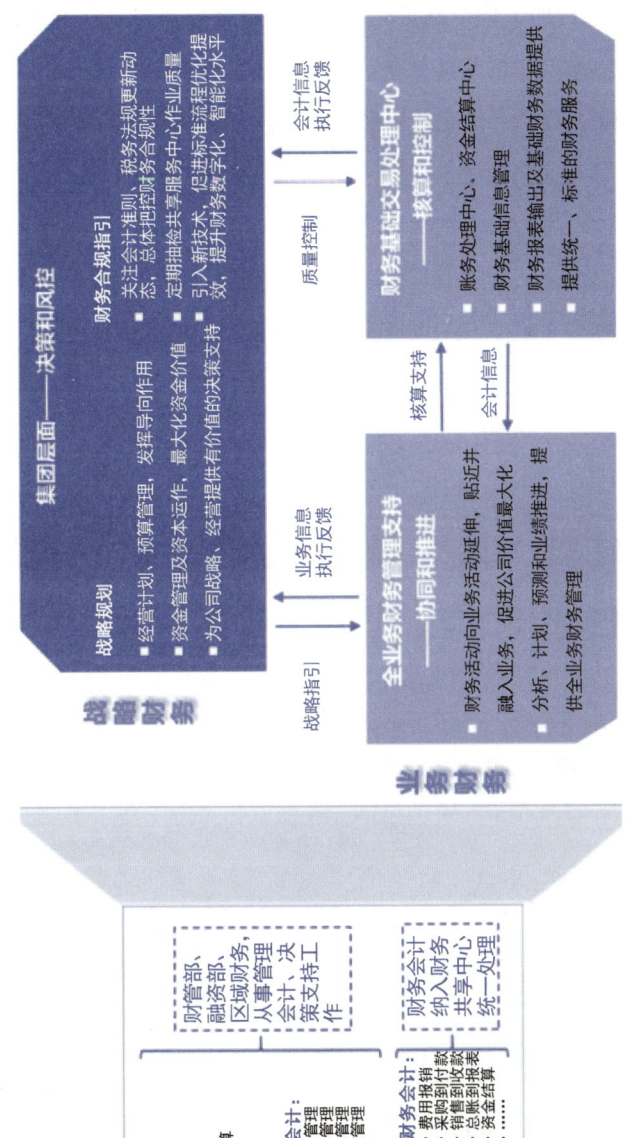

图 2-5 复星集团财务管控体系

式的优点在于,凸显了从集团本部到子公司、孙公司的战略分解过程,从集团层面把控整体财务数智化转型进程,有助于确定数智化转型方向始终与集团战略紧密相关、协同一致,有助于提高财务数智化转型的整体效果,实现集团数据共享、管控协同的高效运作。这种模式更多运用于成熟期企业,即企业已经形成较为成熟的组织架构和业务模块,一定程度上体现了规模经济优势和集团协作优势,未来期望通过财务数智化来提高管控效率。

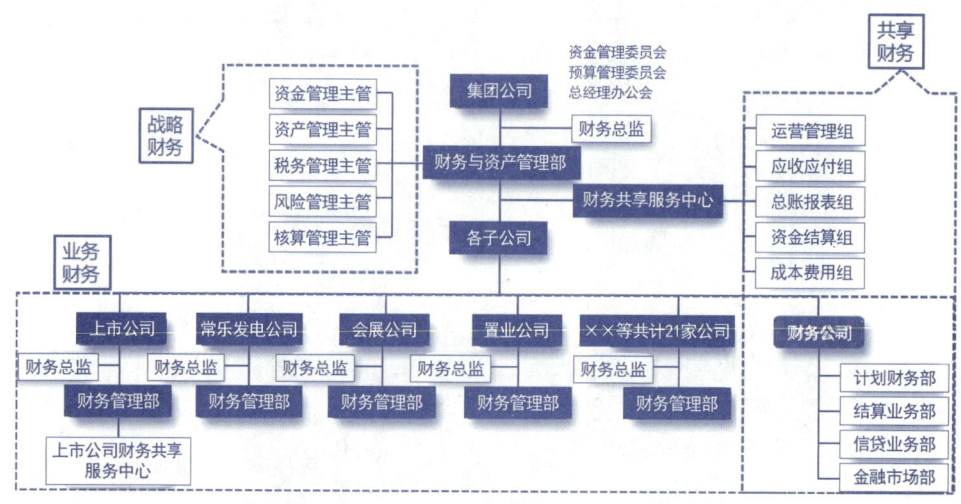

图2-6 甘肃省电力投资集团财务管控体系

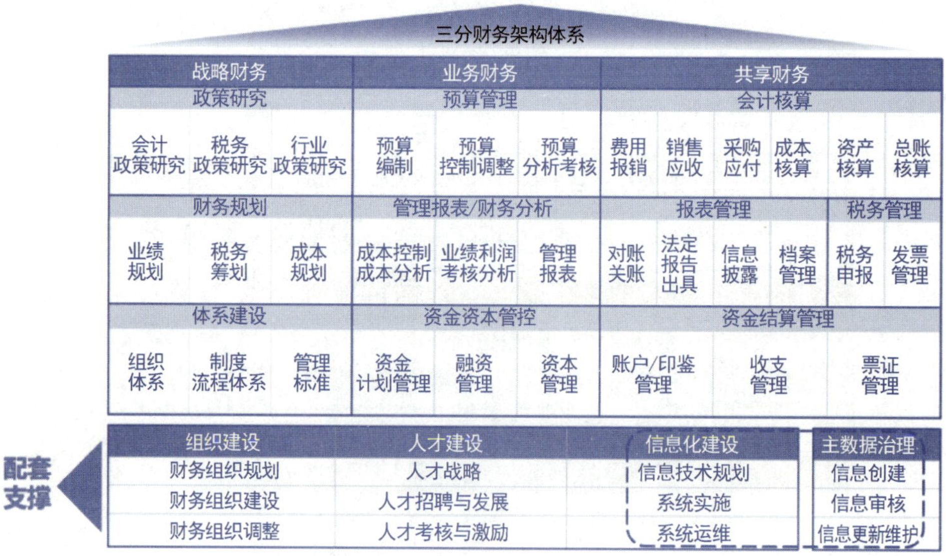

图2-7 三棵树财务管控体系

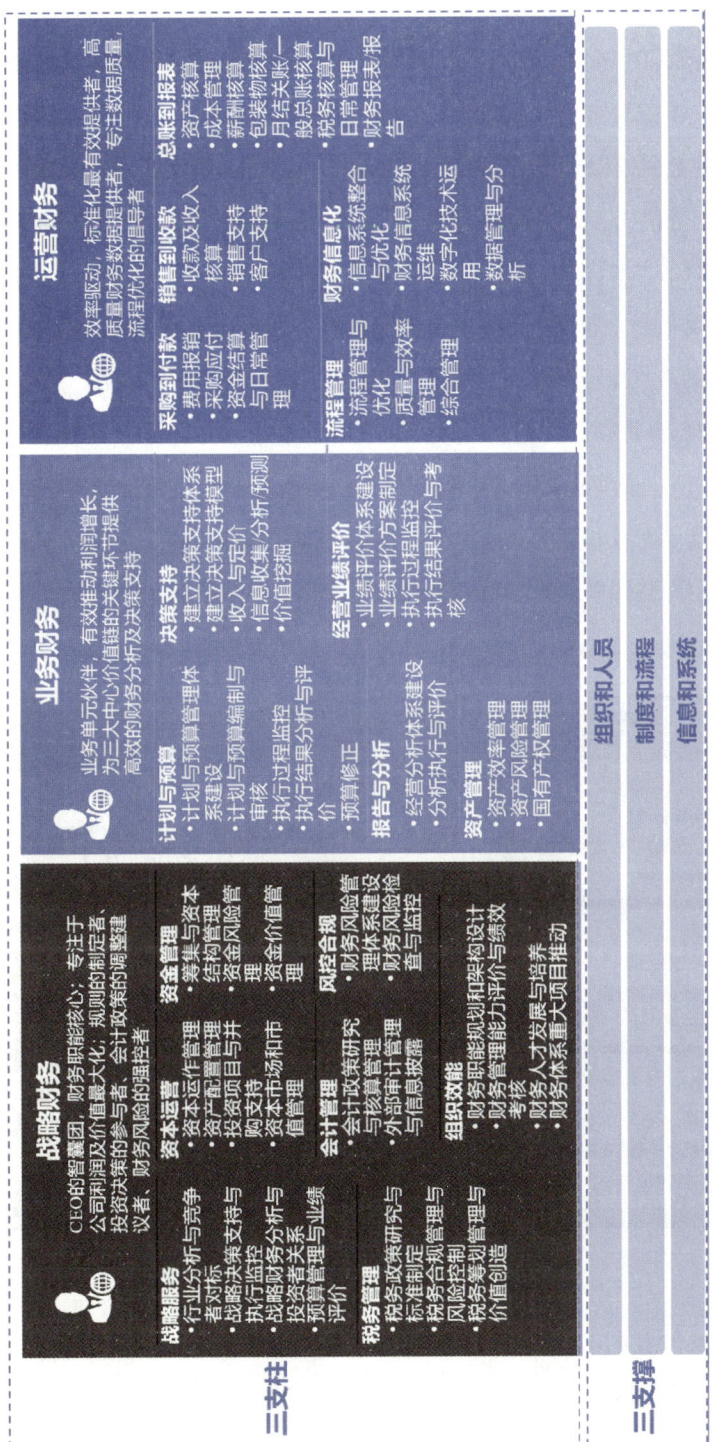

图 2-8 华润雪花财务管控体系(战略、业务、运营)

2. "业务财务—专业财务—共享财务"的模式

"业务财务—专业财务—共享财务"的模式,将企业财务数智化管控体系分为业务财务、专业财务、共享财务三个模块。业务财务是关键部分,主要负责推进业财融合,提供战略规划;专业财务相比于业务财务更加细化,明确各专业部门或产品的发展方案和财务规划;共享财务依托基础财务流程和核算,为业务财务和专业财务提供信息支持。

调研企业如海尔(见图2-9)、科大讯飞(见图2-10)、孩子王(见图2-11)等都采用了"业务财务—专业财务—共享财务"的财务数智化发展模式。以海尔为例,业务财务依托海尔智家、海尔万链、产城投、海创汇等业务单元,一方面"聚焦战略、事前算赢",通过数据分析预测为企业发展提供战略方案,另一方面"支持业务、作出决策",促进业务增值、推动业财融合,关注市场机会洞察、企业绩效管理和战略目标达成;专业财务,基于专业知识为业务单元提供专业赋能解决方案,包括全球资金、全球税务、质量运营等专业团队;共享财务聚焦共享交易处理,实现标准、流程和会计准则统一,整合交易数据,为业务财务和专业财务提供信息支撑。

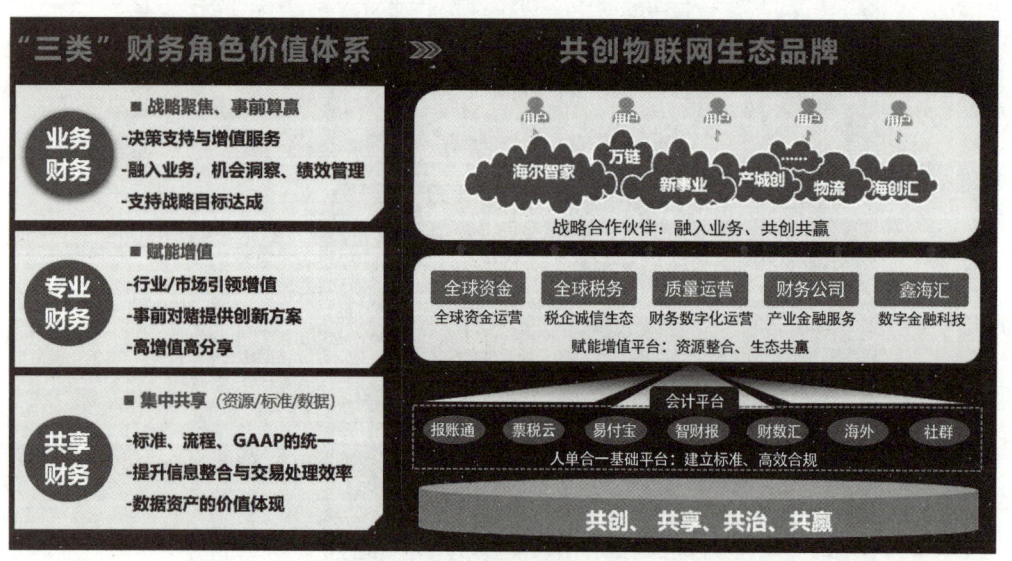

图2-9 海尔财务管控体系

相比于"战略财务—业务财务—共享财务"模式,"业务财务—专业财务—共享财务"模式更注重企业运营业务与财务数智化的结合,即通过财务数智化转型服务企业业务发展。这种模式更多出现在快速成长期企业,企业未来很长时间的发展战略在于拓宽

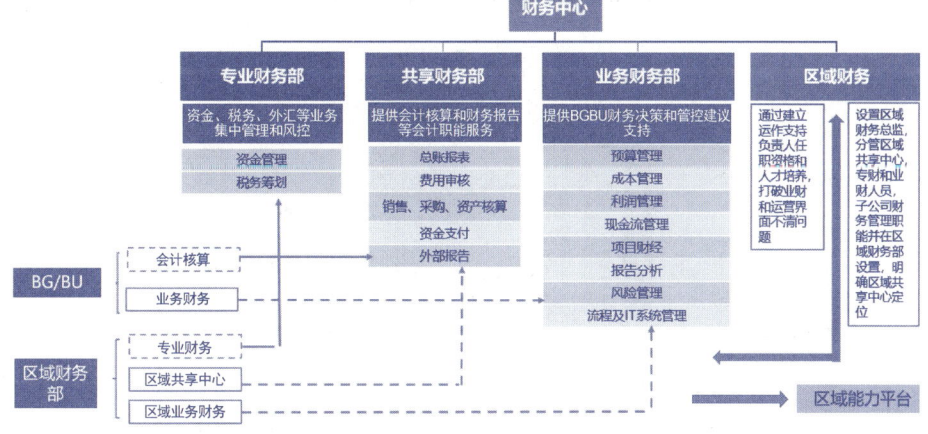

图 2-10　科大讯飞财务管控体系

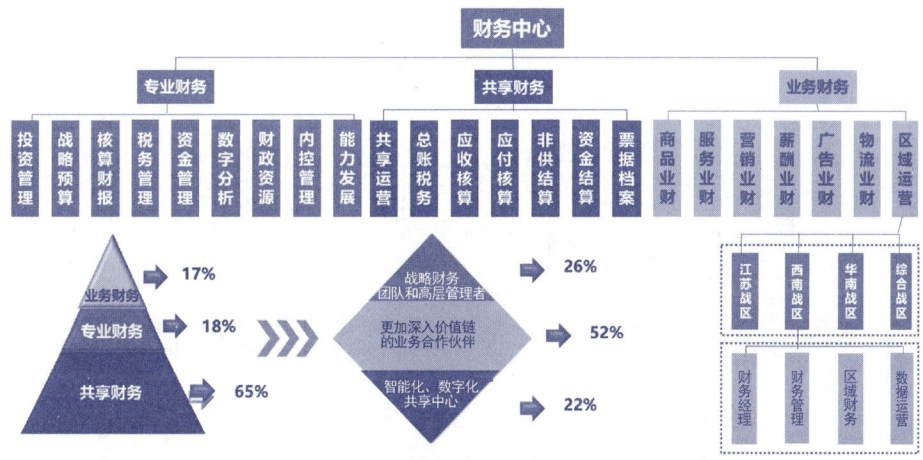

图 2-11　孩子王财务管控体系

现有业务范围和市场，实现企业的快速增长。因此这类企业更希望通过财务数智化转型来获取专业团队的知识协作和战略规划，以助力企业品牌构建、业务拓展和价值提升。

二是"业务数字化模块"，即按照业务模块细分企业财务数智化转型规划。例如：北部湾投资集团（见图 2-12）根据业务内容将财务数智化转型规划分为交通基础设施板块、产城投资板块、水务环保板块、物流贸易板块、金融板块五个部分，分模块、分业务推进企业财务数智化转型建设。这种分类方法以企业实际业务为分类指引，围绕业务流程延伸财务数智化转型模块。

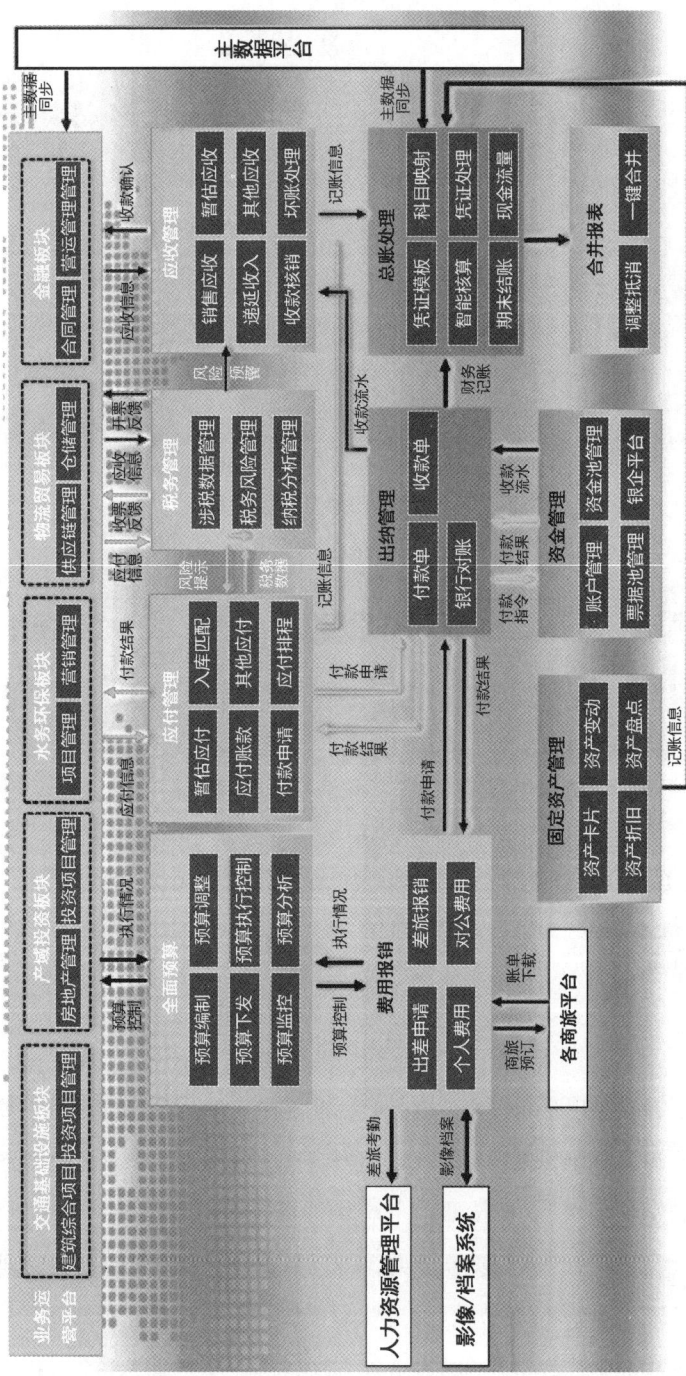

图 2-12 北部湾投资集团基于业务模块分的财务数智化转型规划

总体来说，各种财务数字化战略规划各有千秋，企业财务数智化战略规划关乎企业中长期战略规划，需要结合企业自身基本情况进行设置。在企业调研中，有多位财务数智化转型专家提出，企业的财务数智化战略不仅应当着眼于解决当前企业运营难题，还应当考虑企业未来3~5年的中长期战略规划，努力使企业财务数智化转型从"追赶跑"变为"弯道超车"。

在企业中长期财务数智化转型规划中，应当对标世界一流企业做法，注重财务角色转变、财务周期、运作模式和人才需求四方面的未来财务功能转变趋势。一是财务角色转变为解决集团共享问题，站在集团层面思考财务共享中心的建立目的和作用，而非局限于业财一体化；通过财务数智化转型引进先进技术，建立更大更新的财务分析和洞察能力，而非仅是财务工厂。二是应当加快财务服务体系和管控体系的时间周期，例如自动化报表、自动化控制、财税报告等，未来应实现实时决策和及时调整。三是运作模式趋向自动化自助化，财务应当将精力放在业务协作和战略规划上；同时将职能延伸到业务部门，推动数据标准化和规范化。四是培养和引进擅长数字化、IT、数据分析等的复合型财务人才。

第二节 企业财务数智化体系

随着信息技术的发展，数字化推动企业财务转型升级的进程也在不断推进。数字化逐渐嵌入企业的采购、生产、运营、销售等各个方面，形成了独特的企业数字化转型框架体系，而财务数智化体系又在其中发挥着链接业务和管控的作用，作为精细化管理的基础来支撑业务运转和运营管理。同时不少企业也在此基础上构建了财务管理能力评价体系，来评价和指导企业财务数智化转型的具体效果和方向。基于此，考察调研企业的数字化转型框架体系、财务数智化建设体系和财务管理能力评价体系，对于挖掘企业差异化的数字竞争优势，明确企业财务数智化体系的基本做法具有重要意义。

一、企业财务数智化与企业数字化体系框架

从样本企业资料来看，企业数字化转型框架体系囊括业务数字化、财务数智化、管理数字化等各个方面。在企业的数字化转型框架体系中，财务数智化发挥着数据集成和信息支持的作用。

企业通过统一设计，统一标准，总体规划，分步实施打造数字化体系，通过基础设施投资，实现研发管理、采购管理、生产管理、物流仓储、合同法务、销售贸易、投资管理、资金管控等价值链各环节的数字化转型，并支持企业管理各方面的决策（见图2-13）。企业在各种数字化技术中台的支持下，形成数据中台，进一步支撑业务数字化系统与财务数智平台的互融互通，从而使之更好地实现业财融合，财务数智平台与外部互联网平台实现平台互联，最终通过前后端的业务和外部接口平台，实现平台间多系统互联互通，最终实现业财融合，实现战略目标及其绩效目标（见图2-14）。

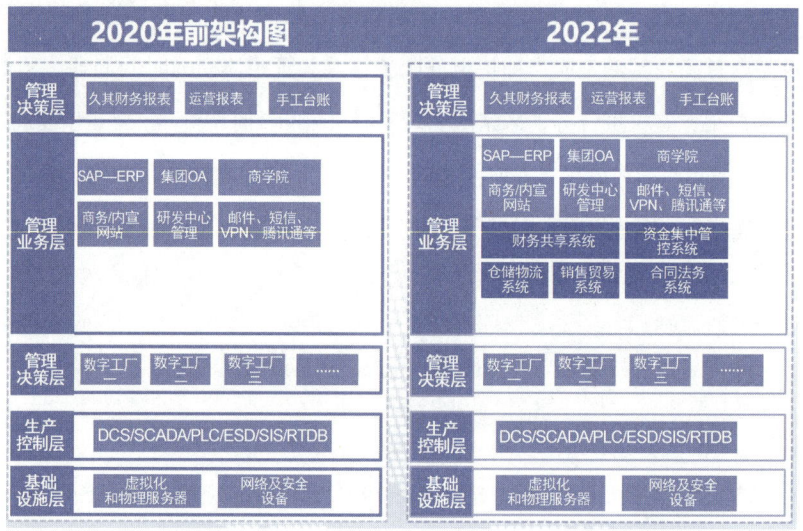

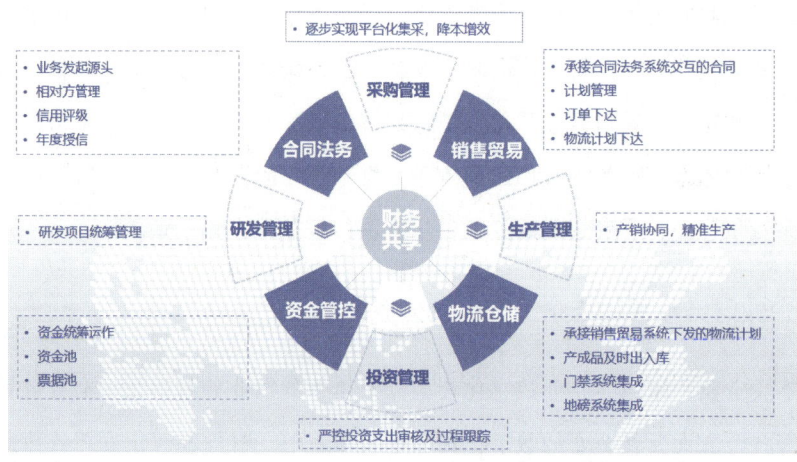

图2-13　云天化数字化建设框架体系

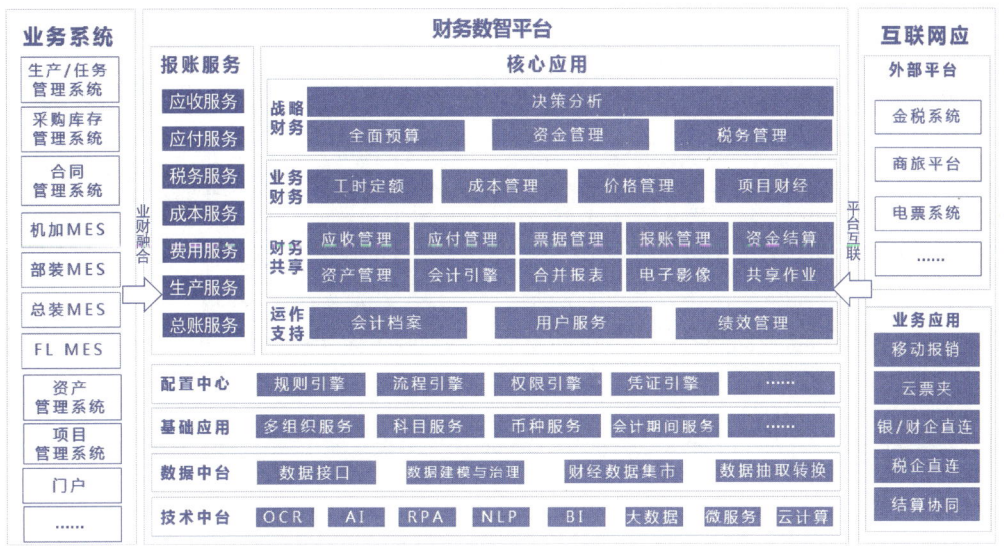

图 2-14 洪都航空全面数字化转型框架体系

企业财务数智化系统处于数字化转型的核心位置,财务数智化又进一步支撑企业数字化的转型。财务数智化的核心是财务共享平台,财务共享平台或者说财务数智化平台,链接业务管理系统和外部接口平台,依托数据前端平台,进行数据集成、处理、共享,上方为企业决策提供信息支撑。具体来说,财务数智化体系在企业数字化转型体系中发挥着承前启后的作用。横向来看,财务数智化以投资、采购、合同、报账、共享、资产、预算等业务模块方向,通过建设业务数据端口实现业务数据到财务数智化平台的直接传递,实现业务流程的规范化和标准化(见图 2-15);纵向来看,财务数智化下方依托数据平台和技术平台,上承数据中台,为企业经营管理层的企业决策和风险管理提供数据支持(见图 2-16)。

从样本企业来看,现有的企业财务数智化建设体系通常分为前端、中端、后端三部分。前端链接业务平台,包含商品、服务等系列业务;中端包含应收管理平台、库存成本中心、应付结算平台、资产费用平台等数据集成和核算平台;后端包括资金管理、税务管理、总账报表、关联方管理、主档管理等数据处理平台,共同支撑数据中台。业务数据从前端输入,到中端集成核算,再到后端优化处理呈报,最终为管理会计、财务会计、预算管理、经营分析、内控管理等企业决策提供数据支持。

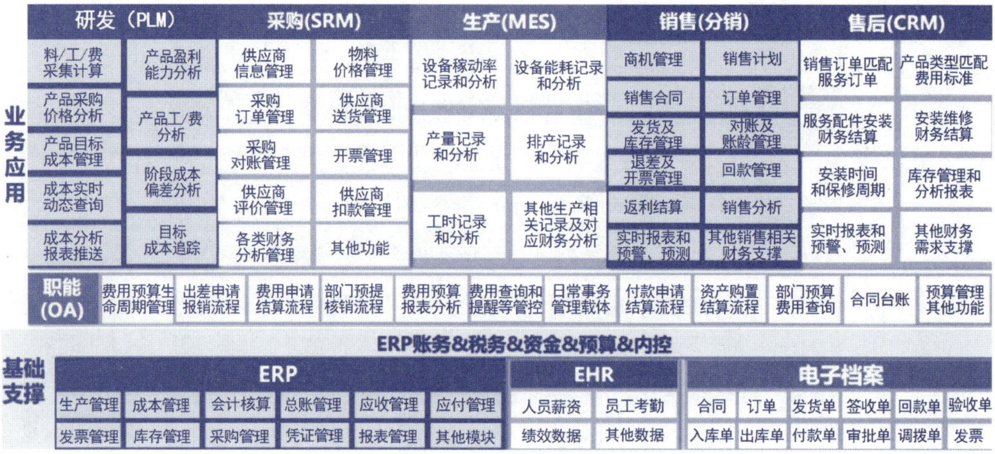

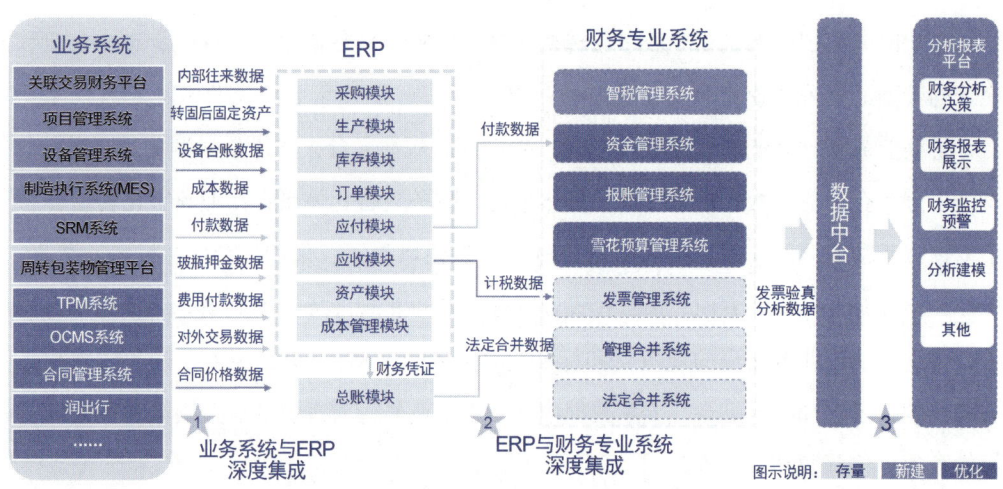

图 2-15　老板电器数字化转型体系

图 2-16　华润雪花啤酒数字化转型体系

不同企业中,财务数智化建设体系有所差异。孩子王将数据中台作为财务后台的一部分,集成来自资金管理、税务管理等平台的处理数据(见图 2-17);瓦房店轴承集团(见图 2-18)在业务前台和财务后台间,嵌入了共享中台,通过集成各类业务数据,支撑作业平台和运营平台,通过绩效看板实时监控业务模块进展,提高业务处理效率。

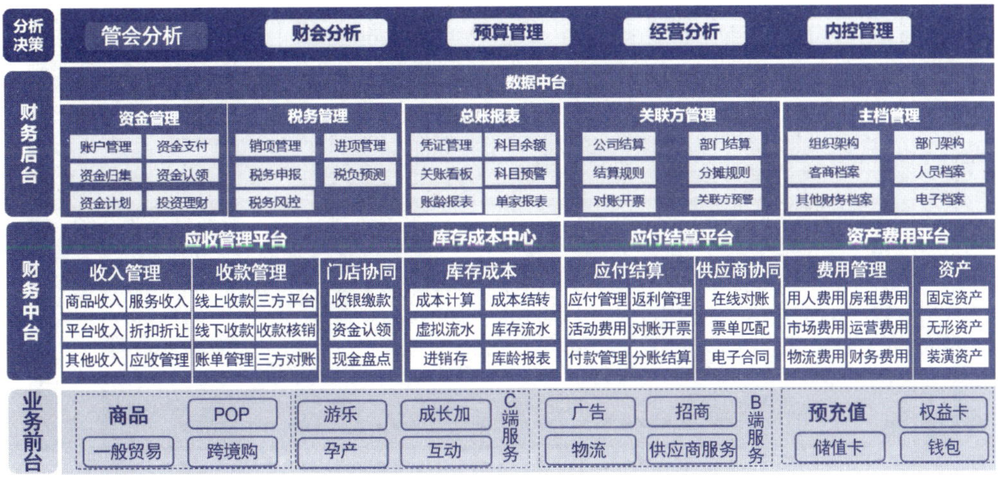

图 2-17 孩子王财务数字化体系

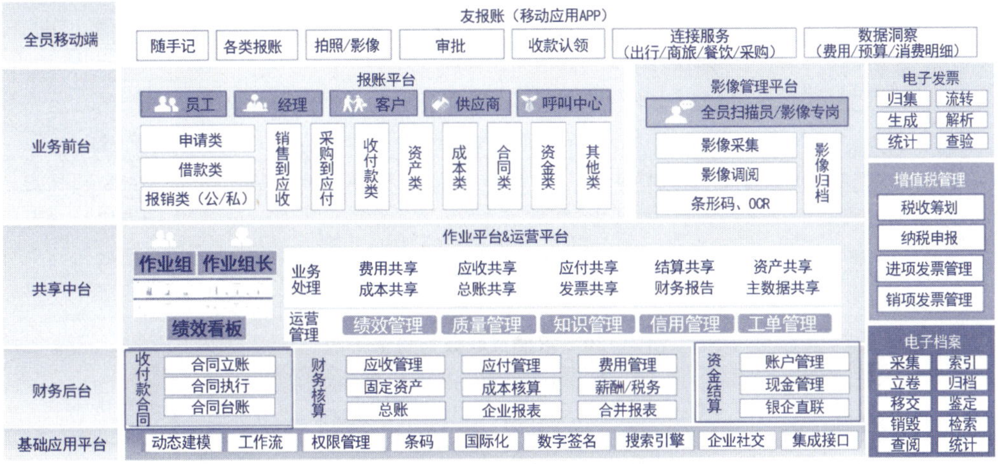

图 2-18 瓦房店轴承集团财务数智化系统架构

二、企业财务数智化体系模块

从企业财务数智化体系的基本模块来看（见图 2-19、图 2-20、图 2-21 和图 2-22），财务中台系统基本包括了传统的财务模块，如核算的费用报销、采购应付、成本核算、资产核算、销售应收等，资金管理如账户、发票与收支管理、报表管理、税务管理等；财务管理模块的投融资与风险管理等；管理会计模块的预算、成本管理等；部分公司甚至搭建了审计模块、财务人力资源模块等。

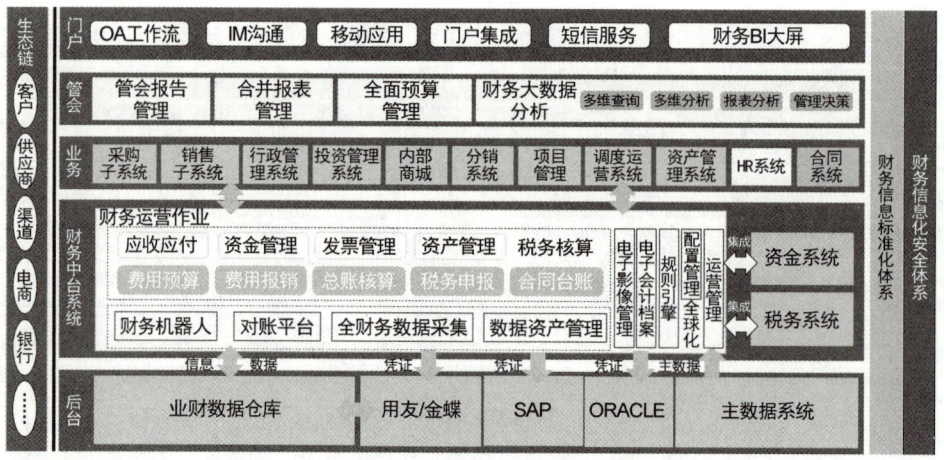

图 2-19　复星集团财务数字化体系整体应用架构

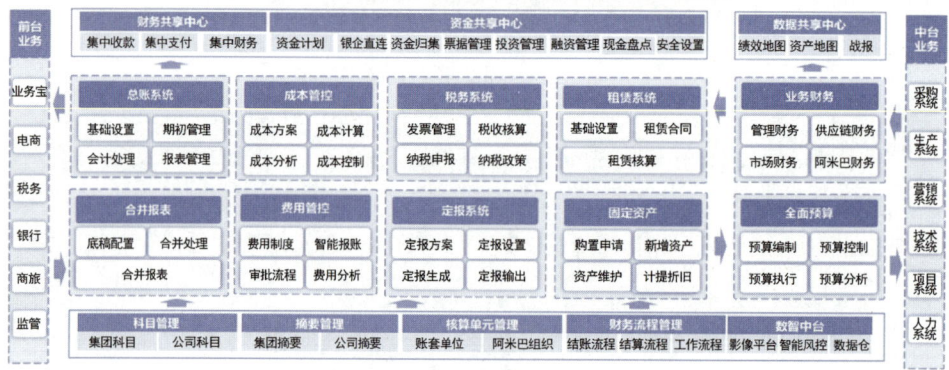

图 2-20　农信互联数智财务平台

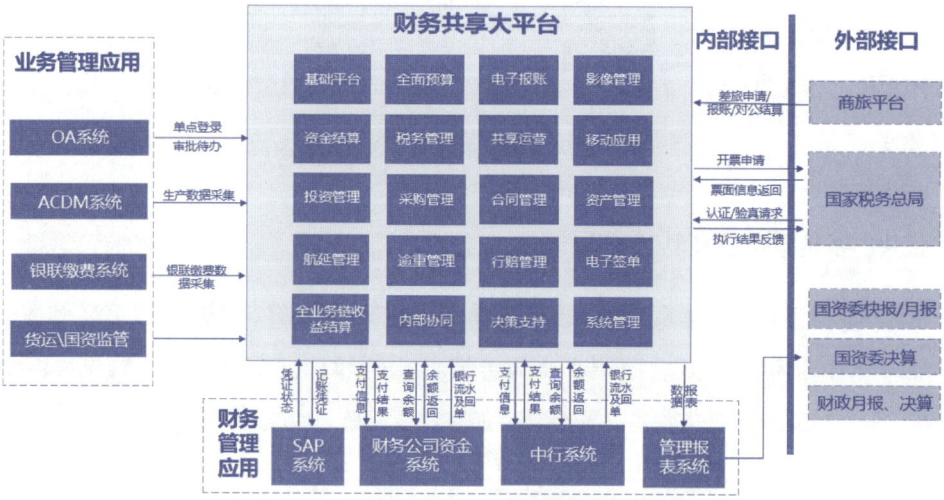

图 2-21　内蒙古机场集团财务数智化集成架构

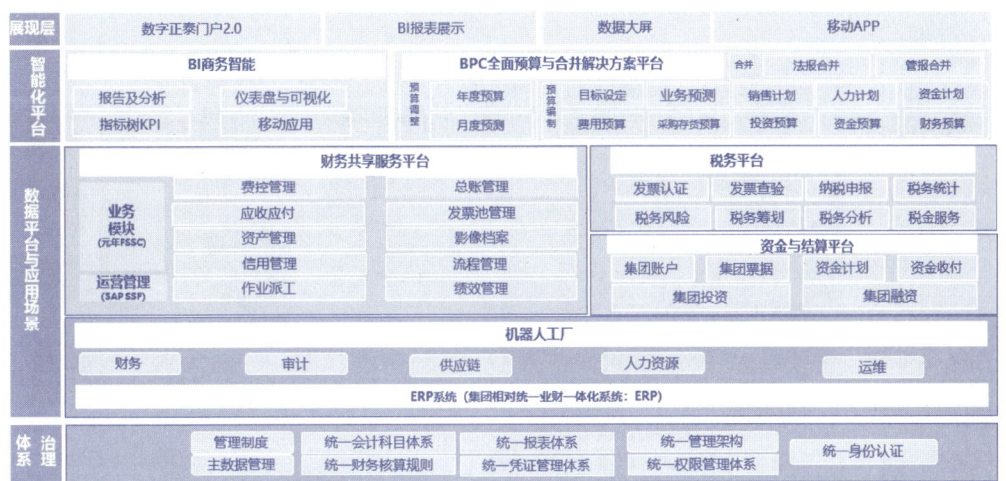

图 2-22　正泰电器智能财务平台架构

从整体来看，企业财务数智化体系模块分为前台数据收集、中台数据加工、后台数据处理三个板块，最终支撑企业的战略决策。前台通过银行、商旅、税务、业务等来源获取数据，以财务共享平台为支撑，经过财务中台的应收应付、资金管理、发票管理、资产管理等模块，实现数据的流程化高效处理，传递到后台数据处理平台，为企业管理决策提供支持。

（一）财务共享服务中心

在37家调研的企业中，35家企业都构建了财务共享服务中心，仅孩子王、中海壳牌和老板电器3家企业还没有财务共享。37家企业都不断强调财务数智化目的是实现业财融合。

从现有企业的财务共享服务中心建设架构来看，总体分为系统集成和业务功能两大模块。系统集成模块是财务共享中心的技术基础，包含SAP、OA、商旅系统等，提供基础数据集成和管理服务。业务功能模块是财务共享中心的核心，包含商旅、发票、应付、费用、总账、资产等，涵盖企业日常运营全流程（见图2-23、图2-24和图2-25）。

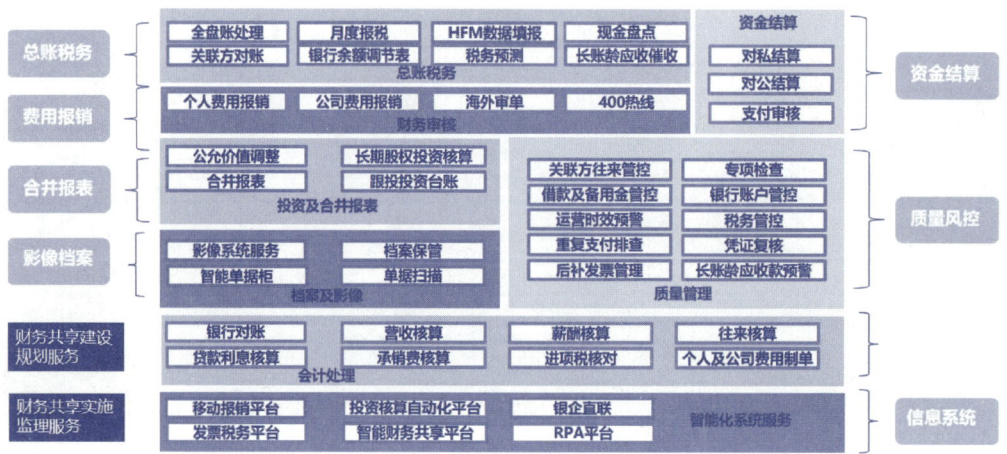

图 2-23 复星集团财务共享服务菜单

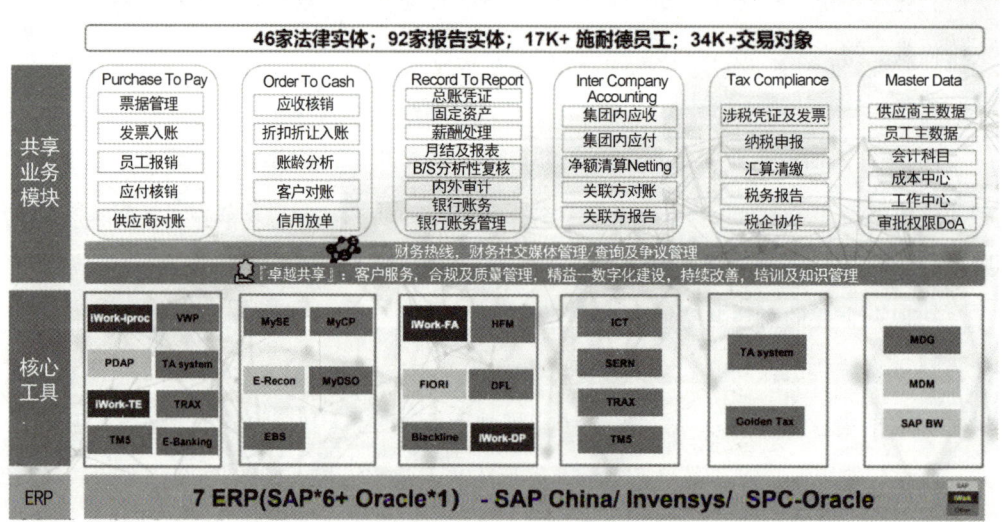

图 2-24 施耐德电气财务共享中心的职能与系统

图 2-25　正泰电器财务共享功能与系统

（二）传统财务模块数智化

传统财务模块数智化主要包括传统财务职能的数智化，包括核算、资金管理、报表管理、税务等方面。

1. 核算

核算是传统财务会计的核心职能。核算包括了企业日常经营过程中的采购应付、销售应收、费用报销、成本核算、资产核算等方面。经统计，样本企业已经100%实现了日常财务核算的数智化转型，经过财务作业平台的建设，业务上实现了采购与销售的集约化管理，内部管理上实现了成本费用、资产管理的数据共享，为管理决策提供依据。

（1）采购到付款（见图 2-26）。项目物料及日常采购需求，通过 POMP 系统提交到 SCM 系统，报账机器人结合业务流程、发票影像管理以及合同台账的管理，进行业务审批以及财务审核流程，审核后相关的凭证、数据传到 SAP 系统进行凭证的确认、应付凭证生成，经确认后达到付款条件的流程会自动推送到 CBS 进行付款。付款数据返回 SAP 系统及资金计划系统，以展示整体的付款情况。

财务作业平台建设—采购到付款

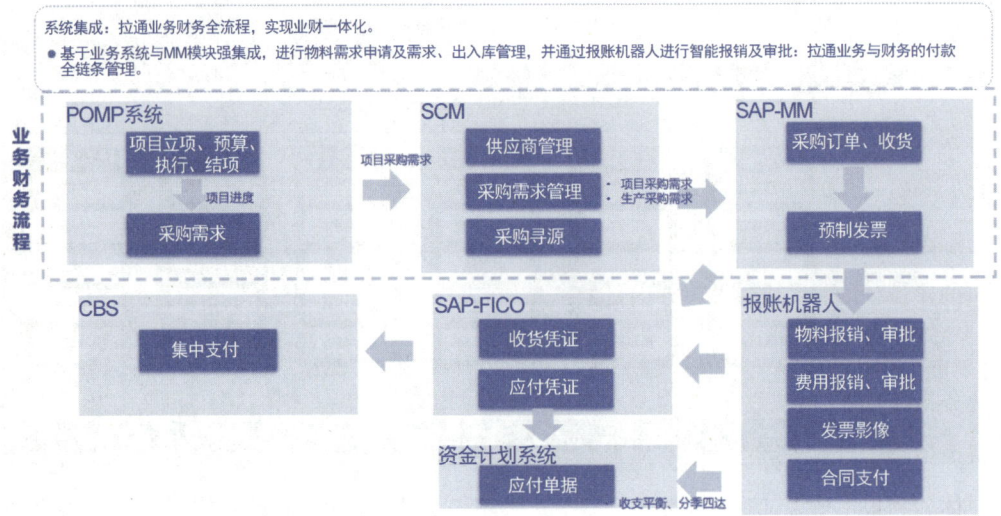

财务作业平台建设—销售到回款

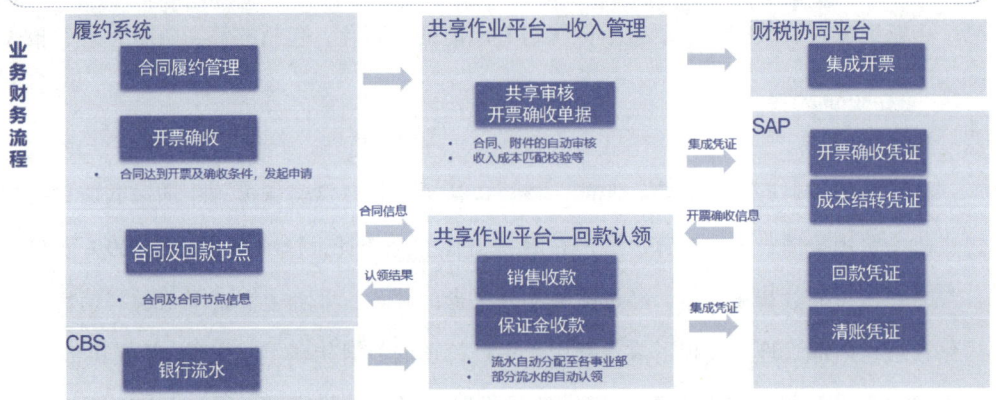

图 2-26 科大讯飞采购付款与销售回款智能化

（2）销售到回款（见图 2-26）。当销售合同达到确认收入的条件时，财务作业平台会辅助业务人员发起开票申请，申请流程进入平台的收入模板，以财务人员为主、财务机器人为辅进行收入确认开票的审核，审核通过后，开票数据被同步至财税协同平台进行集中开票，同时，数据被推送至 SAP 系统自动生成收入凭证。开票后，信息会同步到回款认领模块，结合业务特性及专用流水标识，信息自动匹配至各事业部，各事业部回款后系统自动生成凭证并清账,同步回传至合同履约系统进行履约登记。

基于财务平台搭建,财务核算智能化功能得到强化:第一,财务整体信息化架构围绕 SAP 系统搭建,通过建设共享运营平台支撑共享财务日常工作,后端集成资金系统和税务系统,承载财税资金管理运作;第二,除主要信息系统外,日常工作中比较机械化、频次较高的操作通过建设自动化工具替代人工,减少工作量,目前正在建设以 RPA(流程机器人)的小程序来全面提升工作效率;第三,信息系统的集成加上自动化工具包的建设,能够大大减轻财务人员的工作量,提升数据质量。

(3)费用报销(见图 2-27)。企业基于财务共享平台的数智化转型实现企业的全业务报账功能。包括费用、收入、成本、税金、薪酬等类别,对于业务频繁发生的一些费用报销通过业务流程优化,实现前中后台的贯通。在系统中融入智能化技术,提升用户体验和报销效果,降低财务风险。在此过程中,较多企业利用外部软件或系统提升费用报销的效率,例如:借助 OCR 识别功能对发票信息进行自动识别;打通与税务局的数据端口;实现移动端的应用等,极大提升了工作效率。

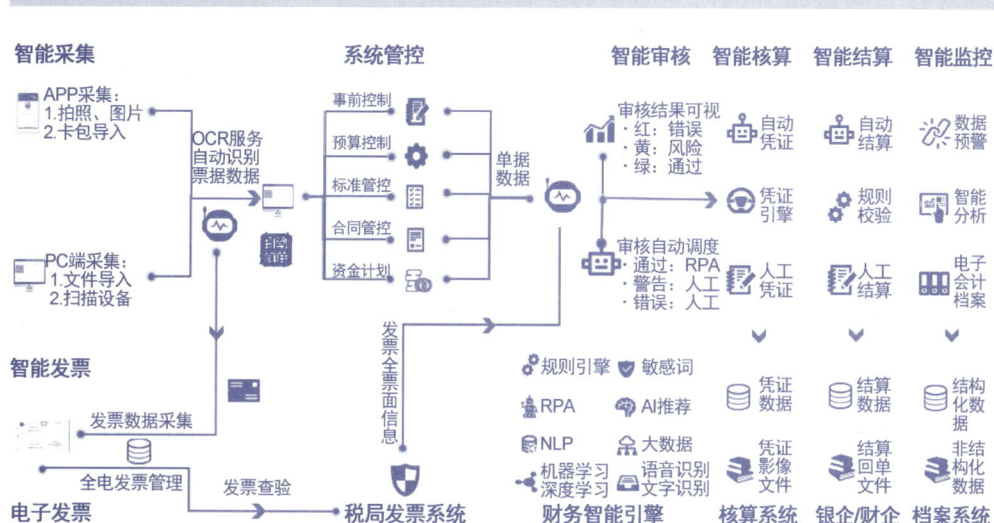

图 2-27 内蒙古机场智能费控

(4)成本核算(见图 2-28)。成本核算即是对成本的精细化管控。包括成本方案、成本计算、成本分析和成本管控四个维度。成本管控与企业的日常经营业务紧密相关。

为了达成单位成本的降低，增强企业市场竞争力，成本管控需精细化结合业务每个环节，特别在生产环节，涉及原材料、库存、半成品、产成品等。

图 2-28　农信互联成本管控

（5）资产核算（见图 2-29）。管理平台按照生产经营业务过程对各项指标的口径进行统一，建立集团级的数据标准，让数据最终形成数据资产。数据资产在进行数据共享时可以完全避免由于数据定义不同带来的复杂转换，提高系统之间对接的效率，降低内部沟通成本及后期数据类项目的研发成本和周期。同时，数据资产建设过程中构建的数据指标体系可以在后续的数据分析、算法类项目中毫无障碍地继续应用，而不用进行重复的存储和计算。

2. 资金

资金管理系统包括账户管理、收支管理、票证管理等，样本企业已经 100% 实现了资金管理的数智化转型。在账户管理方面，资金系统在内部利用数智化构建现金池，提高资金的利用效率和收益。收支管理方面，通过与银行支付通道的对接，有利于改善资金结算效率。票证管理方面，利用数智化构建票据池，实现对承兑汇票等的滚动管理，降低了信用风险（见图 2-30 和图 2-31）。

财务数智化大数据平台构建数据资产

通过建设大数据平台,规范数据标准,统一数据口径,开发数据模型,构建数据资产,结合数据质量与数据安全管理,对外提供统一的数据指标模型

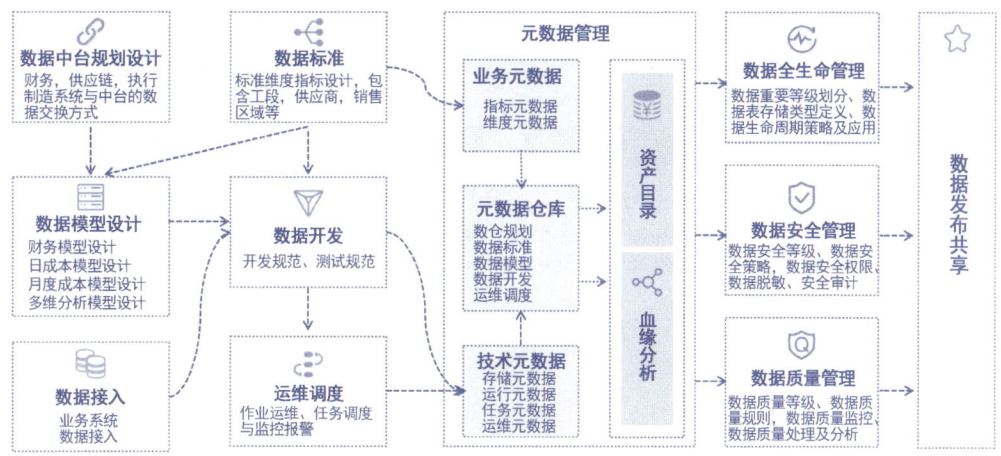

图 2-29 海螺水泥数据资产

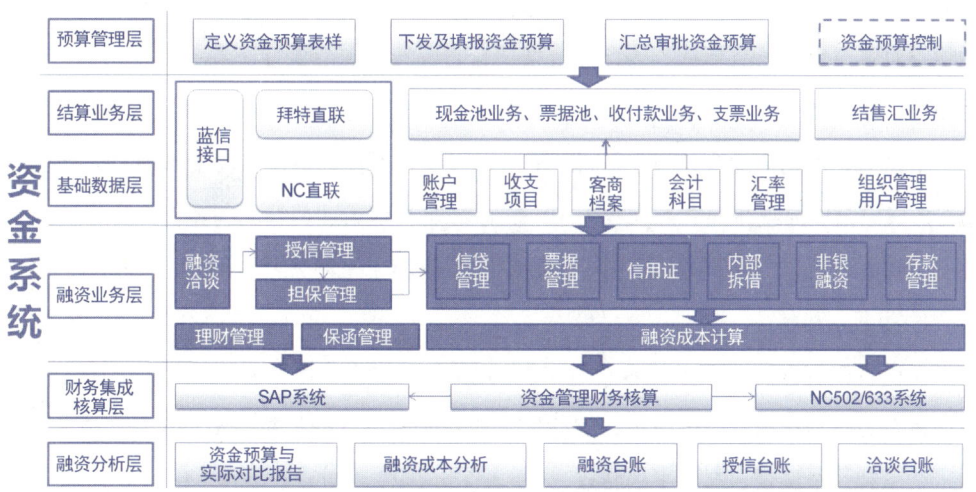

图 2-30 协鑫集团数智化资金管理

雪花在华润集团司库管理系统基础上，根据自身业务情况进行开发完善，形成了目前囊括四大系统、三大模块、十五项职能的完整管理体系。依托自动化、智能化、数据化工具统一管理金融资源和金融业务，在有效防范和控制风险的同时，保障生产需要，促进产融结合，不断提升企业核心竞争力。

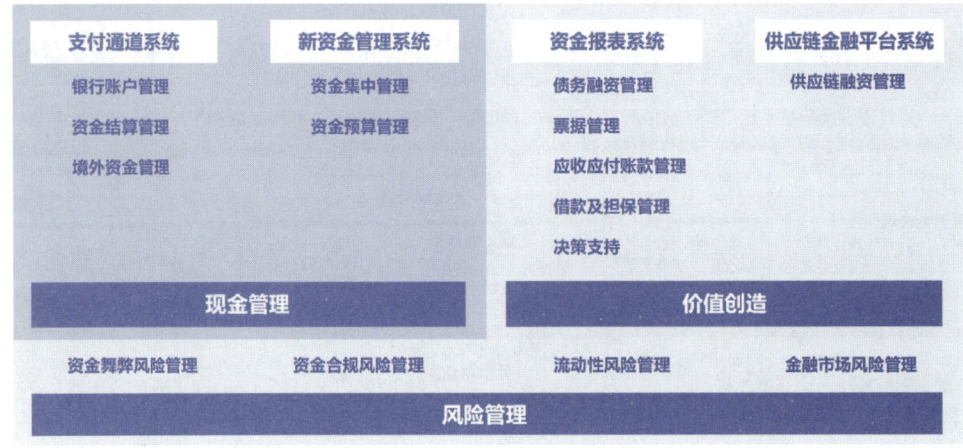

图 2-31　华润雪花司库管理

3. 报表管理

样本企业100%实现了报表管理的数智化。报表管理系统包括多业态、多监管要求下的合并报表、预算管理、内外部管会报告，多维度财务数据分析等。报表模块目的是实现财务全流程全环节线上闭环流转，以引擎驱动系统各大功能模块，实现全周期凭证一体化管理。从而使内部交易抵消和合并抵消最大程度自动化，以及外部报表和内部管理标准报表最大程度自动化。模块功能包括总账与应收、应付、存货、资产等各子模块的检查对账，审核所有单据是否已经审核记账、银行对账、关联方往来对账等。各单位关账提交后，在合并报表系统基于关联公司账目抵销、账外调整日记账等数据出具多口径、不同会计准则下的合并报表，同时也可以对接全面预算系统自动出具预实分析报表。最终形成以报表为载体的财务大数据中心，以满足投资人、债权人、经理人员、供应商、政府、雇员和工会、中介机构等不同利益相关方对财务报告的需求（见图2-32）。

4. 税收

在税收模块方面，37家样本企业中，36家企业实现了部分税收数智化。智能税务系统核心为自动计税及一键申报，能替代性地完成繁重复杂的税务治理工作，具有多主体、全税种、全场景、高水平的特点。

税务职能顶层设计——先进的税务职能：根据总部税务战略、共享税务运营管理、属地税务日常工作的税务职能三级划分，以智能税务管理系统为基石，进行涉税数据管理，形成企业税务画像，实现业财税一体化深度融合（见图 2-33 和图 2-34）。

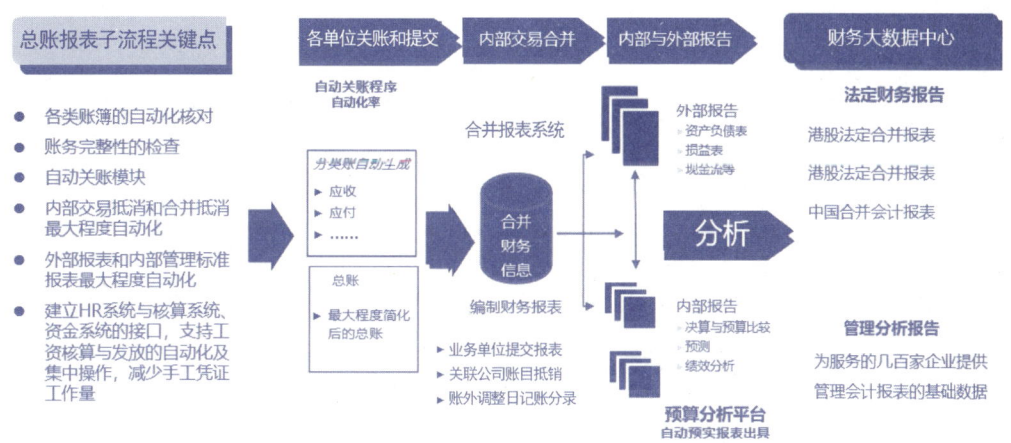

图 2-32　复星集团报表模块

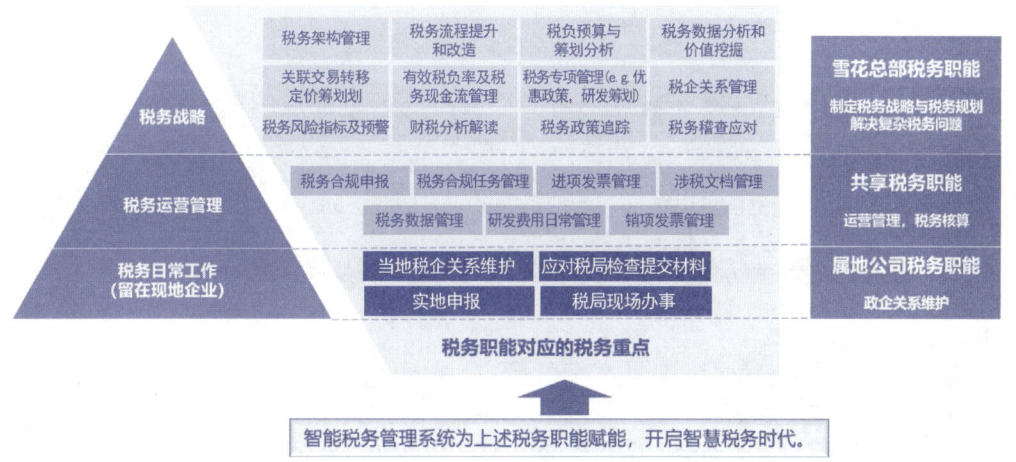

图 2-33　华润雪花智能税务

（三）投融资与风控模块

1. 融资

15 家企业的部分融资管理实现了数智化。财务数智化转型通过对授信管理、担保管理、融资管理和金融机构关系的管理，将年度融资综合授信纳入统一管理，以实现多金融机构，全生命周期集约、可控、可视的管理（见图 2-35）。

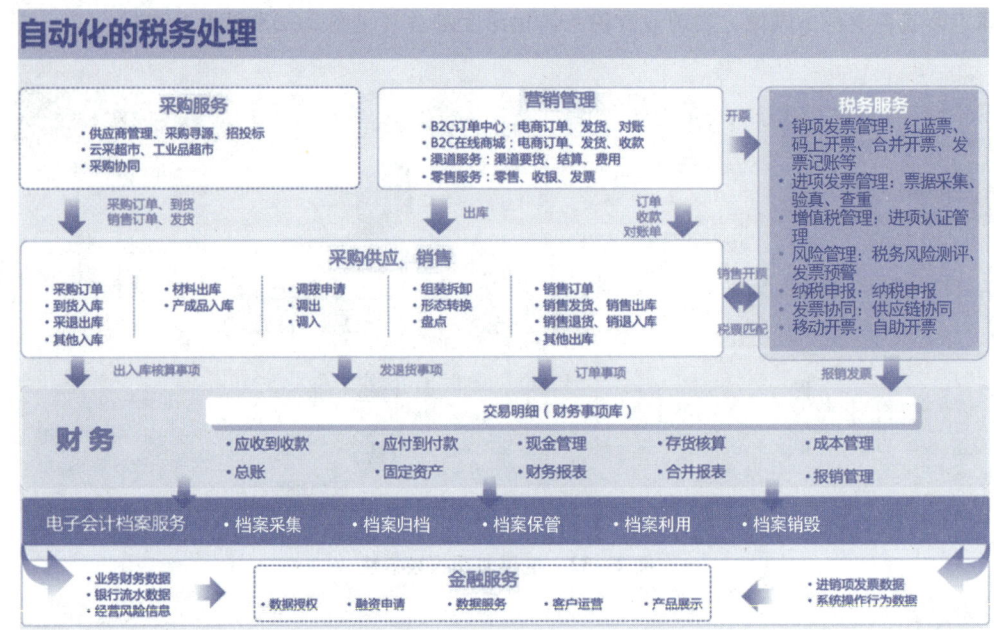

图 2-34 兴港投资集团智能税务

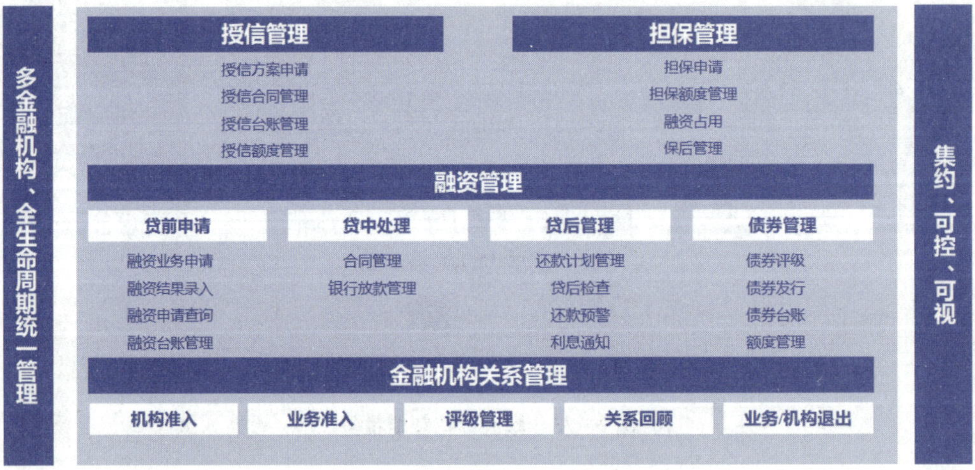

图 2-35 华润雪花啤酒融资管理

2. 投资

16家企业的部分投资管理实现了数智化,但离投资全生命周期智能化管理还有较大的差距。已实现数智化的企业,通过投资项目库建立覆盖投资项目和全生命周期的闭环管理体系,形成网络化的投资项目管理业务平台,从而实现投资战略规划、投资计划、投资决策、投资管控执行到投资后评价的整个全业务闭环管理。加强对投资项目的数据采集、项目申报、审批、分析、预警等业务内容的管控（见图 2-36 和图 2-37）。

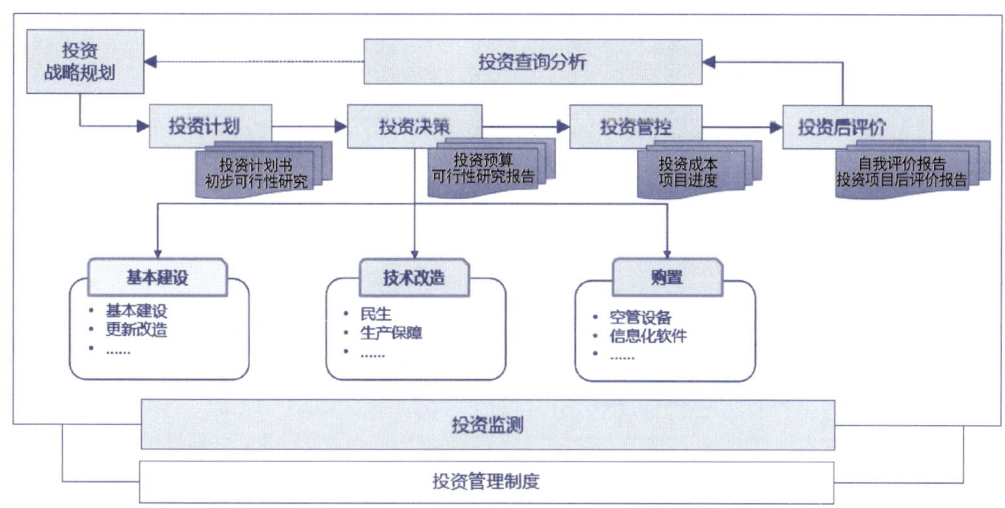

图 2-36　内蒙古民航机场集团投资管理系统

图 2-37　兴港投资集团投融资管理

3. 风险控制

11 家实现了财务风险管理智能化管控，12 家在财务风险管理智能化基础上开始推进并基本实现了全面风险管理智能化。以 TCL（见图 2-38）和中国太保（见图 2-39）为例，

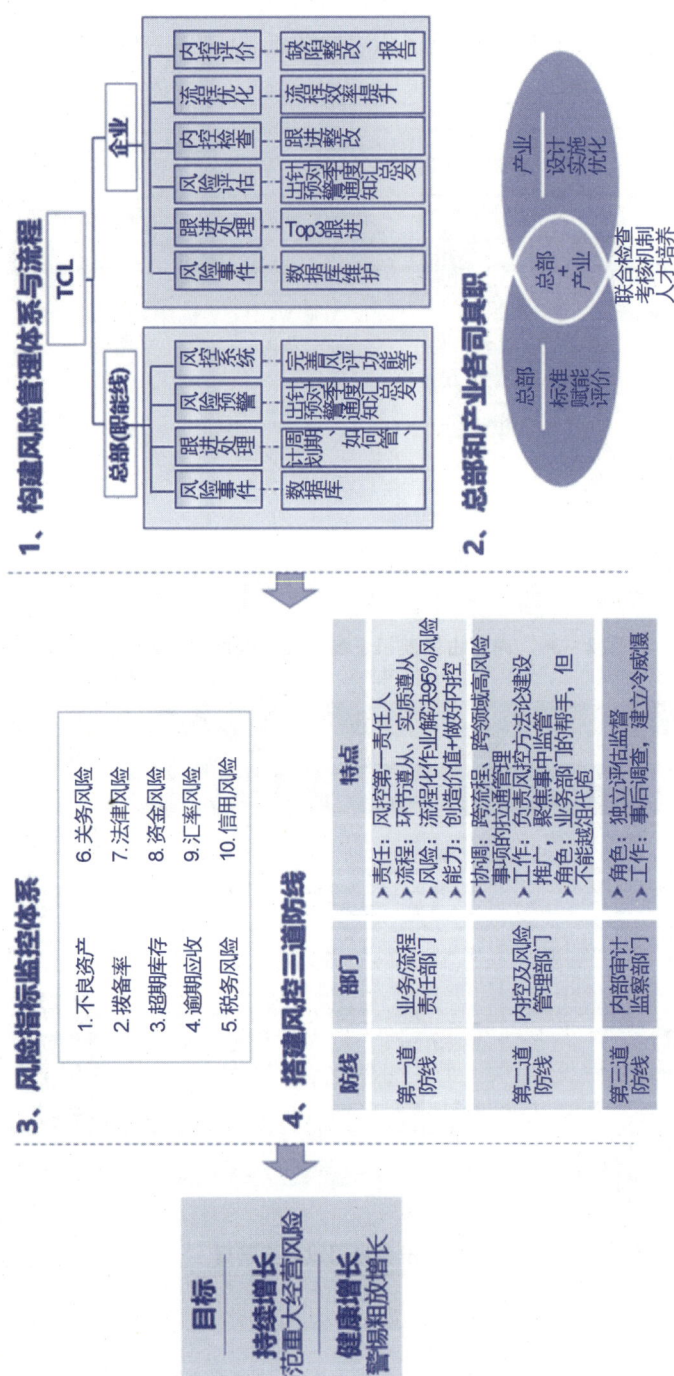

图2-38 TCL智能合规风控体系

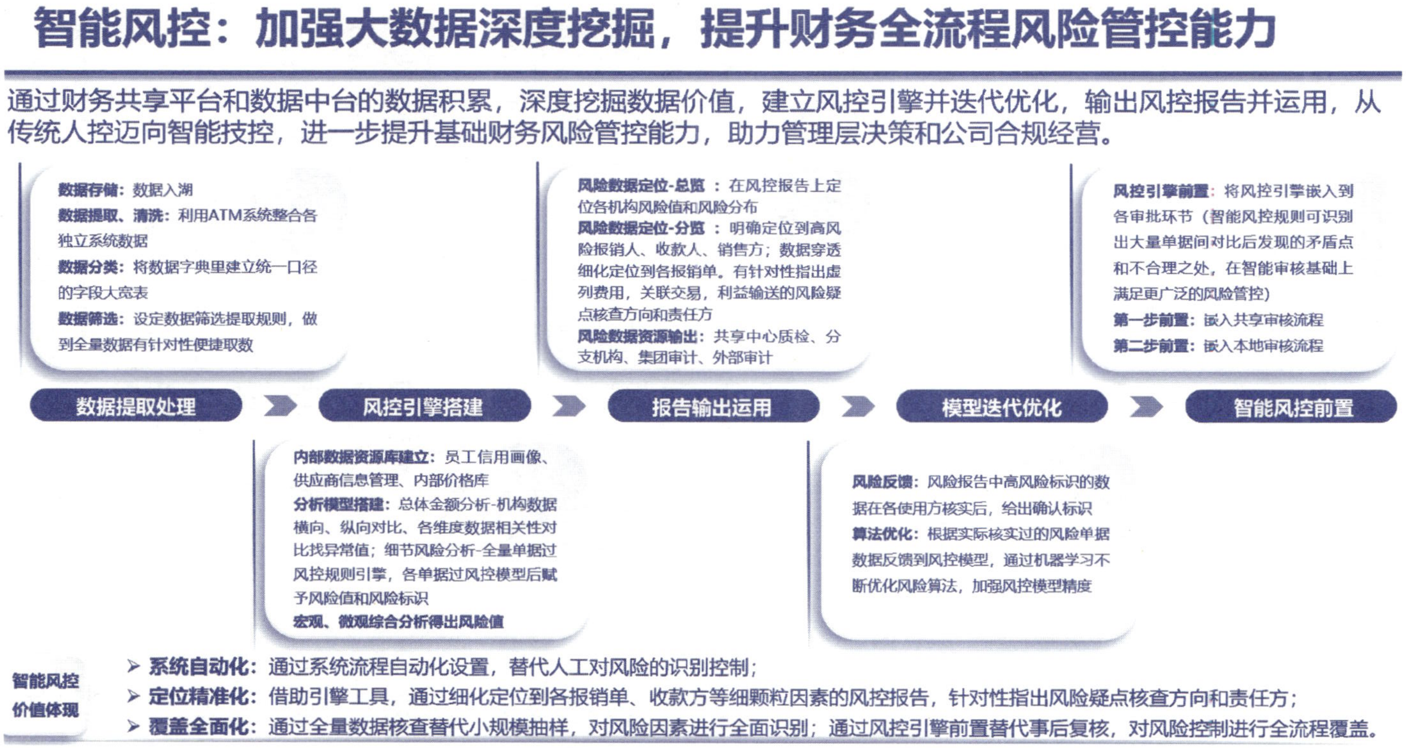

智能风控：加强大数据深度挖掘，提升财务全流程风险管控能力

通过财务共享平台和数据中台的数据积累，深度挖掘数据价值，建立风控引擎并迭代优化，输出风控报告并运用，从传统人控迈向智能控，进一步提升基础财务风险管控能力，助力管理层决策和公司合规经营。

数据提取处理

- **数据获取**：数据入湖
- **数据清洗**：利用ATM系统整合各独立系统数据
- **数据分类**：将数据字典建立统一口径的字段大宽表
- **数据改造**：设定数据筛选提取规则，做到全量数据有针对性的便捷提取

风控引擎搭建

- **内部数据资源库建立**：员工信用画像、供应商信息管理、内部价格库
- **分析维度精选**：总体全都分析-机构数据横向对比、纵向对比；各维度数据相关性比对；细节风险分析-全量单据比对、比找异常值、关联改易、单据规则取风险赋予，单据合规风险识别
- **宏观、微观结合分析输出风险值**

报告输出运用

- **风险数据定位-总监**：在风控报告上定位各机构风险值和风险分布
- **风险数据定位-分监**：明确定位到高风险
- **细节定位**：收款人、销售人、数据穿透细化定位到客户报销单、有针对性输出的风险疑点
- **风险数据资源输出**：共享中心质检、分支核查方向的责任力、集团审计、外部审计

模型迭代优化

- **风险反馈**：风险报告中高风险粒度标识的数据在各使用部门方核实后，给出确认标识
- **算法优化**：根据反馈到核实确认数据反哺风险控制模型，通过机器学习不断优化风险算法，加强风控模型精度

智能风控前置

- **风控引擎前置**（智能风控规则可识别出大量单据问题对比后发现的矛盾点和不合理之处，在智能审核基础上满足更广泛的风险管控）
- **第一步前置**：嵌入共享审核流程
- **第二步前置**：嵌入本地审核流程

智能风控价值体现

▲ **系统自动化**：通过系统流程自动化设置，替代人工对风险的识别控制；
▲ **定位精准化**：借助引擎工具，通过细化定位到客户报销单，收款方等细颗粒度因素的风控报告，针对性指出风险疑点核查方向和责任方；
▲ **覆盖全面化**：通过全量数据将核查替代小规模抽样，对风险因素进行全面识别，通过风控引擎前置替代事后复核，对风险控制部划进行全流程覆盖。

图 2-39 中国太保集团智能风控

其风险管控包括三方面内容：第一，风险管理体系和流程。首先是对各个事业部纵向的管理，包括风险事件、跟进处理、风险预警、内控评价等职能；其次是各个职能线横向的拉通，涉及整个风险事件、跟进处理、风险预警、风控系统的搭建等等。第二，风险指标监控体系，包括不良资产、拨备率、超期库存、逾期应收、税务风险、关务风险、法律风险、资金风险、汇率风险、信用风险。第三，搭建风控三道防线。第一道防线是业务/流程责任部门；第二道防线是内控及风险管理部门；第三道防线是内部审计监察部门。

（四）管理会计模块

随着企业财务数智化的逐步推进和深入，部分企业在实现了传统财务的数智化后，企业的业务数据和财务数据累计越来越多，部分财务人员从日常的财务核算和报表中解放出来，财务人员开始有更多的时间来考虑管理会计，运营数智化。

1. 预算

目前25家企业正在推进或者实现了预算数智化。实现了以下三方面的改进：第一，业财衔接。业财数据口径存在差异，财务口径与管理口径缺乏统一、标准的勾稽和关联关系，业务预算根据模板手工录入财务预算系统中，尚未实现自动化对接，业财衔接数智化的建立，统一了财务口径与管理口径，实现了标准勾稽和关联关系的统一。第二，预算管控。预算管控方式和标准尚未统一，区域间、各部门间存在差异，预算管控缺少信息化支持，主要以线下手工方式进行管理，自动化程度低。通过建立预算管理数智化，企业的资金调度实现了预先安排、费用报账实现了预算控制，既提高了资金效率，又有助于降低企业运营成本。第三，系统运维。系统性能难支撑精细化管控需求，数据计算耗时长，运行效率较低。对业务需求变动，难以及时便捷地进行需求响应和敏捷地调整系统预算模板和计算规则。财务人员对系统日常运维上手难，较多依赖IT部门，财务人员自主建模、自主分析受限（见图2-40和图2-41）。

因此，通过以下三方面进行改进：一是开展数据治理、统一标准，加强管控。明确关键业务指标和财务指标相关定义及业务实质说明，建立关键业务指标财务口径数据和业务口径数据的管理标准，统一拉通财务口径与业务口径。提高预算管控信息化水平，改善当前以线下手工进行管控的方式，提高效率及管控力度；二是建立业务预算系统，提升系统适用性。建立营销预算系统，提升业财融合，减轻财务预算系统负担，补充预

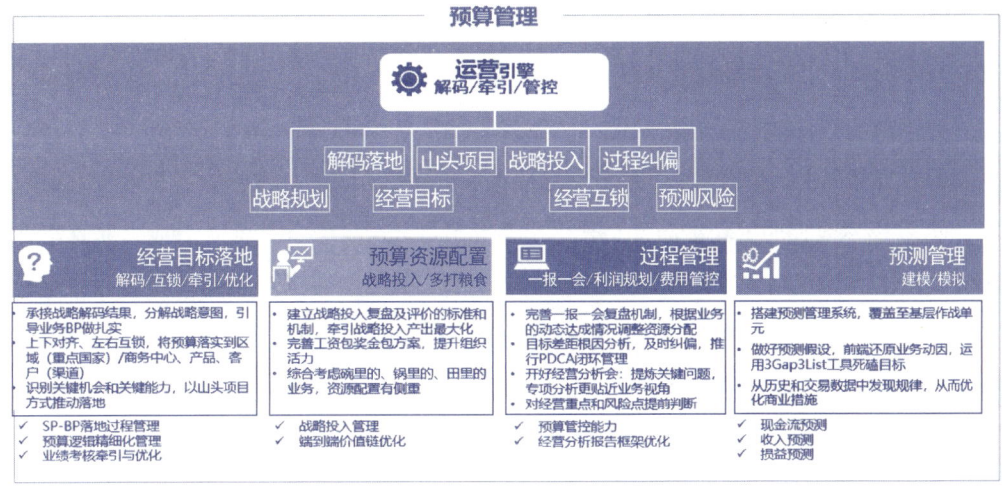

图 2-40 TCL 预算管理

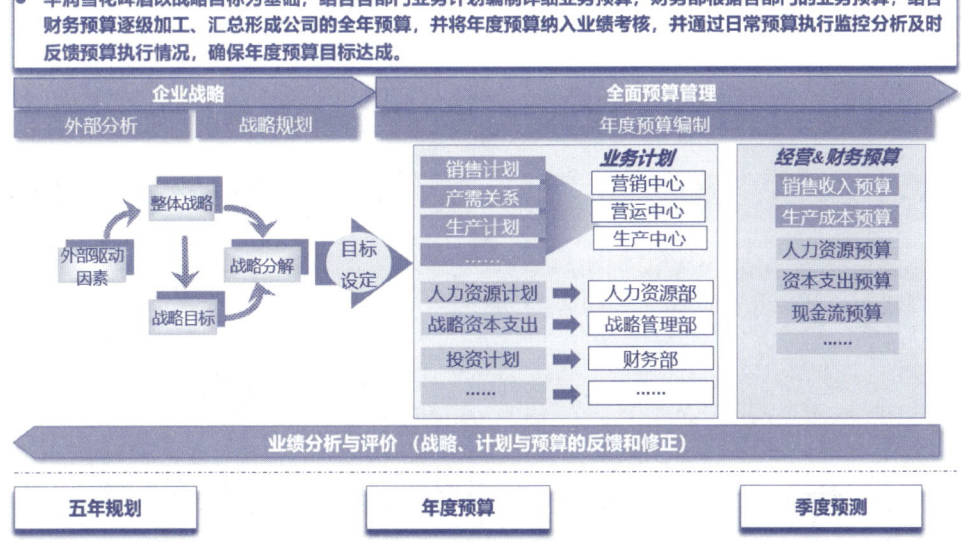

图 2-41 华润雪花预算管理

算分析系统能力,支持多种维度数据灵活组合分析;规划生产营运预算系统,进一步提升业财协同,实现全链条业财预算贯通。例如,华润雪花啤酒已基本形成了"预算目标制定与分解""预算编制""预算执行监控""预算分析"和"预算考核"的全面预算闭环管理机制;三是财务共享中心,专业化运维。财务共享中心承接预算系统专业化运维管理,建立运维服务标准体系,及时准确优化预算模板和规则逻辑,减少沟通成本,提升响应速度,更好满足业务预算管理需求。

2. 成本

虽然所有企业已经搭建了部分或者全部成本核算数智化,但成本管理数智化能力较弱,仅有 25 家企业明确表示部分实现了成本管理数智化。总体来看,当前企业成本管理的数智化转型,大量仅涉及费用部分成本,还缺少对于单位成本、每日报表、固定资产项目、成本费用报表的数智化管理,最终目标在于健全全员、全要素、全价值链、全生命周期的成本费用管控机制。

华润雪花的成本管理(见图 2-42)实现了统筹生产一致,打造卓越制造。企业以工业互联网平台和 MDCS 为基础,通过集成或内化 ERP 等工厂应用系统,实现雪花生产智能的信息系统布局。通过平台承接工单管理,实现产品批次横向关联,与工控集成实现批次纵向关联,实现原料到产成品的全流程追溯,满足车间、工厂、区域、总部各个层级的统计与成本管理及分析需求。

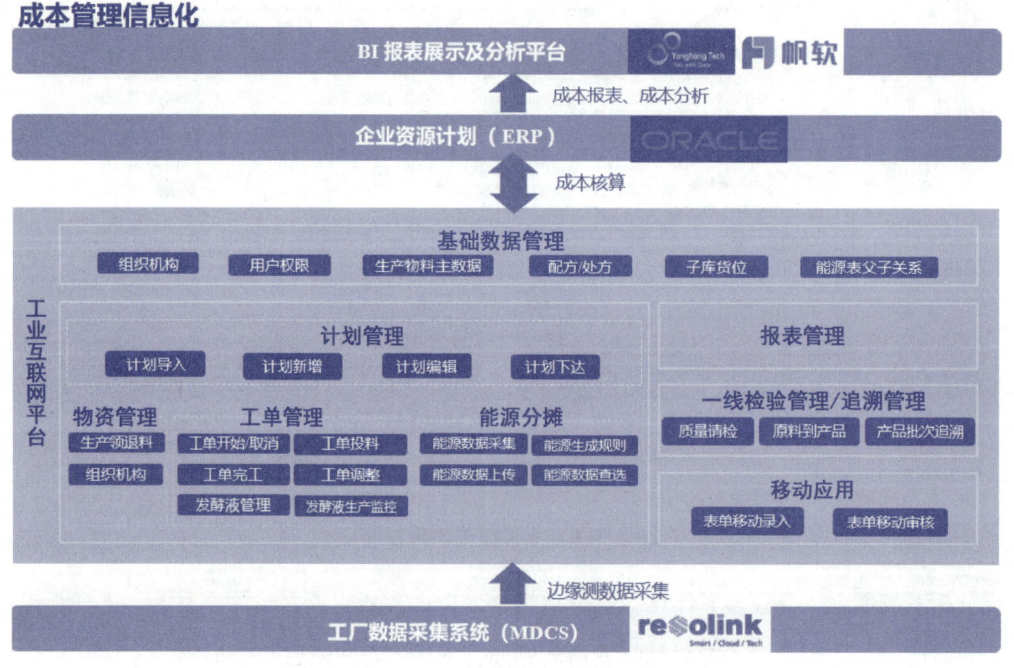

图 2-42 华润雪花成本管理

三、财务管理能力评价体系

在"数字中国"战略推动下,财务数智化转型依托企业战略和业务特点逐步建成,形成了与企业中长期发展战略、企业数字化转型体系、企业财务管理体系相适应的差异化体系。基于此,部分企业建立了相应的财务管理能力评价体系,从企业战略、年度目标、核心指标,到部门绩效、个人绩效,分解成为细化的指标体系。

TCL通过标准化、业务支持、全球化和运营情况四个维度对标华为对财务数智化进行评价,其中标准化包含:系统平台统一、业务流程标准、数据标准化;业务支持包含:财报出具效率、管报覆盖、A支持;全球化包含:国内外法人覆盖、Local报表效率、时差响应支持;运营情况包含:质量管理、作业效率、成本管控、用户满意度。

陕西重型汽车有限公司在构建企业财务管理能力评价体系时,依据集团要求,梳理公司年度经营目标,依据重要程度整理出核心指标清单,进行分级管理,明确财务部门绩效目标考核标准,即"核心指标(70%)+一级指标(30%)+专项绩效(重点关注事项)",进一步细化绩效目标考核标准,将绩效目标落实到部门和员工个体。

复星集团从客户服务维度、作业质量维度、作业数量维度、作业时效维度、运营成本维度五个方面,建立了以量化指标为基础的财务共享绩效考核体系,根据各岗位的关键绩效指标(KPI)、关键目标(OKR)进行绩效目标的设定与评价(见图2-43),其中财务共享的KPI指标库依托上述五个维度,对不同岗位财务数智化评价进行指标细化(见图2-44)。

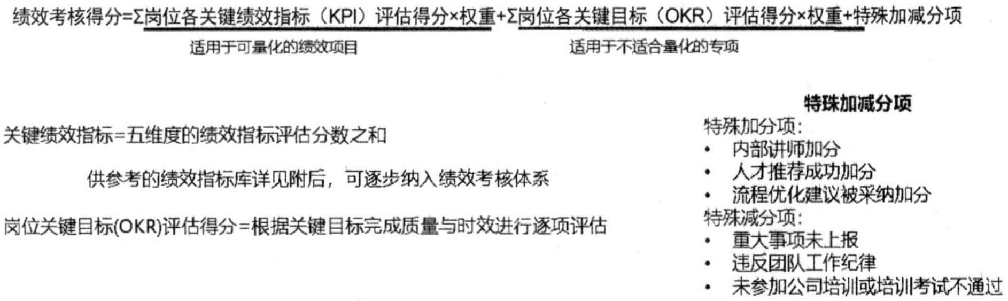

绩效考核得分=Σ岗位各关键绩效指标(KPI)评估得分×权重+Σ岗位各关键目标(OKR)评估得分×权重+特殊加减分项

适用于可量化的绩效项目　　　　　适用于不适合量化的专项

关键绩效指标=五维度的绩效指标评估分数之和
　　供参考的绩效指标库详见附后,可逐步纳入绩效考核体系

岗位关键目标(OKR)评估得分=根据关键目标完成质量与时效进行逐项评估

特殊加减分项
特殊加分项:
- 内部讲师加分
- 人才推荐成功加分
- 流程优化建议被采纳加分

特殊减分项:
- 重大事项未上报
- 违反团队工作纪律
- 未参加公司培训或培训考试不通过

图2-43 复星集团财务共享绩效考核体系

仅为示例	运营成本指标	客户服务指标	作业质量指标	作业时效指标	作业数量指标
费用审核岗		• 客户服务满意度 • 客户投诉次数 • 问题平均响应时间	• 费用审核准确率	• 平均报销审核时长 • 超期审核报销单数	• 费用审单数
总账会计岗		• 客户反馈满意度 • 客户投诉次数 • 客户拜访次数 • 问题平均响应时间 • 潜在资产损失预警	• 凭证差错次数 • 报表差错次数 • 资产监盘参加次数 • 重大审计差错次数	• 记账及时率 • 关账及时率 • 平均关账天数 • 报表报送及时率 • 凭证归档及时率	• 账套数量
税务岗		• 客户服务满意度 • 客户投诉次数 • 税务局拜访次数 • 协同税筹节税额	• 纳税申报准确性 • 汇算清缴准确性	• 纳税申报延迟天数 • 汇算清缴延迟天数	• 纳税申报家数
开票岗		• 客户服务满意度 • 客户投诉次数 • 问题平均响应时间	• 开票准确性 • 不合理开票请求接收/拒绝数	• 发票开具及时性 • 发票缺票次数与时长	• 开票数量
资金结算岗		• 客户服务满意度 • 客户或银行投诉次数 • 问题平均响应时间	• 重复支付次数 • 错误支付次数 • 未经审核支付次数 • 支付差错率 • 财务实物丢失次数	• 平均支付时长 • 支付延迟次数	• 银企直联支付笔数 • 网银支付笔数 • 票据支付笔数
项目申报岗		• 客户服务满意度 • 客户投诉次数	• 项目申报完成率 • 资质申报完成率	• 项目申报及时率 • 资质申报及时率	• 项目申报个数 • 资质申报个数
财务共享负责人	• 年度运营成本 • 共享员工数（含外包） • 核心人才留存率 • 员工主动离职率 • 培训达成率 • 外部输送人才数	• 客户服务满意度 • 客户投诉次数 • 问题平均响应时间	• 支付重大差错次数 • 报表重大差错次数 • 审计重大差错次数 • 重大事项未报告次数	• 平均报销审核时长 • 平均关账天数 • 平均纳税申报时长 • 平均开票时长	

图 2-44 复星集团财务共享 KPI 指标库结构

第三节 企业财务数智化转型作用成效

中国企业数智化转型成效主要表现在主营增长、智能运营和商业创新方面，具体涉及数据渠道与营销、产品与服务创新、智能生产与制造、智能支持与管控、数字商业模式、数字创投与孵化等方面。我们在调研中发现，企业基于财务数智化转型战略规划，分阶段逐步推进财务数智化建设进程，多数企业逐渐实现了降本增效、管控风险、价值增值的显著提升，在经济效益和管理效益方面均实现了积极成效。

一、价值创造

（一）提高效率

财务数智化持续推动业务和财务系统的整体化、统一化，基于共享、营销、生产、营运、财务等板块的支持，通过财务数智化持续推动业务和财务系统优化迭代，带来业财运营的效率和效能的持续提升。

1. 企业财务效率的提升

第一,提升了财务核算运作效率。财务共享平台实现预算、业务、财务、税务、资金、资产一体化,企业财务数智化转型在财务共享平台基础上,融入智能化技术,促进数据的传递、加工准确性提升,以梳理制度、规范流程、嵌入系统、优化流程为核心工作,确保财务核算准确与及时,工作效率改善明显。随着转型带来的财务工作简单化、标准化、流程化、自动化,极大地减少了财务相关流程工作人员的工作量。调研企业在实现财务数智化转型后,凭证自动化率普遍达80%以上,报表自动化率普遍70%以上,直接带来了人力资源占用的减少,财务人员摆脱了烦琐的手工核算流程,许多企业在业务增加的情况下,在财务人员大幅减少的情况下工作效率却成倍提升,工作差错率大幅降低,财务数据及时透明,形成数据生态体系,保证财务报表的及时性、准确性和完整性(见图2-45)。

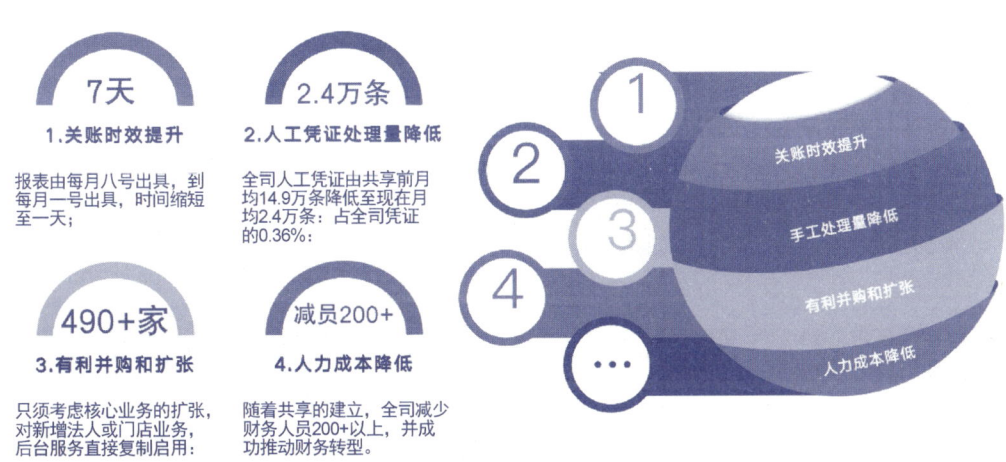

图2-45 步步高财务核算运作效率提升

第二,提升了报账审核效率。财务数智化系统实现了数据前台、中台和后台的数据共享和连接,并通过加大数据深度的挖掘,实现数据的统一标准,运用OCR(Optical Character Recognition,光学字符识别)系统,通过深度学习、迁移学习等人工智能技术,替代人眼快速、精准、灵活地对复杂的财务报销凭证检测并识别,审核内容自动处理,减少错票、假票;业务层面减少人工核查,提高审单效率,精准满足日益增长的报销业务需求。内部用户层面无须再费时费力地填报纸质报销单据,从而减少大量手工核对工作,提高报销效率。数智化的整合使财务审核时效普遍提升50%以上,实现快速审核,快速到账，为企业整体经营提供了有力支撑（见图2-46）。

图2-46 正泰电器财务数智化下报账审核效果

第三，RPA应用提升了人力效能。RPA的全称为机器人流程自动化（Robotic Process Automation），RPA系统是财务人员的"助手"，其应用可以实现系统的智能报账、智能审单、报表回单的下载关联、银行流水的下载以及一些凭证的生成等。此外，RPA系统还可以自动对一些异常进行提醒和暂计，企业只需要在月末将需要检查的一些东西植入RPA系统即可进行检查，RPA也能自动帮企业完成一个报表出具。RPA可以一键自动发送报表给关键决策人。另外，针对供应链发票的入账，实现了税控的银企直联，释放了大量人力（见图2-47）。

图2-47 南钢股份企业RPA应用

2. 企业运营效率的提升

企业财务数智化转型的流程再造提高了业务决策和核算的有效性，智能化财务体系的建立还降低了运营成本，提升运营效率。通过财务数智化业务处理实现标准化、流程化、专业化、自动化，进一步提高财务业务处理效率以及财务数据的质量。企业进行数智化转型后，整体运营效率得到显著提升，人均月处理单量和年处理单量大幅提高，人力资源大幅优化，冗余人员的下降在制造行业中尤为显著，例如：新疆八一钢铁人员大幅优化，减员37.5%，原15个操作室，23个操作站共需配置240人运行维护，智慧集控中心投运后，仅需配置150人运行维护，且工作场地集中便于管理，更加高效。此外，在企业运营过程中，各企业在业财税协同自动化、合同审批自动化（即办公自动化系统Office Automation）、审批数字化等方面成效卓著（见图2-48）。

图2-48　河南投资集团企业运营效率提升效果

首先，通过业财税协同，成功实现增值税自动化。以往业务受到增值税专用发票纸质化的限制，发票从发票收取、核税、入账、登记、税务认证至归档等环节全为人工处理，耗费大量跨部门的人力衔接并进行重复性极高的工作，业财税协同通过线上审批和发票邮寄并行，由影像扫描进入系统，直接由相关会计审核后由支付组根据排期付款，节省大量时间。企业每一笔采购、员工报销及销售业务效率大幅提高。

其次，通过合同审批自动化，提高合同审核效率。企业能够实现全过程、数智化、协同式合同管理，通过"法务共享"，增强了各部门间的横向协调、上下级联动，更好地掌握从合同拟定到评审的全生命周期，促进企业资源合理配置，降低合同管理风险，强化风险点监控。通过固化部分合同条款与合同模板，提高合同文本生成效率，大幅提高文本质量。另外，通过优化合同审批流程、统一法务流程，从而使企业合同审批环节减少，审批效率提升。

(二) 降本增值

首先，除了降低企业人力成本外，财务数智化转型还有助于降低企业生产成本。财务数智化转型通过构建以价值链为核心的信息化运营管控模式，有效发挥一体化优势，强化数智化运用与企业采购、生产、销售的流程管理和价格精准把控，能使企业竞争优势持续增强,有效降低产品成本。例如:南钢集团通过一体化高效协同,2021年全年同比降低工序成本4.8亿元。能源系统持续推进节能减排,吨钢综合能耗、电耗等重点指标创历史纪录;洪都航空通过转型构建了目标价格管理体系,构建全价值链管理和全生命周期管理,节省单机成本约160万元、制造费用近1200万元,以200架飞机测算,可节约成本3.32亿元(见图2-49)。

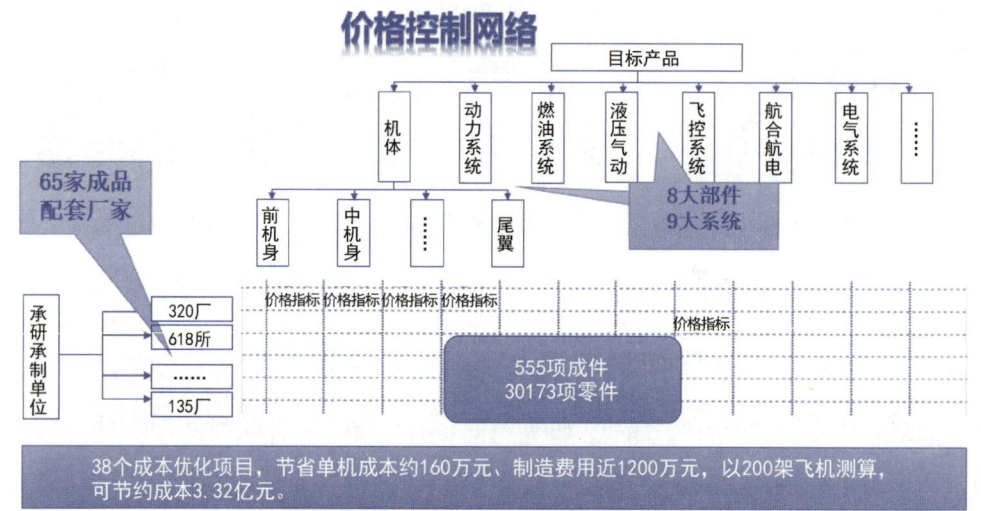

图2-49 洪都航空目标价格下的成本节约

另外,财务数智化转型有助于降低企业期间成本。持续多渠道加强费用控制与优化,全力保障财务的低风险、可持续、低成本运营。在转型推进过程中,以往相互独立的信息系统或业务单元升级为从生产到物流整体供应链系统的高效协同,有利于企业期间费用规模下降。例如:海螺水泥智慧运营管理平台利用数据中台技术,通过数智化转型,年减少用电578万度、降低柴油消耗61吨、节约标煤4680吨,减排二氧化碳1.8万吨,带来显著的环保减排效应(见图2-50)。三棵树通过财务智能化转型使集团旗下单家公司的降本效应达到了30%以上,累计为集团降本达到了数千万元;陕重汽公司通过财务共享服务中心每年实现公司下降费用1000万元。2019~2021年甘肃省电力投资集团在推进财务共享服务项目建设期间,整体节约初始投资和财务费用等累计约3820万元(远超集团财务信息化项目建设及后续投入金额)。

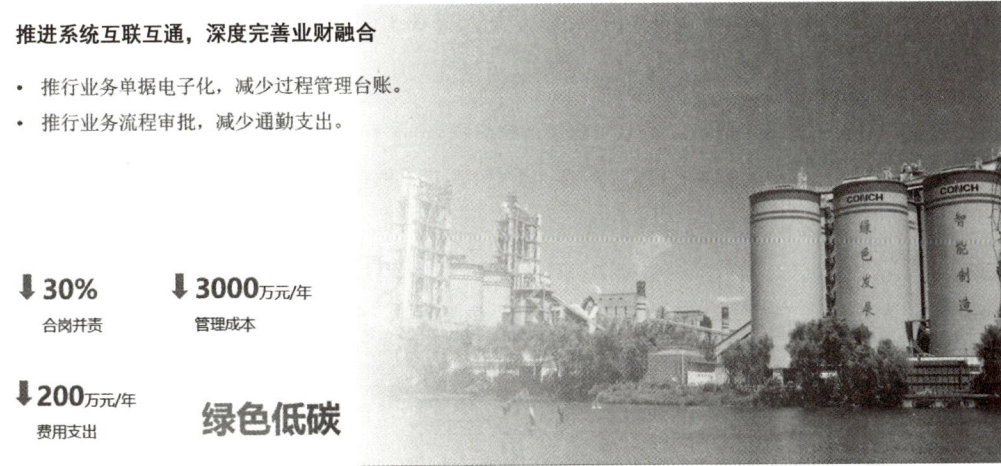

图 2-50 海螺水泥数智化转型的成本成效

在减少企业成本的同时,带动了企业绩效的增加。例如:三棵树集团财务智能决策降低成本 34.8 万元/年,增加企业隐性效益 2000 万元/年。海螺水泥通过业财融合的企业营销动态分析带动水泥销量提升,大幅缩短营销策略制定市场反应周期,直接带来经济效益 1800 万元(见图 2-51)。

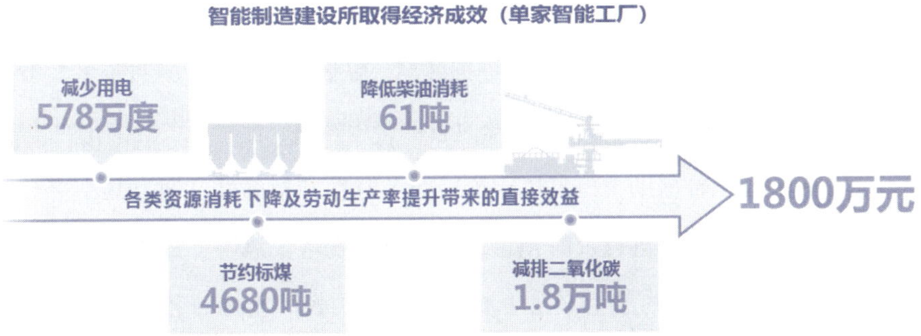

图 2-51 海螺水泥数智化转型节能降耗

二、财务支持

(一)企业合规及风险控制

第一,财务数智化转型助力工作质量控制,提高业务规范性。以往由于业务多且繁杂,导致对工作质量的保证程度不高,在进行数字化转型后,便利、自动化的操作使个人工作质量和检查工作都得到了很大的改善。并且通过系统强校验、控制关系也使错误风险降低。另外，高度自动化、流程化的设计，实现了岗位的标准化，使工作内容的可复制性增强，不会对某个人产生强依赖性（见图2-52）。

质量控制中心完成【红黄绿灯风险事项】排查共计596项：
其中：红灯137项、黄灯171项、绿灯288项。

一、个人违规报销
1. 查出疑似违规报销75人次，涉及41个部门。
2. 其中有篡改票据涉嫌舞弊行为的28人：篡改飞机票订单、网约车行程单、酒店订单、招待费支付水单、个人津贴发票抬头
3. 查出违规报销约30万元。
4. 优化差旅报销管理规定、业务招待费管理办法、交通费用报销管理办法，加强报销合规性。

二、挽回资金&资产
1. 资金&账户：累计收回账外/无人管理账户500+个，释放闲置/收回账外资金1500万元。**
2. 税务资产：挽回税务资产1346万元。****
3. 拦截备用金损失：5人，40万元。
4. 每月催收应收账款，连续3年将大于6个月的应收账款总额控制在2500万元以下，还收回超长账龄（8年）应收账款50万元。

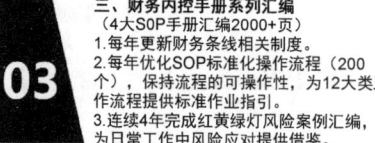

三、财务内控手册系列汇编
（4大SOP手册汇编2000+页）
1. 每年更新财务条线相关制度。
2. 每年优化SOP标准化操作流程（200个），保持流程的可操作性，为12大类工作流程提供标准作业指引。
3. 连续4年完成红黄绿灯风险案例汇编，为日常工作中风险应对提供借鉴。

四、拦截风险
1. 税务风险：专项排查，涉及税务风险800万元。****
2. 财务报表风险：拦截327笔，提前纠正报表风险金额1.9亿元。
3. 移管风险：61家，协助移管排查税务、资金、账务风险，给出流程优化改进建议。

图2-52 复星集团企业合规管理和风险控制

第二，财务数智化转型助力强化合规管理，降低财务风险。数智化转型将强化企业合规管理，通过实施线上审批规范化、标准化流程，加强资金支付风险防控，通过数智化监控、预警降低现金流、融资兑付、经营指标监控等风险。并且通过预算控制，减少不必要的资源浪费。

第三，财务数智化转型助力提高税务处理效率，降低税务风险。通过税务与财务业务一体化的管理实现税务共享，建设全税种全过程的管理体系，促进税务数字化的转型。

第四，财务数智化转型助力提高风险预警的及时性和精确性。通过共享平台，对业务发生过程中的风险的环节进行及时预警，例如：制度落实风险、成本管理风险、资金安全风险、往来账款风险，结算风险，从而提升企业内控和风险的合规化管理水平。

（二）优化融资结构、降低融资成本

财务数智化的资金集中管控系统或司库管理系统，有利于企业优化资金结构，提高资金使用效率，从而优化融资结构，降低融资成本。首先，通过上线资金集中管控系统或司库管理系统，将下属公司纳入资金集中管理平台，搭建了一体化财资系统，实现了全集团范围内的融资、投资、大额资金运营的统筹管控，构建多元化融资渠道，实施"丰歉互补"模式，有效降低冗余资金，保障资金安全。其次，将核心企业信用延伸至供应商，实现供应链金融的延伸，依托核心客户信用申请的融资成本低于平均水平，从

而优化融资结构，降低融资成本。例如：云天化财务智能化转型期间，带息负债规模从 2019 年年末的 454 亿元下降至 2021 年年末的 319 亿元，降幅 30%（135 亿元）；财务费用从 2019 年的 23.46 亿元下降至 2021 年的 12.87 亿元，降幅 45%（10.59 亿元）（见图 2-53）。另外，通过与共享表单对接，实现业务流到资金流的循环，最终通过财务核算会计凭证反映会计语言，将经营数据循环、资金循环、会计循环融合为一体，实现对资金业务运作效果的实时监控，加强了内部调剂，提高了资金使用效率。

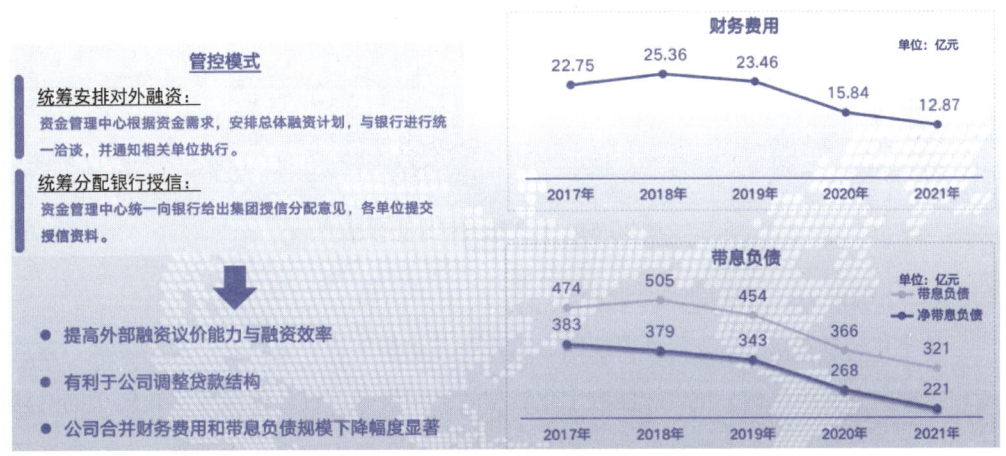

图 2-53 云天化集团资金及融资成本管控

（三）提升企业标准化及规范化

在提升标准化方面，财务数智化转型基于共享财务，通过专业化分工，统一财务共享平台、统一业务流程、统一数据标准、统一会计政策、统一会计科目等，与 ERP 系统、管理会计系统边界分工明确，实现业务流程、单据模板、会计核算标准化和报销标准统一化。从而使业务财务更加聚焦关注业务和风险，统一、规范了业务处理标准，通过提升集团财务精益服务和运营的效率促进了财务服务满足度的升级，从而支持业务快速发展过程中的资源高效配置。

在规范运营方面，基于主数据平台的保障下，须进行财务工作规范、定义和标准化，给予财务分析和报告奠定合规化基础。实现财务报告在 KPI（关键绩效指标）维度定义、格式的统一，通过这一方式，财务数智化转型的企业通过内控流程执行和合规的自动控制，实现了减少错误、减少风险的目标。进一步，还能够充分利用数据平台更好支持企业管理者的经营决策（见图2-54）。

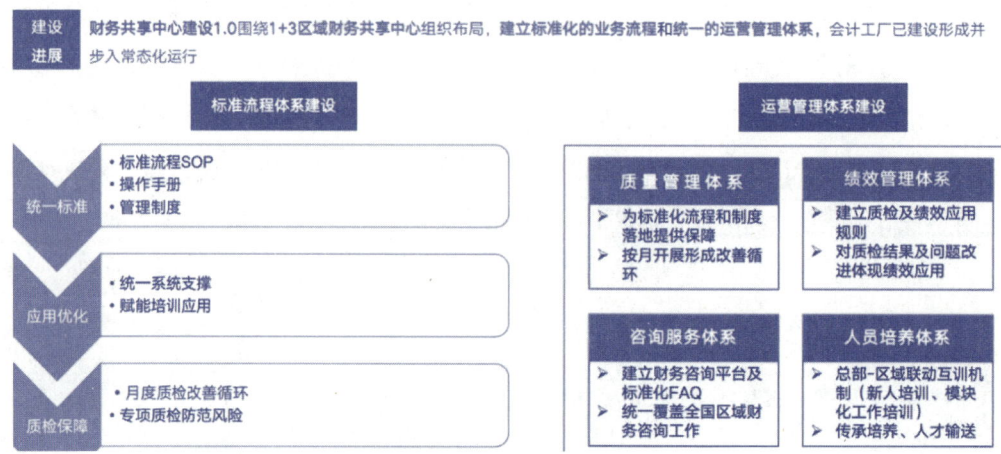

图2-54 科大讯飞标准化体系

（四）助推组织与体制机制变革

数字化转型背景下，立足战略层面，重构财务组织架构。适应企业战略发展，建立专门智能财务组织机构，负责智能数字化转型的组织管理，设计智能数字化转型的具体方案，提供科学有用的参考信息和决策方案。智能财务组织架构应依据数字化转型场景设置，实现应用场景工作模式，实现财务部门组织框架设置与数字化转型应用场景相适应。智能财务专门机构的负责人直接是整个企业的高层领导，财务部门的负责人是公司部门负责人，重新界定部门业务范围与职能边界，推进智能数字化转型体系创新（见图2-55）。

信息技术已经渗透到价值链的诸多环节，按照智能管理的设计理念对财务工作的岗位流程、工作内容和管理模式、组织结构和职责目标进行分层设计，信息技术实现由数据共享向价值链的转变，实现各种价值要素的集成和共享。借助标准化的业务流程设计，合理配置数字资源，形成了战略财务、业务财务和共享服务的财务管理模式，为企业数字化转型提供数据基础。智能财务促进业务流程的标准化，搭建管理会计应用平台，完善管理基础和组织基础，实现企业不同层面战略分析和管理决策的需要。数字化转型为财务转型提供技术保障，借助数据集成实现大数据管理思想，企业将智能信息技术与组织结构、业务流程进行整合，分阶段提升要素配置效率，分系统促进企业信息化共享水平的提高（见图2-56）。

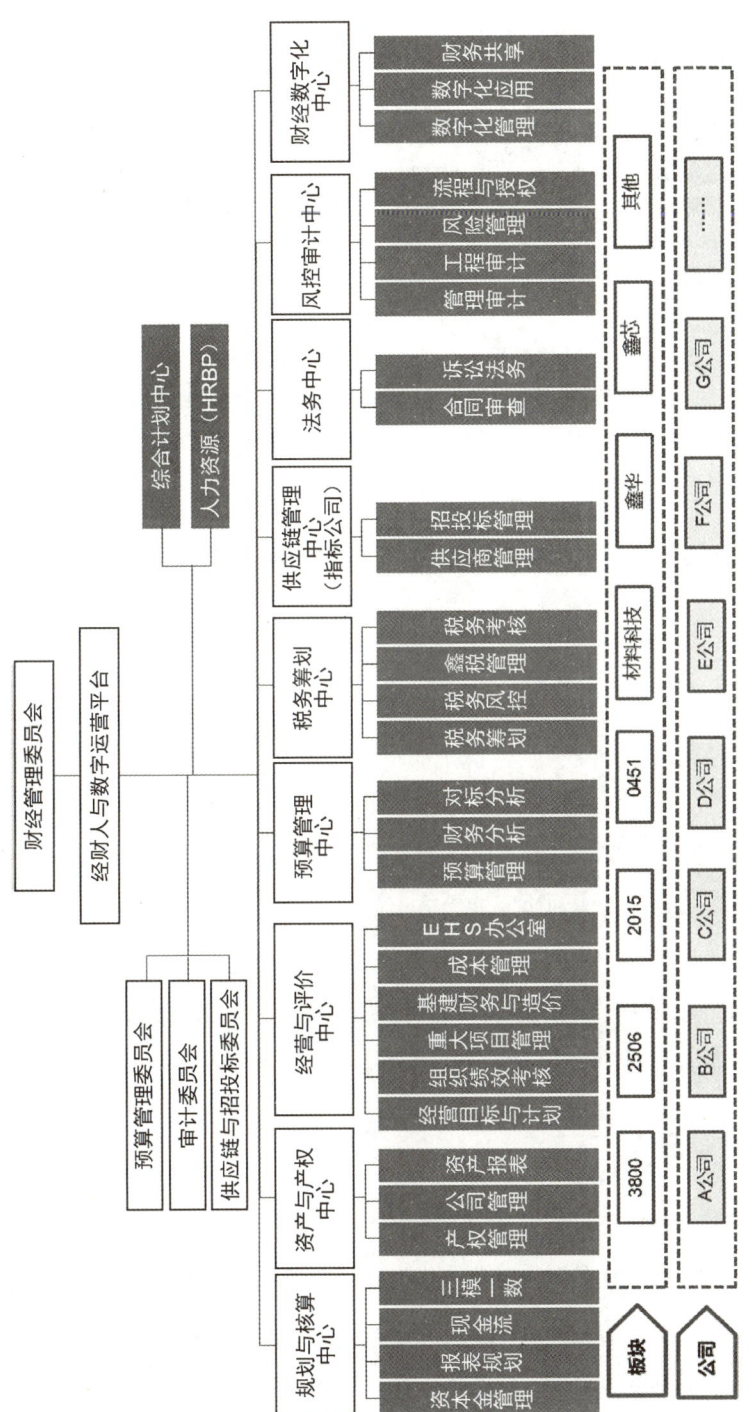

图2-55 协鑫(集团)财务管理组织结构

图 2-56 内蒙古蒙牛乳业（集团）财务数智化变革机制体系

第四节 企业财务数智化转型存在的问题

财务数智化转型是基于大数据、云计算、物联网、人工智能等新兴技术，使财务工作由传统模式向自动化、智能化转变，而这是一个复杂而体系化的工程，涉及组织架构调整、业务流程重构、人员技能培训、技术工具应用、IT系统新建或优化等多重工作的开展，周期跨度长、实施难度大。样本企业在数智化转型实践过程中往往暴露出生产、经营、组织等环节在数智化集成和协同能力方面的滞后性，且在财务数智化建设推进过程中，或多或少都遇到了不同的困难和问题，部分问题在其数智化转型的过程中已得到圆满解决，另一些问题目前仍然存在，有待于今后在不同情境下对不同企业采取针对性的解决方案，以提升企业的高质量发展，通过对样本企业调研情况汇总，主要问题有以下几方面：

一、数智化理念转变不契合

在企业财务数智化转型过程中，相关人员的理念难以及时有效转变是各企业普遍存在的难点之一，财务数智化是以业财一体化为基础，需要企业内部各部门间、各业务板块间，甚至上下游产业链的共同协作，但企业人员基于分散型财务模式和相对独立管理决策体系的传统观念转变不及时，导致难以适应财务数智化转型的要求，主要包括两个方面：一是财务人员的理念转变。分散的财务管理模式和会计核算模式在财务管理思想中根深蒂固，部分人员把财务会计核算、资金支付权限上移视为财权的转移，在业财税金档一体化项目建设过程中存在因观念分歧而导致不合，观念上的差异和财务人员变革的抵触情绪造成业财税金档一体化实施及财务人员转型困难。二是管理理念的转变。有的企业的经营理念和运营模式已经不适应推动数智化创新的变革，导致业财融合不够、深度不足，数据孤岛问题未全面有效解决。具体表现在企业传统管理体系下各管理系统和操作模式已成型，而管理人员对原有模式的转变难以接受，存在畏难情绪。

二、新标准和规范难以统一

财务数智化转型需要建立在统一数据出口的基础上，实现业务标准和管理规范的有效统一，目前主要存在三个方面的难点：一是数据标准不统一，主要表现在信息系统分散，系统顶层设计不足，缺少主数据平台，主数据标准不一；二是新业务的标准和规范不统一，在智能化转型过程中，对业务规范的要求较高，但有的企业在智能化转型期间缺乏规范，新业务往往不够标准化，有的业务部门对于新的标准持不认可的态度，认为增加了麻烦；三是管理会计与财务会计口径存在差异，由于集团和子公司都具有独立法人且业务范围广，容易造成财务制度不统一，导致核算标准差异较大。另外，许多企业财务标准化程度不够，未建立自己的大数据平台，业务合同、支付结算审批传递等流程在财务和管理方面存在口径不统一的问题。

三、专业人才需求难以满足

在企业财务数智化转型的过程中，普遍反映企业数智化财务专业人员资源稀缺。一是复合型人才短缺。智能化转型要求团队人员既要懂财务又要懂IT，但目前招聘的财务人员，更多来自会计或者财务管理专业，思维偏于传统会计方面，虽有会计核算思维，却缺乏数智化思维或者IT技术的背景。招聘IT技术专业人员又较少精通财务核算流程。二是一体化建设队伍组建困难。企业在现有内部人力资源组建完善的一体化队伍需配备高素质的财务、司库、税务、IT、档案专业人才，但在现实中短时内人才到位较困难，同时在财务核算职能与管理职能分离后，作业工作简单、枯燥而不利于人才培养。三是现有培训与人才结构需求难以匹配。具体表现为现有培训对财务人员或相关技术人员进行智能化转型的培训与力度不够，难与财务数智化转型的要求相匹配。

四、各部门间业务难以沟通

在企业财务数智化转型推进中，组织方面变革挑战最大，因为它不但涉及财务组织的变革，还涉及业务组织的变革。转型推进中需要打通各部门间的信息传导壁垒，因此，财务部门、业务部门之间的沟通协调显得尤为重要。一方面，一些业务属于财务部门负责，例如报销、资金、税务等，另一些业务属于公司业务部门负责，例如销售、项目管理、采购业务等，财务数智化要求实现以上业务的数据和流程的整合。然而，在整个企业的数智化推进过程中，打通财务和业务部门的数字化存在困难，各部门成员各有专长，沟通问题时财务思维、业务思维、技术思维、系统思维、产品思维等交织碰撞，大多站在各自的角度，不理解、不认同、不退让，导致财务数智化的推进时限和效果都受到影响。另一方面，《上市公司治理准则》对上市公司有5个独立性要求，即财务独立性、人员独立性、机构独立性、资产独立性、业务独立性。但如何在满足独立性监管的要求下使用集团统一平台也成为目前亟待解决的问题。

第五节 企业财务数智化转型规划与方向

一、未来方向：补短板、促融合、强赋智

企业未来数智化转型更适用于补短板、促融合、强赋智的指导方向。企业将在补齐完善业务数字化如工业互联网、数字工厂、数据中台、商业分析系统和集团报告系统的基础上，进一步补财务数智化短板，弥补现在财务共享中心的短板，财务信息化建设的短板，坚持战略引领、科学规划、对标先进、加快建设全面预算、合并报表功能，补齐缺失功能。促融合是加快促进业财一体化，通过有效工具和科学手段，横向到边，打通业务财务全流程，提升数据流转效率，实现数据共享，促进业财一体化融合。强赋智是加强财务智能化场景应用，积极拥抱新技术，加强财务智能化实践，拓展深化财务领域智能化场景应用，进一步提升财务业务赋智水平（见图2-57和图2-58）。

第二章　企业财务数智化转型：企业分析 | 061

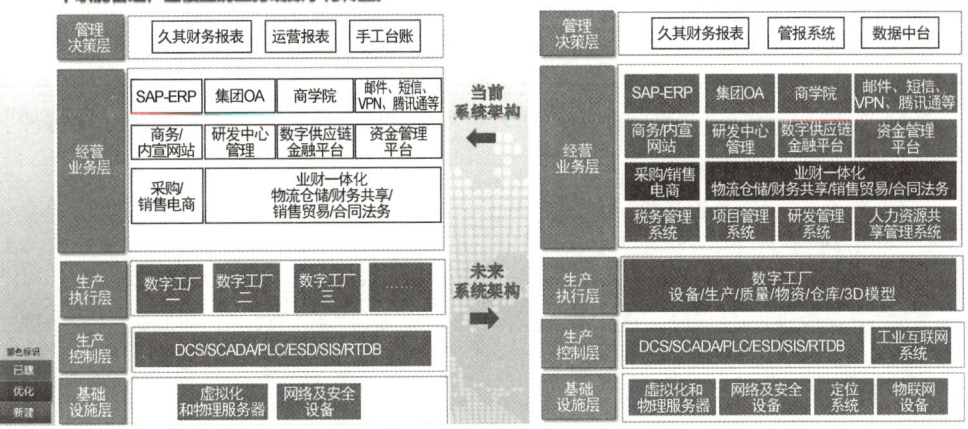

图 2-57　云天化财务数智化转型未来规划

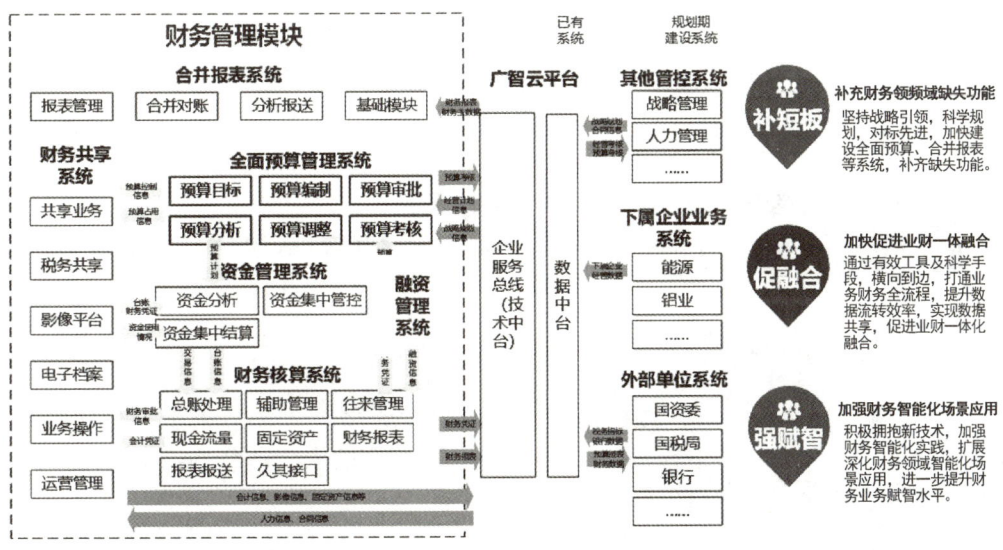

图 2-58　广西投资集团财务数智化转型未来规划

二、人才利用：选拔与转型

首先，人才招聘方面，企业希望未来从高校输出更多具备掌握数智化发展过程中企业应用的软件系统、管理策略、作业流程等方面的高质量人才。同时，目前企业在招聘时更偏向数学、数字建模、IT等专业人才,以适应数智化的技术要求。在招聘流程方面,借助AI数字化员工作为企业智能化筛选的助手,以提升人力资源选用效率,为企业高效选才(见图2-59)。

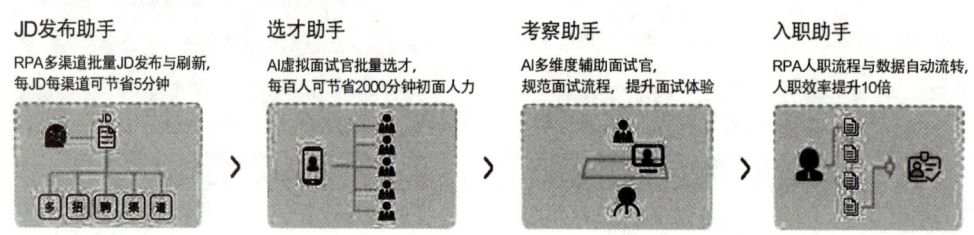

图2-59 科大讯飞人才选拔规划

其次,人才转型方面。未来财务人员一定是聚焦高效、协同、创新的共享复合型人才,具有财务、IT等多方面知识。未来人才的应用更多从通过业务和流程的驱动转为场景驱动,且场景是多维度的,这也对当前财务人员的学习、转型和培训提出了更高的要求(见图2-60)。

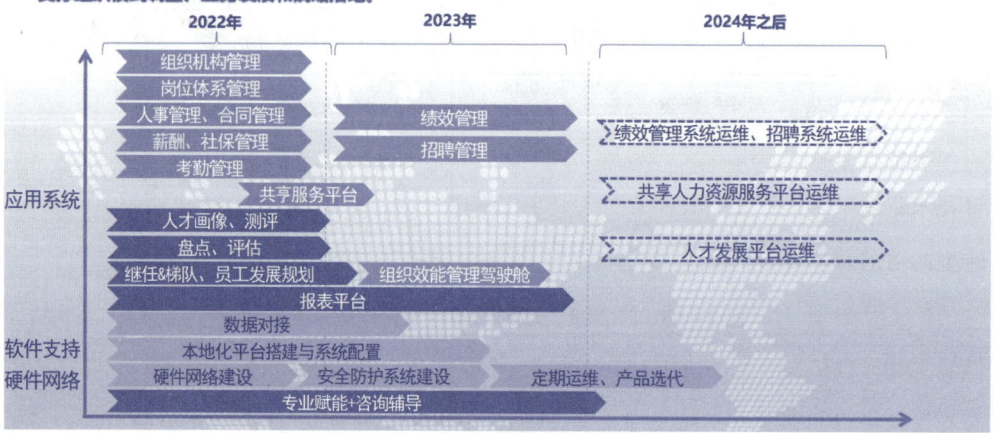

图2-60 云天化人力资源共享平台

最后，人才培训方面。结合上文的复合型人才要求，财务人员的职业发展路径也将随着数字化发展的需要而发生转变。一方面，财务部门在精简人员的过程中，要继续扎实推进培训体系专业化建设，提高培训前瞻性、针对性、系统性和实用性，加强新技术应用，加强财务人员对数字化的敏感度和准确度，持续人才赋能；另一方面，财务部门在培育、引进新型复合型财务人才时，要对财务部门人员资质进行升级优化。打造财务人员的快速在岗学习能力，并充实到各个层级的队伍中，建立梯次合理、充分满足转型需要的人才储备，面向未来培养一支具有国际视野、战略思维、政治品德过硬和实际专业能力强的复合型优秀财务人员队伍。

三、风险管理："预警"为主

监管机构对于企业内控合规管理将进入常态化的全面监管。基于智能化财务共享中心，未来可以在对风险特征定义的基础上在风险发生前进行预测和示警。让大数据、云计算协助财务进行决策，分析监管市场现状，财务人员依托人工智能技术，将费用预算管控、财务绩效、合规管控等高风险点，进行历史追溯和延展分析预警。同时，财务人员可以通过新技术的应用并提高主动性，在业务事项启动时就参与进来，加强与业务的互动，通过全程参与业务的各环节，了解业务的风险点，在过程中做好"引导员"，而不是事后的"救火队员"，熟练运用数据思维、财务思维和业务思维，在过程中进行纠偏，同时还能对业务绩效进行分析，既增强了风险控制能力，又更好地实现业财融合。

四、创新发展：技术驱动

未来需要紧跟行业数字化趋势，数据驱动创新发展。数字化转型本质上是新一代信息技术驱动下一场业务、管理和商业模式的深度变革重构，技术是支点，业务是核心。转型的目的并不单纯是新技术的运用，而是提升企业产品、服务和品牌的竞争力。同时，数字化转型是一项长期艰巨的任务，不可能一蹴而就，挑战来自方方面面，从技术驾驭到业务创新，从组织变革到文化重塑，从数字化能力建设到人才培养。因此，企业需要始终坚持创新发展，紧跟行业发展趋势，坚定不移，把财务数智化转型当作公司战略来抓，通过"业财一体化、稽核智能化、核算自动化、决策数字化"有机结合，从传统财务到智能化财务转变，打破数据孤岛、融会贯通数据价值，通过智慧数据中台赋能管理会计、战略财务的企业洞察和决策能力。

五、资产管理：数据资产

数据资产，指属于个人或企业的数字财产，包括物理和电子文件两种形式记录的数据。如何更好地加工、分析、应用，甚至是数据间的开发、连接、整合、嫁接数据，充分体现数据资产价值，是财务智能化转型的重要目标。企业智能化财务共享平台的数智化举措沉淀了丰富的业财融合数据，但这些原生态的数据在与转化成数据资产之间还需因时而进，未来需要持续加强数据的应用和管控，最后达到通过大数据、人工智能等技术进行数据数智赋能业务，分析、预测，加强数据资产的开发利用，实现数智赋能业务，支持经营决策的目标。目前多数企业仍然处于数据资产管理的初期，既缺乏完整的数据资产管理体系，又缺少数据资产管理实践路径以及阶段性产出的指导。要建立长效的数据运营管控机制，一方面要与大数据技术充分融合，利用数据平台和管控平台进行有效治理；另一方面要深化管理职能，提升数据质量，形成完善的管控体系和运营体系，进而创造出更大的价值。

第六节　典型案例一：施耐德聚焦 SAP 多模块实现数字化转型

施耐德电气是法国的工业先锋之一，是世界 500 强企业，属于全球顶级电工企业。19 世纪，施耐德电气从事钢铁工业、重型机械工业、轮船建造业；20 世纪，施耐德从事电力与自动化管理业。施耐德电气为 100 多个国家的能源及基础设施、工业、数据中心及网络、楼宇和住宅市场提供整体解决方案，其中在能源与基础设施、工业过程控制、楼宇自动化和数据中心与网络等市场中处于世界领先地位，致力于为客户提供安全、可靠、高效的能源。

在中国，施耐德电气从渤海之滨一家不足百人的小型合资工厂起步，到今天，中国已发展成为施耐德电气全球第二大市场。施耐德电气是中国改革开放的亲历者和参与者，并受益于中国的巨变。作为产业数字化转型和可持续发展的引领者，施耐德电气以领先的技术专长，助力中国产业在提升效率的同时实现绿色可持续，共同向高质量发展迈进，秉持多元本土化战略，不断强化包括本土化人才、本土化创新、本土化供应链和本土化朋友圈在内的四大本土能力，以高度的信心和决心持续深耕中国市场，助力中国"双循环"发展。

一、背景

施耐德企业187年的发展历程，经历四大转型阶段，第一阶段19世纪成立之初，施耐德起源于钢铁工业，随着整个工业不断转型和革新，电力成为能源的主要部分，施耐德也进入第二阶段电力与控制时期，21世纪初施耐德意识到能源管理和自动化更加重要，开始在原有产品基础上进行终端用电管理，进入第三阶段能源管理和自动化阶段，目前施耐德处于第四阶段数字化和物联网阶段，并进一步开展技术转型，发展成为数字化企业。

施耐德电气认为，技术创新可以推动人类进步和可持续的共同发展，以完整的数字化解决方案赋能客户和合作伙伴向可持续发展转型，实现数字化时代共赢，为实现高效和可持续探索更多新机遇。施耐德设立明确的财务数字化转型目标，利用BI和RPA等工具致力于提升账务、报告、分析和预算效率，从多角度入手提升整体数字化程度和水平，提升财务信息的真实性、完整性、时效性和有效性。

二、举措

（一）施耐德财务数字化的建设

施耐德财务数字化进程迄今为止共经历了三个阶段：

（1）数字化1.0阶段，主要是以ERP为核心，进行ERP核心功能建设与试点，通过建设第一代OA平台、搭建BW财务分析工具，进行ERP核心系统的巩固和优化；

（2）数字化2.0阶段，进入到主要核心业务平台的搭建中，从主数据管理入手，建设健全主数据管理平台、数据分析平台BI，夯实管理基础，提升数据分析能力，将流程再造与系统实施并行，逐步覆盖到公司全业务，搭建一个核心业务平台；

（3）数字化3.0阶段，开始建设数字化生态合作伙伴，希望通过数字化助力整个合作伙伴和客户的生态发展，能够从独立的各个SEO的系统变为更开放的平台，以及采用更多平台型的解决方案来去面对快速业务需求的变化,增强客户体验,增强内部协同效应,以及使数据能够更好地赋能业务(见图2-61)。

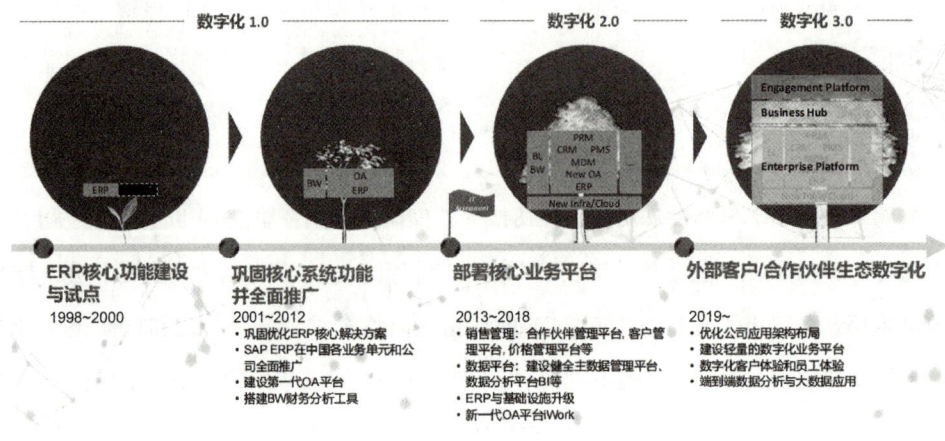

图 2-61　施耐德财务数字化建设进程

(二)深入推进财务数智化

1. 施耐德财务组织职能演进

施耐德财务组织的变革也是一个逐步演进的过程。从进入中国开始,通过不断的并购形成现在施耐德的前身,随着时间发展,施耐德不断进行整合和集中,在财务组织上,对司库和资金进行集中统一,对中国境内所有施耐德分公司辖下的资金进行管理。施耐德于2008年推出施耐德中国整体的财务共享服务中心,开展信用管理和风险管控职能的集中,进一步扩展到税务集中。近5~10年,施耐德的目光更多集中于数据和分析工具的集中,于2016年建立整个公司层面管理报告的集中数据,更多体现底层数据的集中以及管理报告和分析的标准化(见图2-62)。

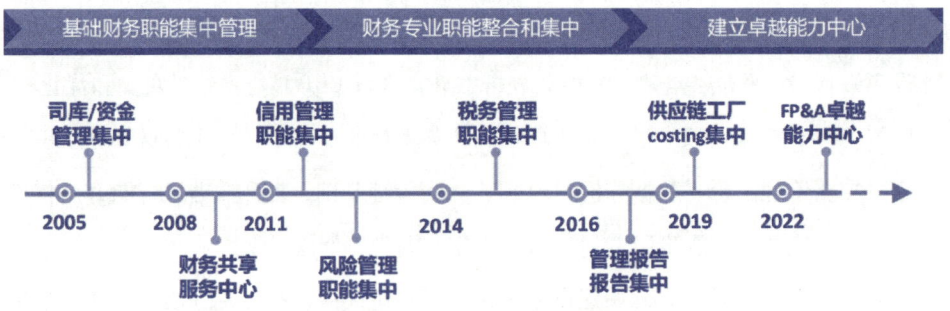

图 2-62　施耐德财务组织职能演进

2. 施耐德数据流程管理

随着数字化服务引入和业财一体化实现，财务需要做出相应转型，而财务转型的前提通常是从共享开始的，施耐德在进行财务数智化的过程中，始终秉承共享在本质结构上以流程为核心的基础，从而实现真正的协同效应，将可以流程化的工作一起开展，实现效率整合，促使财务人员提供更多的业务支撑。

同时，施耐德的财务共享中心以流程方式进行组织，P2P、O2C、R2R 分别对应采购、销售、从记录到报告的流程，另外，对于不同流程主数据的管理，都有相应数字化的工具进行支持。以 O2C 为例，施耐德存在 MyCP 和 MySE 系统，通过 MySE 可以形成和客户之间销售订单的交互，通过 MyCP 可以实现和客户之间在信息流方面的交互，两者结合可以实现在整个销售或者对应应收收入中的全自动化，由此可以极大减少双方交易和对账的工作量，形成一体化、自动化价值链，提高数据使用效率，也提高整个财务管控以及共享服务中心日常操作的效率（见图 2-63）。

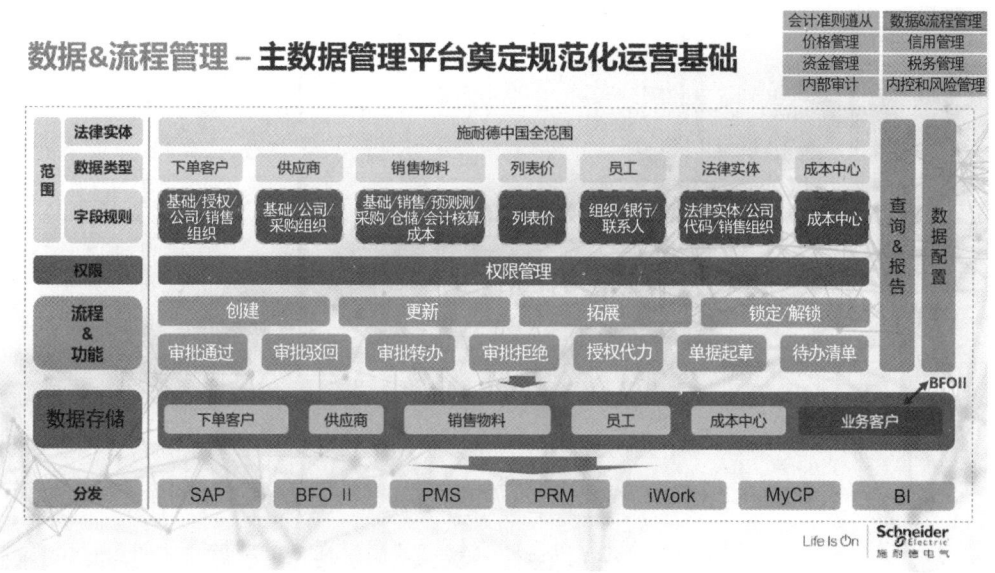

图 2-63 施耐德主数据管理平台

三、亮点

SAP 作为一个交易和后台的系统，进行全部数据的管控，在业务部门之间完成和实现信息协同，施耐德从订单到采购、从生产到销售的整体信息流中上线十几个核心标准的 SAP 模块。

施耐德通过 SAP 中的 FIORI 模块进行 R2R 过程之间的结账部分，快速追踪结账步骤及中间状态，并且可以通过 FIORI 直接进入到 SAP 进行相应处理，通过电子化方式实现采购订单和销售订单的同时生成和自动对应（见图 2-64）。施耐德通过 ICT 平台将买方和卖方之间进行关联，实现在前期业务层面上的自动传导，为后续关联公司对账做好基础。在业务和财务模块，每一个环节都与 FICU 和财务模块紧密相连，施耐德在财务报告方面存在 HFM、DFL 等体系系统进行支撑。此外，施耐德还通过 SCRN 平台对非生产性的需要审批的公司进行记账。

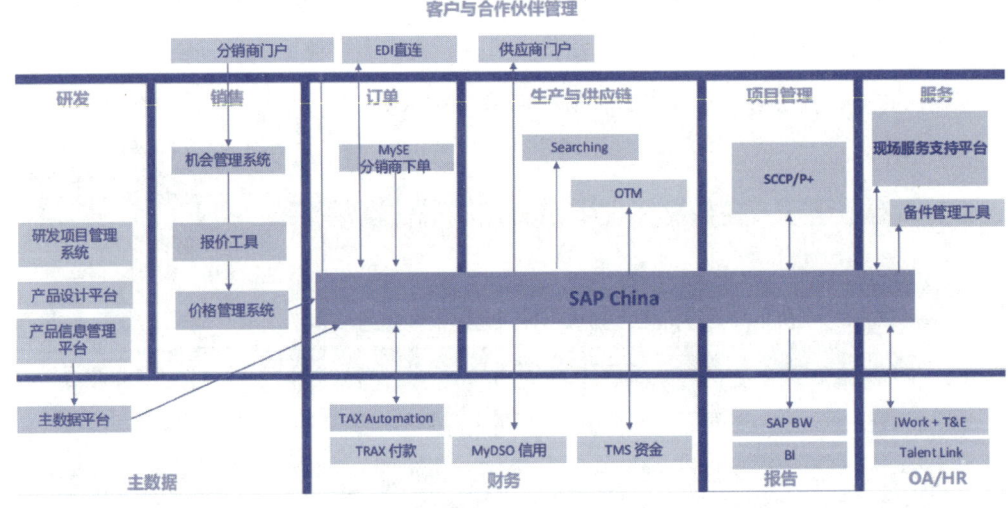

图 2-64　施耐德 SAP 整体架构

通过施耐德对于 SAP 核心模块的开发，从多个角度入手连通全产业链，实现整体业财一体化，进一步助推财务数智化发展，施耐德坚持流程可视化，基于真实业务数据，致力于还原整体业务流程，同时发掘机会，聚焦端到端流程，发掘数字化机会，坚持数字化内审，开展风险分析及预警，并结合自动化工具，提前部署预防性措施，为企业发展提供新视角新价值；施耐德提供低代码数字化工具，降低数字化学习及应用的门槛，逐步建立数字化文化，发展数字化公民作为数字化转型的引擎，同时开展分层培养，将通用、集中、复杂的数字化项目由高级开发者实施，实现数字化转型；施耐德实现从"想法"到"价值实现"的全生命周期管理，发展自动化机会，对于目标项目加强管理，开展集中治理、投资回报、文件归档等一体化管理，建立数字化社区和数字化应用市场，致力于实现企业级全面数字化。

四、启示

通过施耐德数字化的不断推进，可以看出数字化改革是当前甚至未来所需的重要项目，企业数字化转型不仅是制造企业当下做大做强的抓手，更是面向未来进行前瞻性布局的核心战略，每个企业必须关注和重视数字化改革的进程，进而推动数智化发展。

（一）转型首要驱动力来自内部

施耐德转型首要驱动力来自企业内部，投入过高而回报率偏低、缺乏数字化转型人才、数字化技术与业务难以整合等。此外，来自产业链的生态压力、行业内部竞争压力、政策压力等同样有着重要的影响。

（二）总结归纳指引数字化转型

自 2015 年中国提出制造强国战略后，绿色智能制造成为每一个中国制造企业的发展方向，实现这一目标需要内外兼修，据此施耐德发展"整体全套解决方案能力"，即明确转型路径、加强自身能力、优化组织架构、打造企业文化。同时施耐德总结了四大价值主张指引数字化转型：规划先行、场景聚焦、敏捷韧性、生态共赢，从多角度、多方面入手实现企业数字化转型。

第七节　典型案例二：海尔实施"人单合一和小微众创"全球共享服务模式

海尔集团创立于 1984 年，是全球领先的美好生活和数字化转型解决方案服务商。海尔集团聚焦实体经济，布局智慧住居、产业互联网和大健康三大主业，致力于携手全球一流生态合作方，持续建设高端品牌、场景品牌与生态品牌，以科技创新为全球用户定制个性化的智慧生活，助力企业和机构客户实现数字化转型，推动经济高质量增长和社会可持续发展。

海尔集团拥有三家上市公司，在全球设立了 10 + N 创新生态体系、71 个研究院、30

个工业园、122个制造中心和23万个销售网络。海尔集团品牌价值达4739.65亿元，拥有七大①全球化高端品牌和全球首个场景品牌（THREE–WINGED–BIRD 三翼鸟），构建了引领全球的工业互联网平台（卡奥斯 COSMOPlat）和物联网大健康生态品牌（盈康一生），连续四年作为全球唯一物联网生态品牌蝉联"BrandZ 最具价值全球品牌 100 强"，连续13年稳居"欧睿国际全球大型家电零售量排行榜"第一名。

一、背景

海尔认为财务战略一定要聚焦集团战略。如果海尔的战略定位只是做一个简单的白电家电企业，不向生态转型，也不向网络化、互联网时代转型，就没有海尔财务的创新突破。因此，海尔集团发展战略的不断演变，推动了海尔财务组织和职能体系的不断演进。

海尔集团从1984年以来的战略变革经历了六个阶段。第一个阶段（1984~1991年）实施名牌战略，重点是加强产品质量，创建海尔品牌，这个时期产品单一，就是冰箱。第二个阶段（1984~1998年）实施多元化战略，产品从单一的冰箱到发展到整体白色家电。第三个阶段（1998~2005年）实施国际化战略，海尔通过建立、健全海外经销商网络和售后服务网络，将产品大规模销往全球市场。第四个阶段（2005~2012年）实施全球化品牌战略，海尔开始在当地国家生产并销售，创造属于当地国家的家电品牌。该阶段很重要的事项是，集团从2011年开始分别收购了日本三洋家电（主要面向日本、韩国和东南亚国家市场）、新西兰国宝级电器品牌斐雪派克（主要面向澳洲和新西兰市场）、美国通用电气（主要面向南美北美市场）以及欧洲 Candy（面向欧洲），最终实现全球化大战略布局。第五个阶段（2012~2019年）实施网络化战略，海尔集团通过推进组织、资源和用户资源三方面的网络化，创造用户体验场景。2019年12月底开启第六个阶段，实施生态品牌战略，致力于实现从传统的白电企业到引领移物联网时代的生态型企业的转型（见图2–65）。

---

① 即海尔 Haier、卡萨帝 Casarte、Leader、GE Appliances、Fisher & Paykel、AQUA、Cand。

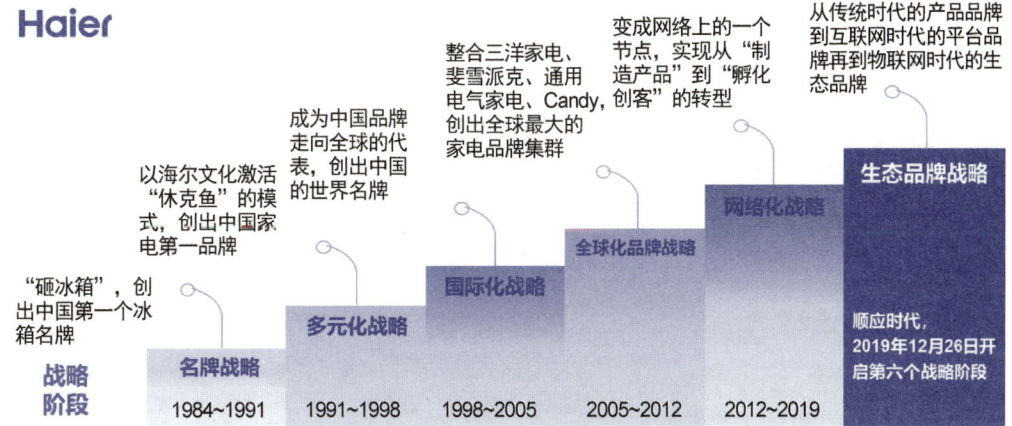

图 2-65 海尔集团的战略变革

2006年至今,海尔集团一直在探索新的"人单合一"商业模式,将员工价值跟用户价值绑在一起。"人单合一"管理模式中的"人"指的是员工,"单"指的是用户,"合一"就是实现员工价值和用户价值的合一。"人单合一"管理模式充分体现了用户主导的思维,并将用户和员工放在企业生态价值创造的最重要位置。员工并非传统意义的岗位,而是对接用户的节点,有了用户才会有员工,员工直接与用户进行交互,在创造用户价值的同时实现自身价值。这样就使企业成为了创业的平台,其下衍生出N个创业主体,每一个主体被称作"小微",是企业创新的基本单元。

海尔集团从制造企业逐步走向创业孵化平台,实现"小微"模式的过程,对海尔集团的财务管理提出了巨大的挑战。因为人单合一的商业模式,以及生态品牌战略,海尔财务不断探索创新,用创新方式方法提升整个集团的物联网能力。

二、举措

在集团发展战略变革与"人单合一"商业模式的驱动下,海尔财务转型在三类财务角色价值体系下,经历了三个阶段的演变,在这个过程中海尔的三类财务角色发挥了不同作用(见图2-66)。

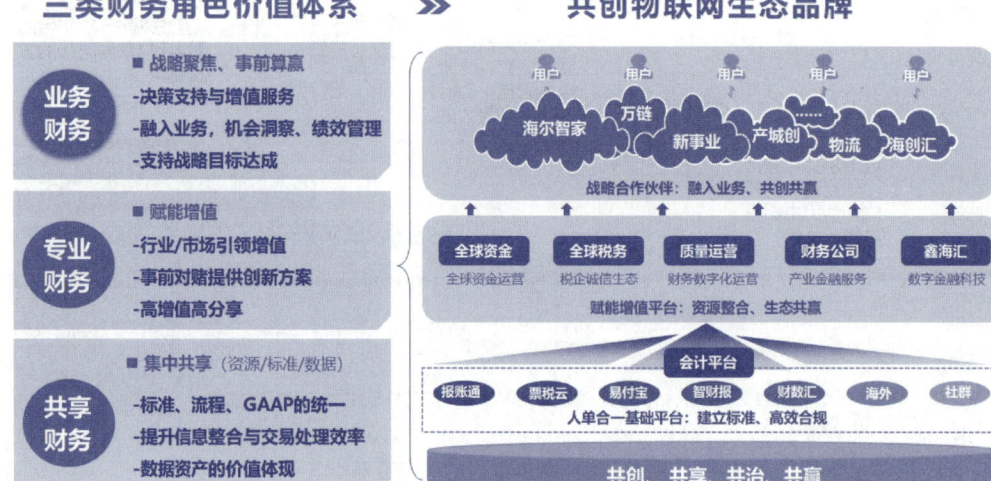

图 2-66 海尔集团的财务角色价值体系

（一）财务转型演变阶段

(1) "自我革命"阶段（2006~2009年）。2007年，海尔财务部配合集团的流程再造，开始了财务转型之路。2006年年底，海尔的财务变革以共享服务为切入点，由原来的管钱、管物、管账会计型财务组织向能够规划未来的管理会计型财务组织转型。在这期间，海尔全面优化了财务组织、业务流程和信息系统等，建立了海尔财务共享服务体系。把28条产品线的2000人分成三个组：业务财务、专业财务、共享财务，并把核算财务作了人员集中。当时完全线下，人均效率可以达到每人每月2000笔业务左右。比如报销，不在本地的邮寄到共享中心，在本地的交到共享中来，之后审核付款，周期非常长。经过15年的发展和信息化技术的运用，海尔建立了全球财务共享中心，财务共享的整个团队200人，效率达到40000多笔。

(2) "驱动变革"阶段（2010~2013年）。海尔在这个阶段自创性地提出了"事前算赢"的管理会计体系，使海尔集团利润复合年增长率达到33%。海尔认为，财务不能事后算账而应该事前算赢，在这个管理会计体系中，海尔实施了E2E管理报表，将小微每天的销售、成本、营收、利润全部列入E2E损益表中。海尔财务共享的整个团队从1800人变为200人，并不意味着其他1600人都下岗了，而是向财务管理、管理会计转型，做业务分析、事前算赢，做战略目标，给业务提供炮火支援。

(3) "转型引领"阶段（2014年至今）。在生态战略驱动下，海尔集团通过打造智汇云,无论是大共享平台,还是财务共享平台,均以"人单合一管理模式"为核心,把海尔新一代管理模式以云软件的方式落地到中小微企业中,对小微业务进行赋能。同时海尔还依据其生态优势,基于物联网范式下的生态价值衡量体系,进行了新的报表迭代,形成以"共赢增值表"为代表的财务工具。在这张表里,可以清晰地看到小微们通过客户生态创造的额外价值,实现了从企业价值到生态价值的卓越引领。

(二)财务共享建设支撑

为了实现不断变革的企业发展战略和人单合一的商业发展模式,海尔财务共享组织和系统平台不断变革。先后历经了国内共享、全球共享和外包服务三个阶段,经过了15年的探索和发展,海尔财务共享形成了包含四大模块的组织架构和具备六大竞争力的全球财务共享平台。

四大组织模块:第一个是财享云链群,致力于交易处理;第二个是财赋云链群,致力于用户服务;第三个是数联网,致力于数字化变革,推行信息化技术;第四个是共赢增值表研究院,致力于财务管理模式创新探索,比如共赢增值体系的创建(见图2-67)。

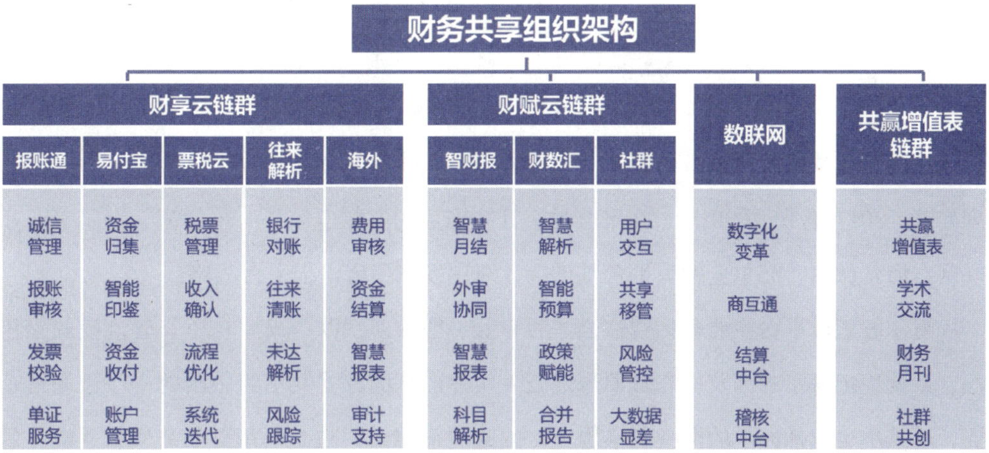

财务共享组织架构

财享云链群					财赋云链群			数联网	共赢增值表链群
报账通	易付宝	票税云	往来解析	海外	智财报	财数汇	社群		
诚信管理	资金归集	税票管理	银行对账	费用审核	智慧月结	智慧解析	用户交互	数字化变革	共赢增值表
报账审核	智能印鉴	收入确认	往来清账	资金结算	外审协同	智能预算	共享移管	商互通	学术交流
发票校验	资金收付	流程优化	未达解析	智慧报表	智慧报表	政策赋能	风险管控	结算中台	财务月刊
单证服务	账户管理	系统迭代	风险跟踪	审计支持	科目解析	合并报告	大数据显差	稽核中台	社群共创

图2-67 海尔集团财务共享中心的组织架构

另外,全球财务共享平台通过打造新技术应用、资源整合、服务定制、报销运营、合规管控六方面的竞争力,以创新开放的体系整合行业资源,通过风险洞察、资源整合、非线性服务,实现用户价值最大化(见图2-68)。基于这个平台的能力,海尔打造了20多类财务共享数字化产品,包括智能稽核管理、票税通等。结算中台做到秒收秒付、零风险、低费率。海尔结合业务场景把35000多家专卖店整合到海尔平台上,基于共享平台搭建了结算中台能力,很好地体现价值创造。原来的店铺资金没有溢价能力,现在可以在银行沉淀几亿元的资金,增强面对银行的议价能力。

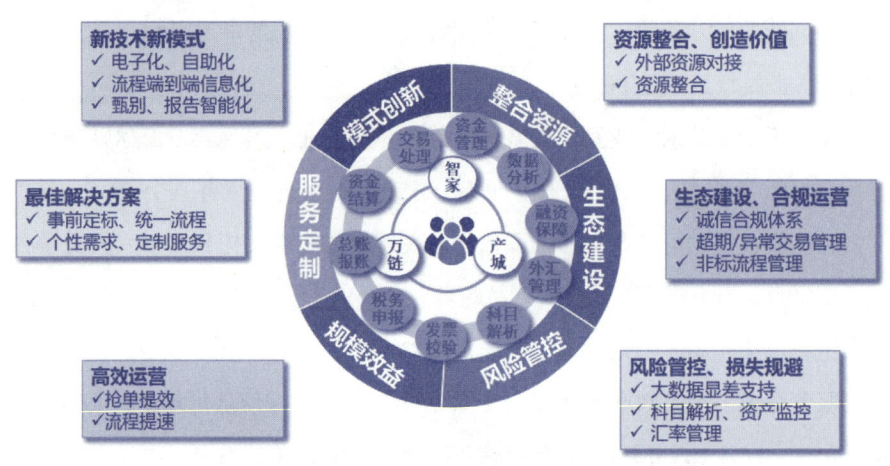

图 2-68　海尔全球财务共享平台的六大竞争力

三、亮点

在网络化战略阶段,海尔展开了"企业平台化、员工创客化、用户个性化"等一系列变革。2017 年 10 月 30 日,在聚合过去几年形成的海尔电商、海尔物流、海尔工业互联网、海尔微店、海尔金融等平台基础上,海尔发布了智汇云平台战略。

海尔智汇云平台主要包括智造云、智企云、智数云,以"人单合一"管理模式为核心,系统地把海尔内部及生态资源通过云 + 实体经济的方式共享给中国的中小微制造企业,这其中也包括海尔的财务共享服务。因此"海尔云"也是海尔财务共享服务的特色(见图 2-69)。

作为一个全面的智能制造产业解决方案,海尔智汇云在企业运营、营销以及云服务等支撑服务方面,设计了全面的技术与服务体系。海尔智汇云体系中的智企云以"人单合一管理模式"为核心,与海尔集团大共享平台各部门合作,提供基于海尔特色的财税、人力、法务、协同、数据以及专业产业云服务,把海尔新一代管理模式以云软件的方式,落地到中小微制造企业中。简言之,智企云就是海尔支撑业务平台的云化和共享

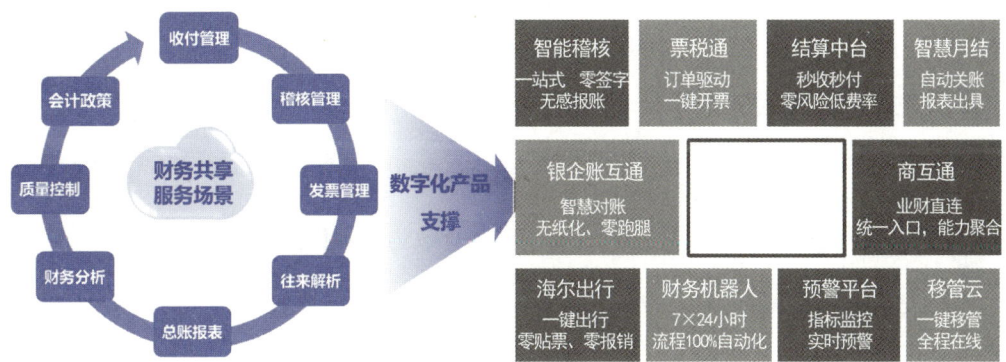

图2-69 海尔财务共享智能化应用

化。通过智汇云,能让中小微制造企业像海尔一样,持续优化原有的业务流程和组织结构、调整资产组合、支持新的数字业务,实现"企业平台化、员工创客化、用户个性化"的新模式。

基于"人单合一"的创新机制和海尔智汇云有力支撑,财务共享平台从专业、科技、机制、生态四个维度对小微业务进行赋能。比如:海尔推行"云抢单",即建立一个订单池,人手一张损益表,所接订单与绩效考核收入挂钩,人单合一,这样一来,每个人都关注自己的损益表。除了"云抢单",海尔还实行"云单证",这是指所有的电子凭证全部在平台上,在线生成、调取、管理。"云清算"从预算、订单,到收入的确认、费用的结算等,都同步上传,自动清算。"云往来"即针对供应商、客户、银行等的往来管理。

四、启示

(1) 海尔财务战略始终以集团发展战略为目标,从组织角色、管理模式、职能技术、财务工具等多方面推动变革,形成具有"人单合一和小微众创"模式的海尔全球财务共享服务模式。

(2) 财务转型和数字化创新离不开财务人员的转型。海尔聚焦高效、协同、创新的共享型复合型人才的培育,助力财务人员成为企业发展主力军和精英后备。

(3) 财务共享平台的建设非一日之功,海尔财务共享秉持管控思想,聚焦用户体验和需求提高创造能力,实现财务共享服务的持续迭代,真正成为企业颠覆变革的这个加速器和应用者。

第八节　典型案例三："AI + IT"推动科大讯飞财务共享转型

科大讯飞股份有限公司成立于1999年，一直致力于智能语音、自然语言理解、计算机视觉、机器学习推理、机器翻译等核心技术研究，并保持国际前沿技术水平。科大讯飞积极推动人工智能产品和行业应用落地，致力让机器"能听会说，能理解会思考，用人工智能建设美好世界"。2008年科大讯飞在深交所挂牌上市（股票代码：002230），募集资金净额3.14亿元。

一、背景

作为技术创新型企业，科大讯飞坚持源头核心技术创新，多次在语音识别、语音合成、机器翻译、图文识别、图像理解、阅读理解、机器推理等各项国际评测中取得佳绩。两次荣获"国家科技进步奖"及中国信息产业自主创新荣誉"信息产业重大技术发明奖"，被任命为中文语音交互技术标准工作组组长单位，牵头制定中文语音技术标准。科大讯飞还获得以下荣誉：首批国家新一代人工智能开放创新平台、语音及语言信息处理国家工程实验室、认知智能国家重点实验室、国家863计划成果产业化基地、国家智能语音高新技术产业化基地、国家规划布局内重点软件企业、国家高技术产业化示范工程等。

科大讯飞坚持"平台 + 赛道"的发展战略，即新一代人工智能语音开放平台加上AI技术和各个方向相结合形成的赛道，包括AI + 城市、AI + 运营商、AI + 教育和AI + 消费者等。持续优化技术，研究人工智能技术跟行业场景的深度结合，服务国家战略解决社会刚需问题。

基于拥有自主知识产权的核心技术，2010年，科大讯飞在业界发布以智能语音和人机交互为核心的人工智能开放平台——讯飞开放平台，为开发者提供一站式人工智能解决方案。2016年，科大讯飞发布讯飞翻译；2017年，科技部公布科大讯飞是首批新一代的国家人工智能开放平台；2018年，科大讯飞机器翻译系统参加CATTI全国翻译专业资格科研测试，达到专业译员水平；2019年，科大讯飞新一代语音翻译关键技术及系获得世界人工智能大会最高荣誉 SAIL 应用奖；2020 年，科大讯飞认知智能国家重点实验室团队获得中国青年最高勋章——"中国青年五四奖章"。2021 年，科大讯飞"语音识别方法及系统"发明专利荣获第二十二届中国专利金奖（见图 2 - 70）。

图 2 - 70 科大讯飞人工智能发展里程碑

在平台基础上，科大讯飞持续拓展行业赛道，现已推出覆盖多个行业的智能产品及服务，推动在智慧教育、智慧医疗、智慧城市、智慧司法、智能服务、智能汽车、运营商、消费者等领域的深度应用，TO B + TO C 双轮驱动成果显现。

在中国智能语音市场，科大讯飞的占有率排名第一，在多个重要细分领域市场占有率超过 60%。截至 2022 年 7 月 31 日，讯飞开放平台已开放 498 项 AI 产品及能力，聚集超过 347.9 万开发者团队，总应用数超过 152.9 万，累计覆盖终端设备数超过 35.8 亿，AI 大学堂学员总量达到 70.5 万，链接超过 500 万生态伙伴，获得 46 项国际人工智能大赛冠军。2021 年科大讯飞上市公司营收达 183 亿元，经营规模和经营效益同步提升。

科大讯飞董事长刘庆峰表示，数字化转型将为人工智能产业发展带来新机遇。在"十四五"时期，科大讯飞将充分发挥人工智能技术优势，以系统性创新解决社会刚需，加快一批标杆项目应用落地，赋能传统产业转型升级，为实现数字经济高质量发展提供支撑。

二、举措

科大讯飞财务共享中心建设按照三个发展阶段分步推进（见图 2 - 71）。

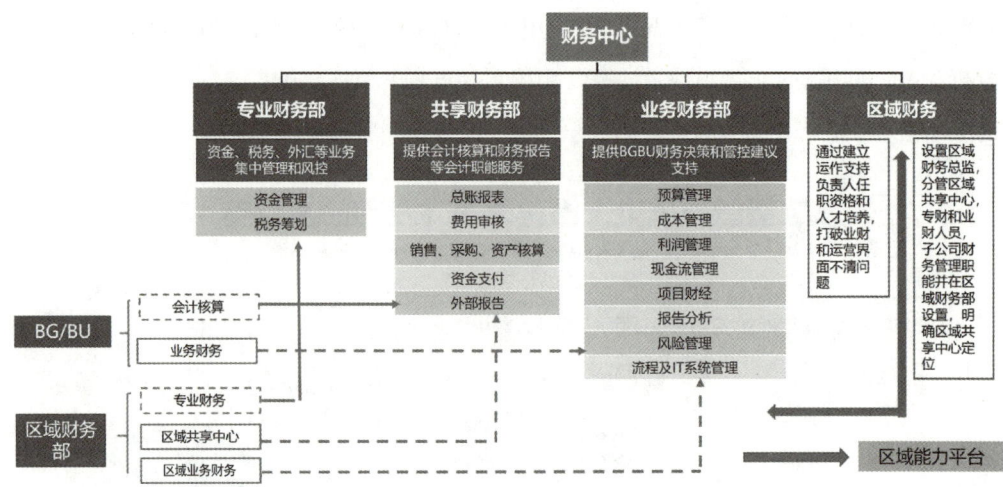

图 2-71 科大讯飞财务中心组织架构

第一阶段，形成财务三驾马车体系，启动财务共享转型。2014 年科大讯飞开首次开展业财融合试点工作，2014~2017 年大批业财进入业务，2017 年科大讯飞财务中心正式成立共享财务、业务财务两大部门。2018 年，科大讯飞成立专业财务部。

第二阶段，完成建设财务共享中心。基于集团在全国区域业务布局，为更快响应区域业务需求，2020 年起，科大讯飞围绕总部+区域共享组织布局，建立"1+3"区域共享。合肥和区域共享中心主要负责资金结算、财务审核、往来管理、总账核算等各模块工作运转，提供标准化的财务报告及作业服务，合肥共享中心作为总部同时承担共享服务的监督及相关财务规范制定的职能。

(1) 财务共享 1.0 时代。2019 年，科大讯飞开始搭建共享中心，共享中心在这一阶段的定位是高效会计工厂。通过统一标准化业务流程体系搭建、质量监控、绩效管理、咨询服务和人才培养等内部运营体系的搭建，推进信息化、自动化、智能化等信息系统。2020~2021 年，科大讯飞正式完成整个共享中心建设，完成数据采集、加工和流转，实现所有财务共享服务作业集中在共享中心的操作，为业财和专财提供支撑。

(2) 财务共享 2.0 时代。2.0 时代的共享中心定位变成成为大数据共享中心，将会计数据转化为有效信息。将公司内外部财务作为重要连接，把内外部数据聚合起来再加工清洗，形成并协同搭建公司数据分析引擎，使共享中心成为信息服务中枢。

(3) 财务共享 3.0 时代。2024 年后，科大讯飞的目标是建设财务智慧大脑。共享中心将有效信息转化为知识和智慧，为管理者提供更有效决策，驱动流程重塑、支持智能分析等。3.0时代的共享中心定位为整个财务中心的会计数据中心，同时也是科大讯飞的人才培养中心，使企业人才发展更全面（见图2-72）。

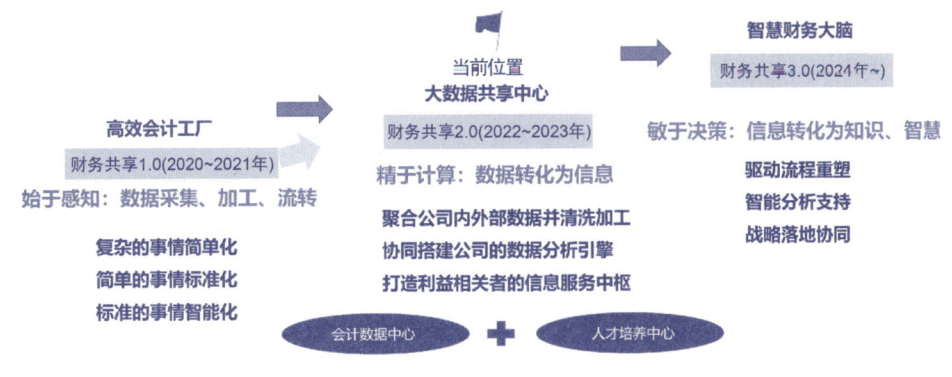

图2-72 科大讯飞共享中心定位及发展规划

第三阶段，科大讯飞将探索如何更好地实现价值创造。围绕全场景智能财务产品、标准化数据分析服务以及全球化财务共享展开，迈进向智能化财务共享。

三、亮点

2019年，科大讯飞首次提出AI+IT战略，坚定不移落实用人工智能和IT技术以提升经营管理水平。2021年，提出"十四五"期间奋斗目标：到2025年，通过根据地业务和系统性创新，实现"十亿用户、千亿收入、万亿生态"。基于AI+IT的发展战略，通过"数据驱动、AI赋能、全面联接"，深入推进数智化升级，为公司的业务发展持续赋能。

科大讯飞财务中心积极贯彻AI+IT战略，开启智能财务探索（见图2-73）。通过多轮调研与路径研究，集成公司先进AI技术与财务中心丰富场景结合，打造讯飞特色的智能财务建设，规划建设报账机器人、会计机器人、财务机器人等一系列智能财务应用，提高财务工作效率与质量，为公司经营管理提供支持。

（1）报账机器人。报账机器人主要用来解决在传统对公和对私报账方式下，报销过程长、管控力度弹性不足及单据错误率高等共性问题（见图2-74）。通过借助感知智能技术、规范业务流程、建立标准制度、强化人机交互模式，落地智能填报、智能审批、智能审核、智能问答、自动支付及机制凭证等整体解决方案，降低会计人员的重复基础性工作，从事更需社交洞察能力、谈判交涉能力和创造性思维等工作。

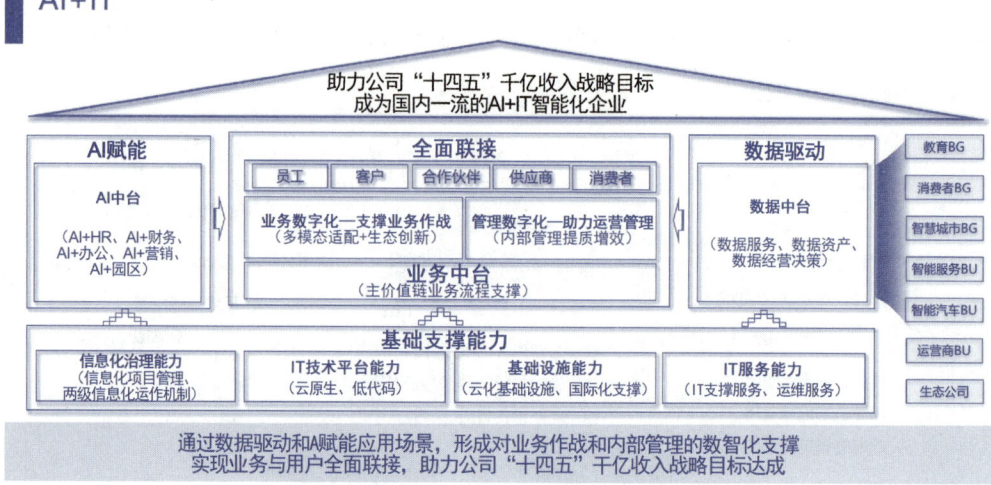

图2-73 科大讯飞企业信息化—数智化战略

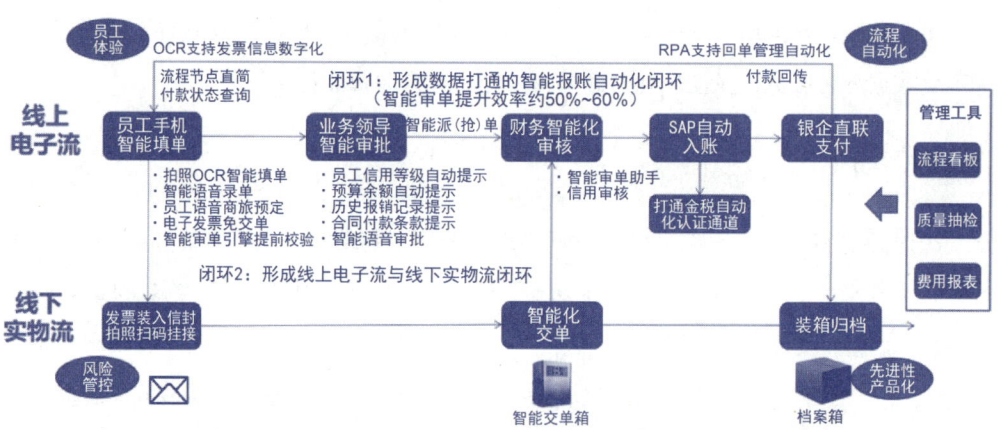

图2-74 科大讯飞端到端员工智能化报账全流程

报账机器人业务范围涵盖讯飞所有报账流程，有效地支撑了借款业务、差旅报销、员工对私报销、对公报销、外币报销业务、物资报销业务（与SAP采购模块集成）等各类流程。科大讯飞的报账机器人目前已覆盖了集团146多家分子公司，1.8万用户。员工填单效率由以前20分钟/单缩减至6分钟/单，财务审单差错率由11.64%下降到3.8%，基于员工填单、财务对私和对公的审核提效带来的年节约成本约2000万元，实现了降本增效（见图2-75）。

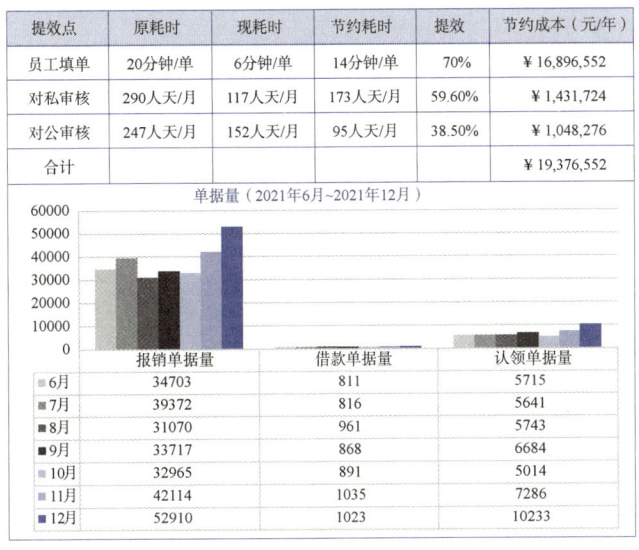

图 2-75　科大讯飞单据量

（2）会计机器人。会计机器人主要应用于财务会计场景下，使用认知智能技术，让机器人基于核算过程、各种会计领域的专业知识，建立具体场景下账务处理模型，进行大量数据学习模拟训练，使之具备中级会计师专业水平，最终达到能基于对会计准则、公司的各种财务管理制度理解，处理全盘账务的能力，降低公司财务核算的工作强度。

（3）财务机器人。财务机器人主要应用于管理会计场景下，期望通过认知智能技术实现企业管理在规划、控制、分析和预测等方面的支持与落地，辅助企业的 CFO、COO 和 CEO 进行管理决策。

四、启示

科大讯飞的财务智能化战略来源于科大讯飞数字化战略"AI+IT"战略。智能化财务建设有效支持了业务财务、专业财务、共享财务"三驾马车"齐驱的组织建设及发展。三大组织分工合作，协同推进，履行不同的管理职责，使财务管理更加专业化、财务核算更加集中化、财务业务更加一体化。同时，科大讯飞通过数据驱动和 AI 应用场景，即提供一流 AI 技术与行业优秀 IT 产品结合，提升企业经营管理水平。此外，企业的 AI 中台和数据中台，为科大讯飞财务共享作业提供了有效数据支持和 AI 能力赋能，形成对业务作战和内部管理的数据化支撑，实现业务跟用户的全面连接，达到提质增效的目的。

第三章　企业财务数智化转型：智能化服务商分析

当前我国已进入高质量发展的新阶段，习近平总书记在党的二十大报告中提到"要坚持把发展经济的着力点放在实体经济上，加快发展数字经济，促进数字经济和实体经济深度融合，打造具有国际竞争力的数智产业集群"。研究企业数智化转型对加快建设现代化经济体系，推动我国经济高质量发展有着重要意义。然而，根据埃森哲最新发布的《2022中国企业数智转型指数研究》，仅有17%的中国企业转型成效显著，说明尽管已有许多企业将数智化转型作为战略核心，但很少有企业能实现数智化转型对其盈利能力、竞争能力的积极影响。智能化服务商凭借技术优势能够给企业的数智化转型提供强有力支持，因此，了解当前智能化服务商的整体概况、服务成效等有利于从新的视角为建设数智中国提供帮助。基于此，本章主要调研了23家知名智能化服务商提供服务的现状，进一步分析了其服务的优势与效果，揭露服务存在的主要问题，并给予了相应的对策建议，以期为智能化服务商的数智化服务建设贡献微薄力量，最终推动我国数智化不断发展。

本章将对企业财务数智化转型调研中的23家智能化服务提供商的发展概况、特色优势、建设成效进行梳理和分析，并就数智化服务的10大议题展开讨论。本章共分为四节，分别是智能化服务商整体概况、智能化服务商特色优势及数智化服务建设成效等。其中，以10大议题的形式探讨数智化厂商的优势及服务建设成效，分别是财务共享、司库管理、业财融合、全面预算、费控管理、税务数智化、报表体系、电子会计档案、数智流程自动化（RPA及IPA）技术应用、院校财务数智化人才教育。每一具体议题将会从转型发展趋势、市场调研、代表服务商等角度展开探索和分析。

第一节 智能化服务商助力企业数智化转型

企业进行数智化转型需要智能化服务厂商提供服务和支撑。本节基于 23 家智能化服务提供商的调研数据，从智能化服务商目前的发展状况和特色服务内容出发，梳理和分析我国目前智能化服务商的整体概况（见表 3-1）。

表 3-1　　　　　　　　　　23 家主要智能化服务商基本信息

产品	成立时间	主营服务
合思·易快报	2014 年	费控数智化
泛微·齐业成	2001 年	费控数智化
汇联易	2016 年	费控数智化
有度税智	2020 年	税务数智化
税纪云	2020 年	税务数智化
百望云	2012 年	税务数智化
科睿柏	2011 年	资金管理数智化
FONE	2015 年	资金管理数智化
云扩科技	2017 年	流程自动化
来也科技	2015 年	流程自动化
赛意业财	2016 年	业财融合数智化
金蝶精一	2017 年	财务数智化教育
新道科技	2011 年	财务数智化教育
用友	1988 年	综合性数智化服务
浪潮软通	2002 年	综合性数智化服务
德国蓝科	1999 年	综合性数智化服务
每刻科技	2015 年	综合性数智化服务
金蝶	1993 年	综合性数智化服务
东软	1991 年	综合性数智化服务
虹信软件	2008 年	综合性数智化服务
中兴新云	2018 年	综合性数智化服务
IBM1911	1911 年	综合性数智化服务
久其软件	1999 年	综合性数智化服务

一、智能化服务商领域化、专业化发展

智能化服务商是指以人工智能技术为核心,提供智能化解决方案和服务的企业。随着人工智能技术的快速发展和广泛应用,智能化服务商在各行各业的发展中发挥着重要作用。这些企业通过整合和运用人工智能技术,为客户提供高效、精确、个性化的解决方案,从而实现客户需求的满足和业务效益的提升。

综合分析发现,智能化服务商根据成立时间和主营服务可分为不同的领域和专业化方向。它们通过不同的数智化解决方案,满足企业在费控、税务、资金管理、流程自动化、财务数智化教育以及综合性数智化服务等多个领域的需求。随着技术的不断发展和应用的不断深化,这些智能化服务商将继续为企业提供更加先进和全面的数智化解决方案,推动企业的数智化转型和可持续发展。随着行业发展,智能化服务商的发展也呈现出明显的差异。费控数智化、税务数智化和流程自动化服务商是相对较新的行业参与者,它们的建立时间相对较短,但发展速度却非常迅猛。这可以归因于多个因素的相互作用。首先,随着科技的不断进步和创新,数智化服务需求的增加使得费控数智化、税务数智化和流程自动化服务商迅速崛起。现代企业面临的挑战越来越多,包括复杂的费用管理、烦琐的税务申报以及流程效率的提升需求。这些新兴服务商通过整合先进的技术和系统,提供高效、智能化的解决方案,满足企业的需求,因此受到了广泛的欢迎和认可。其次,费控数智化、税务数智化和流程自动化服务商具备敏锐的市场洞察力和迅速适应市场变化的能力。相对于传统的综合性数智化服务商,这些新兴企业通常专注于某个特定领域的服务,因此能够更好地理解和满足客户的具体需求。它们能够通过精细化的市场分析,迅速捕捉到市场机会,并迅速调整自身战略和产品,从而实现快速的发展。

与此同时,一些老牌的综合性数智化服务商也在不断壮大。他们建立时间比较久,经验丰富,拥有更加完善的服务体系和更广泛的客户群体。老牌综合性数智化服务商的建立时间较久,这使得他们在行业内积累了丰富的经验和深厚的技术实力。他们经历了数智化转型的早期阶段,目睹了行业的发展和变革,积累了宝贵的经验教训。这些经验使得他们能够更好地理解客户的需求,并提供更加全面和成熟的数智化解决方案。他们的技术团队拥有广泛的专业知识和技能,能够应对各种复杂的业务场景和挑战,为客户

提供定制化的服务。此外，老牌综合性数智化服务商通常拥有更广泛的客户群体。他们在长期的经营中积累了大量的客户资源，与各行各业的企业建立了稳固的合作关系。这使得他们能够更好地理解不同行业的特点和需求，并提供相应的解决方案。同时，他们的品牌声誉和口碑也为他们赢得了更多的客户信任，使他们在市场中具备竞争优势。尽管在面对快速变化的市场需求和技术革新时，老牌服务商可能需要花费更多时间和精力来调整和适应，但他们的稳定性和可靠性为客户带来了一定的信任感。

二、智能化服务商服务专项化、精细化发展

为了反映智能化服务提供商的服务概况，本部分基于服务类型和 23 家调研厂商的优势产品，从六个方面进行归纳分析。分别是费控数智化、税务数智化、资金管理数智化、机器化流程自动化、财务数智化教育软件、综合性数智化服务。

（一）费控数智化

费控和报销是组织内财务管理的重要组成部分。费控是指通过监控和控制各项费用支出，以实现有效的成本管理和资源利用。报销是指员工根据组织的规定，在完成工作任务后，向组织申请报销相关费用。2022 年 7 月，国家税务总局已经明确开始全国纳税人全量使用"全电"发票，电子发票、电子票据、电子合同、电子签名，到电子会计档案，它们的法律效力和基本用途跟纸质版完全相同。在当前数智化时代，费控数智化转型已成为组织财务管理的重要趋势。费控数智化转型是将传统的费控过程和报销管理转变为基于信息技术的自动化和智能化系统的实践。这种转型可以极大地提高费用管理的效率、准确性和可追溯性，同时降低管理成本和风险（见图 3-1）。

首先，费控数智化转型通过引入先进的财务管理软件和系统，实现了费用核算的自动化和集成化（见图 3-2）。传统的费用核算过程通常烦琐且容易出现错误，需要手动整理和计算各项费用，而数智化转型则能够自动获取和整合各类费用数据，实现实时的费用核算和报表生成。这不仅大大减少了人工操作的时间和精力，还提高了核算的准确性和可靠性，为管理者提供了及时的决策依据。其次，费控数智化转型使得费用审批和控制过程更加规范和透明。传统的费用审批往往需要大量的纸质文件和手工签名，流程烦琐且易于出现审批环节的滞后和遗漏。而通过数智化转型，费用审批流程可以在线上完成，审批人员可以通过电子系统实时查看和处理审批请求。这样不仅加快了审批的速

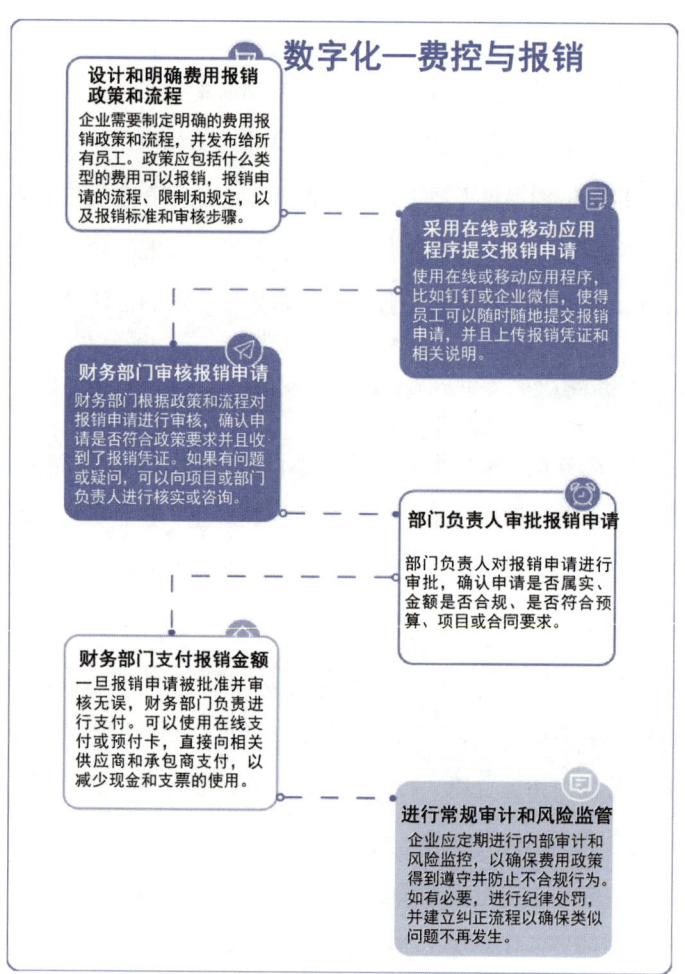

图 3-1 费控与报销数智化基本流程

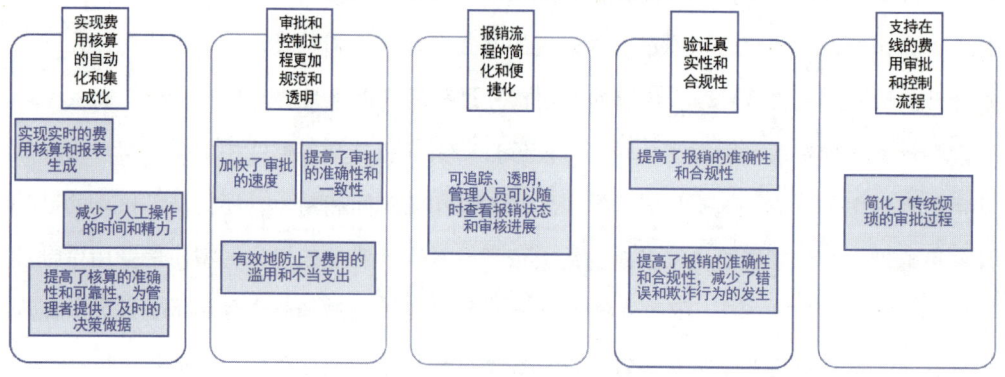

图 3-2 费控与报销数智化优势

度，还提高了审批的准确性和一致性，有效地防止了费用的滥用和不当支出。此外，费控数智化转型还促进了报销流程的简化和便捷化。员工可以通过移动端应用或在线平台提交报销申请，并上传相关的票据和支持文件。数智化转型使报销流程可追踪、透明，管理人员可以随时查看报销状态和审核进展。同时，系统可以自动识别和验证报销单据的真实性和合规性，提高了报销的准确性和合规性，减少了错误和欺诈行为的发生。目前，许多公司已经开始采用财务管理软件和系统来实现费控数智化转型。这些软件和系统具有自动化的特点，能够实时获取和整合费用数据，并提供实时的核算和报表生成功能。同时，这些系统还能够支持在线的费用审批和控制流程，简化了传统烦琐的审批过程。许多组织已经将其内部的费用管理流程数智化，并取得了一定的效益。

2022年6月，艾瑞咨询携手合思·易快报联合发布了"企业费控报销管理能力无须报销分级标准"。无须报销分级标准类比了无人驾驶的分级标准，从"报销自动化"程度出发，将企业费控能力分为 L1~L5 五个阶段，每个阶段又针对申请、消费、报销、对账、记账、归档、报表七个维度区分自动化水平（见图3-3）。现阶段，不同企业因行业特征、行业政策法规及自身业务布局等差异，费控管理能力参差不齐。通过"无须报销分级标准"，可为企业提供直观的财务数智化程度的衡量与参考，并提供持续演进的优化路径。而对照"无须报销分级标准"，企业也迫切想了解"我们所处的层级""我们欠缺的能力"，以及"我们还需升级的方向"。同时，企业也能动态审视数智化投入的效果产出，并为下一阶段的数智化规划作出决策参考。

其中，L1级别是传统的纯手工报销，刷胶水，贴发票，人工处理；L2级别则是用信息化系统支撑事后报销管理过程，实现对电子发票电子化报销的兼容，员工仍然需要报销；L3级别引入了供应商平台比如差旅服务公司，嵌入了供应商页面。该级别机制下企业统一充值，符合制度与预算的员工差旅消费直接由企业账户按需付款，员工不再垫钱，不再报销；L4级别，财务的对账、记账、归档等环节将全部自动化。以API对接的同屏比价商城系统，能够让员工轻松地选择最低价同类产品，供应商也为了获得排名靠前而竞争低价。与此同时，该级别实现了四个统一：统一收银台、统一票台、统一服务台、统一规则主数据。统一的收银台不再维护多个账户，统一的票台不再接受不同供应商的多个对账单及发票行程单，统一的服务台不再让员工在退改签时找错供应商，统一规则主数据也大大降低了IT和财务管理员维护难度。L5级别则将智能化引入到报销全

无须报销分级	L1 手工报销 Manual Expense Claim	L2 电子化报销 Electronic Expense Claim	L3 初级无须报销 Elementary No Expense	L4 中级无须报销 Intermediate No Expense	L5 高级无须报销 Advanced No Expense
分级定义	所有报销流程均通过人工完成	所有报销流程仍以人工为主，部分环节引入电子化系统来辅助作业	人工操作进一步降低，嵌入式集成消费供应商已部分链路无须报销	极少数场景下需要人工介入，核心全链路实现无须报销	人工完全退出报销操作，全场景、全链路实现智能化无须报销
申请	手工提交申请 人工审核申请 人工线下校对预算和费用标准	手工提交申请 人工审核申请 人工在线校对预算和费用标准	嵌入式集成消费供应商 员工无须选资 系统自动判断消费方案合规性	聚合消费同侪比价，员工无须选资 系统自动判断消费方案合规性 统一企业消费账户	系统智能辅助事前预算规划、申请信息智能匹配消费环节 全场景消费智能推荐 智能推荐 智能消费数仓
消费	全部场景需员工自行采购 个人垫资 人工判断消费方案合规				
报销	人工提交报销单并记录因公消费 人工控制费用合规 人工事后确认预算占用	人工提交报销单并记录因公消费 人工控制费用合规 系统事后确认预算占用	人工提交报销单并记录因公消费 系统自动提交报销单并记录因公消费 人工控制费用合规 系统事后确认预算占用	系统自动提交报销单并记录因公消费 系统事后确认预算占用	全场景无须报销 系统智能报销
对账	供应商零散开票，人工领并保管发票		消费供应商统一开票 人工对账	聚合消费平台统一开票 系统自动对账	
记账	人工生成记账凭证			系统预制映射规则 自动生成凭证	系统智能推荐映射规则 生成凭证
归档	人工装订凭证归档			人工装订纸质凭证归档 电子凭证自动归档	档案完全电子化，实现自动归档
报表	人工事后采集数据 人工事后出报表		系统预制报表模板 系统实时采集呈现费用数据	人工装订报表模板 系统实时采集呈现费用数据	数据智能呈现

图 3-3 报销管理级别图

链条，从预算到行程规划，到消费订购推荐以及利用大数据实时调整企业的差旅消费标准。人工作业完全退出因公消费管理的各个流程环节，实现消费即合规，采购即报销，解放双手释放人的创造力。

综合费控服务商数智化现状来看，目前大部分费控服务商提供L4级别的服务，基本实现费用申请—费用产生—费用报销—领导审批—财务审核—快速支付—推送记账—整合报表的全流程闭环管理，同时确保相关信息可以合规、正确、高效地提交到系统中，使企业管控可以达到相应目的。

费控数智化在企业数智化转型中扮演着重要的角色，它可以助推企业实现更高效、精确和可持续的财务管理，并推动整个企业的数智化进程，具体影响包括以下几个方面：

（1）数据集成和实时分析：费控数智化转型使企业能够集成和分析大量的财务数据，包括费用支出、预算执行、报销情况等。这些数据可以通过数智化系统自动收集和整合，提供实时的数据分析和决策支持。通过对财务数据的准确分析，企业可以更好地了解和优化费用结构，发现潜在的节省和优化机会，从而推动数智化转型的策略和决策。

（2）自动化流程和审批：费控数智化转型可以实现企业费用管理流程的自动化和数智化。通过引入电子报销系统和在线费用审批流程，企业可以实现流程的规范化、简化和加速。员工可以通过移动应用或在线平台提交费用报销申请，并自动化进行审批流程，提高审批效率和准确性。这样的自动化流程不仅减少了人力资源的投入，还大大提高了流程的可追溯性和透明度。

（3）数据安全和合规性：费控数智化转型可以加强企业的数据安全和合规性管理。通过数智化系统，企业可以建立更强大的数据安全措施，保护财务数据的机密性和完整性。此外，数智化系统可以自动化执行合规性规则和政策，确保费用报销符合法规和内部政策要求。这有助于企业降低合规风险，并提高整体治理和风险管理能力。

（4）资源优化和成本控制：费控数智化转型可以帮助企业实现资源的优化和成本的控制。通过数智化系统的实时监控和预算管理功能，企业可以更精确地了解和控制费用支出，避免浪费和不必要的开支。此外，数智化系统还能提供更全面的费用分析和预测，帮助企业制定更有效的成本控制策略，优化资源配置，从而提高企业的盈利能力和竞争力。

(二)税务数智化

税务数智化利用数智技术和信息系统对税务管理进行改革和优化。税务数智化使企业能够更好地管理和控制税务风险(见图3-4)。数智化系统可以实时监测和分析企业的财务数据和交易信息,提供更准确的税务风险评估和合规性监控。企业可以通过数智化工具更好地了解自身纳税情况,及时调整财务决策以降低税务风险。

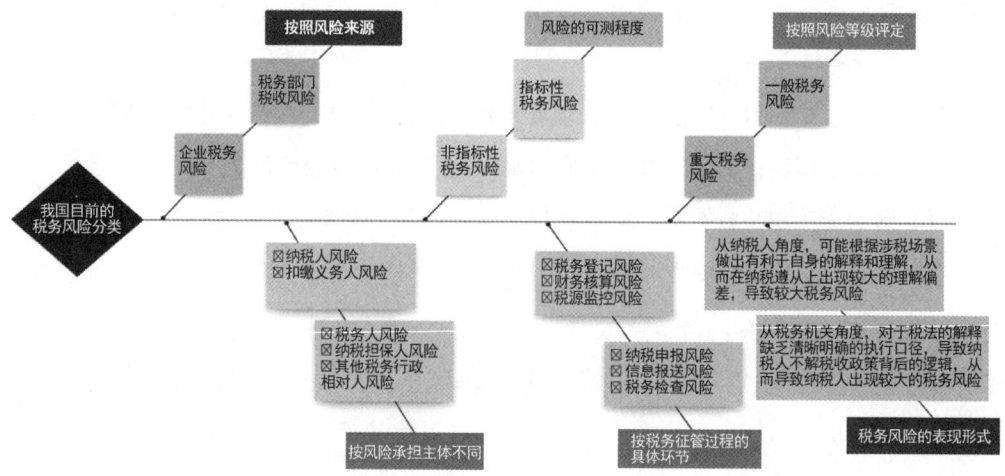

图3-4 我国目前的税务风险分类

此外,数智化系统的自动计算功能和在线申报流程减少了人为错误和漏报的风险,提高了申报的准确性和一致性。此外,税务数智化为企业提供了更好的纳税信息管理和沟通渠道。企业可以通过数智化系统随时查阅和下载税务文件、报表和纳税证明。数智化平台还提供了在线咨询和沟通的机会,企业可以与税务机构进行实时互动,及时获得对税法和政策的解释和指导。这种信息透明和互动性的提升有助于企业更好地理解和遵守税法规定,减少了误解和纳税争议的发生。

综合税务数智化服务商来看,现有的服务商具备以下特点:

(1)税种全面化:现有的税务数智化服务商基本覆盖全税种全行业。

(2)处理自动化:税务数智化服务商利用人工智能技术,能够自动处理和分析大量的税务数据和信息,帮助客户简化烦琐的税务工作。它们可以提供自动化的报税软件、智能化的数据分析工具或人工智能驱动的税务咨询服务,以降低人工工作量并提高准确性,从而减少了人工处理的时间和工作量。它可以自动提取、分类和整理税务相关数据,并生成相应的报表和文件。与此同时能够基于税务法规和规定提供智能化的建议和解决方案。

(3)跨平台集成:税务数智化服务商通常提供跨平台的集成能力,能够将不同的税务系统和软件集成到一个统一的平台上,可以与客户的财务系统、电子商务平台等进行无缝对接,实现数据的快速传输和共享。这种集成能力有助于提高工作效率和准确性,并减少数据录入和转换的错误。

(4)数据安全和隐私保护:税务数智化服务商注重客户数据的安全和隐私保护。它们采取各种安全措施来保护客户数据的机密性和完整性,如数据加密、访问权限控制等。同时,它们也遵守相关法规和规定,确保客户数据的合规性和保密性。

(5)服务多样化:税务数智化服务商通常能够为不同客户提供个性化定制的服务。它们会根据客户的业务特点、行业背景和需求,量身定制相应的税务解决方案,以最大程度地满足客户的需求和目标。

从发展历程来看,大多数税务数智化服务商的发展历程分为四个阶段(见图3-5):

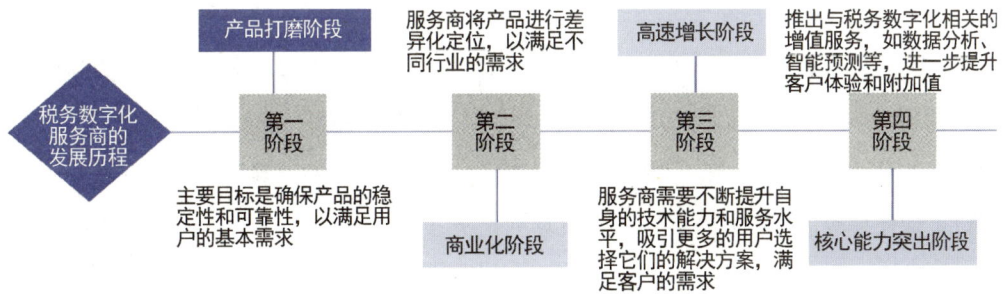

图3-5 税务数智化服务商的发展历程

第一阶段是产品打磨阶段。在这个阶段,税务数智化服务商开始与各地报税系统进行对接,以实现全税种一键批量报税。在这个阶段,服务商致力于提升产品的稳定性,确保其能够顺利地与各地的报税系统进行交互。同时,它们还通过不断的改进和优化,使产品具备更高的用户友好性和易用性。这一阶段的主要目标是确保产品的稳定性和可靠性,以满足用户的基本需求。通过与多个地市的合作,服务商能够逐渐改进产品,并适应不同地区的税务政策和要求。第二阶段是商业化阶段。一旦产品在不同地区得到验证并获得用户认可,税务数智化服务商将开始向特定行业提供一体化、自动化的财税管理工具。这些工具将帮助企业更高效地管理税务事务,减少人力资源的投入,提高工作效率。在这个阶段，服务商将产品进行差异化定位，以满足不同行业的需求。他们与企业建立合作关系，提供定制化的解决方案，帮助企业实现财税管理的自动化和高效化。通过与特定行业的合作，税务数智化服务商在商业化方面取得了初步的成功。第三阶段是高速增长阶段。在前两个阶段的基础上，税务数智化服务商逐渐建立了良好的口碑和品牌影响力，吸引了越来越多的客户。在这个阶段，服务商的业务规模迅速扩大，客户群体不断增加。为了应对这一增长，服务商需要不断提升自身的技术能力和服务水平，吸引更多的用户选择他们的解决方案，满足客户的需求。同时，他们也积极与税务部门和相关政府机构合作，推动税务数智化的普及和应用。第四阶段是核心能力突出阶段。在前三个阶段的积累和发展基础上，税务数智化服务商开始逐渐形成自己的核心竞争能力。他们在技术研发、产品创新、服务质量等方面积累了丰富的经验和优势，并在市场中建立起了一定的竞争壁垒。在这个阶段，服务商不仅是提供基本的财税管理工具，而且是通过不断拓展产品线，实现产品的多元化。他们可能推出与税务数智化相关的增值服务，如数据分析、智能预测等，进一步提升客户体验和附加值。

随着信息技术的迅猛发展，税务数智化服务在企业数智化转型中扮演着越来越重要的角色。税务数智化服务提高了企业的运营效率和数据管理能力。传统税务管理往往烦琐而复杂，需要大量的纸质文件和手工处理。而通过税务数智化服务，企业可以实现税务数据的自动收集、处理和分析，大大减少了人力和时间成本，提高了工作效率。企业可以更加便捷地进行税务申报、纳税核算和财务报表的生成，减少了错误和遗漏的风险。此外，税务数智化服务还提供了更好的数据管理能力，使企业能够更加准确地把握税务政策和法规的变化，及时进行合规性评估和风险控制。与此同时，税务数智化服务促进了企业与税务机构之间的信息交流和合作。传统上，企业与税务机构之间的信息沟通通常需要通过纸质文件和传真等方式进行，存在信息不准确、传递延迟等问题。而税务数智化服务提供了在线申报、电子税务局等平台，实现了企业与税务机构之间的实时互动和信息共享。企业可以通过这些平台快速提交税务申报和查询相关政策信息，同时税务机构也可以通过数智化服务及时向企业发布税务通知和政策解读，加强了双方之间的合作和沟通，提高了效率和准确性。此外，税务数智化服务还为企业创造了更多的商业机会和竞争优势。数智化转型使企业能够更加灵活地进行商业模式创新和市场拓展。通过税务数智化服务，企业可以更好地掌握自身的财务状况和税务风险，更加精准地进行财务规划和税务优化,提高企业的经营效益和竞争力。同时,税务数智化服务还为企业提供了更多的数据分析和洞察能力,帮助企业发现市场趋势和消费者需求,从而进行产品创新和市场定位。通过数智化的税务数据分析,企业可以更好地了解消费者的购买偏好、行为习惯和市场趋势,进而进行精准营销和个性化服务,提高产品的市场适应性和竞争力(见图3-6)。

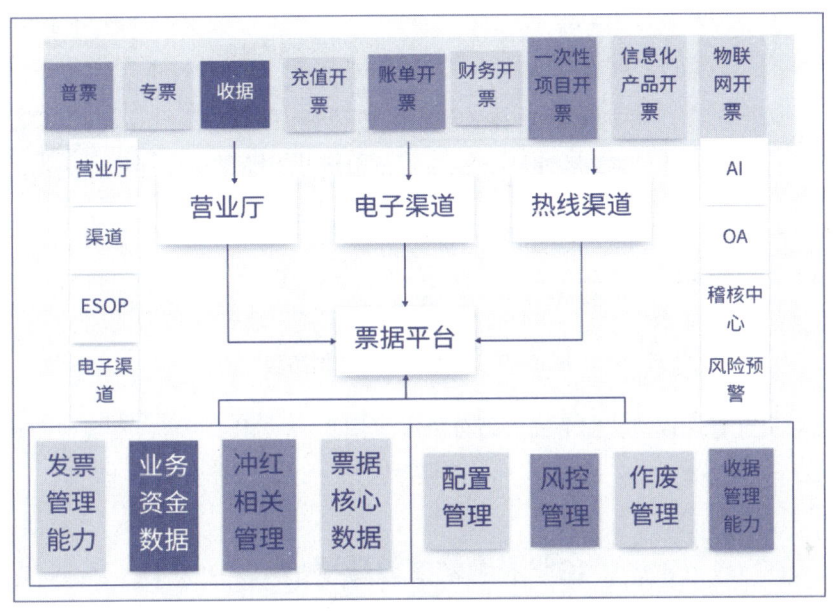

图3-6 税务多维风控智能应用场景

(三)资金管理数智化

随着技术的不断进步和金融行业的日益发展,资金管理数智化服务商在当今市场中扮演着至关重要的角色。这些服务商利用先进的技术手段,将传统的资金管理流程转化为数智化的解决方案,为企业和个人提供高效、安全和可靠的资金管理服务。目前,资金管理数智化服务商在市场上的发展状况呈现出蓬勃的态势。首先,随着移动支付、电子银行和虚拟货币等新兴支付方式的普及,消费者对数智化资金管理服务的需求不断增加。服务商们不仅提供了方便快捷的支付方式,还通过数据分析和智能算法提供个性化的理财建议,帮助消费者实现财务目标。其次,资金管理数智化服务商在企业领域也得到了广泛应用。通过整合企业财务数据和交易信息,这些服务商能够提供实时的资金监控和预测,帮助企业制定有效的资金管理策略和决策。此外,服务商们还提供了自动化的账务处理和报表生成功能，减少了人力成本和人为错误的风险，提高了企业的财务效率和准确性（见图 3-7）。

图 3-7 司库管理的发展历程

通过对资金管理数智化服务商进行分析（见图 3-8、图 3-9），发现他们具备以下特点：

图 3-8 科睿柏资金管理数智化管理平台

图3-9 科睿柏资金管理数智化要点

（1）技术创新：这些服务商采用最新的技术和工具，包括人工智能、大数据分析、区块链等，以提供先进的资金管理解决方案。他们不断追求技术创新，将传统的资金管理流程数智化和自动化，提供更高效、智能的服务。

（2）多样化的功能：资金管理数智化服务商提供丰富的功能，以满足用户的多样化需求。除了基本的资金监控、支付和转账功能，他们还提供财务规划、投资管理、预算控制、账务处理和报表生成等功能，帮助用户全面管理和优化资金。

（3）个性化服务：这些服务商注重提供个性化的服务。通过分析用户的财务数据和行为，他们能够提供定制的理财建议、投资组合和预算计划，以满足不同用户的需求和目标。

（4）简化操作和提升效率：这些服务商致力于简化操作流程，提升用户的财务管理效率。他们提供直观友好的用户界面，使用户可以轻松地进行操作和查看关键信息，减少烦琐的手动操作和纸质流程。

(5) 实时数据和报告：资金管理数智化服务商能够提供实时的数据更新和生成各种财务报告。用户可以随时查看最新的账户余额、交易记录和预算执行情况等关键信息，以便作出即时决策和调整。

综合分析多家资金管理数智化服务商可以发现，这些服务商基本围绕以下服务：

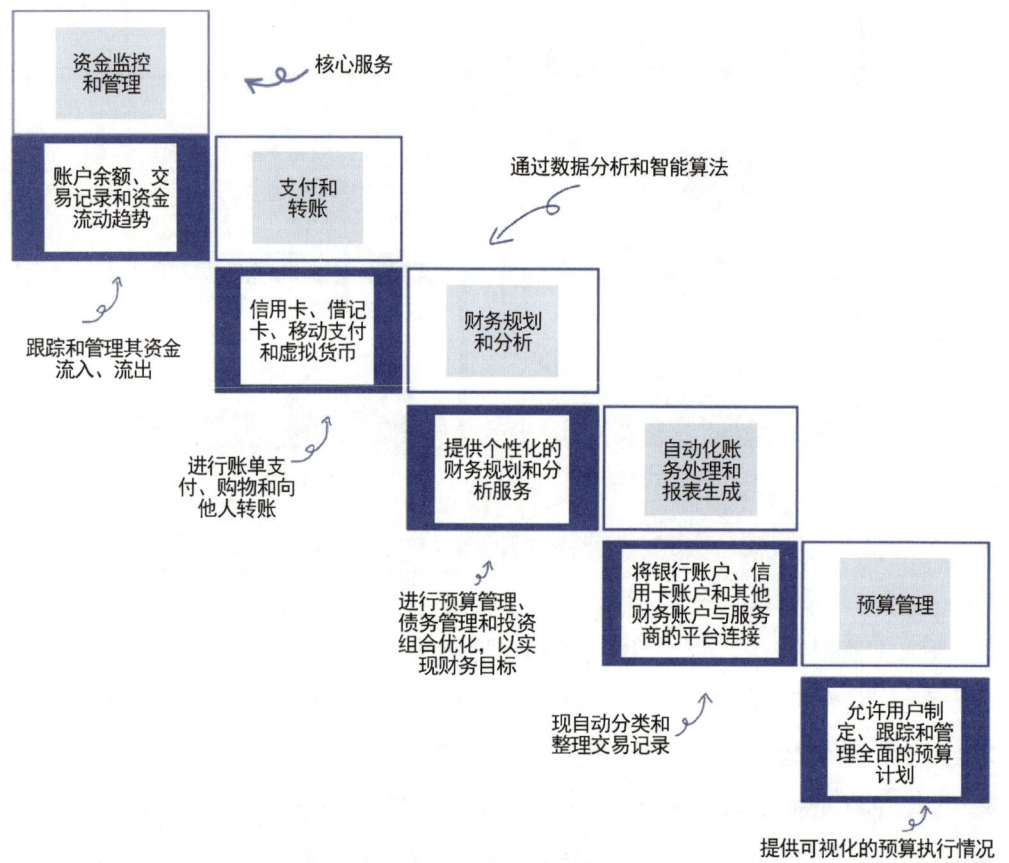

图 3-10　资金管理数智化服务

（1）资金监控和管理：这是资金管理数智化服务商的核心服务。它们提供实时的资金监控和管理工具，帮助用户跟踪和管理其资金流入流出的情况。通过提供可视化的仪表盘和报表，用户可以清晰地了解其财务状况，包括账户余额、交易记录和资金流动趋势等。

（2）支付和转账：资金管理数智化服务商提供便捷的支付和转账功能。用户可以通过应用程序或在线平台进行快速、安全的电子支付和转账操作。这些服务商通常支持各种支付方式，包括信用卡、借记卡、移动支付和虚拟货币等。用户可以轻松地进行账单支付、购物和向他人转账，无论是个人还是企业用户。

（3）财务规划和分析：资金管理数智化服务商通过数据分析和智能算法，提供个性化的财务规划和分析服务。它们可以分析用户的收入、支出和投资情况，根据用户的财务目标和风险承受能力，提供相应的理财建议和规划方案。这些服务商还可以帮助用户进行预算管理、债务管理和投资组合优化，以实现财务目标。

（4）自动化账务处理和报表生成：资金管理数智化服务商通过自动化技术，简化和加快了账务处理和报表生成的过程。用户可以将银行账户、信用卡账户和其他财务账户与服务商的平台连接，实现自动分类和整理交易记录，减少手动录入的工作量和错误的风险。此外，这些服务商还能够生成各种财务报表和报告，如收入报表、支出报表和税务报表等，方便用户进行财务分析和申报。

（5）预算管理：全面预算功能允许用户制定、跟踪和管理全面的预算计划。通过与用户的财务账户和交易数据连接，资金管理数智化服务商可以提供实时的预算分析和提醒。帮助用户合理分配资金，控制支出，并确保财务目标的实现。用户可以设定各项预算指标，例如每月的生活费、房贷支出、娱乐费用等，以及针对特定项目或目标的预算。服务商通过跟踪用户的交易和支出情况，提供可视化的预算执行情况，让用户清晰地了解他们的支出是否符合预算计划。

资金管理数智化对企业数智化转型有着显著的影响。首先，资金管理数智化能够提升资金管理效率。资金管理数智化工具使企业能够更加高效地管理和控制资金流动。通过自动化的账务处理、集成的支付系统和实时的财务数据分析，企业能够更快速地进行资金的监控、调配和决策。这有助于减少人工操作的时间和错误，并提高企业资金管理的准确性和效率。其次，资金管理数智化能够实现更精准的预算规划：资金管理数智化工具提供了更精准和实时的预算规划和分析功能。企业可以根据历史数据和实时交易情况，制定详细的预算计划，并通过数据分析和智能算法进行预测和优化。这使企业能够更好地控制成本、优化资金利用率，并作出更明智的财务决策。此外，资金管理数智化可以增强风险管理和安全性：资金管理数智化工具提供更全面和精细的风险管理功能。企业可以实时监控和分析资金流动，发现异常和潜在的风险，并采取相应的措施进行防范和控制。此外，数智化工具还提供更高级的安全措施和身份验证，保护企业资金和敏感信息的安全。再次,资金管理数智化可以优化企业资金结构:资金管理数智化工具帮助企业更好地优化资金结构,实现资金的最优配置和利用。通过分析企业的资金流入流出、债务状况和投资项目,数智化工具能够提供优化建议和策略,帮助企业提高资金利用效率、降低成本并提升盈利能力。最后,资金管理数智化可以加强合规性和报告能力:资金管理数智化工具有助于企业更好地满足法规和合规要求,并提升报告的准确性和透明度。数智化工具可以自动生成各种财务报表和报告,减少手动操作和错误的风险。同时,数智化工具能够更方便地整合和提供相关数据,以便企业能够及时向监管机构和利益相关方提供必要的财务信息。

(四)机器化流程自动化

机器化流程自动化服务是指利用软件机器人自动执行日常业务流程的技术和解决方案(见图 3-11 和图 3-12),这些机器人可以模仿人类用户在计算机系统中的操作,从而执行重复性、规则性和高度可预测的任务。系统可以帮助组织提高工作效率、减少错误,并释放员工的时间,使其可以专注于更有价值的任务。

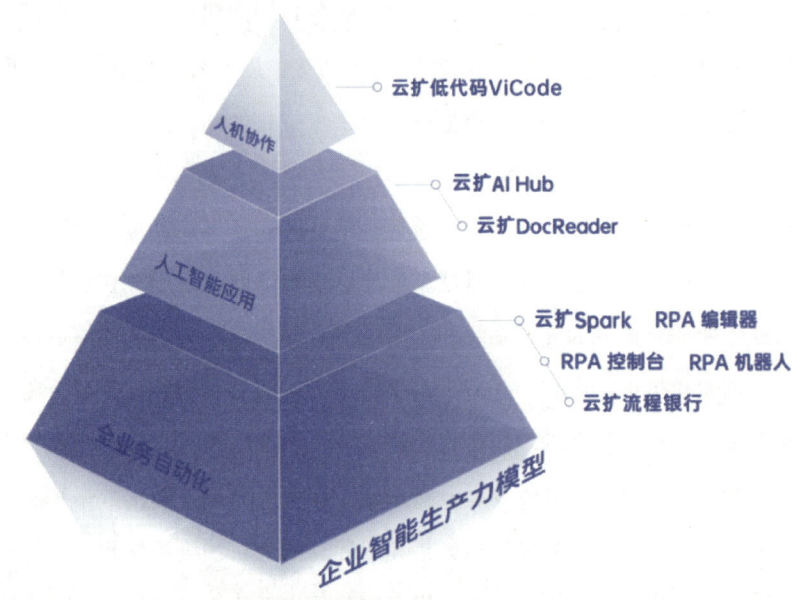

图 3-11　云扩机器化流程自动化生产力模型

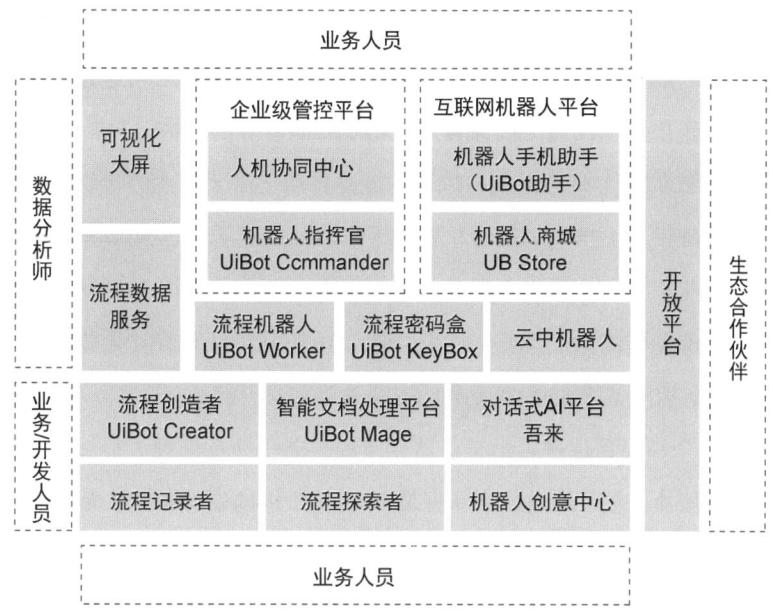

图 3-12 来也机器化流程自动化模型

随着数智化转型的不断深入，提供机器化流程自动化服务的厂商在市场上处于快速增长和竞争激烈的状态，RPA 行业发展迅速，新的技术和解决方案不断涌现，这些服务商往往具备以下特点：

（1）技术专长：这些厂商以其深厚的技术专长在机器化流程自动化领域中脱颖而出。他们在机器学习、人工智能和自动化领域拥有广泛的知识和经验。他们熟悉各种先进的算法、模型和工具，能够利用这些技术来设计和实施智能化的流程自动化解决方案。通过不断追踪和应用最新的技术发展，他们能够提供高效、可靠且创新的解决方案，满足客户不断变化的需求。

（2）广泛的行业经验：这些厂商在多个行业中积累了丰富的经验，了解不同行业的业务流程和需求。他们深入了解各个行业的特点、挑战和机会，因此能够为客户提供量身定制的解决方案。他们能够准确理解客户的需求，快速洞察问题，并根据具体情况调整和优化流程自动化方案。这种行业经验的积累使他们能够提供更加实用和有效的解决方案，帮助客户在激烈的市场竞争中取得优势。

（3）敏捷灵活：这些厂商具备快速响应和灵活适应的能力，以满足客户不断变化的需求。他们理解在快节奏的商业环境中，时间是宝贵的资源。因此，他们采用敏捷开发方法，能够快速部署和调整自动化解决方案。他们能够与客户密切合作，快速了解其需求，并提供灵活的解决方案。无论是面对新的业务流程、技术需求还是市场变化，他们能够快速适应并作出相应调整，确保客户获得及时而有效的支持。

(4) 高度可靠的技术基础设施：机器化流程自动化需要强大的计算和存储能力，以及稳定的网络基础设施。这些厂商通常建立了可靠的云计算架构或数据中心，能够支持大规模的自动化流程运行。它们投资于先进的服务器、网络设备和存储技术，确保客户的自动化流程能够稳定高效的运行。此外，他们还采取备份和容灾措施，以应对潜在的故障或灾难情况，保证客户数据和业务的安全性和连续性。

(5) 数据安全和隐私保护：由于机器化流程自动化涉及处理大量敏感数据，这些厂商非常重视数据安全和隐私保护。他们采取一系列严格的安全措施，如数据加密、身份验证、访问控制和审计跟踪，确保客户数据得到保护。他们遵守相关的法规和合规性要求，确保数据处理符合隐私保护标准。此外，他们也与客户建立合同和协议，明确数据所有权和责任分配，以建立信任关系。

(6) 全面的解决方案：这些厂商提供全面的机器化流程自动化解决方案，覆盖流程分析与设计、工作流管理、任务分配与跟踪、自动化脚本开发等方面。他们与客户合作，详细了解客户的需求和业务流程，设计出高效、可扩展和可定制的解决方案。他们不仅提供技术实现，还提供培训和支持，确保客户能够充分利用自动化工具和平台，提升业务效率和竞争力。

(7) 持续创新和改进：这些厂商处于技术前沿，注重持续创新和改进。他们密切关注行业的最新趋势和技术发展，如机器学习、自然语言处理和机器视觉等。他们投入大量资源进行研究和开发，推动自动化技术的进步。通过不断改进和优化解决方案，他们能够提供更加先进、智能和高效的机器化流程自动化服务，帮助客户实现数智化转型和业务增长。

从产品来看，这些企业的产品往往都具有以下共性（见图3-13）：

(1) 自动化工作流程管理：这些厂商的产品提供了强大的工作流程管理功能。它们能够帮助客户设计、构建和管理复杂的工作流程，并自动执行各个环节的任务。通过可视化的界面和配置工具，用户可以轻松定义和优化工作流程，实现任务自动分配、调度和跟踪，从而提高工作效率和准确性。

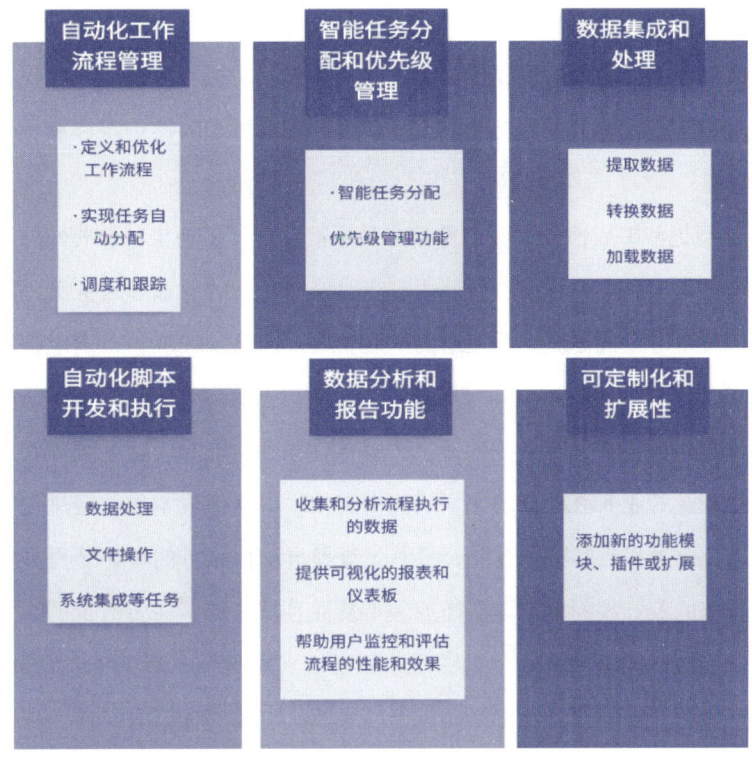

图3-13 机器化流程自动化产品共性

（2）智能任务分配和优先级管理：这些厂商的产品通常具备智能任务分配和优先级管理功能。基于规则和算法，它们能够自动将任务分配给最合适的人员或机器，考虑到各种因素如技能、工作量和优先级。这种智能化的任务分配可以确保任务得到快速处理和高效完成，同时最大程度地利用资源。

（3）数据集成和处理：这些厂商的产品支持数据集成和处理的能力。它们能够从不同的数据源中提取、转换和加载数据，实现数据的自动化处理和整合。通过数据集成，产品能够实现对业务流程所需的数据的实时访问和更新，从而确保数据的准确性和一致性。

（4）自动化脚本开发和执行：这些厂商的产品提供了自动化脚本开发和执行的功能。用户可以使用可视化的工具或编程语言来创建自动化脚本，实现各种复杂任务的自动化。这些脚本可以执行诸如数据处理、文件操作、系统集成等任务，从而提高工作效率和减少人工操作的错误。

(5) 数据分析和报告功能：这些厂商的产品通常具备数据分析和报告功能。它们能够收集和分析流程执行的数据，提供可视化的报表和仪表板，帮助用户监控和评估流程的性能和效果。这些分析和报告功能能够帮助用户发现潜在的改进点和瓶颈，并进行相应的优化和调整。

(6) 可定制化和扩展性：这些厂商的产品通常具备可定制化和扩展性的特点。它们提供灵活的配置选项和可编程接口，使用户能够根据自己的需求和业务流程进行定制化开发和集成。用户可以根据需要添加新的功能模块、插件或扩展，以满足特定的业务需求和技术要求。

机器化流程自动化服务对企业数智化转型有着深远的影响。这些服务利用先进的技术和算法，将企业的业务流程自动化，从而提高效率、降低成本，并促进创新和竞争力的提升，推动企业数智化转型。首先，机器化流程自动化服务能够显著提高企业的效率和生产力。传统的业务流程中，许多任务是重复性且烦琐的，需要大量的人力投入。然而，通过机器化流程自动化服务，这些任务可以被自动执行，减少了人力资源的需求。例如，在生产线上，自动化机器可以完成产品组装、包装和标记等工作，从而加快生产速度并降低错误率。这不仅节省了时间，还提高了生产效率。其次，机器化流程自动化服务还能够降低企业的成本。随着自动化程度的提高，企业可以减少对人力资源的依赖，从而降低了人力成本。此外，通过自动化流程，可以减少人为错误和失误，减少废品和重做的需求，进一步降低了成本。例如，在财务流程中，自动化的账务处理和报表生成可以减少错误，并提高财务管理的准确性，从而节省了企业的资源和资金。此外，机器化流程自动化服务对企业的数据分析能力有着重要影响。在数智化时代，数据是企业取得竞争优势的关键。机器化流程自动化服务能够帮助企业收集、处理和分析大量的数据。通过利用数据分析技术，企业可以获取有关其业务和客户的深入洞察，并基于这些洞察作出更明智的决策。例如，在市场营销领域，通过自动化流程，企业可以实时追踪和分析市场趋势、客户行为和竞争对手活动，以制定更有效的营销策略。再次，机器化流程自动化服务能够促进企业的创新和灵活性。通过自动化流程，企业可以将员工从繁重的重复性任务中解放出来，使他们能够专注于更有价值的工作，如创新和战略规划。这有助于激发企业的创新能力，推动新产品和服务的开发。此外，机器化流程自动化服务还提供了灵活性和可扩展性，使企业能够快速适应市场需求的变化，并迅速调整其业务流程。当市场环境发生变化时,企业可以通过调整自动化流程来适应新的需求和挑战。这种灵活性使企业能够更好地适应竞争压力,抓住市场机遇,并保持竞争优势。最后,机器化流程自动化服务改善了企业的客户体验。在数智化时代,客户对于快速响应和个性化服务的需求越来越高。通过自动化流程,企业可以更快速、准确地响应客户需求。自动化的客户服务和支持流程可以提供实时响应和个性化的体验,增强客户满意度和忠诚度。例如,在客户服务中,自动化的回复系统和智能聊天机器人可以提供即时的帮助和解答,满足客户的需求,提升客户体验。

(五)财务数智化教育软件

财务数智化教育软件在当前的教育领域中发挥着重要的作用。随着科技的不断进步,越来越多的学习资源和工具开始应用于财务教育领域,提升学生对财务知识的理解和应用能力。这些软件提供了一种交互式的学习环境,结合了多媒体教学和实践操作,使学生能够通过模拟实践和案例分析来掌握财务概念和技能。此外,财务数智化教育软件还利用数据分析和人工智能技术,提供个性化的学习路径和反馈,帮助学生发现并纠正自己的学习盲点。这种软件的普及不仅为学生提供了更加便捷和灵活的学习方式,也为教师提供了更多教学资源和评估工具(见图3-14)。

图3-14 金蝶教育软件人才链路

综合分析财务数智化教育软件服务商可以看出,这些服务商的产品具有以下特点:

(1)交互式学习环境:财务数智化教育软件通过交互式学习环境,将抽象的财务概念转化为生动的视觉和听觉形式,激发学生的学习兴趣和参与度。学生可以通过与软件的互动,自主地探索和实践财务知识,从而更深入地理解概念。举例来说,软件可以通过模拟实际企业的情景,让学生参与财务决策和资金管理,从而提升他们的决策能力和风险意识。

(2)模拟实践和案例分析:财务数智化教育软件通过模拟实践和案例分析的功能,使学生能够在虚拟环境中进行财务实际操作。学生可以进行虚拟投资、财务报表分析、风险管理等活动,通过实践中的错误和成功来加深对财务概念的理解。这种实践性学习培养了学生的问题解决能力和实际应用技能,为未来的职业发展奠定坚实基础。

(3)个性化学习路径和反馈:财务数智化教育软件借助数据分析和人工智能技术,能够根据学生的学习进度和表现,提供个性化的学习路径和反馈。软件能够识别学生的学习弱点和需求,为他们量身定制学习计划,并提供针对性的练习和补充材料。同时,软件还能给予实时的学习反馈,帮助学生及时发现和纠正错误,提高学习效果和成绩。

(4)教学资源和评估工具:财务数智化教育软件为教师提供了丰富的教学资源和评估工具,极大地丰富了教学手段和内容。教师可以根据软件提供的教学课件、实例分析、练习题库等资源,设计富有创意和启发性的课堂教学。同时,软件还提供自动化的评估工具,可以对学生的学习进展和成绩进行准确的记录和分析,为教师提供便捷的学生成绩管理和个别辅导的机会。

(5)灵活便捷的学习方式:财务数智化教育软件的灵活性为学生提供了更加便捷的学习方式。学生可以根据自己的时间安排和学习进度,在任何时间、任何地点通过电脑或移动设备进行学习。这种学习方式不受时间和地域限制,使学生能够更加自主地安排学习,充分利用碎片化的时间进行知识的积累和巩固。同时,学生可以随时与软件进行互动,重复学习内容、解答疑问,提高学习效率和质量。

(6)实时更新和行业趋势:财务数智化教育软件可以及时更新内容,紧跟财务领域的最新发展和行业趋势。通过与实际案例和行业数据的结合,软件能够提供最新的财务知识和应用技巧,帮助学生掌握最具实践价值的财务能力。这使学生在学习过程中能够与真实世界保持紧密联系,培养对财务市场的敏感度和适应能力。

财务数智化教育软件对企业数智化转型产生了许多积极的影响。首先,提升财务人员的数智化能力:财务数智化教育软件通过交互式学习和实践操作,帮助财务人员掌握数智化工具和技术。这些软件提供了模拟实践和案例分析的功能,让财务人员在虚拟环境中进行财务决策和分析,培养他们的数智化思维和技能。通过学习和使用这些软件,财务人员能够更好地应对企业数智化转型过程中涉及的财务数据分析、预测、报告等任务,提高工作效率和准确性。其次,加强财务数据管理与分析能力:财务数智化教育软件通过数据分析和人工智能技术,提供了个性化学习路径和实时反馈。企业财务人员通过学习这些软件,能够更好地理解和应用数据分析工具,掌握财务数据的管理和分析技能。这对于企业数智化转型至关重要,因为财务数据是企业决策的重要依据。财务人员能够利用数智化工具进行数据挖掘、趋势分析和财务模型构建,帮助企业作出更准确和有效的战略决策。此外,改善财务报告和沟通效果:财务数智化教育软件提供了丰富的教学资源和评估工具,其中包括财务报表分析和财务沟通技巧的培养。财务人员通过学习和实践,能够掌握有效的财务报告和沟通技巧,将复杂的财务数据转化为清晰、可视化的报告和演示。这对于企业数智化转型非常重要,因为数智化转型过程中需要向内外部利益相关者传达企业财务状况和业绩。通过财务数智化教育软件的培训,财务人员能够提升报告的可理解性和沟通的效果,促进企业与利益相关者的有效沟通和合作。最后,促进团队合作和知识共享:财务数智化教育软件提供了协作和知识共享的平台,促进团队合作和跨部门的财务知识传递。通过软件的在线学习和讨论功能,财务团队成员可以共同学习和探讨财务知识,分享实践经验和最佳实践。这种团队合作和知识共享的文化有助于加快企业数智化转型的步伐,促进各部门之间的协作和信息流动,提升整个企业的数智化能力和效率。通过财务数智化教育软件的应用,企业能够培养具备数智化思维和技能的财务人才,提升财务数据管理与分析能力,改善财务报告和沟通效果,智能化支持财务决策,并促进团队合作和知识共享。这些影响共同推动企业的数智化转型,并为企业在数智化时代的竞争中获得优势。

(六)综合性数智化服务

综合性数智化服务商是当今数字经济时代的重要角色之一。随着科技的不断发展和数智化转型的加速,企业和个人对于数智化服务的需求也日益增长。综合性数智化服务商应运而生,为用户提供全方位的数智化解决方案,涵盖了云计算、大数据分析、人工智能等领域。目前,综合性数智化服务商在全球范围内处于快速发展的阶段。这些服务商不仅是传统的信息技术公司,它们更是以创新和整合能力为核心竞争力。它们整合了各种技术和资源,构建起一个数智化生态系统,为客户提供端到端的解决方案(见图3-15)。

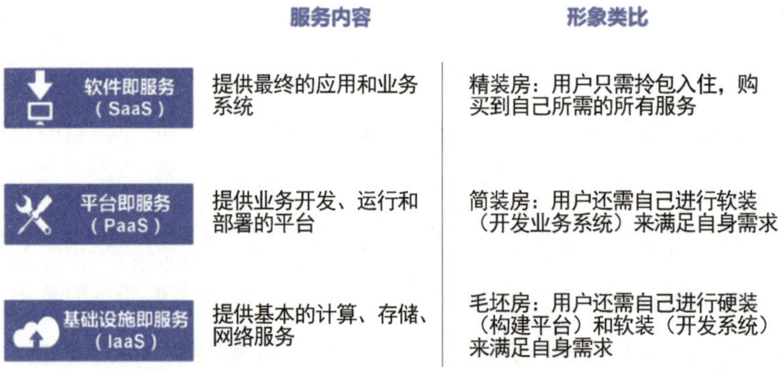

服务内容	形象类比
软件即服务（SaaS）：提供最终的应用和业务系统	精装房：用户只需拎包入住，购买到自己所需的所有服务
平台即服务（PaaS）：提供业务开发、运行和部署的平台	简装房：用户还需自己进行软装（开发业务系统）来满足自身需求
基础设施即服务（IaaS）：提供基本的计算、存储、网络服务	毛坯房：用户还需自己进行硬装（构建平台）和软装（开发系统）来满足自身需求

图 3-15　综合性数智化服务商提供的云计算服务

在综合性数智化服务商的服务范围中，云计算是其中最为重要的组成部分之一。云计算技术的快速发展使企业能够通过云平台获得灵活、可扩展和经济高效的计算资源。综合性数智化服务商提供的云计算服务涵盖了基础设施即服务（IaaS）、平台即服务（PaaS）和软件即服务（SaaS），满足了企业在不同层面上的需求。另外，大数据分析也是综合性数智化服务商的一项重要业务。随着数据的爆炸性增长，企业和组织面临着如何有效管理和分析大数据的挑战。综合性数智化服务商通过构建数据仓库、应用数据挖掘和机器学习算法等手段，帮助客户从海量数据中挖掘出有价值的信息，并作出相应的决策。人工智能技术在综合性数智化服务商的服务中也发挥着重要作用。人工智能的快速发展为企业提供了更多创新和增长的机会。综合性数智化服务商通过构建智能系统和提供人工智能解决方案，帮助企业实现自动化、智能化和个性化的业务流程，提升效率和竞争力。

通过对这些综合性数智化服务商的分析可以看出，他们大多具备以下特点：

（1）综合性解决方案：综合性数智化服务商提供全方位的解决方案，涵盖了多个领域和技术。他们不仅仅提供单一的产品或服务，而是整合了各种技术和资源，为客户提供综合性的数智化解决方案。这使客户能够从一个供应商处获取多个相关的服务，简化了合作关系和管理流程。

（2）多领域专长：综合性数智化服务商在多个领域拥有专业知识和技术能力。他们涵盖了云计算、大数据分析、人工智能、物联网等领域，并能够将这些技术整合起来，为客户提供全面的数智化解决方案。这种多领域的专长使服务商能够更好地满足客户的需求，提供更加综合和定制化的服务。

(3) 创新和整合能力：综合性数智化服务商具有创新和整合能力，能够不断推动技术的发展和应用。他们密切关注技术趋势，进行研发和创新，以满足客户不断变化的需求。同时，他们还能够整合各种技术和资源，构建起一个数智化生态系统，为客户提供端到端的解决方案。

(4) 客户导向：综合性数智化服务商以客户为中心，关注客户的需求和挑战，并提供相应的解决方案。他们与客户密切合作，深入了解客户的业务和目标，为客户量身定制最适合的数智化解决方案。客户满意度和业务价值的提升是服务商的核心关注点。

(5) 数据安全和隐私保护：综合性数智化服务商在数据安全和隐私保护方面扮演着重要角色。随着数智化服务的发展，数据的价值和敏感性越来越高，服务商需要采取有效的措施来保护客户的数据安全和隐私。他们会投入大量资源用于安全性的研发和实施，确保客户数据在存储、传输和处理过程中的安全性。

从产品来看，这些企业的产品往往都具有以下共性：

(1) 数智化解决方案：综合性数智化服务商提供全面的数智化解决方案，帮助客户实现数智化转型和创新。这些解决方案涵盖了企业级和个人用户的不同需求，包括但不限于云计算、大数据分析、人工智能、物联网等领域。综合性数智化服务商通过整合不同技术和资源，为客户提供端到端的解决方案，帮助客户实现业务增长、效率提升和竞争优势。

(2) 平台化服务：综合性数智化服务商通常提供以平台为基础的服务模式。他们构建了数智化平台，为客户提供统一的接入点和集成的服务。这些平台包括云计算平台、数据分析平台、人工智能平台等，为客户提供灵活、可扩展和集成的服务能力。客户可以通过平台快速获取所需的数智化服务，并实现系统的整合和协同工作。

(3) 定制化解决方案：综合性数智化服务商注重为客户提供定制化的解决方案。他们深入了解客户的需求、业务模式和挑战，根据客户的具体情况进行需求分析和定制化设计。通过与客户的紧密合作和沟通，综合性数智化服务商能够量身定制解决方案，满足客户的特定需求，提供个性化的服务体验。

(4) 持续创新和技术引领：综合性数智化服务商具备持续创新和技术引领的能力。他们密切关注科技发展的最新趋势和创新成果，不断进行研发和创新，推动技术的应用和进步。综合性数智化服务商通过不断引入新技术和解决方案，为客户提供领先的数智化服务。

（5）综合性咨询和战略规划：综合性数智化服务商不仅提供技术实施和解决方案，还提供综合性的咨询和战略规划服务。他们与客户合作，帮助客户理解数智化转型的重要性，并制定相应的战略和规划。综合性数智化服务商能够评估客户的当前状况，分析市场趋势和竞争环境，为客户提供战略指导和实施路线图。

（6）强大的技术团队和专业能力：综合性数智化服务商拥有强大的技术团队和专业能力。他们拥有丰富的行业经验和技术知识，在多个领域拥有专业的技术人才。这些团队由工程师、数据科学家、软件开发人员和项目经理等组成，能够提供高质量的技术服务和支持。

（7）灵活的合作模式：综合性数智化服务商具备灵活的合作模式。他们可以根据客户的需求和偏好，提供不同的合作方式，包括项目合作、长期合作、外包合作等。综合性数智化服务商能够与客户建立紧密的合作关系，实现共赢和持续发展。

（8）持续的技术支持和维护：综合性数智化服务商提供持续的技术支持和维护服务。他们与客户建立长期合作关系，并在数智化解决方案实施后提供持续的技术支持和维护。这包括系统的监控、故障排除、性能优化等，确保客户的数智化系统持续稳定运行。

（9）全球化服务能力：综合性数智化服务商具备全球化的服务能力。他们在全球范围内设有分支机构或合作伙伴，能够为客户提供跨地域的数智化服务。这使他们能够满足全球化企业的需求，扩大市场覆盖范围，并帮助客户在全球市场取得竞争优势。

综合性数智化服务商对企业数智化转型产生了深远的影响。首先，综合性数智化服务商对企业数智化转型的首要影响是提供全面的数智化解决方案。他们通过整合多领域的技术和服务，为企业提供从云计算到大数据分析再到人工智能的一揽子解决方案。这使企业能够在数智化转型过程中获得全面的支持和指导，从而更加顺利地实现业务的数智化改造和创新。其次，综合性数智化服务商帮助企业优化业务流程。他们利用先进的技术工具和方法，对企业现有的业务流程进行评估和分析，提出改进的建议并实施相应的优化措施。通过自动化、集成和协同化等手段，企业能够降低人力和资源成本，提高工作效率和响应速度，从而提升整体业务运营效果。再次，综合性数智化服务商通过数据驱动决策的支持，帮助企业更加科学和准确地进行战略决策。他们提供数据收集、管理和分析的解决方案，将海量的数据转化为有价值的信息和洞察力。这使企业能够基于客观数据进行决策，减少主观猜测和风险，提高决策的准确性和效果。与此同时，综合性数智化服务商还推动了企业的创新和差异化竞争。他们引入先进的数智化技术，如人工智能、物联网和区块链，帮助企业开发创新产品和服务，创造出全新的商业模式。通过数智化转型，企业能够更好地适应市场变化，与竞争对手形成差异化竞争优势，从而赢得更多的市场份额和客户信任。最后，综合性数智化服务商还对企业的组织变革和人才发展产生重要影响，他们提供培训和咨询服务，帮助企业员工掌握数智技术和工具的使用，提高数智素养和创新能力。数智化转型要求企业从组织结构、文化和人才管理等方面进行调整，综合性数智化服务商在这个过程中发挥着重要的作用，帮助企业实现组织变革和人才发展的平稳过渡。

综上分析，当前智能化服务商主要围绕费控数智化、税务数智化、资金管理数智化、流程自动化、财务数智化教育、综合性数智化服务开展。在费控数智化方面，智能化服务商致力于开发和提供先进的费用管理系统，通过数智化的方式对企业的费用进行全面的监控和管理。这包括费用预算的制定和执行，费用报销的流程优化，以及费用审批的自动化等。通过数智化费控系统，企业能够更加高效地控制和管理费用，减少浪费和漏洞，提高成本控制和财务效益。税务数智化是智能化服务商的另一个重要领域。他们致力于为企业提供全面的税务解决方案，包括税务申报、税务筹划、税务合规等方面的数智化服务。通过引入智能化的税务软件和系统，企业能够更加便捷地完成税务申报和报税工作，减少人为错误和时间成本，并确保税务合规性。资金管理数智化也是当前智能化服务商着重关注的领域之一。他们提供一系列的数智化资金管理工具和服务，包括在线支付、资金结算、资金调度等方面的解决方案。通过数智化资金管理系统，企业可以实时监控和管理资金流动，优化资金运营，提高资金利用效率，降低财务风险。流程自动化是智能化服务商为企业提供的重要服务之一。他们通过引入自动化工具和流程优化，帮助企业实现业务流程的自动化执行和监控。这包括流程的数智化建模、工作流程的自动化设计和执行，以及流程数据的分析和优化等。通过流程自动化，企业可以提高工作效率，减少人为错误，加快业务处理速度，提升客户满意度。智能化服务商还注重财务数智化教育。他们提供财务数智化培训和教育，旨在提高企业员工在财务数智化方面的素养和能力。通过培训和教育，员工可以更好地理解和应用财务数智化工具和技术，提高财务数据分析和决策能力，为企业的数智化转型提供支持。最后，综合性数智化服务作为智能化服务商的核心业务之一。他们提供综合性的数智化解决方案，包括数据分析、业务咨询和 IT 支持等方面的服务。通过数据分析，智能化服务商可以帮助企业挖掘和利用大量的数据资源，提供数据驱动的决策支持和业务优化建议。业务咨询方面，智能化服务商与企业合作，深入了解其业务需求和挑战，提供定制化的咨询服务，帮助企业制定和实施数智化转型战略，提高业务竞争力。此外，智能化服务商还提供 IT 支持，包括技术架构设计、系统集成、软件开发等方面的服务，以确保企业的数智化平台和解决方案的稳定运行与持续优化。

综合来看，当前智能化服务商以费控数智化、税务数智化、资金管理数智化、流程自动化、财务数智化教育和综合性数智化服务为核心，致力于为企业提供全方位的数智化解决方案。通过数智化工具、系统和服务的引入，智能化服务商帮助企业提高效率、降低成本、优化业务流程，并推动数智化转型和可持续发展。随着技术的不断创新和发展，智能化服务商将继续拓展其数智化服务的范围和深度，为企业提供更加先进和全面的数智化解决方案，助力企业实现更高水平的数智化转型。

第二节　智能化服务商特色优势及服务建设成效

一、财务共享：实现价值创造

本部分聚焦于财务共享这一数智化服务议题，从我国企业财务共享发展概况、财务共享数智化转型趋势、财务共享数智化服务市场调研、财务共享数智化建设成效四个方面探讨数智化服务中财务共享发展情况。

（一）我国企业财务共享发展概况与数智化转型机遇

财务共享服务肇始于 20 世纪 80 年代，由美国通用、福特等大型制造业企业集团提出，通过把企业内部不同的事业单元之间相同的、重复设置的财务流程集中到独立的共享中心处理，以解决大型企业集团及跨国公司在财务职能转型中出现的重复劳动、效率低下的管理瓶颈问题，借助规模效益推动企业管理成本节约，同时也以统一化的业务规则与工作标准，有效提升了企业财务管理的规范化水平。

财务共享服务凭借标准化财务核算流程，提升财务管理效率、降低核算成本，改进风险管控水平等优势，近二十年来被中国企业广泛接受并实践。自 2013 年以来，我国财政部及国资委等主管部门陆续出台相关政策，鼓励和支持大型企业和集团公司加快建立财务共享服务中心，引导管理会计和智能财务建设，进一步促进了我国企业财务共享服务中心的建设与创新探索。

我国企业财务共享服务建设，以中兴通讯、海尔、华为等全球化经营企业为先行，从流程标准化、财务线上化与核算标准化为起点，经历了萌芽起步、快速发展、创新探索等多个成长阶段。当前，财务共享服务已成为大型企业集团普遍采用的领先、成熟的财务管理模式，其在降本增效、强化管控、防范风险以及推进财务职能变革转型等方面的特色优势与建设成效得到了无数企业实践检验。一批中国企业已通过财务共享服务中心建设，建立健全了财务管理标准，规范了集团企业和分子公司财务管理模式，实现了管理精益与集约，逐步形成了符合中国商业环境要求和本土企业管理特色的财务共享管理模式。

然而，随着我国经济迈入转向高质量发展的转型升级阶段，企业内外部经营环境日益复杂，对财务信息的及时性、准确性与业务洞察性提出了更高的要求，财务管理由核算型转变为价值创造型的需求日益迫切，如何将有限的财务资源从传统的基础核算工作中解放出来，更多地投入在管理会计、财务分析、预算预测与战略决策支持中，是财务共享中心数智化转型过程中亟待解决的问题。越来越多的企业经营者期待财务共享服务中心能够借助数智化技术应用实现"支持战略决策、实现价值创造"等高定位、高要求。

可喜的是，云计算、大数据、人工智能等新兴技术的成熟与落地为企业财务共享服务中心建设带来了崭新的发展机遇。通过各类自动化、智能化技术应用场景的落地，能够有效拓展共享服务能力，提升服务效能，同时充分挖掘共享服务中心作为企业重要数据中心的潜在价值，整合企业数据信息资源，增强数据采集、处理、加工、分析、展示能力，利用技术深化信息洞察力，将数据落实到具体决策场景中，为企业战略决策提供支撑。

党的二十大基于"高质量发展"重点提出"建设现代化产业体系,坚持把发展经济的着力点放在实体经济上"举措并细化目标。在这一宏观政策推动趋势下,实体产业的各个环节将面临巨大的发展空间,各行业中的中大型集团企业将成为此轮发展进程中的带头力量,财务共享服务中心也将随集团展现其关键作用。通过探索和推进数智化财务共享中心建设,拥抱财务数智化转型时代潮流和发展机遇,挖掘企业内在管理提升新动能,赋能企业业务与经营,支撑企业战略与决策,驱动企业向建设世界一流财务管理体系的长远目标持续迈进。

(二)财务共享数智化转型趋势热点

在各类数智化技术快速发展态势和数智化转型压力下,财务共享服务中心的定位将从"会计核算工厂"转变为企业的数据中心、人才中心和价值中心,为企业提供精细管控与优化服务,实现财务管理从传统核算型向价值创造型转变。未来,财务共享服务中心群体内部将逐渐出现一定程度分化,能够抓住本轮契机成功开启转型之路的财务共享服务中心将在集团企业内部赢得更为重要的地位,转型受挫或保守发展的财务共享服务中心则不得不处于"温水煮青蛙"的环境下,甚至可能将在发展进程中"开倒车"。

数智化转型背景下,财务共享服务中心转型发展趋势将重点聚焦于下列几个方面:

1. 加强数据治理和数据底座

2022年,国资委印发《关于中央企业加快建设世界一流财务管理体系的指导意见》,意见指出要充分发挥财务作为天然数据中心的优势,推动财务管理从信息化向数智化、智能化转型。财务共享服务中心作为上承业务数据、下接财报分析的关键数据处理环节,其对财务数据的整理、记录和加工会直接影响企业业务经营与战略决策的效率与质量。在此背景下,未来集团在搭建和优化财务共享服务中心时,将更加重视财务数据治理运营体系的构建,全面梳理财务数据资产,明确数据流向,加强数据质量管控,确保财务数据的完整性、准确性、一致性和数据互联互通,从而提供丰富可靠的业务可视化、分析及决策等数据消费场景下的数据服务,保障数据安全可控,推动组织间的共享和协作,真正发挥财务共享服务中心的数据价值。

2. 改变技术应用发展趋势

自动化技术作为财务共享服务中心建设初期阶段的重要工具,帮助企业快速实现了流程自动化,将大体量、烦琐耗时、工作可重复、规则可标准化的财务流程由自动化技术实现,解决了基础会计核算工作效率低、成本高的瓶颈问题。然而,自动化技术往往基于预先设定和内置的处理规则进行操作,缺乏认知判断能力,当企业业务流程中需涉及复杂的判断及分支流程时,传统自动化技术将难以胜任。随着人工智能技术的发展与成熟,未来自动化技术将与人工智能深度融合,由基于机器人流程自动化技术发展为基于智能流程自动化技术,无须人工干预就能判断处理更加复杂的任务,从根本上提升效率,减少操作风险,革新使用体验。越来越多的企业正在选择超越事先定义的规则,进化到基于人工智能和机器学习的智能化技术,进一步提高预测、建模和响应能力。

3. 优化共享系统搭建和系统功能建设

财务共享服务平台建设落地,关键不在于囊括尽可能多的复杂专业功能,而是具备整合能力,能够承接周边专业细分业务系统的相关数据并打通数据信息通道,同时通过业财端到端流程重塑再造和打破烟囱式系统架构,破除企业内部服务孤岛与数据孤岛现象,进一步推动业财融合,并借助轻量化、模块化的平台架构实现快速响应需求变更,保障系统功能的灵活拆分与组合,以此满足复杂多变的外部商业环境以及企业内部管理需求变化,降低系统变更开发所带来的变革难度和技术难度,赋能企业持续创新发展。

4. 加快智能化应用

在后疫情经济时代,企业如何实现业务流程的快速调整、适应灵活的工作环境与运营模式、及时响应外部创新商业模式,对于重新激发业务运营活力、牢牢把握新的发展着力点至关重要。目前,越来越多的中国企业已开展了"财务云"平台建设,以财务共享为核心,打造智能化共享平台,实现"业、财、资、税、档"一体化管理,通过"应用上云"快速部署服务能力,降低财务共享服务平台搭建和运维成本,更快响应商业环境和监管规定变化,提升共享服务灵活运作程度和交付弹性,进一步实现财务共享服务建设的降本增效。

5. 积极探索全球化财务共享建设

随着经济全球化推进,在"走出去"进程中,不同国家制度、法律法规、会计准则、税收制度、语言文化、币种等的较大差异,为中国企业带来了极大的跨国经营管理成本，这就需要通过标准化流程、智能技术应用带来成本降低、效率提升以及管控加强。财务共享数智化转型过程中，也将更加注重探索全球化财务共享建设，重视不同所在国的数据保护合规遵从问题，从系统层面提供技术支持，重视对海外财务准则差异的遵从，通过系统将不同所在国财经法规政策和规则内置于国际化财务共享平台系统中，并支持多组织、多准则、多语言、多币种、多时区、多区域格式背景下的共享智能核算。

6. 转变服务中心的传统定位

向数据中心的转变。财务共享服务中心凭借对接各类业、财、税等系统的特点，具备成为企业数据中心的先天条件和显著优势。凭借与企业内外部系统间的数据互联互通，积累和沉淀数据资产，并通过探索数智技术在不同业务场景下的应用，强化数据赋能，深度挖掘数据价值，支撑企业战略制定、监控与日常经营决策。

向人才中心的转变。随着财务共享服务中心专业化分工进一步深入、端到端业财流程的不断优化以及基于流程的智能化技术的应用普及，对财务基础工作的劳动力需求将进一步降低，未来财务共享服务中心操作性员工数量比例预计将持续呈下降趋势。这一变化将对财务共享服务中心员工的能力素质提出更高要求，共享服务中心员工将不再仅是基础事务性工作的执行者，而是需要向掌握财务专业知识、理解业务前端需求、了解前沿技术应用、具备数据分析能力和思维的复合型人才转变。财务共享服务中心将通过向人才中心的价值定位转型，进一步强化自身在企业内部的战略及业务重要支撑作用，成为推动企业拥抱创新变革的坚定力量。

向价值中心的转变。财务共享服务中心建设是推动企业传统财务向价值创造型财务管理模式转型的重要动力。在数智化转型的背景下，通过探索各类自动化、智能化技术的应用，财务共享服务中心得以从反映监督、服务业务、风险预警与管控、决策支持等多角度切入，全面支持企业的价值创造活动，引领企业资源配置，带动管理变革，有力支持企业财务战略转型。

（三）财务共享数智化服务供应市场调研分析

1. 市场概况

财务共享作为企业财务数智化转型起步较早、发展较为成熟的领域，以中国传统ERP厂商为主，同时新兴服务商也已崭露头角，迄今在不同细分市场中均已涌现出部分代表性优质企业。

财务共享数智化服务，从服务内容上大致可分为提供解决方案与咨询服务、提供定制化系统设计与实施交付、跟踪运维与持续优化三大阶段。由于企业业务场景和管理期待的复杂多样性，标准化财务共享服务产品已不再能够满足绝大多数企业用户的使用需求，在系统实施交付之上，能否提供数智化财务共享服务中心顶层战略规划设计，基于企业管理实际进行端到端业财流程梳理重塑，结合业界优秀实践和前沿技术发展趋势，提出有针对性的业务实操及管理优化咨询建议，并综合咨询成果进行个性化的系统功能及系统集成详细设计，是现阶段企业用户在考察和选择智能化服务商及产品时的关注重点。

现阶段，市面大部分智能化服务商在系统实施团队之外，已配备了具有丰富管理咨询经验的自有咨询专家团队，旨在为企业提供从管理咨询、方案设计到信息系统实施交付的全方位解决方案。

2. 主要服务商及产品特色优势

（1）综合性企业云服务与软件提供商。以国内大型云 ERP 厂商、财务管理软件提供商与新兴智能化服务商为主，这一领域典型性企业包括中兴新云、用友、金蝶、浪潮、久其、东软、虹信、每刻科技等。

中兴新云服务商：

深圳市中兴新云服务有限公司（简称"中兴新云"）是中国财务数智化领域领先的管理咨询、信息技术及知识服务机构。中兴新云具有 17 年财务共享服务探索经验，在财务共享服务、财务信息化和数智化等领域具有行业领先实力，能够为企业提供一站式管理咨询及信息技术解决方案。至今，中兴新云服务客户已覆盖九大行业、二百多家大型集团企业及政府相关机构，提供从管理咨询、方案设计到信息系统的全方位解决方案。

主要产品及特色优势（见图 3-16）：

图 3-16 中兴新云服务与产品目录

中兴新云具有业界领先的财务数智化转型咨询服务实力，能够为企业提供世界一流财务管理体系解决方案、财务数智化顶层规划方案、业财一体化解决方案及财务数据治理解决方案，而着眼于财务共享服务建设领域，中兴新云能够为企业提供落地式财务共享组建解决方案、财务共享实施辅导服务、海外财务共享解决方案和会计标准化解决方案等，协助企业科学规划财务共享服务顶层设计，开展端到端的业财流程梳理与重塑再造，进而落实到系统功能实现与集成层面，赋能企业财务共享服务数智化转型。

中兴新云以"财务+IT+DT"的创新研究和实践，通过健全信息系统，联通数据孤岛，充分运用 OCR 识别、深度学习、知识图谱、自然语言处理等一系列智能技术，提升财务采集数据与加工数据的能力，支撑企业决策层进行智能分析与策略选择，助力财务共享服务中心向企业数据中心的价值定位转型升级。

典型服务客户包括工信部、教育部、中国石油、中国一汽、南方航空、招商局集团、华润集团、中国中车、华侨城、中信银行、申能集团、深圳地铁等。

用友服务商：

用友创立于 1988 年，是全球领先的企业云服务与软件提供商。当前，用友通过构

建和运行全球领先的商业创新平台——用友BIP，聚焦数智平台及智能财务、数智人力、敏捷供应链、智慧采购、智能制造、数智营销、数智研发、数智项目、数智资产、协同办公等核心领域，为客户提供数智化、智能化、高弹性、安全可信、平台化、生态化、全球化和社会化的企业云服务产品与解决方案，服务企业数智化转型和商业创新，助力企业高质量发展。目前，用友在全球拥有230多个分支机构和10000多家生态伙伴。

主要产品及特色优势（见图3-17）：

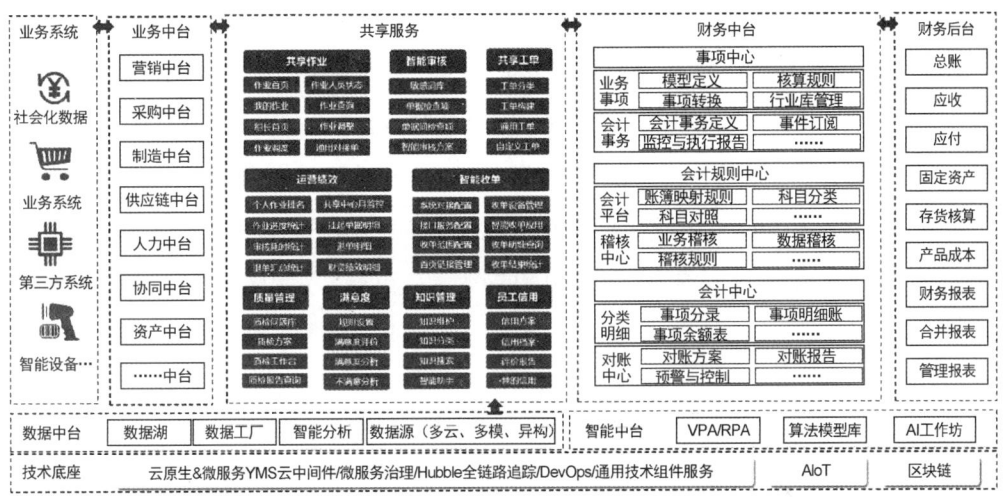

图3-17 用友BIP财务云共享服务产品架构

用友BIP财务云共享服务平台，具有不同模式下共享服务中心建模能力，能够满足集团管控型共享服务中心、多业态共享服务中心、流程型共享服务中心等各种模式的共享服务中心组织灵活配置，构建其委托服务业务内容；应用RPA代替人工处理标准的作业程序，提升作业效率；应用自动化+智能化+OCR技术简化用户操作、数据计算与校验，满足智能报账、智能审核、智能审批、智能对账、智能收单、智能派单等多重共享服务应用场景；具有可视化、数智化的作业现场管理能力，能够提供作业处理、作业调度、作业查询的工作台；具有共享运营管理模型和相关功能，能够通过共享绩效管理、共享稽核、满意度管理、信用管理及知识管理等功能设计，督促共享中心作业人员提供更高的服务质量，提升共享中心运营效率，实现对员工、客户及供应商的信用管理及风险预警，实现高价值流程资产在企业内部的积累沉淀，助力财务共享服务中心由企业"成本中心"向"利润中心"转变。

典型服务客户包括国家开发投资集团、中国海油、南光集团、中国铁物、葛洲坝集团、中国有色矿业集团、鞍钢集团、中国节能、中国新兴、中国工商银行、南方航空等。

金蝶服务商：

金蝶国际软件集团有限公司（简称"金蝶国际"）始创于1993年，是香港联交所主板上市公司（股票代码：0268.HK），金蝶软件（中国）有限公司（简称"金蝶中国"或"金蝶"）是金蝶国际软件集团全资子公司，总部位于中国深圳。金蝶旗下的多款云服务产品获得标杆企业的青睐，包括金蝶云·苍穹（企业级PaaS可组装平台）、金蝶云·星瀚（大型企业EBC）、金蝶云·星空（成长型企业EBC）、金蝶云·星辰（小型企业EBC）等，已为世界范围内超过740万家企业、政府等组织提供数智化管理解决方案。

主要产品及特色优势（见图3-18）：

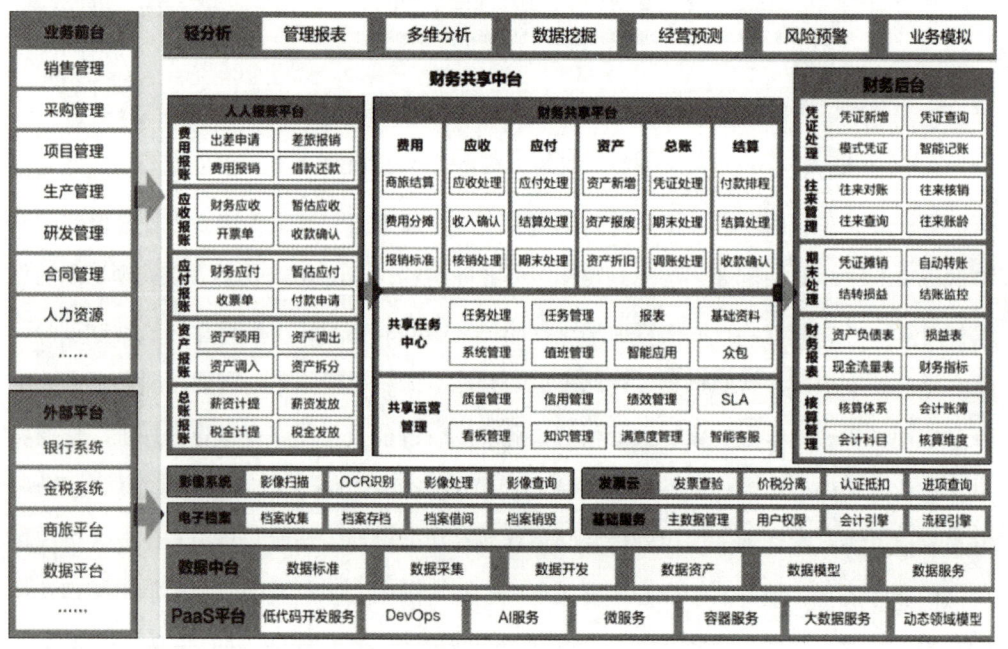

图3-18 金蝶财务共享前中后台系统架构

金蝶目前主要业务包括云 ERP 业务，EBC 云服务，及其他金蝶系列云产品，覆盖财务云、供应链云、制造云、全渠道云、人力云、协同云等多领域，已为超 740 万企业及政府提供相应服务。在财务领域，金蝶融合新理论，利用新技术，构建了全新的事件驱动会计的体系，在此基础上重构财务中台、企业绩效、税务管理、司库管理和管理会计等功能。其中，财务中台领域，主要通过事件库、智能引擎构建财务处理中心、业财数据中心；并提供智能化的商旅、报账、派单、审核、核算、结算、质检等通用功能，在完成财务核算的基础上，全面提升系统的可组装能力。

金蝶云星瀚财务共享平台，提供可组装的财务共享服务中台，与业务、核算、税务、资金灵活搭配，深度融合，全面提升效率、降低风险，并帮助企业挖掘数据深层的管理价值，能够为企业提供业、财、税、票、资、档一体化财务共享解决方案，深度应用人工智能技术，提供智能共享平台（智能客服、智能审核、智能运营、智能质检）以及一站式员工报账平台等平台服务功能。

典型服务客户包括北方工业、中国港湾、中国中车、万科集团、中国邮政、国贸股份、腾讯、京东、海尔、海信、格力集团、长城汽车、招商银行等。

浪潮服务商：

浪潮集团是中国领先的云计算、大数据服务商，拥有浪潮信息、浪潮软件、浪潮国际 3 家上市公司。主要业务涉及云计算、工业互联网、新一代通信及若干应用场景，已为全球一百二十多个国家和地区提供 IT 产品和服务。浪潮大型集团管理软件市场占有率全国第一，浪潮云 ERP 为大中小微企业提供全面的云服务，拥有新一代企业级 PaaS 平台 iGIX、大型企业数智化平台 GS Cloud、成长型企业新一代开源云 ERP inSuite，提供财务云、人力云等管理数智化解决方案，以及智慧矿山、智慧粮食等行业数智化转型解决方案，打造智慧企业。

主要产品及特色优势（见图 3-19）：

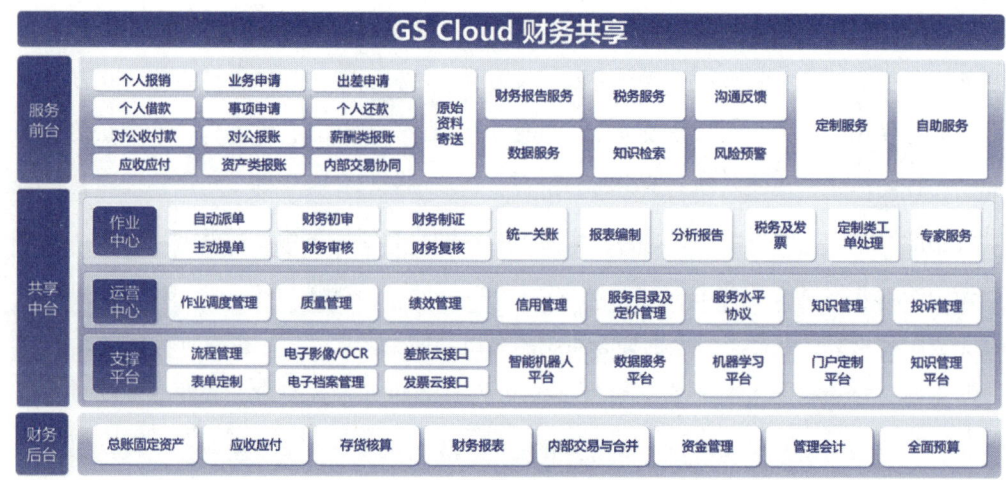

图 3-19 浪潮财务共享产品功能架构

浪潮管控服务型财务共享服务中心,满足当前集团企业精细化管控,智能化、数智化运营的转型需求,强调柔性共享、精细管控、业财一体,通过专业化分工,将财务团队划分为总部财务、共享财务、业务财务三个层面,推动企业从核算型财务逐步向管理型、价值创造型财务转变。浪潮财务共享服务平台由九大平台组成:网上报账服务、差旅服务平台、财务作业中心、共享运营中心、运营支撑平台、员工信用管理、质量管理平台、绩效管理平台、服务定制平台,同时支持集成其他 ERP 系统,能够有效支撑企业网上报账、移动审批、预算管理、电子影像、电子发票、税务管理、资金管理、电子档案等全面财务管理需要,助力建设管控与服务并重的财务共享中心。

典型服务客户包括中国交建、中国电建、中国铁塔、铜陵有色、潍柴动力、水发集团、深圳投控、白云机场、中国重汽、振华重工、百果园、韵达快递等。

久其服务商:

久其软件是一家专注于政企信息化建设、数智化转型与智能化升级的管理软件供应商(股票代码:002279),在电子政务、集团管控、数智传播等领域为用户提供自主可控的解决方案与产品;通过技术与行业应用场景的深度融合,满足政企客户对数据治理和运营的核心需求;致力于实现数据价值的最大化。久其始终坚持以核心技术驱动创

新。久其女娲平台作为公司自主研发的新一代业务开发集成平台，不仅是满足政企客户产品升级与创新的重要技术保障，更是适配国家信创环境的数智化平台。目前，公司基于女娲平台打造了政府统计报表、资产管理、财务一体化、企业绩效管理、行业大数据等产品线，成为了政企数智化转型的中坚力量。

主要产品及特色优势（见图3-20）：

图3-20 久其财务共享服务中心信息化平台方案

久其是目前财务共享领域的发轫者，早在2010年前后就为中国铁建、中国中化等企业建设财务共享。久其财务共享服务中心解决方案借鉴国际先进的财务管理模式，依托久其强大的财务信息化能力，为集团型企业提供财务管理咨询+信息化平台+实施服务的全面方案，帮助中国企业进行财务转型。

久其财务共享服务中心信息化平台方案基于久其共享服务信息系统平台模型，通过各系统间的互通互联，充分发挥各系统在共享服务框架下的协同效用。整体应用框架采用"一个企业门户、四层系统架构，七大应用平台"的设计思路开展统一设计和产品构建。平台所覆盖的子功能平台包括业财对接平台、收支管理平台、共享运营平台、税务管理平台、电子影像档案平台、移动应用平台和基础技术服务平台。平台与业务系统实现深度集成，实现端到端的流程处理与全业务保障，并且实现了RPA财务机器人的创新应用，系统内置多种财务工作模型，可由机器人自动填单、自动提交、自动审核、自动记账。

典型服务客户包括中国铁建、中国航天科工三院、河南投资集团、陕投集团、陕煤集团、首都机场、内蒙古民航机场、中国外运、国机集团等。

东软服务商：

东软集团（SH.600718）成立于1991年，是中国第一家上市的软件公司，是行业领先的全球化信息技术、产品和解决方案公司，凭借三十余年的行业深耕经验和技术沉淀，通过软件与服务、软件与制造、软件与各行各业的融合，为运营商、能源、金融、民航、文化传媒、智能制造等众多领域的大型企业客户提供差异化、场景化、智能化的产品与服务，助力企业实现人力、财务、资产、数据、安全、平台等全面数智化转型。

主要产品及特色优势（见图3-21）：

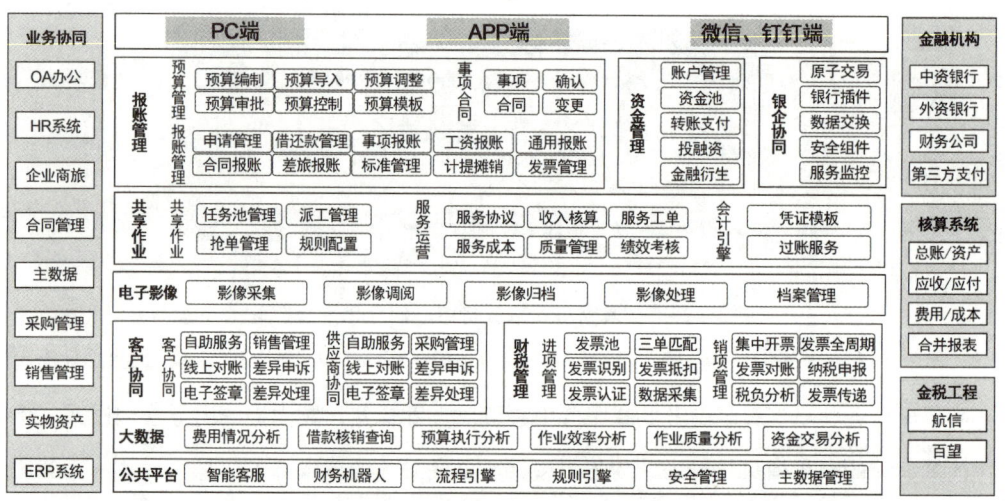

图3-21 东软财经云产品功能概览

东软财经云在2010年即着眼于财务共享服务领域，并构建相关方案。经营至今，已有一批高质量的客户群体。东软财经云产品套件以财务共享运营平台为核心，提供了全球资金管理、全球银企协同、全球报账管理、全球客商协同、全球核算协同、财税管理平台、影像管理平台、电子档案平台、移动应用平台、大数据分析平台、智能客服等一系列的财务智能管理工具。企业用户可以按需自由选择系统功能模块，各系统既可自由选择、自成一体，也可相互联通、形成完整的会计处理流程。同时，东软财经云下设财务共享运营平台，具备任务分配、工作稽核、质量管理、风险管理、绩效管理、满意度评价、成本管理、成熟度评价等多项功能，为财务共享中心从标准化作业中心的 1.0 阶段向深度运营财务分析决策的 2.0 阶段持续发展提供强有力的保障。

典型服务客户包括中国移动、中国国税总局、中国烟草、国家电网、中国航油、国银租赁、工银租赁、三一集团、金浦集团、京博集团、Unicharm、利群集团、国信集团等。

虹信服务商：

HONGXIN 虹信
智慧创造价值 专业赢得信赖

四川虹信软件股份有限公司（简称"虹信软件"）是中国领先的创新型软件及 IT 解决方案提供商和服务商。公司成立于 2008 年，是四川长虹旗下智慧 BG 旗舰企业之一。长虹集团具备 16 年财务共享中心自主建设及运营经验，8 年财务共享咨询实施对外赋能经验。虹信软件依托母公司长虹集团跨行业、多组织的优势资源，研发能力突出，拥有 70 余项计算机软件著作权、自主研发了财务共享（1 个平台，N 大系统）、供应链、云原生容器管理平台、协同开发平台、大数据平台等多个产品，利用物联网、大数据、人工智能和云计算技术，为客户提供创新应用，最终形成资源富集、多方参与、合作共赢、协同演进的信息化应用生态。

主要产品及特色优势（见图 3-22）：

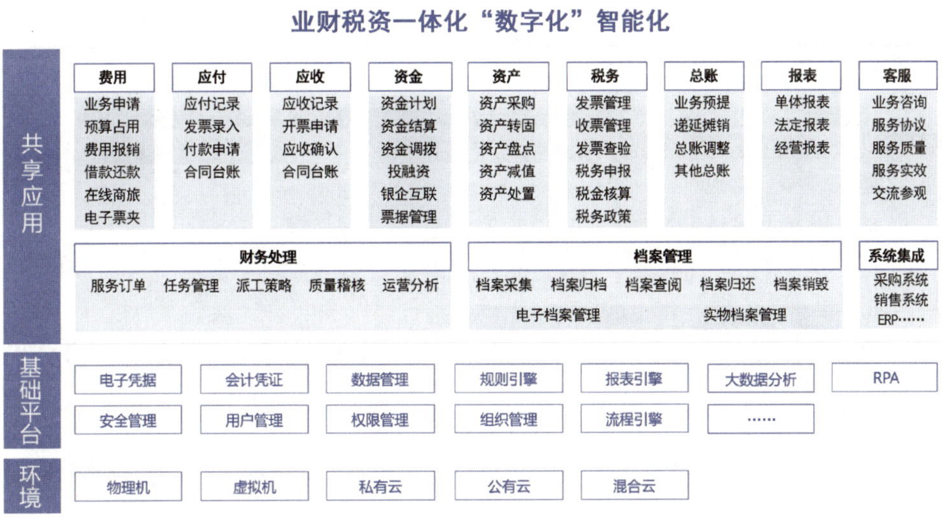

图 3-22 虹信财务共享服务产品功能架构

虹信财务共享产品研发坚持以客户需求为导向，以业务端到端、全链路、全要素，数据实时、在线、共享为目标。在财务共享产品上，市场横向与浪潮、中兴、汉德和元年对标，全面推进移动化，实现多端接入随时随地使用，利用大数据和AI智能技术实现全要素数据挖掘和分析，以1+N产品总体规划，打造"业财税资"全业务循环的财务共享产品和IT实施解决方案，全面涵盖预算执行、费用报销、在线商旅、共享运营、档案管理、资金管理、银企互联、票据管理、税务管理、发票管理等管理模块，并运用自动化、智能化技术实现了智能票夹、智能填报、智能审核、智能派工、智能核算、智能比对等智能财务共享业务场景应用。

典型服务客户包括富士康科技集团、航天云网、江淮汽车、长城汽车、DHL、华润雪花啤酒、泸州老窖、新希望乳业、天齐锂业、东方电机、领地集团等。

每刻科技服务商：

每刻科技成立于2015年，是行业领先的智能云财务产品和解决方案服务商，基于最新的人工智能、大数据、云计算、移动互联网技术，为企业提供新一代业财税数据一体化和智能财务共享云平台。每刻科技旗下拥有每刻报销、每刻档案、每刻云票、每刻BI、商旅生态云平台、每刻智能财务共享云平台等产品，迄今为止，已服务超过4000家企业及行政事业单位，其中上市公司超过350家，用户规模超过270万，覆盖全球180多个国家及地区。

主要产品及特色优势（见图3-23）：

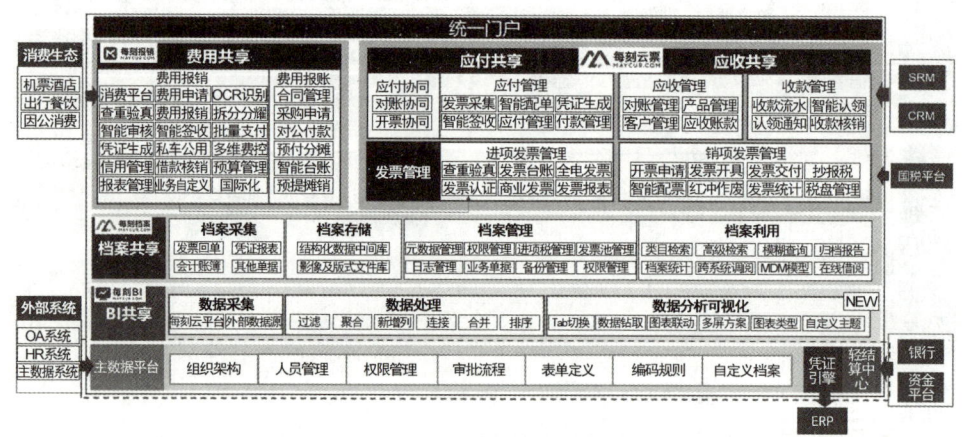

图3-23　每刻财务云产品体系

每刻财务云系列产品采用最新的微服务架构，底层采用灵活的流程引擎、规则引擎、报表引擎来支持不同企业多变的需求。

其中，每刻报销生态化打通企业员工消费场景，打通员工费用报销、对公采购报账业务的全流程，通过智能化、标准化的操作替代人工，实现费用共享；每刻云票为帮助企业高效连接上游供应商和下游客户，提供包括自动对账、智能配单、应付管理、发票认证、在线开票及智能回款的进销项协同及发票管理解决方案，提升业财人员工作效率，促进企业业财融合，实现应收应付共享；每刻档案为企业提供以会计电子档案为主兼顾通用档案的电子档案全生命周期管理的解决方案，支持发票、银行回单、应收应付、费用报销等多种业务类型的凭证智能关联归档，打通档案"采集—存储—管理—利用"全流程，帮助企业实现档案的纸电一体化共享管理；每刻BI支持通过每刻云平台及外部数据源进行数据采集、处理与分析可视化共享，赋能企业智慧决策。

典型服务客户包括有赞科技、威马汽车、Geek+、苏美达集团、欧普照明、上汽大众、中化石油、宁波银行、河南资产、东莞证券、海利生物、美年大健康等。

（2）细分领域共享服务提供商。这一领域以新兴智能化服务商为主，主要领域包括费用共享、税务共享等。

费控领域共享服务提供商：在费控领域，智能化服务商已不仅局限于发票管理及报销管理功能，而是拓展至企业预算管理、商旅消费聚合、对公支付、结算管理、电子会计档案、费用分析与决策等费控预算相关上下游细分领域，为企业提供全面的费控管理共享服务平台。这一领域突出代表企业包括合思·易快报、泛微·齐业成、汇联易等。（费控共享领域服务商及产品情况具体分析详见五、数智化服务一体领域中的"费用管理"）

税务领域共享服务提供商：在税务共享领域，智能化服务商注重打造企业级一站式智慧税务综合管理平台，在税法政策、发票管理、智能计税和纳税申报、风险管理、税务筹划、涉税决策分析、日常税务管理、税务档案等方面实现数智化转型，通过平台有力驱动税务共享。这一领域突出代表企业包括有度税智、税纪云、百望云等。（税务共享领域服务商及产品情况具体分析详见六、数智化服务议题领域中的"税务数智化"）

（四）财务共享数智化转型建设成效

1. 依托云服务集成，提升数智化能力

依托各类智能设备以及不同云计算服务部署方式的灵活应用，企业能够实现多云融合、互联互通、全流程财务共享数智化服务,有效对接和融合商旅平台、税务监管、金融服务等外部生态资源,进一步提升企业数智化能力,帮助企业快速响应外部商业环境变化,灵活快速调整内部管理流程,满足复杂多样的业务场景需求。

2. 精细运营管理,提升共享服务质量

依托数智化财务共享服务中心灵活的任务分配与监控功能,以及质量管理、绩效管理、信用管理等功能,企业能够发挥共享中心规模效应,对任务进行统一分配、灵活调度;利用信用管理,面向全员提供信用评价,规范共享中心管理;结合质量管理和绩效管理,面向共享中心组织和员工进行业绩考评,对各环节数据实时统计、预警监控,实现奖优惩劣,提升员工绩效水平,实现共享中心规模化、高效率运营,全面提升财务共享服务质量和满意度。

3. 融合中台理念,推动管理创新

数智化财务共享服务中心,基于成熟的共享中台架构,能够有效衔接前后端应用,是企业实现整体数智化转型的重要环节。通过财务共享服务系统标准化、流程化、规范化运行,促进业财融合,打通数据供应链,提高数据质量,提供数据共享服务,支撑以用户为中心的持续规模化创新需要。

4. 深化技术应用,实现降本增效

基于大数据及人工智能技术,通过 OCR 识别、NLP、机器学习、RPA 及 IPA 等自动化、智能化技术在不同财务共享服务场景下的深化应用,企业在传统财务共享服务的基础上,得以进一步提升审批、结算、核算、对账等常规性事务处理效率,在提升财务常规工作规范性和准确性的同时,大幅降低操作成本,并能够进一步减少劳动力资源占用,推动共享服务中心员工向价值创造型财务人员转型升级,促使其不断深入参与企业的战略决策与监控、经营分析与考核、业务支持与建议等工作,助力企业持续挖掘和释放数据价值与潜能,实现价值提升。同时,在数智化财务共享服务的应用之下,企业财务人员团队结构和能力矩阵也将发生相应变革,财务人员将向"技术+业务+管理"的复合型人才方向升级转型,企业传统财务管理也将持续向战略财务、业务财务、共享财务三位一体的价值创造型财务转型。

二、司库管理:推动国有资金高效运转

本部分聚焦于司库管理这一数智化服务议题,从我国企业司库管理发展概况、司库管理数智化转型趋势热点、司库管理数智化服务市场调研、司库管理数智化建设成效四个方面探讨数智化服务中司库管理发展情况。

（一）我国企业司库管理发展概况与数智化转型机遇

财务管理是企业管理的核心，资金管理是财务管理的核心。如何加强企业资金的集约、高效和安全管理，全面提升财务管理精细化、集中化、智能化水平，已成为国有企业实现管理能力现代化和国资监管数智化的重要课题。

国资委 2022 年 1 号文《关于推动中央企业加快司库体系建设 进一步加强资金管理的意见》首次明确提出司库体系的定义：司库体系是企业集团依托财务公司、资金中心等管理平台，运用现代网络信息技术，以资金集中和信息集中为重点，以提高资金运营效率、降低资金成本、防控资金风险为目标，以服务战略、支撑业务、创造价值为导向，对企业资金等金融资源进行实时监控和统筹调度的现代企业治理机制（见图 3 – 24）。同时，国资委 1 号文也为央国企及大型集团企业司库体系建设提出了明确的建设进度要求（见图 3 – 25）。

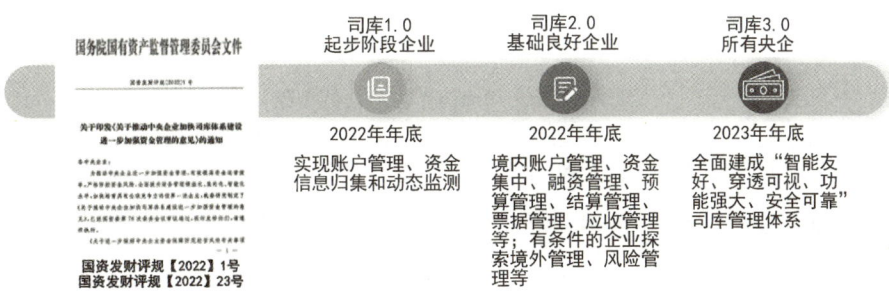

图 3 – 24　司库体系具体建设阶段要求

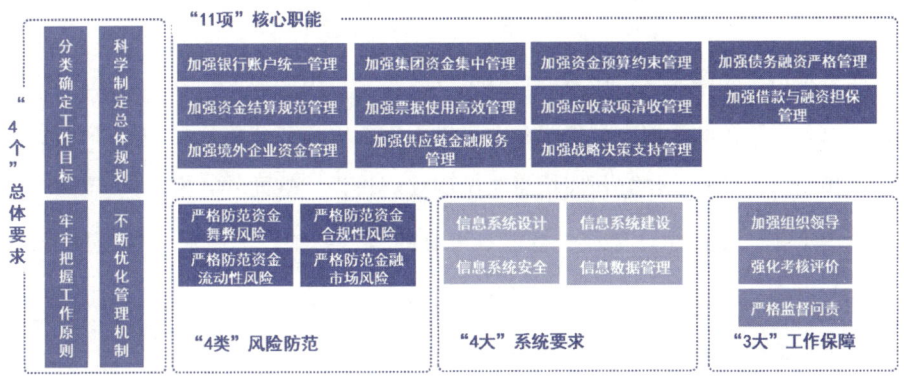

图 3 – 25　2022 年国资委 1 号文提出的司库体系建设框架

司库体系建设，是促进企业财务管理数智化转型升级的切入点和突破口。建设高水平的司库体系，已然成为企业在政策要求、数智化变革等因素全面驱动下的必然选择，将帮助企业提升资金管理效率、加强资金风险防控、强化战略与决策支撑，夯实培育世界一流企业的管理基础。

针对国资委1号文中提出的11项核心职能，司库体系框架及关注重点如下所示（见图3-26）。

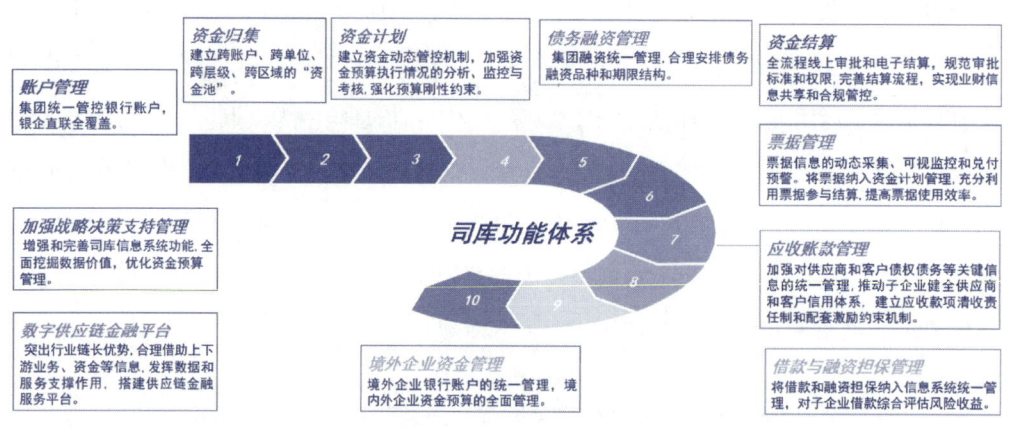

图3-26 司库体系核心功能框架

伴随企业发展阶段演进，企业司库也将呈现不同价值定位，将从支撑企业基础结算及交易处理的资金管理工具，逐渐发展为能够融合贯穿企业整个生产经营过程、防范全球资金风险、具备全球资源配置能力、支持业财数据动态分析、管理金融机构关系，并能够从顶层战略角度开展投融资运作及赋能战略决策落地执行的企业价值创造者及重要战略合作伙伴。

司库管理信息系统建设，作为国资委1号文重点指出的建设任务，是司库管理的重要支撑，也为央国企及其他大型集团企业提供了资金管理数智化转型的重要机遇。企业应当加强集团统筹统建，做好司库信息系统的规划设计、软硬件开发、运行维护和安全合规保密等工作，通过建立集成、智能、可靠的信息系统，实现资金等金融资源的集约、高效和安全管理，扎实做好司库信息系统的建设开发。

（二）司库管理数智化转型趋势热点

司库数智化转型目前已然成为司库管理核心升级趋势，技术成为司库管理目标运营模型的核心组成部分。数智化工具可以使司库人员更好地管理司库流程，利用数据进行决策，并支持司库管理目标运营模型（见图 3-27）。

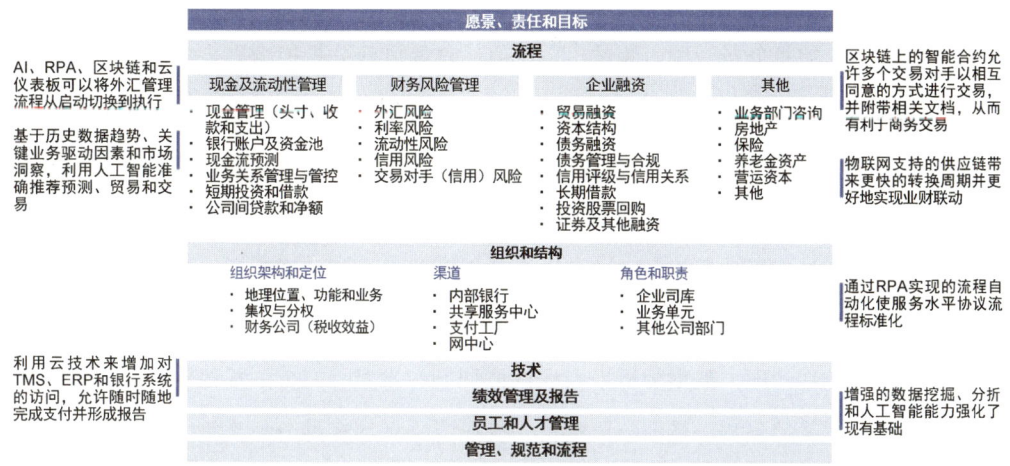

图 3-27　自动化、智能化技术在司库体系建设中的应用

国资委 1 号文指出，企业要主动把握新一轮信息技术革命和数字经济快速发展的战略机遇，围绕创建世界一流财务管理体系，将司库体系建设作为促进财务管理数智化转型升级的切入点和突破口。应用数智化手段，司库体系可以实现对集团各下属单位以及对产业链信息流、资金流的有效监控，通过挖掘相关数据价值，支撑资金风险监控预警、前瞻性预测分析、经营决策分析等，进而强化金融资源管理与价值创造能力，并以此推动企业全面部署数智化建设。

未来，企业开展司库管理信息系统建设，应从系统设计、软件开发、硬件配置、数据治理等方面进行统一科学规划，全面覆盖司库管理全功能领域、全业务流程、全层次组织，并加快与企业内外部协作系统（如业务系统、财务系统、税务监管系统等）的兼容互通、数据共享、流程打穿、信息穿透，实现司库管理信息系统在全集团范围内稳定、安全、高效运行，并能够充分发挥资金管理数据价值，赋能企业战略决策。

（三）司库管理数智化服务供应市场调研分析

1. 市场概况

现阶段，司库管理数智化服务商以国内外企业流动性管理解决方案提供商、大型财务管理软件及云 ERP 厂商为主，这一领域典型服务商代表包括浪潮、金蝶、用友、科睿柏（Kyriba）等。

（1）量化资金风险评估、加强全球资金风险管控成为司库建设数智化服务热点。加强资金风险管控是司库体系建设的核心职能之一。当下，司库体系数智化服务商已普遍运用头寸预警、情景分析、压力测试、VaR 值计算等风险分析模型以支撑企业流动性风险和市场风险管理，实现企业对全球资金风险的实时监控、量化评估与强化管控。

（2）系统建设重视整合挖掘数据价值，以加强战略决策支撑。凭借聚合企业内外部多类型业务、财务及司库数据的先天条件，企业司库系统具有成为企业大数据分析平台的显著优势。依托智能数据中台和内嵌资金分析模型的构建，司库系统能够对外部行业数据、司法数据、金融市场数据等进行主动、全量、多类型的数据抓取、整合、处理、分析并展现，构建司库大数据分析平台，内嵌回归、聚类、二分、神经网络、决策树等多种模型，预置头寸预测、最佳归集路径、投融资决策等多种分析类别，实时监控预警企业司库运行情况，整合挖掘数据价值，创新业务应用，为企业赋能，为员工服务，为管理层提供决策支持。

（3）注重司库系统与业财一体化集成。破除烟囱式系统架构、加强系统集成与数据连通共享，是企业财务推动数智化转型过程中的共识。司库系统需要与企业内外部各类业财系统、监管系统实现一体化集成和端到端流程打通，确保业务流、发票流、数据流与资金流多流合一，在数据信息流转过程中嵌入余额、计划、风险项等多重检查，保障资金管理安全合规。

（4）构建产业链金融平台，实现金融资源统一配置管理。现阶段，企业司库系统数智化服务已普遍提供服务于企业上下游生态的保理、票据融资、消费金融等产业链金融管理平台，提供客户、供应商、银行、非银机构的关系管理以及与外部各平台的通道管理等功能，充分发挥企业产业链核心地位，为上下游提供高效的产业链金融服务，同时将相关方的各类信息全部纳入司库系统管理，对上下游相关方进行动态信用监控与评级调整，促进资金回笼，防范资金风险，同时针对银行等金融机构或平台合理评定费用与服务水平，择优合作。

在本次调研中，我们针对 23 家企业财务智能化服务商开展了全面调研，通过考察分析，我们识别并选取了其中部分在司库管理服务建设领域的典型性代表企业，供本书读者参考。

2. 主要服务商及产品特色优势

(1) 浪潮服务商：

主要产品及特色优势（见图3-28）：

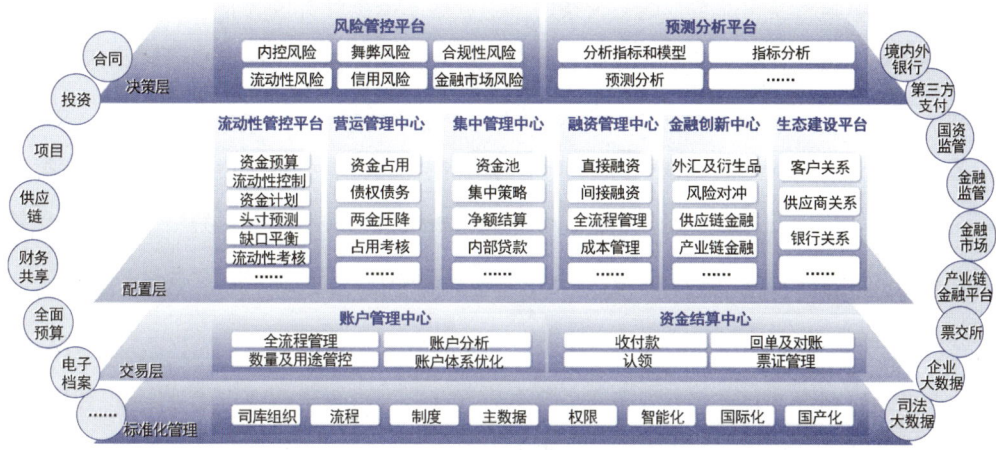

图3-28 浪潮司库管理系统产品功能架构

浪潮司库与资金云产品基于多年央国企丰富实践，覆盖交易层、配置层、决策层各层需求，实现资金集约管理和动态监控，覆盖大型集团企业总部司库、资金中心、财务公司管理需求，即总部管政策、平台强管理、基层抓执行，帮助大型集团企业打造全球司库管理体系，实现交易结算全面数智化、业财融合、投融资管理、风险管控、产业链协同，增强管控，提高效益；并通过大数据分析、人工智能等技术，提高集团司库管理的可见性及智能化管理水平，更好地为集团战略服务。

浪潮服务的客户包括中国节能、陕煤集团、中国能建、徐工集团等。

(2) 用友服务商：

主要产品及特色优势（见图 3-29）：

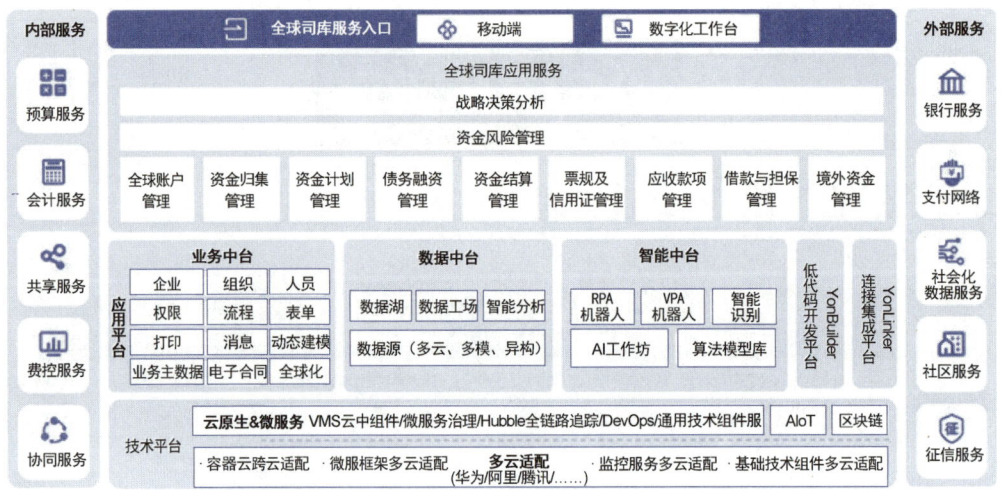

图 3-29　用友 BIP 全球司库产品技术架构

用友 BIP 全球司库是面向大型集团企业的司库数智化平台，基于流程驱动+数据驱动的全新设计理念，以资金集中和信息集中为重点，以数智化能力构建为支撑，以服务战略、风险监控及价值创造为导向，涵盖现金管理服务、资金结算服务、电票及票据管理服务、资金预测及计划、资金池服务、票据池服务、投融资运营服务、外汇及风险管理等，以提高资金使用效率和效益，降低资金成本，强化风险管控，深化业财融合和产融协同，为企业构建模型、量化数据，多样化信息支撑企业前瞻性管理，实现企业金融资源运作的价值创造，提升企业竞争力，确保企业长远稳健发展。

用友服务的客户包括北汽集团、国家电投、中广核等。

（3）金蝶服务商：

主要产品及特色优势（见图 3-30）：

第三章 企业财务数智化转型：智能化服务商分析 | 133

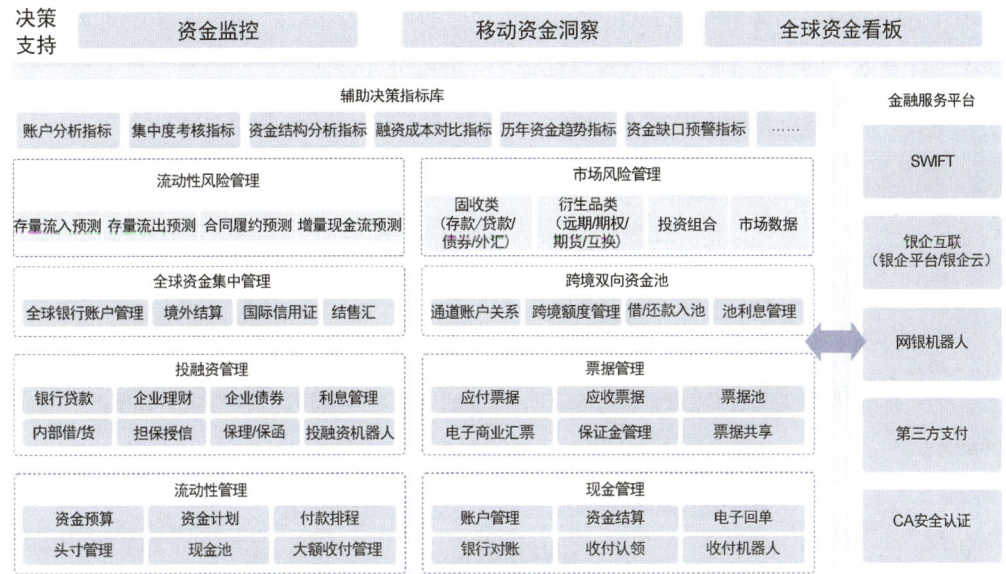

图 3-30 金蝶 EAS Cloud 司库管理业务架构

金蝶 EAS Cloud 司库管理产品为企业提供全面的价值管理工具应用，除了基础的现金管理、资金监控、资金集中和流动性管理外，EAS Cloud 司库管理产品还提供风险预警、风险工具管理、全球资金集中管理、跨境双向资金池、外汇管理、投融资管理、资金决策管理等功能，满足企业营运资本和金融资金管控需要，前瞻化和深度化地支持集团企业有效地进行全面的司库管理，实现价值创造。

金蝶服务的客户包括招商局集团、万科集团、中国中车、科大讯飞、蒙牛集团等。

（4）科睿柏（Kyriba）服务商：

科睿柏（Kyriba）是资金和风险 SaaS 解决方案的全球领导者，提供现金管理、支付、风险管理和营运资金解决方案的关键任务能力。首席财务官和其团队可以通过科睿柏解决方案改变获取和利用流动性的方式，使其成为业务增长和价值创造的动态实时工具，同时防范财务风险。科睿柏开创性的"连接作为服务"平台将企业内部资金、风险、支付和营运资本管理等应用与外部的银行、ERP、交易平台和市场数据提供商等重要资源连接起来。科睿柏是一个安全、可扩展的 SaaS 平台，采用商业智能、自动化工作流程和 API 技术，服务于全球 2500 多名客户，使他们获得 100% 的现金实时可视性和更多增长机会，同时防止欺诈和财务风险损失，并降低运营成本。

主要产品及特色优势（见图 3-31）：

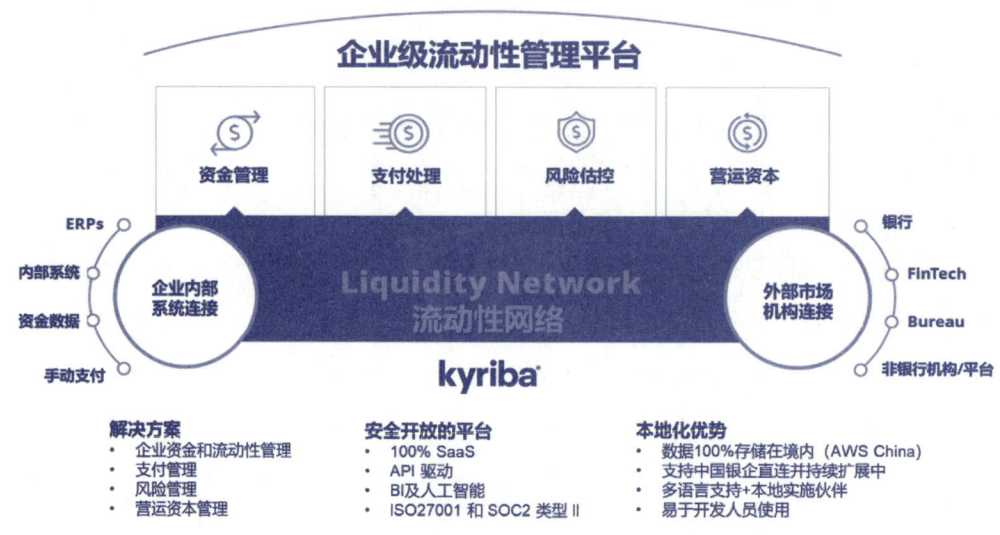

图 3-31　Kyriba 企业流动性管理平台功能架构

科睿柏活跃流动性平台，主要包括资金管理、风险管理、支付管理和营运资金管理四大核心解决方案，同时也是一个创新的"连接即服务平台（CAAS）"，通过开放 API 平台，可以将平台同银行、ERP、交易平台、市场数据等重要的外部资源相集成，形成一个完整集成的主动激活流动性网络，并能够实现开放式端到端的连接。

科睿柏为企业提供成熟的全球化流动性管理解决方案，能够在全球范围内提供及时准确的现金头寸数据，实现现金 100% 实时可视化和提供商业智能的分析报告，为资金管理团队提供准确的资金预测；提供覆盖全球的高效率支付解决方案，同时为企业支付流程（包括资金或临时付款）提供即时欺诈检测功能，并可以与上游系统无缝连接以实现各类支付发起和结果确认的自动化处理；为管理外汇风险的整个生命周期提供了先进的功能，嵌入式市场数据和交易门户集成，使完整的工作流程能够支持对冲计划和监管合规性；提供先进的营运资金管理优化方案，通过支持应付款期限延长（反向保理）或提高现金回报的早鸟付款融资（动态贴现）解决方案，为首席财务官提供工具和计划来促进自由现金流并改善财务结果。

科睿柏服务的客户包括特斯拉、亚马逊、万华化学、汇丰银行、摩根大通、万豪集团、安利等。

(四)司库管理数智化转型建设成效

1. 构筑财金资源数智化运营机制

企业司库数智化转型过程中,借助数智化技术对司库体系进行端到端的业财流程打通与优化重塑,开展管理创新与组织重构,并在司库相关业务与经营流程中深度融入数智化思维与理念,帮助企业构筑财金资源数智化运营机制。

2. 促进全面降本增效与资金风险防范

企业司库管理数智化转型涵盖资金监控、资金集中、资金流动性管理、投融资管理、资金决策管理、风险预警等功能模块,通过应用人工智能、RPA 流程引擎、区块链智能合约、物联网、数据挖掘与分析等前沿自动化、智能化技术,企业能够提升基础账户管理、结算及交易处理效率,实现流动性的有效预测预警,强化全球资金风险防范,构建产业链金融平台,加强业财联动,助力企业向高质量发展阶段迈进。

3. 实现司库管理赋能企业智能决策

企业司库管理数智化转型过程中,数据治理运营机制的构建是重要一环。通过将司库管理信息系统获取的企业内部相关业财数据与银行、财务公司等金融机构的外部数据联通,实现资金数据、业务流程、业财系统的端到端打通,并通过数据清洗、加工、指标体系构建、数据建模等一系列数据加工操作,生成数据可视化分析展示结果,帮助企业管理者实时分析企业资金管理相关数据,辅助资金预测与分析、投资决策、融资决策以及资金风险预警等,实现司库管理的全景可视与智能决策。

三、业财融合:打破信息壁垒

本部分聚焦于业财融合这一数智化服务议题,从我国企业业财融合发展概况、业财融合数智化转型趋势、业财融合数智化服务市场调研、业财融合数智化建设成效四个方面探讨数智化服务中业财融合发展情况。

(一)我国企业业财融合发展概况与数智化转型机遇

业财融合一直是企业财务管理领域的热门话题,在数字经济背景下,业财融合再一次与财务数智化转型、财务中台建设等议题一道受到业界关注。

业财融合是企业通过财务数智化转型驱动传统财务管理向价值创造型财务转型升级的重要抓手，业务与财务之间流程及数据的连通共享，令企业得以进一步挖掘和释放数据价值，强化经营及财资风险管控，协助企业在数智化浪潮中持续提升经营效能。业财融合不仅是业务流程与财务核算的融合，更是管理创新与价值创造的融合（见图3-32）。

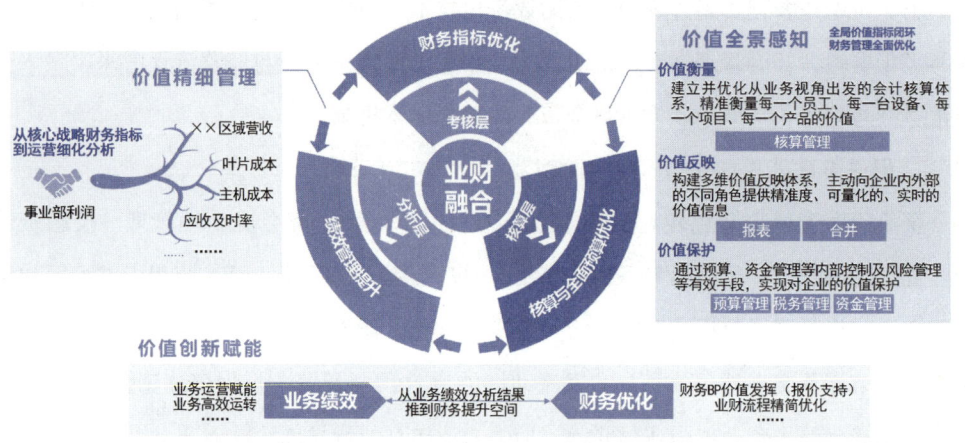

图3-32 企业业财融合愿景目标

业财融合在我国大型企业集团中已得到成熟实践，例如：华为公司将业财融合嵌入组织架构，建设独立的财经组织体系，账务、财经和内审三大职能彼此独立而又相互联系，实行以项目为核心的团队运作模式，明晰了权责分配，实现了风险可控；将业财融合嵌入关键控制活动领域，丰富了内控方法与手段，提高了内部控制水平；国美集团在财务共享平台下整合会计信息、协同优化内部流程、制定标准化的管理制度、建立高效运行的整体管理模式、组建业财融合团队，并以此为驱动实现业财融合，逐步完成了财务体系由交易型到充分服务于业务的决策支持型角色的转变等。

在过去几十年的发展过程中，我国企业不断探索和创新业财融合实践，传统模式下，业财融合在信息系统层面的实现主要通过两种路径，或以ERP系统全面覆盖进销存与财务核算流程，在系统内部实现业财流程及数据的集成与融合，或通过建立业务系统与财务系统间接口，在前端业务系统按照数据标准完成加工处理后传送至财务系统完成业财处理。上述实现路径均促进了企业业财数据信息的拉通，驱动了企业业财一体化，但仍具有其自身局限性：传统ERP模式下，系统体量较大、建设难度较高且不易拓展升级，随着企业外部商业环境变化和自身商业模式的革新，企业前端业务系统种类、数量及复杂度均已大幅增加，新增系统与 ERP 系统之间的集成与数据加工传输进一步提高了企业业财融合的难度与成本，烟囱式系统架构限制了业务与财务的深度融合；而通过系统接口集成方式实现业财系统联动，则对接口设计、数据标准规则设定、数据质量管控、数据链路贯通等系统能力提出了更高的挑战，存在数据治理运营难度大、周期长、成本高等劣势。

近年来，企业业财融合的建设重点正在逐渐转向财务中台建设。借助中台化技术，从流程、数据、系统、制度等多维度入手，端到端梳理和优化重塑业财流程，明确业务与财务之间的职能界面与数据流向，构建全面贯通、深度融合、高效协作的数智化业财融合体系，打破流程数据在不同组织和系统之间的协同障碍与信息壁垒，协助企业快速响应复杂多变的业务场景和管理诉求。财务中台可作为企业基于新商业环境、新 IT 技术架构、新数据处理模式下的财务数智化转型抓手，可有效推动企业财务转型升级，实现管理模式创新，支撑企业发展，也为业财融合带来了数智化转型背景下的新发展机遇。

（二）业财融合数智化转型趋势热点

1. 实现业财深度融合

如前所述，财务中台建设是企业在财务数智化转型背景下，业财融合的重要转型趋势之一。通过构建数智化财务中台，有助于帮助企业实现财务系统与业务系统的无缝对接，消除烟囱式系统架构带来的信息壁垒与数据差异，实现会计处理与业务数据生成的同步完成，并通过运用人工智能、数据挖掘及可视化展示分析等技术，为企业管理者生成多维度的战略决策支撑信息，进而构建高质量、智慧化的企业业财融合体系（见图 3-33）。

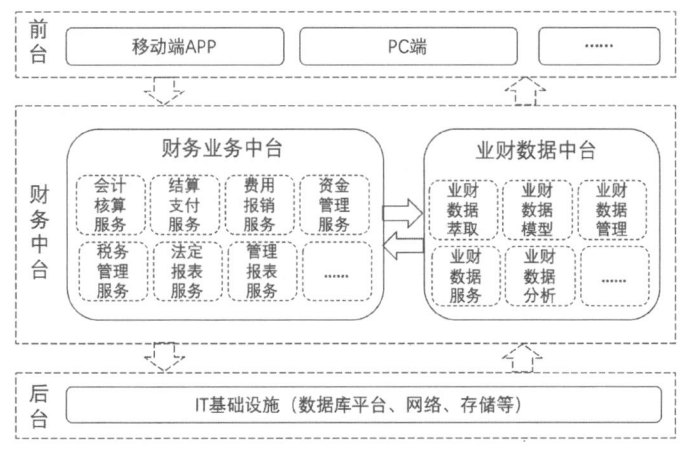

图 3-33 财务中台常见架构示例

基于中台架构与理念，构建以财务中台为核心的业财信息平台，可以在不对现有IT架构和业务系统进行重大改造的基础上，快速实现业务及财务系统之间流程及数据的拉通，有效沉淀和积累企业财务服务能力、资源和数据，并在企业内部复用和共享，降低重复建设成本，提升管理效能，同时能快速响应前端业务变动对财务管理的挑战。

2. 加强数据治理与融合

业财融合另一数智化转型趋势在于重视企业业务及财务数据治理运营能力的全面提升。为了满足业财深度融合的转型需求，业财数据不能仅停留在简单的数据加工和连通，而是要求业财数据融合能够驱动流程顺畅运作，要求数据能够准确支撑管理需求，这就要求企业站在业财视角，基于对过往数据体系的审视评估，重新构建或优化业财数据治理运营体系，建立全面、共享、动态可迭代的业财数据标准，建立配套的数据质量管控机制，在组织内部逐步建立数据管理文化，通过业财数据高效治理，从数据基础层面向上推动业财流程和系统之间的疏通与融合，进而帮助解决企业在业财领域面临的诸多难题。

3. 强化预测分析和风险提示

在企业业财融合数智化转型过程中，另一重点在于自动化、智能化技术的深度应用。通过深化技术应用，将财务管理向前端业务延伸，使财务成为业务合作伙伴，提供业务导向性的预测分析和风险提示，针对上下游供应商、客户等开展信用政策分析和信用预警，帮助企业从财务口径考虑业务布局和经营决策，例如利润、成本、资金等方面，在加强财资风险管控的基础上，也为促进业务成功提供了可靠支撑。

（三）业财融合数智化服务供应市场调研分析

1. 市场概况

业财融合作为企业财务数智化服务产品中不可或缺、深度融合的核心架构理念之一，已经普遍见于各类综合性财务云平台服务和产品架构设计当中。例如：用友在企业财务云服务中，从业财融合视角构建了事项会计概念，搭建了企业事项中台、企业业财大数据中心，并在商旅及费控服务管理服务、全球司库管理平台、企业绩效管理（EPM）等多类型服务产品架构建设中融入业财融合理念；中兴新云FOL财务云信息系统内含业财一体化云产品线，并已建成销售业财一体化平台、采购业财一体化平台、资产业财一体化平台、合同业财一体化平台等；金蝶推出财务中台、业财数据中心等业财融合相关功能产品等。

同时，也有智能化服务商主打业财融合领域，将业财深度融合作为财务数智化服务的核心建设理念，并围绕这一理念开展产品体系及功能架构设计，积累了不同行业具有自身特色的业财融合场景方案和实践经验。这一领域的典型代表企业为赛意业财。

2. 主要服务商及产品特色优势

赛意业财服务商：

广州赛意业财科技有限公司（简称"赛意业财"）是赛意信息（股票代码：300687）旗下全资子公司，总部位于广州，赛意业财在总结赛意信息历经17年在不同行业超过1000＋家企业客户（80％为世界500强与上市企业及行业龙头）的财经职能实践基础上，在国内提出经营财务理论及实践体系，并开发经营财务理论导向的自主财经软件产品——财务先生（Mr. F）和元数智财务创新平台（MDFP），依托母公司赛意信息全国17＋的本地化交付中心服务体系，专注企业财经数智化转型服务。

主要产品及特色优势（见图3－34）：

图3－34 赛意业财元数智财务创新平台产品架构

赛意业财元数智财务创新平台，以"融合、赋能"为核心理念，以"打破业财边界、促进业财融合、赋能业务经营"为最终目的，向上可以连接和协同企业业务及合作伙伴，向下可以连接经营主体的财务核算，形成全价值链的业财过程融合，既可以支撑财务核算管控的要求，又可以支撑管理口径同源数据的需要。以交易驱动业务环节的业财协同，交易处理协同化、自动化，规则管控自动化，业财数据自然沉降，标准数据各取所需，提高效率，改善价值。

赛意业财经过多年实践，积累了丰富的业财融合场景方案，以协同为主轴的五流合一，具体对象是业务场景或者日常交易，实施步骤是数据标签化、去手工、流程标准化、线上化、自动化、数智化。可以为不同行业提供完整的业财融合方案。其中制造业销售目标到资源配置管理、合同到回款全过程管理、资产全生命周期管理等场景；快消品行业促销管理、多渠道对账、合同返利等业财场景已经积累了丰富的实践经验。

赛意业财服务的客户包括松下电器、美的、小熊电器、喜临门、箭牌卫浴、国科恒泰、华润三九、通联支付、耀莱成龙影城、利欧集团、SKP、中建四局等。

（四）业财融合数智化转型建设成效

1. 改善业财交互痛点

企业在业财融合领域的数智化转型，以各类平台化、中台化产品为例，帮助能够企业将财务系统向多类型的前端业务系统实现延伸，从企业核心业务流程出发，通过系统功能补全、系统集成连接、端到端业财流程打通、厘清数据流向、运用自动化及智能化技术等手段，帮助企业弥补业财交互断点，改善业财交互痛点，在强化财务本身职能的同时，深入企业价值链各环节，为业务提供全面、全流程、全方位的支撑和赋能，打通业财数据线上通道，实现企业财、经、数全面深度融合。

2. 加强业财风险管控

在业务融合领域的数智化转型实践中，诸多企业及智能化服务商已通过梳理业务及财务规则，结合企业内部风险库、风险核查清单和风险控制矩阵等内外部风险管理工具，在系统建设过程中内嵌风险识别、风险预警等关键节点，借助业财流程贯通，依托自动化、智能化技术，通过流程校验、流程审核、流程预警等数智化手段嵌入各关键业务环节中，加强财务对经营活动的过程管控及风险防范力度，实现风险的事前、事中控制，发挥财务的价值守护职能。

3. 促进管理理念与实践方法的有机融合

业财融合核心理念是促进企业内部跨组织、跨业务、跨部门、跨层级的一体化协同，共同为企业创造价值。数智化转型背景下的业财融合，通过平台化、一体化、中台化服务，通过系统平台实现不同组织、业务条线和层级之间的紧密高效协作，协助企业进一步打破组织之间的壁垒，在企业内部营造一体化协同、扁平化管理组织文化，促进企业内部管理理念与实践方法的有机融合。

4. 助力培养复合型高质量人才

在业财融合数智化转型的机遇下，企业对具备复合型能力素养的人才团队将产生更高需求，包括专业的财务数智化团队，能够指导并承担企业财务数智化项目总体建设任务，并持续优化和挖掘新产品、新技术应用潜力，也包括具备扎实财务专业素养、深刻业务理解以及数智化技术能力素质的复合型财务管理人才。在业财融合数智化转型实践过程中，通过引入专业咨询及实施团队指导、开展知识迁移和自主技能培训等方式，为企业加快培养高质量人才提供了难得的契机。

四、全面预算：赋能动态控制

本部分聚焦于全面预算这一数智化服务议题，从我国企业全面预算发展概况、全面预算数智化转型趋势、全面预算数智化服务市场调研、全面预算数智化建设成效四个方面探讨数智化服务中全面预算发展情况。

（一）我国企业全面预算管理发展概况与数智化转型机遇

全面预算理念从20世纪初期已经应用于企业管理实践中，至今已有20余年的发展历程。全面预算管理把企业的当期经营目标与长远战略目标相结合，系统地规划企业的发展战略、经营计划、资源配置和绩效考核，并以预算的方式对企业的经营活动进行动态控制。

预算管理是为数不多能把组织所有关键问题融合于一个体系之中的管理控制方法，自然成为企业提升管理水平的重要抓手。预算管理有助于企业顺利实施现代企业制度，进而提高管理效率、提升竞争力。随着企业的不断扩张，将会有庞大的现金流、物资流以及比较复杂的治理结构，全面预算可以为这些庞杂枝节起到导向作用。

预算管理是企业战略目标落地的重要手段，也贯穿企业业务经营的全过程。但是，大多数国内企业的预算管理还停留在"重编制、轻执行，重静态、轻动态，重管控、轻赋能"的阶段，同时许多企业的全面预算管理工具仍然停留在使用 Excel 人工编制和归并、平衡的阶段，或是使用单一的预算管理产品，与企业其他业财系统集成有限、流程数据流通不畅，大大限制了预算管理工作的效率和精细化水平。

另外，企业正在逐步从年度预算和计划转向滚动预算和动态预测。在当今竞争更加激烈的环境中，众多企业正在认识到，计划、预算和预测需要反映当前的现实状况，而不是两个、三个或更多季度前的状况。连续规划和滚动预测正在成为一种广泛使用的方法，用于在一年中每季度甚至每月频繁更新计划、预算和预测。这些方法帮助企业管理者领先于竞争对手发现发展趋势，助力企业在定价、产品组合、资本分配甚至人员配备水平方面作出更明智、更灵活的决策。

2022 年 3 月 2 日，国资委在《关于中央企业加快建设世界一流财务管理体系的指导意见》中提出，企业要建立完善纵横贯通的全面预算管理体系，具体要求包括：完善全覆盖、跨部门协同、多方联动的全面预算组织体系、管理体系和制度体系，实现财务预算与业务、投资、薪酬等预算的有机融合；建立高效的资源配置机制，实现全面预算与企业战略及发展规划的衔接；完善预算编制模型，优化预算指标体系；业务预算和投资预算统筹兼顾当期效益和中长期资本积累；加强预算执行跟踪、监测、分析，严控预算外经济行为；强化预算执行结果考核评价，实现闭环管理。上述要求为企业全面预算管理转型升级提出了新要求和新方向。

新的指导要求和财务数智化转型浪潮为企业全面预算管理转型升级提供了新的发展机遇。财务数据中台成为新阶段企业实现全面预算管理的基石，各类自动化、智能化技术在全面预算领域的应用使企业预算编制、平衡、调整更加精准、快捷和高效，实现对企业整体运营高覆盖的事前管控、事中分析、事后考核，驱动企业全面预算管理和控制更加科学，赋能企业各级管理者战略制定与决策，更好地实现企业经营目标。

（二）全面预算管理数智化转型趋势热点

企业全面预算管理实现数智化转型的重要路径是建立一体化的全面预算管理体系（见图 3-35），将业财融合的理念融入预算管理，通过组织体系、流程制度、系统建设、数据治理支撑全面预算管理穿透到业务经营层面。

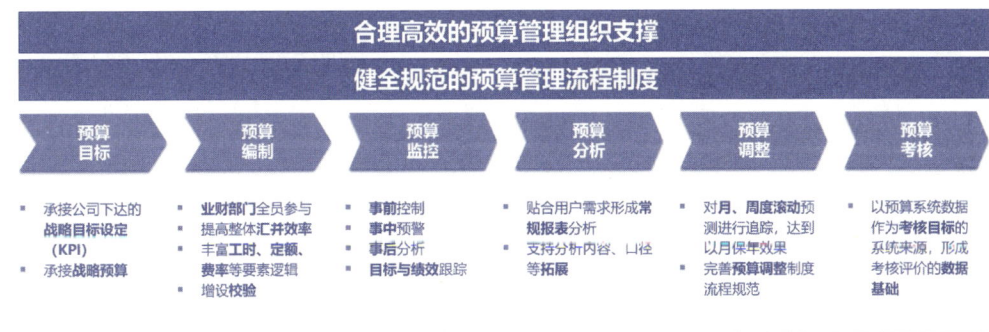

图 3-35 企业一体化全面预算管理体系架构

在数智化转型趋势下,财务数据平台是实现全面预算管理的基石,凭借合理的规划与实施,对预算编制、控制、分析和绩效进行一体化管理(见图 3-36)。通过平台架构层面的灵活性,满足多套不同的组织体系和编制口径;模型层面的可扩展性,保证可以自由设置模型,并且整合预算和财务合并报表模块;数据层面的完整性和多维性,支持不同颗粒度、不同维度的分析与应用,并且实现数据钻取、拖拉定制、可视化等报表需求。

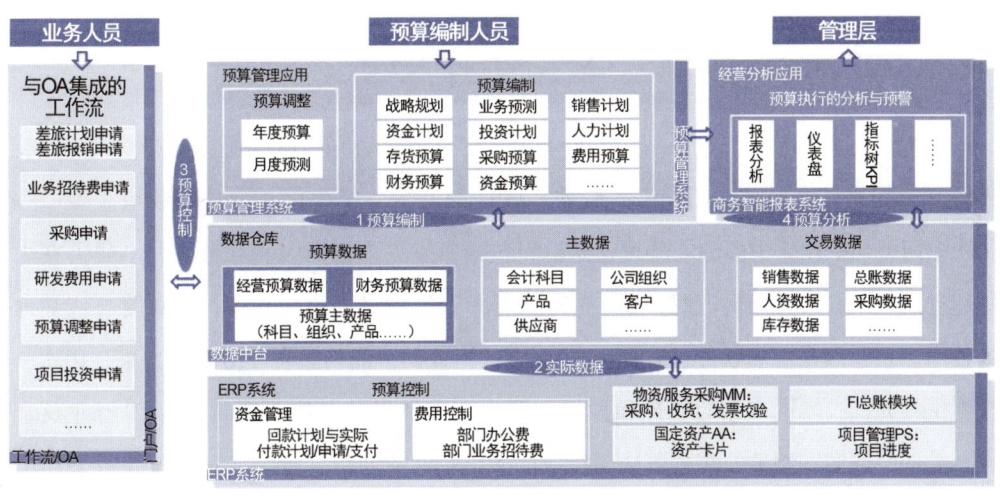

图 3-36 企业全面预算数智化平台结构模型

未来，传统单体化的全面预算管理产品将无法再支撑数智化时代企业全面预算管理需求，全面预算管理将全面拥抱数智化转型，运用低代码 PaaS 平台、混合云、内存计算技术与多维数据库、数据中台与人工智能等核心技术，向高质量全面预算管理阶段迈进。

（三）全面预算管理数智化服务供应市场调研分析

1. 市场概况

全面预算管理数智化服务，常见于作为综合性企业云 ERP 服务产品和解决方案的一个功能组，国内大型云服务与软件提供商如浪潮、用友、金蝶等在自身云服务产品体系中均已提供完善的预算管理应用模块，可以由企业用户自主按需选配。

另一方面，国内外也有基于多维数据模型的专业规划与分析软件，主流供应商及产品包括 IBM PA、FONE EPM 等。这些规划与分析平台产品通常集成了全面预算管理系统、合并报表分析系统、管理报表系统等功能组，帮助企业用户实现数智化运营计划与分析。

2. 主要服务商及产品特色优势

（1）IBM 服务商：

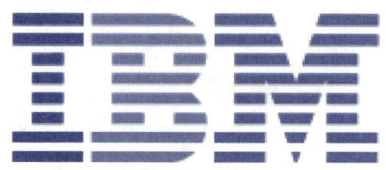

IBM 创立于 1911 年，是一家认知解决方案云平台公司，业务遍及 170 多个国家。1984 年，IBM 在中国北京设立了办事处。1992 年，成立了中国首家外商独资企业——IBM 中国公司。IBM 中国的业务覆盖全国，包括研发、市场销售和服务交付。凭借在中国超过 30 年的丰富经验，通过从行业领先的大数据、云、社交移动、物联网与认知计算技术、企业级系统和软件、咨询和 IT 服务中形成的产品与整合业务解决方案，IBM 一直提供领先的技术、卓越的管理和独特的解决方案及服务，帮助推动中国 IT 行业及金融、电信、能源、制造、零售等众多行业的中国企业的创新、转型与发展。

主要产品及特色优势（见图 3-37）：

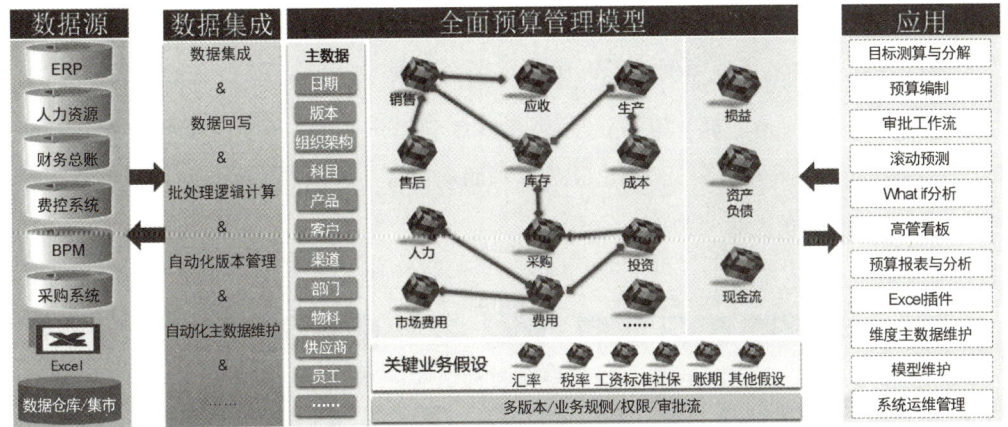

图 3-37　IBM Planning Analytics 全面预算管理方案

IBM Planning Analytics（PA）是全球领先的为"业财一体化"量身定制的企业绩效管理平台，能够满足企业从战略、财务到运营各个层面的计划、预算、合并、分摊、预测、分析和测算等各种绩效管理需求，覆盖企业绩效管理从设定目标、跟踪目标到反馈调整的全周期。其具备强大、灵活的业务建模能力，可以快速适应业务的各种变化，拥抱 EXCEL，大大节省时间和成本。IBM PA 适用于财务、运营、销售、市场等企业的各个功能场景，可以跨部门跨供应链自动化拉通数据，实现产销协同，通过 AI 实现预算测算。

IBM PA 采用先进的实践，建立了以战略为导向、以业务计划驱动财务预算的业财一体的全面预算管理系统；能够实现以业务动因为基础的计划和滚动预测；强化预算分析，将分析融合到预算整个流程中（多场景模拟测算分析、多维度分析、可视化分析）；支持自上而下与自下而上的预算编制方式，具有灵活的多版本管理功能。IBM PA 平台能够帮助建立完善的预算管控体系，构建多层级、多视角的预算分析与报表，支持全面预算管理穿透到业务经营层面，真正实现业财一体化。

IBM 服务的客户包括百胜中国、歌尔股份、一汽大众、华住集团、光宝集团等。

（2）FONE 服务商：

FONE 是国内 EPM｜业财一体规划分析平台产品及服务提供商，致力于为企业用户

提供一款性能强大、灵活易用、可扩展性强的 EPM 产品，承接企业战略，在统一的平台上进行业务规划、分析预测、反馈决策等业财一体化管理，使企业的财、产、供、销、人力部门方向一致，高效协同。FONE 基于平台已推出了 FONE Planning 全面预算、FONE Consolidation 合并报表、FONE SPM 返利佣金管理三款业财一体产品。

主要产品及特色优势（见图 3-38）：

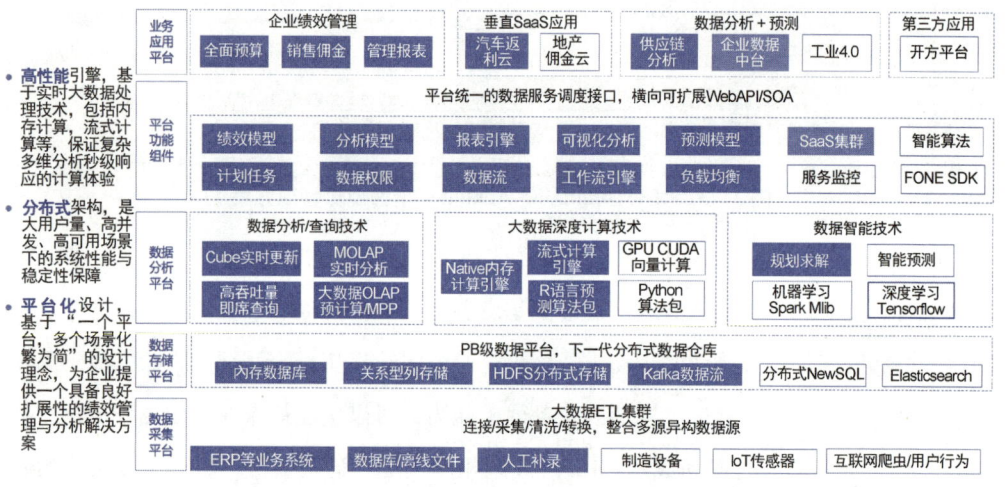

图 3-38 FONE 规划与分析平台架构

FONE Planning 为企业建立统一的全面预算平台，端到端覆盖计划、预算、预测、分析等各个关键节点，实现全面预算全闭环管理。形成统一的业财数据中心，让集团各业务部门间的业财指标进行联动，为经营决策提供数据智能支撑。衔接发展战略与年度经营计划，穿透业务流程，挖掘合理利润，控制不合理成本。

产品核心功能包括：基于历史数据进行预算目标的预测与设定，自动化进行目标分解与校验，快速将战略转化为可执行的业务计划；集成核心业务系统，打通业财数据，实现业财融合管理模式落地；零代码高性能的建模能力，通过简单点击和拖拽即可自定义预算填报表单、审批流程等；人人可用，减少对 IT 资源的需求，让业务专家聚焦经营分析，敏捷决策，响应业务需求；能够实现事前校验、事中预警与控制、事后分析预测的全周期预算管控；能够实现快速、准确地预测收入，快速调整经营策略；集成各业务系统、本地文件中的业财数据，形成唯一且准确可靠的数据来源，整合异构 ERP 数据、兼容多种数据库、实现 Excel 数据双向交互的自动化；在统一平台内完成业务规划、预算、预测和分析，打造统一的决策平台，实现从战略目标制定到执行反馈的预算闭环管理体系。

FONE 服务的客户包括保利发展、神马电力、味全食品、明美新能源、东方日升、Multek、宁波一彬等。

（四）全面预算数智化转型建设成效

1. 减轻企业预算编制与预测管理负担

数智化全面预算管理平台，借助数智化技术，能够有效减轻手工采集和加工数据、人工预测和编制预算报表的管理负担，为企业各级财务管理人员提供了更高效的预算管理和预测分析工具，减少人工操作，解放员工生产力，提高工作效率，提升预算编制规范性和预测准确性，实现企业降本增效。

2. 支撑企业实现全面预算控制

传统模式下，全面预算管控是将预算数据在财务系统与前端业务系统之间传递，要求在各前端业务系统内部均建立预算指标控制功能，事先内置控制策略，带来了较大的二次开发难度，并且在预算管控过程中，业务及财务系统之间频繁开展数据交互、规则匹配和数据校验，对企业整体信息资源能力也提出了较高挑战。平台化、中台化预算管理应用的建设，能够提供更为灵活和直观的预算控制策略配置界面，同时通过运用标准API 接口与众多前端业务系统进行集成，能够建立起与各类异构系统之间的关联，利用控制规则引擎支持对业务系统进行智能化控制，提升企业全面预算控制灵活性和管理效能。

3. 进一步促进企业业财融合

数智化全面预算管理平台的搭建，集成了企业核心业务系统和财务系统，端到端打通业财流程和数据，搭建起了预算管理语境下财务和业务部门间协作的桥梁，同时借助预算管理平台指标搭建、数据建模等预算数据运营能力，能够帮助企业实现预算指标的业务维度与业务属性、预算模型的业务动因与业务逻辑、财务预算与业务计划在事前、事中、事后的内容一致，避免企业"业财脱钩"。

4. 实现预算精细化管控

数智化全面预算管理应用，能够依托信息手段支撑，将事前计划预算、事中过程控制、事后分析评价的管理，从公司整体层面，延伸至部门的经营层面，乃至每个员工的运作层面，实现分层次的精细化管理。同时，借助数智化全面预算管理应用的数据建模与分析能力，能够在不同业务场景下，实时模拟测算预算计划，动态对比分析不同预算计划下的影响并及时进行调整。

五、费控管理：助力降本增效

本部分聚焦于费控管理这一数智化服务议题，从我国企业费控管理发展概况、费控管理数智化转型趋势、费控管理数智化服务市场调研、费控管理数智化建设成效四个方面探讨数智化服务中费控管理发展情况。

（一）我国企业费控管理发展概况

费控是企业管理中的一项关键任务，旨在通过对各种费用的分配和控制来最大限度地减少开支，同时确保生产和服务质量不受影响。费控是一项复杂的工作，其中包括预算制定、费用审批、费用核算、费用监控等多个方面。

费用管理是每个企业基础的成本管理之一，也是涉及面最广、管控要求较多的业务。随着企业供应商、外部监管数智化升级加速，电子发票的普及打通了供应商与企业之间电子化报销的壁垒，外部环境倒逼企业加强费控管理的态势已经形成。同时，电子档案政策的落地将彻底消灭费用支出相关的纸质单据、发票及凭证。

然而，我国的费控报销行业仍处于发展阶段，在实际工作中，从事前的管控、标准控制，到事中的报销、审批，再到事后的记账、支付、分析，很多企业面临事前管控弱、费控执行难、单据处理慢、支付风险高、业财不统一、财务处理繁、统计分析差、员工体验差等难点和痛点。

现阶段，我国大部分企业已经充分认识到费控在成本控制中的关键性作用，但许多企业仍靠纯手工或依靠OA系统、财务系统实现对费用支出的管理，无法精准搭建费控管理的功能模块，也无法适应企业组织结构的快速变化。数字经济时代，企业需要更专业、更贴合业务场景和管理诉求的专业费控管理平台来帮助其完成转型。

因此，数智化转型浪潮为企业费控管理理念和系统工具提供了转型机遇。未来，费控管理平台的发展方向为不断强化广泛连接的能力，从而提供费控管理领域的综合解决方案，关键词包括数据赋能、协同、智能化等。业财打通、流程规范化、数据统一化、系统打通与高效集成将成为企业费控管理数智化转型的重要路径。

（二）费控管理数智化转型趋势

1. 端到端费用管理全流程全面打通

在财务数智化转型浪潮下，财务管理各领域均在积极谈妥和深化应用各类自动化、智能化技术。着眼费控领域，新兴技术手段如 OCR 识别、RPA 机器人、大数据分析等智能化、自动化工具将越来越多地植入费控系统，与费用报销相关的前后端业务流程及信息系统也将实现端到端打通，从而实现费用报销和管控的互联化、自动化、无纸化。

2. 业财一体化与费控管理深入融合

由于费控管理在企业内部涉及的组织、部门、个人极广，同时面向企业决策层、财务部门和不同的业务部门，如果未有效融入业财一体化思维，将直接导致在费控流程打通、业务规则设定和数据拉通的过程中，出现断点、堵点，将直接影响费控管理各项业务需求的最终实现。因此，在开展数智化费控管理平台建设的过程中，深入融合业财一体化理念是必然的。端到端业财流程打通、数据标准统一化、业财系统高效集成，将始终是费控管理数智化转型的关注重点。

（三）费控管理数智化服务供应市场调研分析

1. 市场概况

费控管理作为发展较早、较成熟的财务数智化服务赛道，市场目前已经形成了一批具有优势产品的头部厂商，并逐渐从费控 SaaS 向费控管理平台转变，产品＋消费商城的模式在头部厂商中被广泛应用。一方面国内大型综合性企业云服务与软件提供商，如用友、浪潮、金蝶等在自身财务云平台中，均有功能成熟的费用管理子平台服务供企业按需选配；另一方面，也有专攻费控管理的新兴服务商，已在费控管理智能化产品领域取得资本青睐和大批量企业客户。

2. 主要服务商及产品特色优势

（1）合思·易快报服务商：

北京合思信息技术有限公司（简称"合思"）创立于 2014 年 11 月。通过广泛连接的模式创新和自主研发的"无须报销"解决方案，构建企业级开放应用与因公消费生态

体系,为企业提供聚合消费、费控报销、企业支付、发票及会计电子档案管理等一站式服务。目前企业费控报销信息化细分领域市场占有率第一,截至目前累计服务超6000家企业付费客户,其中国央企超200家、大型上市超1000家、细分领域头部企业超3000家,产品使用人数超200万人。

主要产品及特色优势(见图3-39):

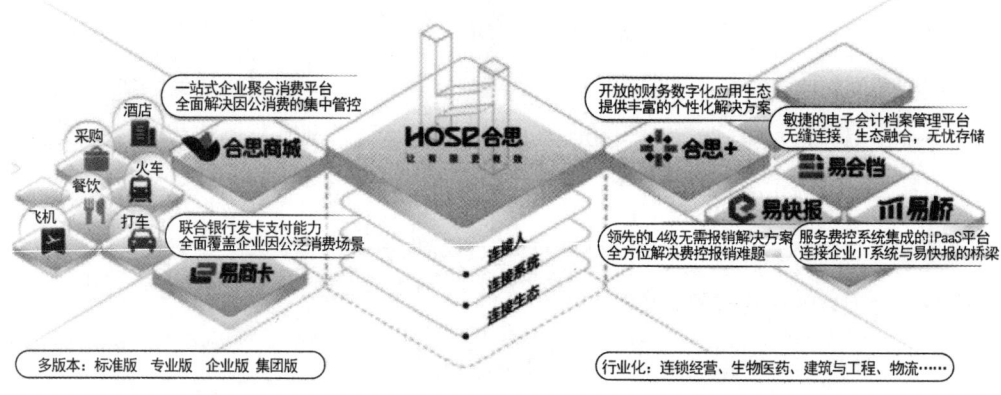

图3-39 合思·易快报产品体系

合思·易快报围绕着"无须报销"这一核心价值主张,力求打造企业支出管理全场景、全链路的自动化、智能化,秉持着广泛连接的产品理念(连接人、连接系统、连接生态),打通申请、消费、对账、记账、归档的企业支出管理全流程,实现"员工无须垫资、无须开票、无须报销,消费即合规,采购即报销",节省员工报销时间,提升员工使用体验。同时,易快报费控系统还具备发票自动查重验真、单据风险智能识别、会计凭证自动生成、实时呈现费用报表等财务自动化技术应用,通过事前事中事后全流程费用管控、支出数据实时可视化查询,企业统一开票,减少财务入账时间,同时实现全程数据自动采集、流转、处理、无须人工搬运加工,全息数据真实透明,电子发票真实合规,助力企业实现费控报销领域的财务共享及智能化。

合思服务的客户包括中顺洁柔、赢家时尚集团、动力源、中亦科技、好想你、阿道夫、云海肴、猫人、红星二锅头、克明面业、派克新材等。

(2)泛微·齐业成服务商:

齐业成是上海泛微网络科技股份有限公司旗下费控管理专项品牌，致力于为广大政企客户提供从预算费控、财务共享、资金管理、财税集成，到电子发票、电子报销、银企直联、电子档案、商旅集成、消费集成等预算费控领域的专项产品和解决方案，提供一站式报销费控闭环，实现预算、消费、发票、报销、支付、记账、档案以及集成等的全程数智化管控。

主要产品及特色优势（见图 3-40）：

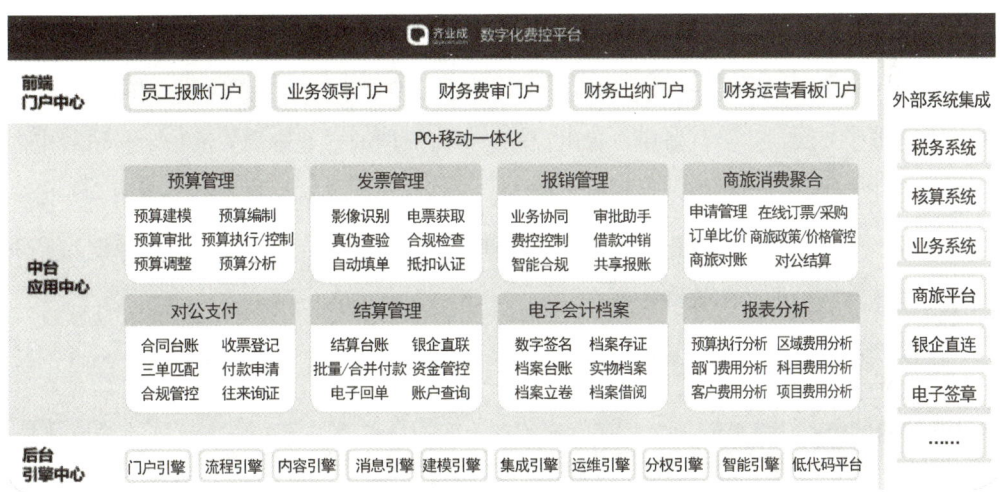

图 3-40　齐业成费控平台产品功能架构

齐业成数智化费控平台支持端到端（前端到后端、业务端到财务端）的全过程费控管理。平台可贯穿企业费用管理全过程，构建从费用预算→申请→报销→审批→结算→核算→档案→存证→查询的整个费用管理闭环，以数智化为核心，打通企业内外的数据与信息，并通过流程驱动电子数据的流转，实现为企业构建全程数智化的费控管理平台，实现电子合同、电子发票、电子对账、电子报销、电子税务、电子会计档案、数智存证与防篡改的全面数智化；系统还提供基础引擎服务，包含大量业务组件并开放 API 接口，满足应用可扩展、接口可开放、管理可升级的平台化需求。系统可支撑如员工费用、差旅费用、对公费用、项目等全费用场景，并可根据不同业务场景对费用进行多维度管控，如合规管控、信用管控、预算管控、资金管控、标准管控等，支持全面的移动端支撑能力，所有 PC 端应用、数据可实现与移动端完全互通。同时，系统通过智能发票识别、智能语音报销、智能合规审批、智能费控助手等智能化技术，将智能技术与企业费控管理深度融合，打破传统的操作方式，辅助用户提升作业效率，推动企业费用管理的智能化转型。

齐业成服务的客户包括方正集团、李宁集团、资生堂、奥康集团、惠而浦、国药湖北、佳兆业、微众银行等。

（3）汇联易服务商：

HELIOS 汇联易

上海甄汇信息科技有限公司（简称"甄汇科技"），旗下拥有"汇联易、甄选、e档案、Spendia"等品牌。自成立以来，大客户及合作伙伴数量始终行业领先，服务终端用户达近千万人，实力打造用户费用管理全生命周期的专业咨询方法论。公司利用创新的信息化方式驱动费用管理，为海克斯康、路易达孚、晶科能源、公牛集团、安盛保险、百威、新城控股、三菱化学、汇川技术等千家行业翘楚，构建出有行业深度和经众多领先企业实践过的费用管理体系。

主要产品及特色优势（见图 3-41）：

图 3-41　汇联易产品架构

汇联易提供企业费用申请—报账—付款—凭证—归档全流程管理，形成一个完整的自动化费用管理流程闭环，助力企业实现高效、合规、降本的费用管理，提升财务管理价值。

汇联易产品主要功能及价值点包括：费用预算管控，通过预算录入、预算控制、预算调整等功能，实现预算事前、事中、事后的全流程管控，提供多级项目组管控、多维度预算表、灵活的预算控制规则，支持借还款管理功能，能够实现业务数据与预算项目的映射；支付管理，为集团实现统一支付、查询、管理的场景，支持支付明细查看、自动生成付款批次、付款反冲、银企直连、多种付款方式等；发票全流程管理，支持自动查重、自动验真、自动校验、自动价税分离、自动结构化数据等；对公报账管理，从采购申请到合同执行、费用预提到结算支付、预算编制到核算入账进行全流程管控；对私报销管理，通过费用申请（预订）—报销—放款流程，解决员工与企业的费用流转问题；会计核算，期初基于需核算的业务节点配置核算场景、科目映射、凭证定义，业务节点操作后，支持自动生成费用凭证分录、核销凭证分录、支付凭证分录、借款凭证分录等，无缝将数据传输至总账系统；数据中心，支持多维度自定义分析报表；消费商开放平台，结合企业费用标准管控，聚合机票、火车、酒店、打车、餐饮等百家消费平台，一站式完成申请、预订、结算、对账等环节。

汇联易服务的客户包括比亚迪、郑州地铁集团、中伟新材料、晶澳太阳能、紫光展锐、大陆集团、旺旺集团、名创优品、云南白药、华兴资本、上海师范大学等。

（四）费控管理数智化转型建设成效

1. 实现全流程费用管控

通过搭建费控管理云平台，将费用预算、申请、审批、消费、预算管控与调整、对公报账/对私报销、结算对账、入账凭证、进项税认证抵扣、电子发票管理、电子会计档案管理等上下游业务场景汇集于费控平台，实现费控及财务处理的真正闭环，加强费用管理风险管控，提升员工使用体验。

2. 提升费用处理工作效率

在费控管理数智化转型过程中，引入并深入应用OCR、RPA等新兴技术，将大量重复、简单、标准化的财务审核和会计工作系统化、程序化、智能化，通过简化操作，提升员工报销体验和财务处理效率，降低报销流程基础员工人力资源占用，助力企业进一步降本增效。

3. 提升费用管控精细化程度

在费控管理平台建设过程中，通过多维度预算表、灵活的预算控制规则等，可以使企业精细化设定不同业务场景下各类费用的管控标准，且支持各类管控方案的自由组合、管控力度的灵活调整，实现一人一事一标准，避免费控标准"一刀切"所带来的弊端。

4. 提供准确数据支持

在费控管理数智化转型过程中，通过将费控管理集成于统一管理平台，实现了费用相关业财数据的聚合，结合企业数据中台建设，依托数据分析等前沿技术工具，能够为企业提供全景式费用数据洞察，为企业业务经营决策提供准确而实时的支持。

六、税务数智化：规范税务职能

（一）我国企业税务数智化发展概况

2022年3月2日，国务院国资委印发《关于中央企业加快建设世界一流财务管理体系的指导意见》（以下简称《意见》），立足于新发展阶段要求和数智化转型趋势，提出"1455"的财务管理体系建设框架。意见首次明确提出税务管理是需要强化的五大职能之一，为中央企业乃至大型企业提升财税管理水平进一步提供了体系化指引。企业财务管理需重点强化税务管理职能，实现规范高效，以此为推进企业财务管理转型升级的抓手和切口之一。

随着发票电子化和税费服务智能化持续推进，中共中央、国务院在"十四五"发展规划中对数智财税也提出了新要求，到2025年基本实现发票全领域、全环节、全要素电子化。加之，国家不断增强税务监管力度，金税四期的到来将"非税"业务也纳入监管范围，以期达到"以数治税"的目的。发票电子化在帮助企业规范管理流程、实现流程自动化、加强合规性等方面有巨大的促进作用，对企业而言，也面临着推进业财税档深度融合、提升数智化票单证基础管理水平等挑战。

伴随"十四五"规划"建设数智中国"新征程，业财税融合加快，赋予了一批示范企业"建设世界一流"的新使命，推动了税务管理转型发展的新要求。我国企业应当从"推进集团化税务管理，建成世界一流税务管理体系"的战略愿景出发，运用科学方法论，结合企业核心应用场景，规划适合企业自身、体系化、全业务覆盖、可落地的税务管理体系顶层设计方案，构建世界一流企业税务管理体系的全景路线图。借助数智化手段，打造企业税务管理品牌，成为税务管理"国际一流标杆"。

近年来许多国有企业与大型集团化企业已开始探索和推动税务管理数智化转型工作，已经取得了一定的成效，涌现出很多成功的案例。面临外部监管压力与内部效率提升需求的双重考验，税务信息化及数智化建设是企业税务职能转型和管理提升的重要路径，也是企业数智化转型战略中的重要一环。从"票税一体化"到"业财税一体化"再到"税务数智化管理"的变革，是企业税务管理信息化必经之路。

（二）税务数智化转型趋势热点

税务管理数智化作为企业数智化转型的重要组成部分，是一个长期且系统性的工程。税务数智化体系的建设作为企业管理者的抓手，应从战略视角出发进行顶层设计，为企业实现业财税一体化的端到端全业务流程的数智化转型提供支持。

1. 税务管理共享化

近年来，越来越多的企业把实施税务共享服务作为税务职能变革和税务数智化转型的重要抓手，积极探索通过税务共享中心进行集约化管理、标准化处理、专业化运营，有效提升运行效率、管理水平、风险防控能力，支撑服务集团业财战略和企业整体转型。税务共享中心通过税务工作的标准化、集中化与流程化，在有效提升税务工作效率的同时，加强了集团化企业总部与下属企业之间的连接与协调，实现税务资源的优化分配。税务共享中心实施过程中的数智化建设、数据分析、风险体系建立，进一步帮助企业提升流程自动化程度、掌握整体税务情况并更及时地把控税务风险，助力税务职能转型，实现税务部门价值提升。

2. 票税及业财税一体化

中国发票从最初试点电子发票，发展到增值税专用发票电子化，如今已建成全国统一的电子发票服务平台，预计未来三年基本实现发票全领域电子化。未来，税务机关将会更便捷地贯彻实施"以票控税"的理念，虚开增值税专用发票的稽查力度将进一步加强。发票作为交易凭证、报销凭证、记账凭证和扣税凭证，在企业管控中将更加严密。借助信息系统，实现票税一体化、业财税一体化将成为大势所趋。企业税务管理将与ERP、OA等管理系统对接，进行自动开票、自动勾选、自动对账、自动计税，实现票税一体化,使发票、业务单据、记账凭证、资金凭证有机串联,形成一体;与报账平台、财务共享、商旅系统等平台打通,实现业财税一体化,使业务流程、财务核算、税务管控高度融合,降低涉税风险。

3. 涉税信息共享互联互通

早在2015年,《国务院关于印发促进大数据发展行动纲要的通知》(国发〔2015〕50号)中就提出"用数据说话、用数据决策、用数据管理、用数据创新"的发展理念。2020年《中共中央 国务院关于构建更加完善的要素市场化配置体制机制的意见》明确了加快培育数据要素市场、全面提升数据要素价值的要求。在我国税务征管领域,也正在向"以数治税"时代迈进。提升涉税数据治理能力不仅是企业税务管理工作的关注重点,更是整个市场的数智化转型风向标。

在税务数智化转型过程中,企业只有将核心涉税数据更好地掌握在手中,才能从中挖掘更大的业务价值,进而优化业财税管理,打造核心竞争力,而数据治理是挖掘数据价值的基石和重要手段。涉税数据治理的主要目标是能够做到数据可使用、数据可追踪、数据可管理,实现数据资源在各组织机构部门的共享,推进信息资源的整合、对接,从而提升企业税务数智化水平,更好地满足企业税务风险管理、成本核算、经营决策的需要,发挥更大价值,最终助力企业实现其战略目标。

(三)税务数智化服务供应市场调研分析

1. 市场概况

现阶段,我国已有较多智能化服务商涉足税务数智化领域。传统税务数智化厂商在产品功能广度、深度上持续领先,也率先尝试在产品中引入大数据、AI等新一代信息技术,整体服务能力优势明显。新兴税务数智化服务厂商在商业模式创新、新兴技术引入等方向努力摸索,尝试将两者合并来满足税务数智化下企业的新兴需求,或填补过往数智化未覆盖的领域,并尝试率先围拢中小微企业客户,帮助中小微企业加速数智化进程。浪潮、用友、金蝶、SAP等大型综合性企业云服务和软件提供商均已有成熟的税务管理解决方案,同时也有专攻税务数智化产品赛道的服务商,这一领域典型代表企业为有度税智、华盟·税纪云、百望云等。

2. 主要服务商及产品特色优势

(1)有度税智服务商:

有度税智

有度税智是云帐房网络科技有限公司（云帐房）税务事业部品牌产品，云帐房是财税信息化独角兽企业，获 Vitruvian、高瓴等国内外机构超过 10 亿元投资，服务上百万家企业，提供全行业、全税种税务服务，覆盖全国 36 个税区报税能力。其在全国 26 个省级行政区布局超过 30 家分公司，设有独立的电销中心，核心团队拥有超过 30 年的企业财税服务经验，员工规模超过 1000 人，研发团队占比 50% 以上。有度税智，致力于为中大型企业和集团企业提供优质的智能税务服务。倾心打造"生态连接""税务自动化""数据精算"三项核心能力。以税务智能，寻求企业经营价值最优解，用数智化推动企业更好的成长。

主要产品及特色优势：

有度税智税务数智化平台，涵盖销项发票管理平台、进项发票管理平台、企税管理平台、个税管理平台、风险管理平台等子平台，该系列产品主要具有下列功能优势：业财税一体化，通过强大的数据集成能力，灵活集成元年、金蝶、用友、中兴新云、SAP、Oracle、明源等业财系统数据，打破业—财—税壁垒，实现申报和业财系统的一体化；税法快速响应，依托强大的税务运营团队，满足全国性、地方性及税收优惠的快速响应，实现最新的申报及算税规则自动生成与更新；数据精算及溯源，实现涉税数据在不同业务中的价值体现，实现算税底稿台账申报表等环境中涉税数据层层穿透与追溯；集团场景，满足多业态、多组织、多体系的税务管理模式需求；规则匹配，支持税务的多种丰富场景，支持汇总纳税、多账套，能够实现税务政策与算税规则的自动化配置，降低政策解读及学习的时效性成本。

有度税智服务的客户包括中远海运、博纳德、新奥集团、邮储银行、海量教育、五星控股、成都高投、海伦司、万物新生等。

（2）华盟·税纪云服务商：

华盟科技咨询（深圳）有限公司是一家基于云计算的税务合规软件和解决方案提供商，致力于帮助各种规模的企业实现税收管理与合规遵从。自主研发的华盟·税纪云平台（New Taxera）助力企业线上管理中国甚至全球复杂烦琐的税务合规任务，降低管理成本，提升操作效率，预防税收风险，顺应后疫情时代的各类远程办公需求。公司总部位于中国深圳数智技术园，在上海、北京、广州、苏州、南京、香港等地设有办事处。

主要产品及特色优势：

华盟·税纪云从税法政策、发票管理、智能计税和纳税申报、风险管理、税务筹划、涉税决策分析、日常税务管理、税务档案等方面，实现信息化和数智化，助力企业快速实现税务数智化转型，整体性提升企业税务合规遵从度和税务管理效率。通过平台有力地驱动税务共享，实现向税务价值化的转变。

华盟·税纪云平台实现了数智采集、处理、报表生成全自动化，业财票税一体化，具有包含全税种纳税申报＋电子票据系统＋全面管理功能（集团管理＋数据管理＋风险管理＋知识管理）在内的全面税务管理功能，能够实现一键报税，借助RPA与36个电子税务局直接对接。同时，税纪云平台内建了财税海关外汇法规库＋上市公司财税大数据库，为企业开展涉税数据智能分析提供了基础。平台能够实现所得税汇算清缴全自动化，能够为企业提供全税种一站式工作平台，提供"SaaS软件＋服务＋咨询"整合性服务。

华盟·税纪云服务的客户包括比亚迪、金发科技、微芯生物、名创优品、华夏出行、国家能源集团、德意志银行、中科之声、工汇科技等。

（3）百望云服务商：

百望股份有限公司是面向产业互联网的SaaS服务商，以"链接商业企业，让交易更简单"为使命，致力于以数据驱动业务创新，为政府、企业及公共组织提供票据合规管控、智慧财税服务、数智化财务供应链、数据科技服务等数智化解决方案和服务。其业务覆盖从采购优化、对账结算、电子发票、智慧财税到支付融资的数智商业全闭环，已为2000家集团型企业、百万家成长型企业提供数智化解决方案及服务。

主要产品及特色优势：

百望云为企业提供全流程 SaaS 产品和服务，主要面向四大产品领域：票据合规管控、智慧财税服务、数智化财务供应链、数据科技服务。其中，在票据合规管控和智慧财税服务领域，百望云主要具备下列功能优势：

票据合规管控：为企业提供兼容全电发票和纸电发票开具及管理于一体的发票基础产品，企业可以快速部署对接；结合风险指标、风险方案、风险预警等，提供开票/用票事前事中事后的全过程风险管控；通过开票自动化、用票自动化、协同自动化三大模块，提升企业对发票及发票相关业务的全盘掌控能力，实现降本增效；帮助企业在月结时通过票会、税会差异计算、核对工具和统计报表，帮助财务人员提升财税处理工作效率，降低税务风险；同时提供集团视角的开票、用票相关统计和分析类报表，帮助企业加强发票数智化管控能力。

智慧财税服务：提供全税种的自动化数据采集、智能税金计算、快捷税表生成及一键纳税申报等功能，提高纳税申报效率，提高申报及时性及数据准确性，降低涉税风险。

百望云服务的客户包括中国人寿、民生银行、饿了么、永旺中国、江南布衣、华夏幸福、安踏、华住集团、江小白、海王星辰、中国中车、中国金茂、中国石油、万华化学等。

（四）税务管理数智化转型建设成效

1. 增强税务管理水平

伴随着税务征管的数智化程度不断提高，比如金税四期征管系统、电子税务局、电子发票等一系列征管技术手段升级，对企业信息管税能力提出了更高的要求。通过开展税务数智化转型建设，借助自动化、规范化、标准化的涉税事务业务流程，结合系统内置的财税法规库，能够最大程度上消除手工作业和线下作业，降低税务基础工作操作风险，使企业税务管理重心由手工计税申报转变为税务核算过程管理、合规风控与税务分析筹划等领域，增强企业税务管理整体业务规范性和自动化水平。

2. 加强涉税风险管控

通过在税务数智化项目建设过程中，基于行业特点及企业自身价值取向和风险偏好，全面分析和梳理税务风险点并定义相应的关键风险指标，预先嵌入税务数智化系统各流程节点中,结合自动化、智能化技术,实现涉税风险指标预警、关键指标持续监测、关键业务数据内部抽检自查、关键数据一致性比对和企业信用级别维护管理等功能,协助企业加强涉税风险管控。

3. 实现一体化管理的转型升级

在税务数智化转型建设过程中,借助信息化系统与智能化工具,实现业务、财务、发票、税务、资金、电子档案一体化管理,实现业务流程、财务核算、发票管理、资金管理、税务风险管控等高度融合。

七、报表体系:应对财务挑战

(一)我国企业合并报表管理数智化发展概况

合并报表作为企业绩效管理系统的重要组成部分,是基于会计核算体系,帮助企业集团构建和规范对外合并财务报告和对内管理报告体系,将集团及其可控制的下属企业视为一个经营实体,整合资产、负债、权益、收入、成本及现金流的财务报表,用于反映企业集团整体财务状况、经营成果以及现金流动情况。1992 年,财政部颁布了《股份制试点企业会计制度》和《企业会计准则》,要求符合条件的企业编制合并会计报表。1995 年,财政部发布了《合并会计报表暂行规定》(以下简称《暂行规定》),对我国合并会计报表的编制作了详细的规定。随后,财政部又颁发了一些补充规定,进一步规范我国企业合并会计报表的编制。

合并报表作为向报表使用者提供集团的财务状况、经营成果的重要参考依据,既是公司核心数据的集合、财务管理对外输出的窗口,也是企业对内管理的重要工具。特别对于具有不同业务板块、众多下属组织单位的中大型集团公司而言,不论是从战略管控还是经营渗透上,企业对于合并报表及报告都有紧迫的需求。

2022 年 3 月,国资委印发《关于中央企业加快建设世界一流财务管理体系的指导意见》,将强化核算报告作为重点强化五项职能之首,明确提出报表编制自动化、构建业财融合的财务报告分析体系。推动建设自主可控、安全合规、配置灵活、数据透明的合并报表系统,成为响应国资委号召,建设对标世界一流财务管理的重大课题。

数智化时代商业环境瞬息万变,为了支撑商业模式迅速响应内外部环境变化,企业越来越追求组织的敏捷性,无论是企业的法人治理结构还是管理架构,调整均愈加灵活和迅速。这对企业财务报告体系提出了新的挑战，无论是法定合并报表还是管理合并报表，都需要及时实时响应，确保财务数据的及时性和准确性。其中特别是管理架构，针对现架构下的数据按照历史架构进行数据查源追溯，进行调整前后比对，则更是摆在企业财务管理人员面前的难题。同时，随着企业发展扩张，财务数据体量越来越多，无论对于法定合并还是管理合并，均需要加工处理海量财务数据，特别是管理合并情境下，需要按照管理层需求按照不同维度进行报表编制，通常报表精细度远高于法定合并，这对企业财务人员工作效率能力和现有财务信息系统数据存储和处理能力均提出了更高的要求。

从另一方面看，企业合并报告业务在发展过程中遇到的挑战，也是企业财务数智化转型过程中关键的重要机遇。数智化经济背景下，企业合并报表领域须加快新技术应用，依托多维数据库、云计算、大数据分析等前沿数智化技术，提升报表编制效率与质量，深入挖掘财务数据价值，为企业高质量战略决策和执行监控赋能。

（二）合并报表数智化转型趋势热点

一般而言，中大型集团企业在合并报表领域，常见管理难点、痛点往往来自以下几个方面：

1. 报表出具影响业务战略决策

中大型企业往往合并层级链条长、组织体系复杂、数据口径众多、业务系统甚至财务系统繁多且异构、系统协同能力不强，而在财务数据治理方面，也可能未建立标准化的财务数据治理体系，导致数据一致性、完整性和准确性难保障；传统财务系统难以有效应对海量数据的存储和加工处理，数据加工计算速度较慢；报表出具过程自动化程度有限，仍然主要依靠财务管理人员手工协作，工作效率较低，反复沟通、手工调整影响报表出具速度。

2. 组织架构和业务复杂多变

随着企业发展扩张，股权投资关系和关联交易愈加复杂多样，合并类型和维度增多，合并抵消规则愈加复杂，对企业合并报表工作的敏捷性、准确性提出了更高要求，同时对不同时期历史数据的保存、追溯和对比也提出了挑战。

3. 财务数据精细化程度难以保障

跨国企业全球化经营、多地上市，面临不同地区多币种、多准则核算及披露要求，同时业财深度融合的浪潮也对业财数据分析维度、口径和精细化程度提出了更高要求。

面对上述挑战，现阶段企业合并报表数智化转型趋势主要聚焦于以下几个方面：

深入应用多维数据库技术，全面提升财务数据存储及加工处理能力。多维数据库，通俗理解即将数据存储于 n 维数组中，具备基于内存计算、拥有快速建模能力、有独特的沙箱模拟技术、支持频繁独写、支撑复杂迭代计算、支持高并发等特点，能很好地支撑合并报表面临的复杂场景、性能挑战和多维灵活分析的需求。

产品部署架构与多元化业务需求的敏捷化。为了适应数字经济时代复杂多变的商业环境，灵活的云原生、微服务化、容器化的系统部署方式，是赋予企业敏捷应对能力的重要方式。合并报表系统也需要基于领先的中台理念，通过各项功能的细化与模块化，组合形成财务中台作为业务与财务的桥梁，灵活承接前端多元化业务需求，支撑前台业务的快速变化及创新迭代。

重视多维建模与实时分析能力。为了满足企业管理分析诉求，合并报表数智化产品普遍重视数据建模与分析能力，基于多维的数据源、多维数据中心、多维处理、多维展现为基底，建立对应多维度指标池，然后去设置对应的经营指标、财务状况指标、项目指标、财务风险指标、国资委绩效指标等，灵活构建各种模型，合并多维模型、板块分析模型、财务估值模型等。最后报表以丰富的模型自由组合呈现。

（三）合并报表数智化服务供应市场调研分析

1. 市场概况

我国合并报表数智化产品市场近几年的快速发展受国产化需求释放和战略管理意识提升的影响，更加注重企业数据的安全性和国产系统替代，国内一些优秀的、深耕自研技术的厂商成为行业主力军，他们吸收大批具有丰富开发经验的人才，在原有技术基础上不断升级迭代，做出技术改进。在提升运算能力的同时，让系统获得最大化的灵活度，实现业务人员自助化和配置化。这让更多的企业财务人员从低效的工作中解脱，投入到业务场景中，作出合理的规划与评价，从而强化企业内部管理。

合并报表产品一般被认为属于企业绩效管理系统（EPM），这一领域有成熟的国外 EPM 厂商，例如德国蓝科、IBM、SAP、Oracle，也有国内新兴 EPM 厂商，例如 FONE 等，同时国内综合性企业 ERP 厂商例如用友、金蝶、浪潮在财务云平台产品中也都有合并报表功能供企业客户选配。

2. 主要服务商及产品特色优势

（1）德国蓝科服务商：

蓝科财务咨询（上海）有限公司（简称"蓝科中国"）是德国 LucaNet AG 的在华子公司。致力于为国企、大型集团、上市公司、外资公司等客户提供财务管控与商业智能平台、解决方案的咨询与落地。LucaNet AG 创立于 20 世纪 90 年代初，总部位于德国柏林。客户遍布全球五十余个国家和地区，并在荷兰、瑞士、奥地利、比利时、西班牙、法国、英国、美国、新加坡以及中国等地拥有分支和机构。LucaNet 具备高度标准化、智能化、模型化的特征，把复杂的财务逻辑关系与商业智能的技术融为一体，极大程度解决了管理会计的若干难题。凭借自身在集团管控领域的多年沉淀，以及近三十年来为全球大量集团企业用户提供咨询的成果，LucaNet 将商业智能（BI）的先进技术与集团财务管控优秀实践经验相结合，逐步完善成为集多系统数据整合、自动化报表编制、复杂型报表合并、多维数据分析、预算管理、商业智能应用于一体的集团管控综合解决方案。2022 年，蓝科推出订阅版解决方案，更好地为企业降本增效。

主要产品及特色优势：

LucaNet. Financial Consolidation（蓝科合并报表系统）为集团编制合并报表提供了丰富的助手，可以满足集团在各种复杂场景下的合并需求，主要功能优势包括：支持跨系统、多架构、多口径、多层级、多准则合并，支持多币种折算，抵销分录可追溯，合并过程可监控等。结合蓝科前期的专业咨询梳理和 LucaNet. Importer 数据整合的结果，系统将根据财务人员配置的抵销规则自动高效地完成财务合并工作。相较于一般的合并报表软件，蓝科合并报表系统的特别之处在于，会清晰展示合并抵销全过程，并且允许财务人员对合并抵销过程进行手工干预。系统不会像"黑匣子"一般把数据处理过程全部隐藏在后台，而是将整个合并抵销过程前端化、透明化，便于财务人员快速、直观地追溯每个抵销结果的来源。同时，德国蓝科具有强大的财务管理咨询团队，能够为企业提供成熟的合并报表管理建议。

蓝科中国服务的客户包括丰田、立白集团、上汽集团、东方精工、中国中车、广州地铁、杉杉股份、上海仪电、光大银行、中信出版、重庆啤酒、Lawson 等。

(2) IBM 服务商：

主要产品及特色优势：

IBM 基于 PA 的管理报表平台，主要具有下列产品功能及优势：支持灵活可配置、可追索的成本费用分摊，具有可配置的分摊模型，支持多级分摊，支持用户设定分摊规则，支持多版本多场景的 What – If 分析，可以追踪每个费用分摊项目的过程明细；支持多套管理架构，可随着管理变化快速调整；支持动态属性维度，可以动态将维度属性变成分析维度，开展属性维交叉分析，系统管理报表模型灵活易扩展；具有多样化的报表与分析功能，包括面向管理层的经营看板、可视化分析和面向经营分析会议的动态演示报告、灵活的多维度损益分析、多样化的管理报表（在线/离线分发）等。

IBM 服务的客户包括百胜中国、歌尔股份、一汽大众、华住集团、光宝集团等。

(3) FONE 服务商：

主要产品及特色优势：

FONE Consolidation 合并报表系统，能够打通各个分子公司核算系统，自动获取合并所需数据，一键计算合并抵销金额，生成合并报表，缩短报表出具周期，提升报表编制效率和准确度，满足信息披露要求。

主要产品功能及优势包括：支持多系统合并，FONE 提供标准化接口，对接 SAP、Oracle、用友、金蝶、浪潮等 ERP 系统，以及主流数据库，能够自动从核算系统中抽取核算数据，对收据进行资产负债表借贷平衡等财务规则校验，统一集团各个分子公司数据口径，确保数据准确无误；支持多口径合并，可以分别搭建法定架构、管理架构、税务架构，出具不同口径合并报表，组织架构颗粒度可以细化到利润中心，实现分业务的利润分析；支持多币种自动折算，系统可将各个会计科目匹配对应汇率，自动换算货币,并具有图形化汇率管理界面;支持内部往来对账,可以自由配置内部购销、资金拆借、管理费等往来交易类型,自动获取交易数据,计算关联差异,并通过调表不调账的方式快速生成调整凭证,消除差异,便于追溯、审计,并可以配置对账差异容差、差异原因等规则,简化对账流程;支持多准则转换、快速生成合并底稿、自动化逐级合并;提供强人的报表分析功能,包括数据大屏、PC端、移动端等多终端数据可视化展现。

FONE服务的客户包括保利发展、神马电力、味全食品、明美新能源、东方日升、Multek、宁波一彬等。

(四)合并报表数智化转型建设成效

1. 提升财务合并报表工作效率和质量

通过合并报表数智化产品的应用,企业能够将法定合并及管理合并报表各类取数逻辑、合并抵消规则、报表间勾稽关系事先梳理并内置于系统中,同时借助系统权限控制实现关键财务数据的安全管控,大大提升了企业财务管理人员的报表工作效率,减少人工计算核对,同时提高报表工作标准化和规范化程度,降低操作风险,解放员工生产力,使财务管理人员能够将更多的精力转向财务管理分析和战略决策支持等工作,促进财务管理向价值创造型转型升级。

2. 实现预算管理及绩效管理闭环

通过搭建合并报表数智化平台,能够实现经济计划和预算编制、执行监控、分析以及绩效评估的闭环管理,借助多维数据库技术,基于全量数据,搭建多维度、多层次分析模型,通过事先梳理和系统内置业务与财务逻辑关系,构建完整的指标联动性,保证模型符合业务规则,最大程度地确保预算的准确性与科学性,实现管理者对企业的透视和决策的支持。

3. 实现对复杂管理报表的统一管理

在管理报表应用场景中,通过合并报表数智化产品的应用,能够实现各种数据源轻松接入,满足报表的多维分析、穿透查询的需求,让管理者和被授权方任意选取系统中的维度,例如时间区间、组织架构、报表口径、预算或实际数据等,提供各类报表数据查看、多维分析、纵向横向对比功能,且报表数据支持追溯至原始凭证或原始单据的穿透查询,实现了对复杂管报的统一规范管理和历史数据追溯。

八、电子会计档案：增效信息管理

（一）我国企业会计档案管理数智化发展概况

信息化、数智化时代发展趋势下，越来越多的企业已经建立自己的信息系统，用于处理生产经营管理活动并且实现了线上闭环管理。而作为生产经营管理结果反馈的体现，会计档案管理也随着时代的趋势不断向无纸化方向演进。电子会计档案将不仅仅作为经营过程和结果的载体，还将成为企业决策分析以及价值输出的重要依据。越来越多的企业管理者意识到，数智时代电子会计档案管理正变得更为重要。

企业会计档案管理是一项系统、全面、重要的工作，长期以来，企业会计档案的信息和资料管理都是以纸质材料为主，这种传统的档案管理手段和档案信息存储方式已经不能适应企业发展面临的新形势和新挑战。传统纸质会计档案管理模式存在较多管理难点、痛点，始终是困扰企业财务管理的一大问题，例如：会计档案管理成本高，海量业务及财务数据都需要打印成纸质，经人力匹配、贴票、装订后才可归档；需要占用大量物理空间，费纸费空间；档案存储无索引关联，档案资料借阅、检索非常不便，查阅、调用困难较大，且存在丢失风险和安全隐患问题；财务人员的工作量大，整理档案工作耗时耗力却对个人能力提升空间较少；难以开展高效的会计档案统计分析，无法有效支持业务决策等。

为此，部分企业已选择引入电子会计档案管理，但涉及的原始凭证识别、管理技术复杂，难度高，一直以来难以突破技术瓶颈。这直接导致了账表、电子发票及其他原始凭证以非结构化数据的形态存在，数据的可用性低；同时与外部系统未能实现数据的集成互通，没有对完整业务过程和结果进行分析洞察，这导致了在具体应用中仍存在大量的电子文件、影像及原始凭证查询工作，效率提升有限，财务的数据价值无法体现。

在数智化背景下，会计档案电子化也面临多项新要求、新挑战：

（1）如何确保电子会计档案的真实性：企业形成的电子会计资料来源应当真实有效，由计算机等电子设备形成和传输，同时电子会计资料附有符合规定的电子签名，这对电子会计档案配套的业务系统、核算系统以及档案管理管理系统提出了严格的要求，需要相关系统紧密集成；

（2）如何确保电子会计档案的准确完整可用性：企业使用的会计核算系统应当能够准确、完整、有效接收和读取电子会计凭证及其元数据，能够按照国家统一的会计制度完成会计核算业务，能够按照国家档案行政管理部门规定格式输出电子会计凭证及其元数据，设定了经办、审核、审批等必要的审签程序，且能有效防止电子会计凭证重复入账，这对企业信息系统流程及系统集成稳定性提出了相应的要求，流程权签体系的标准化、信息系统的高效集成至关重要；

（3）如何确保电子会计档案的安全性：企业需要采取有效措施，防止电子会计档案被篡改，建立电子会计档案备份制度，有效防范自然灾害、意外事故和人为破坏的影响，这对档案系统的稳定性和系统的灾备机制提出了严格要求，因此企业的电子会计档案管理系统需要建立相应的防篡改、防丢失、防窃取的全面的防护措施。

数智化浪潮下，会计档案管理数智化转型迎来了新的机遇。在数智化背景下，企业会计档案的记录、信息传播等与过去相比发生了巨大变化，既能够对企业的重大会计信息进行有效保存和高效整理，又合理减少会计档案进行二次文献信息加工时间，促使企业会计档案资料的信息更加具有时效性。同时，在数智化技术支持下，企业会计档案的档案信息能够多次复制、拷贝，这不仅提升了会计档案的使用效率，也提高了会计档案管理部门在企业管理发展中的地位。通过数智化的会计档案管理方式，还可以提升企业会计档案管理的现代化能力和科学化水平，有效满足企业各部门对会计档案的实际需求，为企业的快速、长远发展奠定了良好的基础。

（二）会计档案管理数智化转型趋势热点

1. 实现票据自动关联及档案自动归档

现阶段电子会计档案管理，通过引入 OCR 技术，能够实现各类票证和单据影像的自动识别，通过将影像采集系统、业务系统和财务系统进行集成，能够实现记账凭证与影像的有效自动关联，节省大量人工采集、记录、匹配、整理的时间。

2. 实现档案利用和统计的线上化

会计档案电子化，其中重要一环即借助数智化技术和信息系统，将传统的档案查阅、借阅、档案统计管理流程从线下挪至线上完成。目前电子会计档案数智化产品普遍能够支持会计档案全流程线上化借阅管理，支持动态水印、安全阅览和权限控制，并通过系统自动进行借阅时效管理，无须人员干预，到期后查阅权限自动失效，大大减少了档案管理人员基础工作量，提升档案管理效率；同时，基于数据分析技术，会计档案电子化也为开展组织内部不同维度的会计档案数据统计分析提供了可能。

（三）会计档案管理数智化服务供应市场调研分析

1. 市场概况

电子会计档案管理通常是综合性财务云服务平台产品中的子服务平台，且经常与费控管理平台、税务管理平台、电子发票管理平台等构成产品组合。国内绝大部分综合性财务云平台服务提供商均建立了自有电子会计档案管理云服务平台，例如，用友电子会计档案系统、金蝶发票云"影像及电子会计档案"、中兴新云财务云电子档案系统、浪潮海岳电子档案系统等。

2. 主要服务商及产品特色优势

（1）用友服务商：

主要产品及特色优势：

用友电子会计档案系统是用友集团打造的电子会计档案管理云服务平台，采用现代信息化技术手段实现了会计档案的无纸化管理，满足了调阅者方便快捷的查阅需求，实现了会计档案在更大范围内的广泛利用和高度共享，确保了会计档案数据的安全保密，实现了会计档案规范化、统一化和自动化的信息管理。

用友电子会计档案系统提供完整的会计档案解决方案，提供电子会计档案库、电子票据库、实体档案影像库；能够实现全业务电子化，包括实现纸质、电子档案同时管理，按行业提供定制服务，实现图形化展示和交互；具有集成能力，档案系统定义标准接口，ERP/互联网服务系统按标准生成归档数据，双向联查检索，按规则实现自动归档；能够按需服务，支持私有云部署/托管服务，也支持公有云服务＋采集端架构。

用友服务的客户包括国家开发投资集团、中国海油、南光集团、中国铁物、葛洲坝集团、中国有色矿业集团、鞍钢集团、中国节能、中国新兴、中国工商银行、南方航空等。

(2) 金蝶服务商：

主要产品及特色优势：

金蝶发票云财会档案2.0是严格按照财政部、档案局电子归档管理最新规定建设的云服务产品。系统提供电子发票、电子银行回单等源文件的采集、校验、审核查阅、记账和归档全流程服务，以及业务单据、记账凭证、报表账册、资产卡片等电子会计凭证的电子化归档管理，同时支持纸质发票、纸质会计凭证的实物及影像管理融合，支持档案作业全生命周期管理，支持四性检测（真实性、完整性、可用性、安全性），并提供线上线下纸电档案一体化解决方案。

金蝶服务的客户包括国家电力投资集团、新奥集团、广州港、北方工业、中国港湾、中国中车、万科集团、中国邮政、国贸股份、腾讯、京东、海尔、海信、格力集团、长城汽车、招商银行等。

(3) 浪潮服务商：

主要产品及特色优势：

浪潮海岳电子档案依据国家法律、法规、标准以及相关规定，采用档案电子化、影像数智化、办公无纸化以及信息网络化等先进技术，实现包括档案文件、声音、影像、文本在内的多媒体档案资源的存储和查询检索的计算机系统，实现纸质档案以电子形式进行保存，进行全流程管理（采集、立卷、归档、接收、入库、保管、变更、销毁、移交和转储），进行自动归档，实现共享调阅，实现档案电子化，为档案资料管理、利用和保护提供了有效的技术保证。

电子档案系统符合国家四性检测要求，即档案真实性、安全性、完整性、可用性检测，生成检测日志；引入电子签章，确保电子数据的权威性；嵌入水印、二维码等前沿技术确保数据安全；基于保密信息等级及分级授权设计，规避内控风险；操作日志记录用户操作,赋予权限进行监控查询,强化安全保障。

同时,浪潮海岳电子档案系统支持利用3D模型搭建场景,可视化展现各档案室存放情况,模拟档案密集架和档案柜的不同表现形式。实现企业对档案资料的上架、查找、盘点等功能操作,有效跟踪控制档案实物管理全过程;可穿透档案柜,联查报账单、凭证、原始单据的影像资料,实现档案管理的智能可视、准确定位。同时,系统提供统计分析看板,可出具各个维度的档案统计图表,助力企业档案管理。

浪潮服务的客户包括中国节能、陕煤集团、中国能建、徐工集团等。

(4)中兴新云服务商:

主要产品及特色优势(见图3-42):

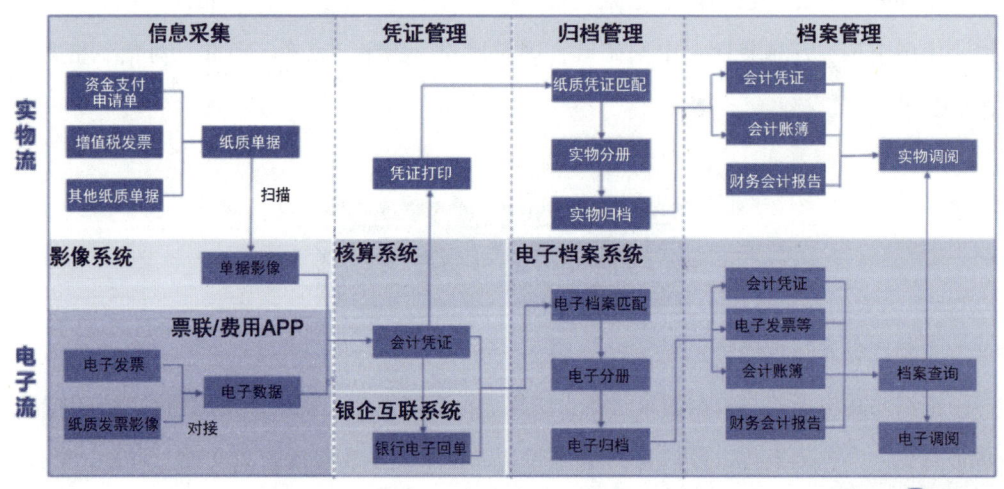

图3-42 中兴新云集团电子会计档案全流程

中兴新云·财务云团队凭借在共享服务、财务信息化和数智化等领域的领先实力,针对企业会计档案管理升级的需求,提供集团企业电子会计档案全流程解决方案,为企业会计档案采集、归档、借阅、销毁全流程的数智化管理提供支撑,实现会计凭证、账簿、报表等各类档案资料的全覆盖。

中兴新云电子档案系统支持通过数据接口获取档案资料,支持扫描仪批量扫描上传以及手动新增等方式维护财务资料信息，确保财务档案的完整性。系统能够根据影像编号、单据编号等信息确定同一业务各单据之间的关联关系，实现各系统之间单据的自动、精准匹配；同时，系统支持"断号分册"与"连号分册"方式，自动进行凭证分册；档案上架入库后，可利用条码技术实时追踪纸质档案的位置和状态信息，实现库存虚拟化管理；系统根据内置的关联校验，对纸质档案进行稽查和盘点，并自动标识差异点，确保档案实物与系统记录相一致，实现档案盘点自动化。系统支持电子档案和实物档案的借阅管理全流程线上化，具备多维度的档案管理报表功能，可按交易对象、报销人、借阅人等不同维度制定个性化统计报表，为企业档案精细化管理提供数据支持。系统提供多种产品安全管理方式以及信息加密技术。通过用户认证、密钥授权、影像加密、集成影像设备芯片级加密等方式，为财务信息安全提供保障；采用严格的数据权限控制、数据备份、离线归档功能，系统日志支持线上操作留痕，能够有效防范数据遗失风险。

中兴新云服务的客户包括工信部、教育部、中国石油、中国一汽、南方航空、招商局集团、华润集团、中国中车、华侨城、中信银行、申能集团、深圳地铁等。

（四）会计档案管理数智化转型建设成效

1. 提高档案管理工作效率

通过建设电子会计档案管理系统，能够有效实现线上线下会计档案全生命周期一站式管理，覆盖制单、收件、归档存储、档案查借阅、档案统计、档案移交/鉴定/销毁等档案管理环节，通过将影像采集与识别系统、业务系统、财务系统集成，实现影像自动识别、自动关联单据、自动生成会计凭证、档案自动归档和分类存储等功能，并将档案借阅、移交、销毁等处理动作实现线上化管理，通过审批流形式处理借阅、移交销毁动作，对于暂时未能线上管理的纸质会计档案，也可借助数智化技术实现纸质数据与电子数据的关联，归档情况线上可查询、可管理，真正实现会计档案管理电子化。

2. 加强档案数据管理安全

现阶段，电子会计档案管理产品普遍具备集成监控、流程监控功能，能够记录和查询档案管理系统与其他系统之间的接口集成和交互情况，以及流程运转情况，保障数据完整性；同时，通过运用加密技术、签章功能、水印技术、备份技术等，防止电子数据被篡改或替换，防止因意外事故、自然灾害等导致的数据丢失，保障电子会计档案的完整可用性。同时，可以通过系统内部权限控制，防止非授权或授权不足人员查看关键会计数据，所有查询、操作记录均可通过系统日志追溯，进一步加强了企业财务数据安全性。

3. 挖掘及释放档案数据应用价值

通过会计档案电子化管理，能够大幅完善财务统计管理工作，特别是针对中大型集团企业，能够依托数智化应用打破各个组织单位独立维护档案数据的问题，实现了全集团统一查看。同时对于档案的使用过程，也通过了高效多维的查询方式，实现线上档案快速查看，线下纸质档案快速定位。另外，通过智能的数据统计分析，系统可以对借阅的档案、待移交的档案、待销毁的档案实现自动催还和催处理动作，减少人为记录处理工作以及为处理后带来的财务风险。

九、流程自动化（RPA 及 IPA）技术应用：拓展数字边界

（一）流程自动化含义

现阶段，流程自动化技术主要分为机器人流程自动化（RPA）技术和智能流程自动化（IPA）两类，其中 IPA 是由 RPA 技术结合人工智能（AI）组合发展形成的智能化迭代升级技术。

RPA 全称英文为 Robotic Process Automation，是能在流程中模拟人类操作的软件，能够更快速、更精准、不间断完成重复性工作。RPA 技术具有下列四项鲜明特征：基于明确规则操作，流程须有明确的、可被数智化的触发和输入；模拟员工手工操作，机器人可以执行员工的日常基本操作；处理高度重复性任务，机器人可以处理重复性、烦琐的人工任务；采取非侵入式技术，在用户界面自动化操作，非侵入式模式不影响现有 IT 基础设施。

智能流程自动化（IPA）技术是由机器人流程自动化（RPA）技术和人工智能（AI）技术组合而成的迭代版技术。IPA 技术在账务处理、财务分析、智能报税、金融风控、审计判断等领域拥有广阔的应用前景。相比于 RPA 机器人，基于 IPA 技术的财务机器人能够在执行流程的同时进行智能判断、纠错，从而进一步提升工作效率。IPA 技术是数智时代发展的必然趋势，了解 IPA、建设 IPA 乃至实现 IPA 的广泛应用，是企业财务智能化转型的重要步骤和核心战略。

（二）流程自动化技术发展趋势及应用

从 RPA 发展到 IPA，是流程自动化领域的一次转型升级。RPA 可以按照既定规则模

拟人类进行鼠标点击、敲击键盘、数据处理等操作，但缺乏自主判断能力。若企业业务流程涉及复杂判断和分支流程时，RPA无法作出灵活判断，无法自主完成处理，需要人为干预。更为棘手的是，如果企业本身设计的流程存在瑕疵，RPA技术仅能机械化重复有缺陷的流程，无法通过重复流程进行改进，可能为企业经营带来灾难性后果。

相较于RPA，IPA在读取非结构化数据、灵活判断作出决策、保障执行任务准确率、衔接人机交互任务上更具优势。借助IPA，机器人也拥有了"智慧大脑"，判断及决策过程可全都由机器人执行，从而可以将所有漫长而复杂的任务自动化。IPA从根本上进一步提高了流程自动化效率，解放更多的人力资源，减少人为干预带来的操作风险，同时改善响应时间和客户体验。

IPA的出现并不会取代RPA技术，RPA技术将继续作为底层核心技术，与越来越多的人工智能AI技术实现联动融合，形成智能流程自动化技术新产品，为企业赋能。未来，随着人工智能能力进一步增强，流程自动化能够应用的业务场景将进一步拓展，对企业财务数智化提升的作用也将更为显著。

（三）流程自动化领域数智化服务供应市场调研分析

1. 市场概况

国内流程自动化（RPA及IPA）技术成熟厂商众多，有大型互联网公司推出的产品及业务团队，如阿里云、用友、金蝶等均拥有RPA专门服务团队和产品，也有专攻RPA领域的智能化服务商，如云扩科技、来也科技等。

2. 主要服务商及产品特色优势

（1）云扩科技服务商：

云扩科技是RPA领域的创新领军者，致力于构建领先的超自动化平台，助力企业提升智能生产力，加速数智化转型。云扩以智能RPA产品和场景化解决方案为核心，助力企业释放增长潜能，持续为客户创造价值。云扩创始团队基因根植于微软，拥有十几年的桌面自动化、高性能计算技术背景及企业级软件产品和云服务的研发、商业化实践经验。核心团队成员主要来自微软、阿里云、腾讯、浪潮、IBM 等企业的高级商务与研发岗位。自创立以来，团队成员专注于企业服务领域的自动化产品解决方案，以赋能中国企业自动化能力，跨越数智化鸿沟为愿景。

  云扩超自动化平台是端到端的流程自动化平台，具有云扩编辑器 Studio（可视化流程开发，具有流程编辑＋运行＋调试的全流程能力）、云扩控制台 Console（企业级 RPA 管理平台，具有定时计划、仪表盘/报表、云端数据中心、基于角色的管理权限、监控/通知/审计等功能）、云扩机器人 Robot（可独立运行、全程可控的 RPA 机器人）、云扩 Spark（流程发现工具，帮助企业发现和梳理适合被自动化的工作任务）等核心功能模块，具有高易用、高性能、开放生态、架构领先等技术优势；具有高效便捷的图形化设计界面，基于国际标准的 Workflow 引擎，通过简单拖拽即可设计复杂流程；非入侵式、轻量级 RPA 应用，帮助企业降本增效，降低风险，挖掘企业流程资产；共享组件/流程市场，具有强大的自动化技术驱动，能够实现企业级真正可拓展的 RPA 架构；采用云原生架构，由底层原生技术驱动，具有高密度运行模式、云级别弹性伸缩能力、高可靠流程引擎，支持未来产品与业务的快速扩张。

  云扩科技服务的客户包括国家电网、国家集团、中国银行、中国移动、强生集团、可口可乐、中粮集团等。

  （2）来也科技服务商：

  来也科技（北京）有限公司（简称"来也科技"）是智能自动化领域领军企业，为客户提供变革性的智能自动化解决方案，提升组织生产力和办公效率，释放员工潜力，助力政企实现智能时代的人机协同。来也科技的产品是一套智能自动化平台，包含机器人流程自动化（RPA）、智能文档处理（IDP）、对话式 AI（Conversational AI）等。基于这一平台，能够根据客户需要，构造各种不同类型的数智化劳动力，实现业务流程的自动化，全面提升业务效率。目前，来也科技帮助保险、通信、电力、金融、零售等多行业的企业客户，以及智慧城市、政务服务、医保社保、公共医疗、院校在内的公共事业领域，实现了各种业务场景的深度突破与打通，构建起了端到端的自动化解决方案，已服务超过 200 家 500 强企业，200 个省市政府机构及上千家中小企业，2021 年《财富》世界 500 强榜单前十名企业中，7 家在使用来也科技的智能自动化产品。

主要产品及特色优势：

来也科技智能自动化平台涵盖一系列流程自动化产品，具有五项主要功能：业务理解、流程创建、随处运行、集中管控和人机协同。

业务理解：包括监测业务人员的操作，生成流程描述文档的流程记录者，基于系统日志数据，洞察并优化企业业务流程的流程探索者，以及可以完成需求采集、效益分析，全过程管理平台的机器人创意中心。

流程创建：包括搭建 RPA 流程的流程创造者（UiBot Creator）；搭建智能对话机器人的对话式 AI 平台（吾来）；搭建文档识别与分析流程的智能文档处理平台（UiBot Mage）。

随处运行：包括流程机器人（UiBot Worker）在本地计算机上运行，并有流程密码盒（UiBot KeyBox）配合，妥善保存敏感信息；云中机器人可以一键在公有云上快速部署和启动；开放平台则把各种机器人能力对接到您的业务平台中。

集中管控：包括专业机器人集中管控平台机器人指挥官（UiBot Commander），以及实时存储及显示业务数据的流程数据服务及可视化大屏；另有面向广大互联网用户的机器人商城（UB Store），一键自选，开箱即用。

人机协同：包括人机协同中心，作为人工的操作入口，实现流程的人工审核等环节；另有微信小程序机器人手机助手（UiBot 助手），无须额外安装手机 App，打开微信即可控制机器人运行。

来也科技服务的客户包括紫金矿业、首钢股份、山东能源、海尔生物医疗、德勤中国、华夏基金等。

（四）流程自动化技术助推企业财务数智化转型

当下，流程自动化技术已成为企业财务数智化转型中的热门技术应用之一，已在企业中得到广泛认同。在财务工作中，RPA 机器人以轻量、高效、快速、便宜的特质引领企业进入了自动化领域。随着企业对智能化的需求越来越高，RPA 的深层次发展和应用将成为大势所趋。

借助财务管理与流程自动化技术的融合，能够实现以下三项核心价值：端到端业务融合，通过流程自动化平台将非标准化的业务经验与标准化的财务管理相融合，真正解决"会计信息孤岛"问题，加速企业财务管理信息化、自动化、智能化进程；数据实时共享，流程自动化技术应用基于共享的实时信息，对企业经营管理活动进行计划、预测、决策、控制及考核等，从而保证企业价值目标的实现；实现精细化管理，流程自动化技术应用提供业务数据挖掘、整理、查询、分析、可视、存储与管理等功能，有利于推进企业实现财务业务规范化与精细化管理，进而提升企业财务运营效益。

现阶段，流程自动化在企业数智化转型过程中的应用场景已经相当广泛且成熟，未来，财务领域流程自动化技术将进一步结合和应用神经网络、计算机建模、机器学习等各项人工智能技术，更加科学地实现企业经营的规划、控制、预测和分析，未来将赋能于广大 CFO、CEO 以及 COO 群体，为他们的管理效能提供有效的技术支撑。

十、财务数智化教育产品服务：顺应数字化潮流

习近平总书记强调，要走好人才自主培养之路。《关于深入推进世界一流大学和一流学科建设的若干意见》指出，更加突出"双一流"建设培养一流人才、服务国家战略需求、争创世界一流的导向。当前，我们正迎来新一轮科技和产业革命，数字经济、共享经济在全球范围内掀起浪潮，人工智能、量子科学等新技术不断取得突破。面对新产业、新模式、新业态层出不穷，新的增长动能不断积聚的现状，高等教育面临着新的挑战，即如何培养适应新需求和新变化的优秀人才。

在数智和智能时代里，以人工智能、大数据、云计算等为代表的信息技术深刻影响商业实践和财务变革。随着企业发展和数智化转型的需要，以华为、海尔等为代表的知名企业逐步构建起自己的智能财务体系，通过数智化与智能化改善运营、提升生产效率、促进企业高质量发展。财务智能化发展已是大势所趋，财务转型也势在必行，财务人员结构将会发生重大调整。智能时代对会计提出了极大挑战的同时，也为会计提供了极好的转型机遇，会计所依赖的技术手段和会计服务的对象都发生了很大变化，会计从传统的核算反映型向智能决策型转型已成必然趋势。能适应未来商业社会的财务会计人

才不仅需要具备扎实的会计和财务专业基础，同时也需要兼备人工智能、信息技术以及数据科学与大数据技术的理论基础和应用能力，能够利用智能财务系统进行高效率的分析、管理、决策以及创新性地价值创造。未来需要将科技与专业相融合的复合型人才。因此，财会教育需要变革，以培养面向未来的专业人才。现阶段，在财务数智化人才培育领域，一批行业内领先的服务厂商已与各大院校建立起了多样化的校企合作模式，携手探索产教融合、协同育人新路径。

（一）探索财务数智化教育服务应用

构建财务数智化人才培养机制，需要从多方面入手，校企协作，共同完成对传统教育方案的革新。基于真实商业环境里，企业对未来智能财务人才的需求，对人才培养机制进行全面构筑；对人才培养方案进行整体评估与修订；对现有课程体系进行调整和完善补充，引入与数智化技术、应用相配套的理论教学与实训产品；建立财务数智化教学实验室提供教学与实战训练的环境；开展师资培训，提升教师团队数智化认知和技术应用能力素养；积极举办各类竞赛考试、创新活动，以赛促学，激发学生学习积极性；为学生提供实习机会及就业指导服务等，帮助学生有效对接企业需求，平稳过渡，顺利迈入职场等。

目前，许多智能化服务厂商已经从不同程度上加入财务数智化人才培养机制构建的征程中，与院校共同探索实践，涌现出许多标杆性的建设成果。例如，用友新道凭借先进的实践育人理念，依托用友集团700万企业客户最新应用实践，与院校共同打造智能财务产业学院、数智商学院、数智技术产业学院、工业互联网产业学院，双元共育数智人才，服务区域经济产业数智化升级，目前已在全国合作超350所产业学院，受益学生超10万人。

1. 建立数智化财务教学实验室

数智化财务教学实验室，是院校与厂商联合开展财务数智化人才培养的优秀实践。基于企业财务智能化转型背景，依托厂商在商业环境中经企业使用和证明的成熟智能化服务产品，结合企业真实的业务案例和场景，辅以厂商由项目咨询与实施经验积淀形成的配套教学课程资源，为学生提供实验实训、仿真实战的宝贵场景，学生可以在校内零距离接触真实商业环境中企业使用的财务管理平台及各类软件应用，体验实际业务流程，理解企业财务管理模式的变革，做到理实结合，培养学生财务核算与决策分析能力。

近年来,国内许多财务云服务与软件提供商已经与各大院校联手建设了财务数智化教学实验室,并在实践中取得了良好的教学效果。例如,金蝶精一、用友新道、浪潮铸远等头部厂商均已先后与国内大批院校合作共建智能财务联合实验室,通过厂商领先的企业级财务软件与配套实验平台和教学资源,包括智能财务实践教学、财务共享实践教学、集团财务管控实践教学等课程,为院校财会专业人才培养提供了有效帮助。

2. 建设数智化财务教学课程体系

财务数智化教学课程体系建设,是产教融合协同育人过程中的重要一环。通过校企合作,依据国家教学标准,基于院校深厚的教学理论积淀,结合产业最新发展趋势,引入财务数智化人才岗位能力模型,以企业真实的人才需求为出发点,确定教学课程培养目标和培养能力内容。将前沿数智化技术和产品应用,以及企业真实应用案例和业务场景充分融入理论教学和实战演练课程当中,全方位培养学生理实结合的实践能力。

目前,许多厂商已经与院校联手,在财务共享服务、财务 RPA 机器人应用与开发、财务大数据分析、审计信息化、税务数智化、报表体系、区块链金融、业财融合、全球司库管理等领域推出了精品教学课程与资源,成为院校财会人才培养的重要工具。

3. 开展数智化师资培训与教材编撰

财务数智化人才培育,懂理论、懂技术、懂教育的一流教师团队与高质量的教材资源必不可少。缺乏数智化能力素养的教师已经不再适应新时期数智化人才培育的教学要求,教师需深入到真实商业环境中,与企业、服务厂商加强互动和沟通学习,了解最新的产业趋势、技术应用和企业用人需求,并以此作为人才培育的重要基础。目前,许多院校已经与服务厂商和一线企业建立起了沟通交流机制,教师团队到企业去、到厂商去,开展挂职学习和深入交流,将最新的行业动态和技术热点带回学校,带到学生面前。同时,许多院校也积极与厂商合作编撰财务数智化实训类教材,为学生提供实用教学资源。

(二)教育产品服务供应市场调研分析

1. 市场概况

目前,国内市场上绝大部分财务智能化服务商已在不同程度上开展了校企合作,从提供产品培训、实习机会、就业指导服务,到合作编撰教材、开发教学资源、开展师资培训和教学实训，再到共建教学实验室与产业学院，厂商与院校的协作越来越深入。同时，一批领先的服务厂商已逐步建立和发展起了自身专业的教育科技产品和教学品牌，从教育基础服务、教育运营服务和成果建设层面，更进一步推进了产教融合的进程，与院校携手迈进合作育人的高质量发展阶段。金蝶精一、用友新道与浪潮铸远就是这一领域的典型代表企业。

2. 主要服务商及产品特色优势

（1）金蝶精一服务商：

金蝶精一信息科技服务有限公司（简称"金蝶精一"）是国内专注数智化人才教育培训和评价、教学实训产品和课程开发以及校企合作人才培养服务的解决方案提供商。在新商科、新工科领域专业具有雄厚实力。

金蝶精一依托金蝶在企业数智化领域的核心能力、产品和优势，基于企业应用案例和用人需求，将产业的理念、技术、资源整合到高校的人才培养、实践条件建设、师资提升、技术创新、科学研究、社会服务、创新创业等，开展产业学院、专业共建、订单班、实践教学、生产实习和人才培养基地等多方面的合作，服务高校专业建设与发展；打造人才培养与输送平台，对接产业生态，实现学生与金蝶生态企业的链接；针对在校学生、在职社会人员持续开展数智化职业技能培训和专业水平认证工作，成就数智化人才终身学习与职业成长。

目前，金蝶精一已经与清华大学、西安交通大学、四川大学、重庆大学、上海财经大学、中央财经大学等国内1500多所高校建立合作关系，实现产业对人才和科研创新的需求。2019年成立了智能财务新人才校企联盟，在大数据会计、智能财务、数智化供应链、智能制造、人力资源数智化管理、企业数智化管理、新一代平台应用开发等方面的人才培养具有丰富经验与基础。

主要产品与特点优势：

金蝶精一拥有财务大数据实践教学方案、财务共享实践教学方案、财务机器人实践教学方案、云管理实验室解决方案、电子商务实践解决方案和集团管理会计实践教学方案六项主要培养方案,其主要内容和特点优势包括:

财务大数据实践教学方案:在大数据处理的理论和实践基础上,参考企业营销经理、采购经理、仓管经理、生产经理、财务经理、主管会计等岗位职责标准和能力要求,以营销环节分析、采购环节分析、库存管理环节分析、应收应付与资金管理分析、费用与成本管理分析、盈利能力分析、经营预警分析等企业经营分析能力培养为重点,突出信息化管理与大数据分析技术,兼顾学生未来职业的发展所需,强化学生的企业经营数据分析、企业经营管理能力的训练,知识点的选取围绕企业能力所需的工作任务来进行,采用教、学、实践应用合一的方法组织教学过程。

财务共享实践教学方案:基于丰富的企业级财务共享中心经验,财务共享中心实验室整体方案深度融入财务共享中心建设与运营全流程。涵盖 EAS 财务共享平台、财务共享综合实训平台、财务共享教学管理系统三大模块。以连接为基础,以智能为纽带,以创新为驱动,构建财务共享中心仿真实训环境。以案例的方式进行教学。为学生提供财务共享中心的实践平台。让学生具备财务共享中心规划、建设及运营的能力。

财务机器人实践教学方案:依托金蝶企业级产品及财务机器人的应用,金蝶财务机器人实践课程将 RPA(Robotic Process Automation,机器人流程自动化)与财务场景深度融合,把智能化技术引入教学,以金蝶财务机器人为研究和学习对象,让学生熟悉财务机器人的设计原理,熟练掌握财务机器人的应用场景、设置规则,并能规划与设计财务机器人,把智能化技术应用于财务实践,培养财会专业人才的数智化能力,成为智能 + 财务的复合型人才。

云管理实验室解决方案:金蝶管理实验室整合了新一代云管理产品金蝶云·星空,云教学管理平台云、教育移动互联平台云之家三大产品,提供基于云教育的新型 ERP 教学实训整体解决方案。云管理实验室深度融合云技术,充分发挥移动智能终端便捷、快速的优势,结合企业发展前沿,构筑云教育时代新型人才培养模式,培养学生面向企业需求的核心竞争力。让学生通过教学实训,了解现代市场环境中企业运作的最新动态,提高实践水平及就业能力;让教师充分运用云计算,实现教学模式的改革创新,提高教学能力并优化教学效果。

电子商务实践解决方案:基于丰富的企业级电商经验,金蝶电子商务实验室教学和实训贯穿企业电商经营全流程，内容覆盖商城建设、运营推广、订单处理、配货发货、售后服务、财务服务、经营分析等全模块，并将电商业务场景搬进校园，通过仿真环境实操电商经营全过程，培养学生电商的运营能力、销售能力、管控能力、售后能力及电商创业能力等，使学生成为应用型、复合型的电商专业人才。

集团管理会计实践教学方案：基于丰富的企业级集团财务管控应用实践，集团管理会计教学实训整体方案深度融入企业财务管理过程；通过构建仿真实训环境，引入大量集团管控案例，让学生体验财务岗位的职业生涯，锻炼财务专业技能；同时，基于云计算技术的应用将教学资源及教考过程云端化，帮助老师更好地管理教学过程。让学生在仿真环境中运用已经掌握的专业知识，进行集团企业的财务模拟演练，培养专业的能力和素质。包含集团业务场景仿真、内外部虚拟环境、分财务角色协作演练、评价系统设计四个部分。

合作院校包括清华大学、北京大学、武汉大学、同济大学、西安交通大学、中南大学、北京邮电大学、电子科技大学、深圳职业技术学院、广东轻工职业技术学院等。

（2）用友新道服务商：

新道科技股份有限公司（简称"新道科技"）成立于2011年，是用友集团的重要成员企业。作为中国领先的数智化人才培养服务提供商，新道科技持续专注新商科、新工科、社培与厂商认证三大领域，致力于规模化培养数智化人才。多年来，新道科技致力于把数智商业融入校园，为高等教育和职业教育提供新财经、新商科、新工科领域的综合教育产品与云服务解决方案，凭借先进的实践育人理念，依托用友集团超700万企业客户最新应用实践，通过数智化教育云平台，为院校构建校企合作、产教融合新范式，共建未来技术学院和现代产业学院，共同培养数智化人才，服务产业升级。目前，新道科技与全国超4500所院校及社会机构开展合作，携手院校共建实践教学基地超7600个、共建数智产业学院超400所，培养学生超600万人，培训教学师资超过20万人次，联合出版教材超1000本。

主要产品及特色优势：

用友新道院校教育产品体系，包括认知实践教学产品、基础实践教学产品、数智实践教学产品、综合实践教学产品、数智商业综合实践平台等，其主要特点优势包括：

S + Cloud 系列产品：是面向院校专业通识课程市场提供的认知实践教学产品。该系列产品借鉴军事沙盘推演的方式，将商业环境中的经典原理、运行逻辑高度抽象，以角色扮演 + 沙盘模拟推演的方式开展教学。产品采用游戏化设计，集教学与竞技于一体，帮助学生快速理解新模式、新概念，例如：企业经营管理沙盘、财务共享沙盘、数智营销沙盘。

B + Cloud 系列产品：是面向院校专业基础课程市场提供的基础实践教学产品。该系列产品以企业经典业务场景为核心，在院校标准课程结构的基础上，将商业环境中的业务场景、制度要求、工具应用等，以知识点教学 + 任务训练的方式开展教学。产品采用项目化设计，集理论与实践于一体，帮助学生学习理论的同时快速掌握产业实践场景与技能，例如：基础会计、成本会计、管理会计。

DBE Cloud 系列产品：是面向院校专业核心课程市场提供的数智化实践教学产品。该系列产品以企业数智化创新场景为核心，将大数据、区块链、物联网等技术在各领域中的创新应用，以理论教学 + 项目实战 + 科研创新的方式开展教学。产品采用项目化设计，集教学与科研于一体，帮助学生认知数智化新技术、新场景、新方法，例如：财务机器人、大数据营销、区块链金融。

VBSE Cloud 系列产品：是面向院校专业综合课程市场提供的综合实践教学产品。该系列产品通过构建企业内部管理全景仿真、产业链管理全景仿真和社会服务全景仿真，让学生在完整的市场环境、商务环境、政务环境和公共服务环境中，根据现实岗位工作内容、管理流程、业务单据，结合与教学目标适配的业务规则，将经营模拟与现实工作接轨，进行仿真经营和业务运作，帮助学生开展专业综合训练和校内虚拟顶岗实习，例如：财务专业综合、营销专业综合、跨专业综合。

AIE 智境系列产品：是以数智商业社会全景为基础构建的一体化综合实践平台。该平台运用数智孪生、VR、AI 等新一代教育技术，充分融合大数据、人工智能、区块链等新一代企业级数智化技术，搭建了数智企业、数智产业链、数智商业社会的三层全景数智孪生环境，构建了以先进制造业、现代农业、现代服务业为基础业态的多行业仿真模型，涵盖了以智能财务、智能制造、智能人力、智能营销、金融科技、数智政务、智慧物流等领域为主体的数智化创新场景。

合作院校包括北京航空航天大学、暨南大学、北京林业大学、西华大学、云南大学、四川大学、南京财经大学、浙江金融职业学院、北京市商业学校、铁岭师范高等专科学校等。

（3）浪潮铸远服务商：

浪潮是中国企业管理软件与云服务领导厂商，智能制造领军企业。山东浪潮铸远教育科技有限公司，整合浪潮在大数据、云计算、人工智能等国家战略型产业的技术优势，促进教育链、人才链与产业链、生态链有机衔接，将产业融入院校教育，共建浪潮数智产业学院，为高校提供"政、产、学、研、创"一体化的教育服务，助力高校人才培养，以培养具备跨专业复合特征和跨行业整合能力的创新型人才为己任，力求打造具有中国特色的世界一流创新人才生态圈。

浪潮目前已与清华大学、新加坡国立大学、厦门大学、哈尔滨工业大学、西安交通大学、上海财经大学、东北财经大学、西南财经大学等学校保持长期合作，共建了财务共享虚拟仿真教学实验室、智能财务云虚拟仿真实验室等高水平虚拟仿真教学实验室。与合作院校共同成立"浪潮铸远教师发展研究院"，培养1000余名具有教学与实践能力的"双师型"教师队伍。与高校合作出版并研发《财务共享实训教程》《财务共享服务沙盘模拟教程》《数智化转型中的财务共享》《财务共享理论与实务》等多部教材与数智教学资源库，帮助学校解决教材、师资、教具等问题。促进教育链、人才链与产业链、创新链有机衔接，构建浪潮铸远特有的政、产、学、研教育生态平台。

主要产品及特色优势：

浪潮铸远院校教育产品体系主要为财务共享系列、管理会计系列、商务大数据系列、智能财务机器人系列和核算会计系列等，其主要特点与优势包括：

财务共享系列：该系列主要产品包括财务共享物理沙盘、财务共享电子沙盘、智能财务共享实践教学平台、财务共享理论与实务教学平台和财务共享基础实践教学平台。其中，智能财务共享实践教学平台由浪潮慧课教学管理平台、浪潮财务共享管理平台构成。该平台提供了企业真实在用的财务共享系统，并预制财务共享初始化设置、四类不同业务在财务共享信息化中的工作流程、财务共享任务质量管理、共享中心运营分析、报表统计分析等八个教学任务，为学生构建真实的企业应用场景，以便更好地理解财务共享中心是如何为企业提供服务。在实训过程中，学生以个人或小组为单位，按照既定的教学任务学习财务共享中心建设完成后，企业共享中心的业务处理步骤以及运营管理的主要内容，将企业的经营情况透明、及时、准确地展示，提升企业经营效率，提高管理水平。

管理会计系列：该系列主要产品包括全面预算实践教学平台、资金管理实践教学平台、风险内控实训实践教学平台、浪潮管理会计实践教学平台、区块链+管理会计等。其中浪潮资金管理实践教学平台由浪潮慧课教学管理平台、浪潮 GS 企业管理软件（以下简称浪潮 GS）构成，该平台深度整合资金管理知识体系与企业客户资金管理实践，面向高校打造系统性的实训课程体系，帮助学生突破传统财务视野。

浪潮全面预算实践教学平台由浪潮慧课教学管理平台、浪潮全面预算平台构成。该平台提供了模拟企业真实在用的全面预算系统，并预制企业全面预算管理过程的相关的七个教学任务，为学生构建真实的企业应用场景，以便更好地掌握全面预算管理是如何为企业管理服务的要点，在实训过程中，学生以个人或小组为单位，按照既定的操作流程完成全面预算相关内容，提升企业经营效率，提高管理水平。浪潮区块链+管理会计实践教学平台由浪潮慧课教学管理平台、浪潮区块链平台、浪潮全面预算平台构成，该平台提供了模拟企业真实的区块链与管理会计相关的业务，并预制区块链在企业管理过程的相关的七个教学任务，为学生构建真实的企业应用场景，以便更好地掌握区块链在管理会计中的应用。

商务大数据系列：该系列主要产品包括财务大数据实践教学平台、商务大数据实践教学平台、审计大数据实践教学平台、商务大数据竞赛训练平台、大数据呈现实践教学平台、资金需求预测、销售商机预测等。该系列产品主要旨在帮助学生了解大数据在企业实务中的应用，了解大数据对企业财务人员、业务人员岗位职责的影响，帮助学生掌握相关的大数据技术，并建立大数据思维进行业务分析。

智能财务机器人系列：该系列主要产品为浪潮智能财务实践教学平台。浪潮智能财务实践教学平台由浪潮慧课教学管理平台、UiPath RPA 平台、浪潮财务共享管理平台、浪潮 DMP 数据管理平台构成。该平台提供了企业真实在用的智能财务系统，并预制企业日常管理过程的相关的五个教学案例，为学生构建真实的企业应用场景，以便更好地了解智能财务目前在企业的应用以及未来发展。在实训过程中，学生以个人或小组为单位，按照既定的案例学习企业如何利用智能财务技术进行企业管理，提升企业效率。

核算会计系列：该系列主要产品包括政府会计实践教学平台、合并报表实践教学平台等。政府会计实践教学平台由浪潮慧课教学管理平台、浪潮财务会计（行政事业版）平台构成。该平台预制相关政府单位日常经营管理过程的相关的教学案例，为学生构建真实的相关政府单位应用场景，以便更好地掌握财务数智及信息化是如何为政府管理服务的要点。

浪潮合并报表实践教学平台由浪潮慧课教学管理平台、浪潮财务会计平台构成。该平台提供了模拟企业真实在用的合并报表系统，并预制企业合并报表管理过程的相关的四个教学任务，为学生构建真实的企业应用场景，以便更好地掌握合并报表管理是如何为企业管理服务的要点。

合作院校包括厦门大学、东北财经大学、中央财经大学、山东大学、大连理工大学、天津大学、中国石油大学、山东财经大学、中南民族大学、重庆邮电大学、武汉工商学院、天津轻工职业技术学院等。

第三节　数智化服务供给市场存在的问题分析

企业财务数智化转型建设是一项复杂的工程，涉及基础 IT 设备、网络传输、各种业务系统、数据安全产品等，在整个财务数智化转型建设过程中，提供数智化服务的机构不仅要有针对性地洞察自身了解的行业、充分发挥自我优势，还应及时总结现存问题，不断优化自身产品、服务与企业原有的系统高效协同。基于本次调研了解情况，我们总结提炼下列几点数智化服务供给市场存在的问题。

一、专业领域狭窄，转型效率不佳

企业财务数智化业务具有行业特性强、覆盖技术种类多、方案定制化要求高、项目实施过程复杂、需要合作伙伴参与等特点。同时，不同企业所属的细分行业类型、企业规模、企业管理流程、员工能力、财务数智化转型诉求等都极其多样，这导致其对服务商能力要求的差异。纵览数智化服务供给市场，智能化服务商数量众多，彼此间的职能又泾渭分明，不同服务商各有所长的同时却各不相同，这对企业财务数智化转型带来了"阻塞"。中小企业大部分看重的是工具化的实现能力，而头部企业更看重服务商方案解决能力，他们需要的是一套完整的从技术到业务场景的数智化服务方案。然而，很多服务商并未充分了解下游业主方的具体情况，其提供的数智化产品应用难度大，无法改善业主方的流程，最终影响企业财务数智化转型的落地效率和质量。

以久其软件为例，久其软件是一家专注于政企信息化建设、数智化转型与智能化升级的管理软件供应商。久其主要业务分为三大类型，分别是服务于政府的电子政务管理软件、服务于企业的集团管控管理软件和数智营销。作为一家软件服务企业，其价值体现的重要环节在于产品开发和技术服务环节，但过于关注自己的技术创新会忽略客户需求与痛点的变迁，导致产品无法完全匹配客户需求。同时，软件产品从研发到推出需要较长时间，在此期间客户的需求可能已经发生较大变化。但由于产品开发周期难以压缩，最终推出的产品可能无法完全匹配客户的最新需求。此外，软件供应商不同部门或项目团队间信息沟通不畅，各自聚焦于部门需求，未能有效共享客户需求变化信息，导致其在设计企业财务数智化转型解决方案之初可能没有充分考虑到客户企业未来的规模扩张需求，导致方案本身的扩展性不足，难以适应客户业务规模的快速增长。总体来说，久其软件在提供数智化转型服务上主要存在创新能力不足、提供的服务不能及时追踪客户需求变化，方案实施能力跟不上企业规模扩张等问题。久其软件要提高自身的创新能力，需要重视客户驱动，加强客户需求研究与服务意识，拓展实施服务团队规模与经验，加强变更管理与产业知识，这是其获得长期竞争力的关键所在。

以虹信软件为例，虹信软件具备端到端"软件+硬件+咨询+服务"综合业务能力和强大的纵深服务优势，在数十个重要行业服务过世界500强等数百家知名企业，为各领域客户创造价值。虹信所使用的主要数智化转型方式为财务共享，但目前，许多共享厂商一般采取咨询服务加软件厂商定制化交付落地的模式，上线的财务共享系统都是针对企业个性化定制，虽然在初期贴合企业实际需求，但一旦上线即难改动，没有办法根据企业的扩张、兼并、业务拓展等灵活调整，造成后续维护成本居高不下。此外，其只解决了部分企业内部协同的记账边界的扩展。但是企业跟外部协同，比如客户协同、银行协同、税务协同等方方面面的供应商协同，这些目前都是短板。大量的企业过往都是只能跨条块管理，很多部门在主数据方面就是闭门造车，部门跟部门之间无法有效协同，缺少统一标准。

二、数智人才匮乏，痛点问题难解决

智能化服务商的员工能力是影响企业财务数智化转型落地效率和质量的关键因素，而当前智能化服务商的员工流动性大，培养员工周期长，员工能力难以满足企业财务数智化的需求。一方面是因为财务数智化本身是一个跨学科的内容，不仅需要大量的会计学、管理学等知识，还涉及计算机、信息学等内容。因此，当大型集团需要开发预算管理系统或者报表系统、合并系统时，想要搭建既精通财务，又具备扎实软件架构能力、开发能力、语言能力的综合人才队伍难度较大。另一方面是因为厂商在招聘中忽视了对财务数智化人才"业务+技术"复合能力的考核，这导致选拔出的财务数智化人才常呈现擅长"技术"而不擅长"业务"的弊端，而且大部分企业工资制度不能灵活地反映人才市场的价值变化，相对短缺的财务数智化人才往往因为待遇不佳等问题而不愿留在原单位，这导致智能服务商的复合型数智化人才严重不足。

以企业税务智能化转型为例，在2016年营业税改征增值税试点全国推广后，国内企业对于数智化转型的需求日益增长。而其后电子发票的推广、动态"信用 + 风险"为基础的税务监管新体系形成，加速了企业的税务管理数智化转型进程。伴随着税务机关数智化征管转型的推进，企业税务数智化转型的需求越发迫切，中国市场上也涌现出了不少专业致力于提供税务数智化服务的供应商，通过开发各种税务数智化产品，帮助企业利用数智化手段提升管理效率，应对税务机关监管。但目前全国的税务专业人士本身基数较少，全国注册税务师数量仅为20多万。而其中又有一半及以上注册税务师服务于中介机构，为企业提供鉴证、咨询、筹划相关的一些服务。那么在这一半不到的人数里，在企业或者是在中介机构，同时具备IT理念，能够帮助企业去做税务数智化转型的人才少之又少。在市场上要找个既具有税务管理的经验，又具有税务系统的经验的人才十分稀有。这部分的人才缺口，对于中国税收征管环境下的企业、软件服务供应商进行以数治税转变，具有一定的弊端。

三、生态视野偏窄，商服难平衡

当前，"数智应用场景"已成为需求热点，企业财务数智化转型服务市场迎来新一轮高速增长期。在市场高速扩张的同时，企业管理步骤也越来越精细化和复杂化，企业对产品与自身业务应用场景融合的解决方案诉求也在不断增加。这导致智能服务商之间的竞争日趋白热化。特别是新冠疫情过后的2023年，企业在高度不确定下，虽然企业数智化转型意识显著提高，但后疫情时代企业纷纷削减数智化建设预算，而中小企业对于数智化转型建设更加谨慎、更希望用最低的投入成本来实现。所以智能化服务商为赢得市场占有率，一方面不断加大投入，争取开发新产品，另一方面也被迫打价格战。然而，甲方企业做财务数智化转型需要的不仅是一套系统，企业关注更多的是智能服务商能不能提供一套比产品更有价值的管理转型方案。大部分甲方企业对财务数智化转型的认知还不够深刻，如果仅凭企业独自摸索，财务数智化的价值很难体现，因此智能服务商的方案解决能力显得尤为重要。然而，当前智能服务商更多的是侧重产品，缺乏专业的售后服务体系和轻咨询能力，未注重打造生态圈来协助企业数智化项目顺利落地。

以金蝶为例，金蝶是领先的企业SaaS云服务公司，被国家认定为"国家级高新技术企业""国家规划布局内重点软件企业"，入选最具价值中国品牌100强。然而成本高企也拖累了金蝶的业绩，半年报显示，金蝶上半年销售成本为8.7亿元，同比增长24%，成本增长速度超过营收。另外，最主要支出为销售及推广费用10.5亿元，同比增长18%，销售费用率接近营收的50%。据了解，金蝶销售费用率连续多年维持在40%以上的高位，高额的销售费用在不断蚕食着利润，未来收入增长如不能覆盖大规模的销售费用投入，金蝶的盈利将进一步出现恶化。另外，研发费用等也有所提高。研发费用为7亿元，同比增长19%，研发资本化率为32%，研发费用的提高来自于报告期内加大了对金蝶云苍穹和金蝶云星瀚的研发投入。数据显示，十年以来金蝶的研发投入持续加大，累计研发费用超过50亿元。出现在营收较少而投入较大的情况下，会加大公司的亏损。半年报显示，行政费用为2.3亿元，同比增长13%。销售、研发、行政三项主要的费用支出合计达到近20亿元，营收占比达到90%。未来，金蝶需要持续拓展客户市场，可预见到销售费用将进一步加大，并且算上增长的研发费用，盈利将面临持续压力，金蝶云的挑战越来越大。

以 RPA 供应商为例，随着数智化转型和智能化升级的推进，RPA 逐渐被各行各业广泛采用，形成了完整的 RPA 产业链，涵盖了软件开发、技术支持、应用服务、培训教育等多个环节，参与者包括供应商、开发者、服务供应商、客户和最终用户。其中，RPA 供应商也面临着资金投入大、见效慢的困境。一是系统建设复杂度高、开放性差，影响用户体验 RPA 产品通常需要与客户的信息系统进行接口对接，进而对系统日志数据进行分析，深入到流程改造环节，部分情况下可能在一定程度上对系统或功能进行调整。国内企业在 ERP 等各类信息系统建设的过程中，往往需要加入很多个性化的流程与功能。相比于海外企业，中国企业机构的系统建设差异化程度与复杂性相对更高。这将在一定程度上提升流程优化、流程再造的实践成本。加之部分中国软件产品的开放性程度较低，也将在一定程度上阻碍 RPA 的商用实践效率、影响用户体验。二是 RPA 系统的实施需要大量的资源和资金，包括机器人的开发、测试和部署。对于效率优先企业，推动 RPA 商用实践的推进节奏将会相对顺畅，而部分传统企业往往会存在多部门、多流程系统带来的实施阻力，这将导致实施成本增高、周期增长，甚至让项目无法继续开展。在企业内部开展 RPA 实践，部分流程将涉及多部门、多流程系统、多角色之间的协同，如果不是集团层面自上而下地推动建设，实施难度将会很大。除此之外，国内市场拥有项目经验的流程挖掘人才极度稀缺，这也将成为未来 3 年内 RPA 商用实践面临的一个重要挑战。

四、灵活性不足，难适应变局

数智化服务厂商在为企业提供运营合规保障的过程中，可能处于瞬息万变的宏观环境之中。这个宏观环境包括法律环境、政策环境、经济环境、技术环境以及消费市场环境等。面对不断变化的宏观环境，服务厂商大多存在产品同质化、服务标准化的问题，导致其不能灵活调整其产品和服务，供给难以匹配高质量需求，从而出现数智化转型障碍。

（一）法律环境

法律环境是指对数智化服务商为其客户开发产品产生影响的各种法律因素。市场经济是法治经济，企业的经营活动总是在一定法律规范内进行的。因此，无论是对数智化产品供给方还是需求方而言，法律为其经营活动规定了活动空间，也为其在规定空间内自由经营提供了法律保护。但法律环境并非一成不变，尤其对于税法而言，调整多、变化快，众多为企业提供财税数智化服务的厂商如果不能较为灵活地适应环境的变化，其产品的效用就会大大降低，从而丢失客户和市场份额，难以支撑自身数智化转型的高昂成本，也难以助力服务企业实现数智化转型。

以华盟税纪云为例，其应对税法变化的灵活性不足，使服务厂商本身和企业都存在数智化转型障碍。首先，税收法规纷繁复杂，细节多如牛毛。在这个过程当中，会涉及很多专业领域的逻辑分析、专业领域的法规理解、专业领域的纳税判断。因此它对于整个的税务软件专业性的要求，甚至大于对于技术上的要求。华盟税纪云曾经尝试去做税务管理一些软件厂商，但在税务专业上没有办法做到更大的全面性，灵活性，因为税收法规它涉及的行业不同，就会有很大的差异；涉及的具体税种的不同，也会有极大的差异。而好的税务产品一定是由专业的税务团队来牵头，研发设计，并且推向市场，经过多次反复和轮回以后，在企业使用的过程中不断地打磨和优化这个产品。所以这是目前数智化税务产品空缺以及难做的一个核心的原因。其次，征税手段发展变化快，给华盟税纪云带来挑战。在整个税收征管的过程当中，会存在几个阶段比较大的变化。税务局会把越来越多的税收征管的工具流程进行"云"化，打通地区壁垒以及税种壁垒，让整个中国税务形成完整的一盘棋，对全部的税种和全部的税收的征管要求进行互通互联。同时一旦拥有了数据这样一个庞大的资产，征管要求会产生较大变化——从原来的以经验管税、以票管税切换到数智化驱动管税，能够把事后税收征管的风险风控要求提前到事前和事中管理。那这些征管的手段会发展和变化得非常快，留给华盟税纪云针对性调整、完善的时间也很短，具有较大挑战。

（二）技术环境

技术环境是指企业所处的环境中科技要素及与该要素直接相关的各种社会现象的集合。对各行业内的企业来说，要密切关注所在行业的技术发展动态和竞争者技术开发、新产品开发方面的动向，及时了解是否有当前技术的特代技术出现，并发现可能给企业带来竞争利益的新技术、新材料和新工艺。对于智能化服务商而言，其本身向企业提供的就是以数智技术为支撑的产品，如果不能及时学习最新技术，对产品进行迭代更新，不仅服务商自身数智化转型难以为继，其所服务的客户也将在数智化转型过程中遭遇瓶颈。

受服务端需求影响，国内厂商平台的技术迭代会比国际厂商频繁很多。而在产品进行迭代时，跨版本的历史数据迁移通常是没有问题的，但是在跨技术平台时，其平滑升级就会受到技术上的挑战。以用友为例，其应用技术升级的灵活性不足就使其在中国市场这种高速增长的周期里面，当跨平台的技术出现时，难以保证新一代技术出现之后平台的稳定性，难以解决老版本产品数据的迁移问题，从而导致其服务的企业财务人员工作延续性难以得到保障。

久其软件作为一家软件服务企业，其价值体现的重要环节在于产品开发和技术服务环节，这就需要久其软件不断加强对技术和创新的重视。而现实情况下，数智技术发展极快，人工智能、区块链技术等日新月异，无法及时跟上技术的迭代与更新，会导致其面临技术过时的风险。此外，整合新技术的速度过慢也是久其软件的一大问题。许多新技术涌现后，久其软件要评估新技术，并在产品中实施和整合新技术。调整和变化的灵活性不足使得其相对滞后于技术创新企业和初创企业。

（三）消费市场环境

消费市场是指消费品（包括劳务）的交换领域或场所。是消费品的供应和需求关系的总和，是以商品生产和商品交换为基础的。商品生产者和消费者要通过市场交换商品和劳务，才能满足自己各种物质和文化的需要。具体到智能化产品市场，其企业客户对于智能化产品形成需求，进而产生购买行为就属于消费市场行为。在此过程中，受经济、法律、政策、技术等大环境影响，客户对于数智化产品的需求也会不断发生变化，从而产生个性化、多元化的产品需求。如果服务厂商缺乏提供多元化、定制化产品的能力，灵活性不足，产品同质化问题严重，客户需求得不到满足，那么供给端和需求端的数智化转型进程都将受阻。

以 IBM 为例，首先，产品线过于庞大难以匹配客户需求。产品种类过多使其提前预设了客户需求，而在客户有不同于此类的需求时，IBM 灵活性不足的问题就表现出来了。IBM 产品线极其丰富，从基础软件平台、咨询服务到各行业解决方案几乎涵盖所有范围。这使得客户在选择数智化转型解决方案时可能感到选择困难，IBM 也难以在这么广泛的产品线中保证每一个产品的技术先进性，提供与客户业务需求完全匹配的数智化转型解决方案与服务。数智化建设方案是软件公司展示相关实力的重要宣传载体。但当前的问题售前方案与过程实施脱节现象突出，所以软件公司的方案能力并不等于其实施能力。其次，重视咨询但其产品体系发展较慢。IBM 起源于计算机硬件，后转型为软件与 IT 服务公司。其强调咨询与服务，但产品体系的迭代更新可能稍显不足，这也成为其客户选择竞争对手产品的原因之一。例如，IBM 的数智营销产品线更新较慢，功能不足以满足客户需求，导致客户选择其他竞争对手产品。

上文提到的久其软件在满足客户需求方面也体现出了灵活性不足的弊端。久其软件以技术驱动为主，可能忽视了客户需求的变化趋势。软件供应商过于关注自己的技术，但忽略了客户需求与痛点的变迁，导致产品无法完全匹配客户需求。其次，软件产品从研发到推出需要较长时间，在此期间客户的需求可能已经发生较大变化。但由于产品开发周期难以压缩，最终推出的产品可能无法完全匹配客户的最新需求。最后，存在"信息孤岛"现象。软件供应商不同部门或项目团队间信息沟通不畅，各自聚焦于部门需求，未能有效共享客户需求变化信息，导致软件供应商判断失误。

五、技术待精进，产品服务不佳

本章内容探讨数智化服务商相关问题，其中"数智化"是关键词，所谓"数智化"就是利用数智技术、数据产品、数据分析来改善业务流程、决策和绩效的过程。这个过程涉及对数据进行收集、分析和产品化，以更智能的方式提取有意义的信息，并利用这些信息做出更科学合理的决策、改善业务流程。更进一步地，数智化还包括使用机器学习、人工智能等技术来作特定场景下的预测和决策，比如千人千面的推荐系统、比如金融领域的风控模型等。一言以蔽之，要想实现数智化转型，离不开技术的支持。对于提供数智化产品的服务商而言，更是要谙熟各类数值技术及其具体应用。而在实际实施过程中，数智化服务商由于资金、人才等各方面限制，其在学习和应用技术、改善产品和服务功能、实现产品效用最大化、促进服务体验升级等方面还存在一定的障碍。

（一）产品效用低

以每刻科技为例，每刻产品存在的一个重大缺陷就在于其产品的很多模块并不由自身自主开发，而是在客户提出需求之后，嵌入或者连接第三方代码实现相关功能，这就使整体的产品效用不佳。再加之投入与优化尚且不足，使产品不够成熟，并不能做到标准化，保证稳定的产品品质，也使每刻现在的发展遭遇一定的瓶颈，甚至遭受生存的威胁。由此可以发现，产品服务商如果不能掌握一定技术，实现产品和服务的自主设计、开发，技术不能持续优化，其生存和发展就会受到威胁，更无须提及其数智化转型进程。

（二）开发成本高

产品底层技术不过关，不仅会影响产品效用，对于供求双方来说也会导致大量成本的耗费，从而使双方数智化转型受到资金制约。在每刻科技的例子中，其软件集成需要标准接口，这就对客户公司产生了较高的要求。每刻软件与客户公司的 EPR、OA 系统，包括客户公司资金系统都要进行集成，但在此过程中，如果遇到一些客户公司使用的 ERP 系统版本较老，无标准接口，这时要么客户选择放弃，要么客户选择定制开发，而定制开发的成本是极高的，对于底层技术不够精进的服务商而言，也是一项耗时耗力的挑战。如果选择定制，企业客户不得不支付厂商定制开发的费用，如此高昂的集成成本并不适合中小型企业。同时，这种临时定制的东西不稳定，缺少足够的技术支撑，这也存在很大问题。而对于企业用的是 OA 系统的情况，数据较为杂乱，需要每刻科技花很大一部分时间和精力去做交互集成，尽管每刻对于产品尽可能集成化，但这会导致客户企业产生大量的成本投入。

（三）体验感不佳

除上述两点以外，用户体验感也是服务商在设计和开发产品过程中需要考虑的。在"互联网+"经济的影响下，越来越多的互联网公司开始关注用户体验，而且也开始通过各种方式来为用户创造独特的体验，这些公司为用户创造体验的本质是让用户能够在心理上更接受某一产品，能在需要该类产品时主动选择这家的产品。对于大数据、区块链、人工智能等数智技术而言，只有精通其底层逻辑、应用场景，才能将其很好地应用到产品中，创造独特的用户体验，一味地生搬硬套是行不通的。对于每科科技而言，其产品系统稳定性不足，底层代码设计不够严谨，存在多个版本且实施能力较差。根据用户调查发现，其产品经常出现卡退，存在发票无法识别、流程烦琐、出错率高等问题，并且当使用新的电脑系统或者系统更新后，每刻产品就会出现空白、无法识别等界面，用户体验感较差。

六、战略支撑不足，转型难引领

企业战略是依据企业本身的资源和实力选择合适的经营领域和产品，设计、开发并获取竞争力的一系列综合的、协调的约定和行动。简单来说，战略就是企业长期发展的定位、目标和方向。数智化转型战略属于企业战略的一部分，或者说数智化转型战略服务于企业战略，具体来说就是通过"战略性"地使用IT和数据来支撑企业战略目标的实现。然而，大多数服务商有推动数智化转型的意愿，但普遍缺乏明确的战略目标和实施路径，更多还是集中于如何将先进信息系统从生产端引入，没有从自身发展战略的高度来规划，高层管理者难以达成共识，不能将其渗透到具体行为中，阻碍了财务管理信息化建设脚步。这些数智化产品供给商缺少引领数智化转型的战略支撑，因而在转型过程中出现了各种各样的问题。

（一）客户层面：客户转型程度不均

目前来看，企业数智化转型处于新旧轨道并行阶段，旧轨道没有被彻底替换，而新轨道已经开始运行。一边面临着旧有人才、业务、系统、产业链的崩塌，同时也在构建着未来全面数智化的新世界。尽管企业财务数智化理念已广泛普及，但建设进度与应用程度不均匀。具体表现在：同一个场景，一半是电子化，一半是纸质化；同一个流程，一会在线上，一会在线下；同一个组织，一些部门在线上，一些部门在线下。倘若服务商对其数智化转型能够有明确的战略规划作为支撑，将数智化转型分为几个阶段，每个阶段设定合适的目标，并在企业范围内做好企业文化建设，做好顶层设计，从上而下唤起管理层、员工的数智化转型意识，那么其产品设计和服务就能起到助力企业数智化成功转型的作用，就不会出现诸如合思·易快报服务商所描述的转型程度不均的问题。

此外，缺乏统一的数据战略使服务商难以满足客户转型需求，从而出现转型程度不均的问题。在传统行业数智化转型过程中，既存在着成本高、核心数智技术供给不足等问题，又缺乏能够将战略咨询、架构设计、数据处理等关键任务集中起来，并能实现"总集成"的第三方服务提供商。当前市场上的很多方案都是通用性的，不能满足企业、行业的个性化、一体化需求。更重要的是，市场上的软件、大数据、云计算等各种服务提供商良莠不齐，缺乏行业标准，选择困难。企业级数据标准化和数据缺乏有效治理，各部门间数据口径不一致，无法有效支撑基本运营和决策要求，离数据驱动的要求相差甚远。云扩科技就存在上述问题，同时也限制了其自身的数智化转型程度。

（二）自身层面：缺少国际竞争力

经济全球化犹如一股强劲的潮流正席卷世界各国，对各国经济主体的发展都产生了深远的影响。目前，经济全球化给全球企业发展带来了机遇与挑战。同样，企业内部的财务管理更是机遇与挑战并存。为应对这一挑战，企业纷纷将目光投向了财务数智化转型。而数智化产品服务商，作为帮助企业实现转型的关键角色，也需要具备一定的国际竞争力和全球化思维。

然而，当前的实际情况是，数智化服务商缺乏全球化思维和全球化经营战略，在规范化、标准化产品服务提供方面存在一定的问题。当企业产生一定的跨国业务时，数智化服务商提供的产品服务往往难以与国际接轨。比较一些国际上的企业，就中国企业整体的数据，或者是财务的信息化改革而言，其相对于整体的制度规范、数据规范、流程规范方面还是有非常大的缺口，数智化服务商在实现某种标准化数据采集、加工、处理过程中存在不足，尤其是跨国业务的单据、表单，财务业务语言的标准化方面以及财务报告的标准化梳理，这些都是帮助企业在全球化进程中更好地开展跨国业务，顺利展开数智化转型的基础性工作。因此，这方面不足依然是需要服务商努力去补足的。以科睿柏（Kyriba）为例，这是一家成立于法国，提供全球化支持和服务的服务商，其服务内容主要包括资金管理、风险管理、支付管理和营运资金管理四大核心解决方案。正是这样一家有着全球客户的外资服务商，在中国市场上却显得相对弱势。而其最大的问题就在于与中国企业的适配性较弱。目前国内正在探索财务业务一体化，从业财融合的角度来说，Kyriba 还比较弱。其原因在于，Kyriba 一直在国际上进行发展，就国际的发展来看，资金是逐渐独立出来的，Kyriba 提供的资金配置服务目前与企业的业务结合较弱。尽管其服务范围广，但是缺乏一定的经营战略规划，对自身的受众定位不明确，其国际竞争力就会减弱，难以凭借专业服务为全球范围内更多国家的企业数智化转型提供助力。

第四节　数智化服务供给市场未来展望

高质量发展，不仅是我国未来经济社会发展的新目标和新要求，也是我国企业在数智化时代与后疫情经济时代经营发展的宏观战略指引。在高质量发展的顶层规划指引下，智能化服务也应持续寻求创新发展点，不断提升产品和服务质量，为我国企业财数智化转型和高质量发展贡献力量。基于本次调研了解情况，我们提出下列几点数智化服务供给市场高质量发展对策建议。

一、提供一站式解决方案服务：深度合作，互惠双赢

一体化产品、一站式服务是数智化服务的必然趋势。在数智化服务领域，由于市场上技术路线和产品创新日新月异，企业用户的业务场景及需求复杂多样，在企业用户场景与服务商产品能力之间总存在一定差距，这将导致企业用户在数智化转型顶层设计、产品服务选型、二开、培训、系统建设实施等方面越发困难，影响数智化转型落地的效率与质量。

系统实施交付能力已不再是企业用户在进行产品服务选型时的唯一关注因素，现阶段企业用户更加注重智能化服务商能否提供一站式解决方案，即具备自有咨询团队与系统实施团队，能够从财务数智化转型顶层战略规划开始，帮助企业对自身财务管理现状进行全面调研诊断，开展端到端的业财流程梳理与再造，进行数据治理标准的重构与规范，结合企业实际业务场景和管理诉求进行有针对性、有侧重点的系统功能详细设计，实现定制化系统部署交付，并能够提供配套培训服务、后续运维与持续优化改善服务，从而使智能化服务商真正成为与企业深度合作、互惠双赢的业务合作伙伴，与企业共同在数智化转型的道路上携手共进，迈向高质量发展的新阶段。

提供一站式解决方案，是当下企业智能化服务领域转型升级的焦点领域，大型互联网厂商、大型设备厂商、传统集成商、咨询机构等，均在争夺这一市场。因此，如果智能化服务商仅具备简单的系统实施交付能力，缺乏战略规划及咨询能力，无法针对企业实际情况开展个性化定制开发，那么终将被市场所淘汰。

为了向企业客户提供优质的一站式解决方案，智能化服务商需要关注和加强建设自身管理会计咨询、定制开发和售后等服务能力，以此提升方案质量和适用性，并保障实施效率。

二、提供一体化产品服务：服务建设，华丽转身

为了满足企业客户日益综合和复杂的管理诉求，财务 SaaS 厂商需要向一体化、平台化、集合化产品服务方向发展，通过集成所有模块，满足客户多样化、全链条的需求，

进而提升客户留存率。与一体化对应的是单模块深耕作战，尽管专攻行业垂直领域可以提升自身专业性，但在单模块深耕可能导致技术过剩，客户难以为其买单；其次，近年来单模块厂商的业务滑坡现象愈演愈烈，中小厂商获得融资事件逐渐减少，成熟厂商融资事件逐渐增加，头部马太效应明显，竞争格局逐渐稳固。单模块厂商如果不尽快强化系统集成能力，补齐业务短板，向一体化转型，最终只能被"吞并"或淘汰。为了实现一体化转型，转型厂商需要重点关注自身产品研发能力建设、核心技术升级和优质客户积累等问题，逐个击破，实现向一体化厂商的华丽转身。

三、加快建立生态体系：构建生态，良性循环

对于大型厂商来说，除了先进的技术和优质的服务能力，还须建立生态体系。重视与业界领先咨询机构、IT 基础设施及云计算服务商等上下游相关方建立长期的、良性的、深入的战略合作伙伴关系，保障技术能力和咨询经验的相辅相成，不断深化自身服务能力，拓展服务广度和深度。除此之外，还须关注客户的反哺：将客户在管理方面的经验总结、提炼，形成自身项目经验资源积淀和项目模板，在其他项目中予以推广，进一步提升自身服务能力。

四、快速响应和支撑政策法规：洞悉法规，识别重点

智能化服务商应当紧密关注各类财经政策法规的变化，建立和加强自身财务管理咨询专家队伍，对最新财经法规以及对企业财务运营的潜在影响开展深入研究，并加强与企业用户、高等院校的沟通交流，及时聆听企业用户对新政策的反应与管理需求，了解院校针对新法规的学术观点与洞察，整合各方思考，快速在自身产品体系和服务中予以响应和支撑，从系统和技术等层面为企业用户提供可靠的运营合规保障。同时，也可从政策法规的发展中，及时嗅察数智化服务"下一公里"，识别并抓住企业创新发展发力点。

五、持续探索创新前沿技术应用：探索边界，助力转型

技术发展是永无止境的。智能化服务商应当持续探索和创新前沿技术应用，从客户视角出发，以推动财务管理转型升级为目标指引，坚持产品化、场景化思维，基于不同

行业、不同规模企业个性化的管理诉求和业务场景，不断识别潜在的前沿技术应用可能性，并积极投入研发资源，推动自身产品服务不断创新，以科技驱动企业财务向价值创造型转型升级。

六、提供全球化财务数智服务

随着越来越多的中国企业"走出去"，实施全球化经营战略，企业财务管理面临的挑战与难题也越来越多，例如，全球化财务共享建设、全球司库管理、跨国组织合并报表体系、不同所在国税则法规应对等。智能化服务商应当立足全球化经营思维，分析全球化企业经营中的典型业务场景和管理痛难点，并研究制定切实可行的解决方案，帮助中国企业实现更高质量出海。

七、加快发展教育科技产品：产教融合，赋能未来

当下，越来越多的企业已经意识到，人在企业当中已不再是单纯的劳动力资源，而越来越成为企业的核心资产。在企业争相开展数智化转型，抢占数字经济时代发展机遇的时期，谁能拥有高质量的数智化人才，谁就拥有了未来。

对于新生代劳动力而言，产教融合、校企合作、协同育人将成为我国院校人才培养的主旋律。将产业发展趋势和前沿技术应用引入校园，帮助学生构筑理实结合能力，有效对接用人单位真实岗位需求，实现人才精准培养与输送，协助深化人才供给侧结构性改革，提升就业能力，是智能化服务商不容推辞的时代使命。智能化服务商应当充分发挥自身优势，与院校深入开展合作，探索新时期院校财务数智化人才培养机制，推动我国财会教育领域向高质量发展阶段迈进。

第四章　财务数智化转型：咨询机构分析

国家《"十四五"规划和 2035 年远景目标纲要》明确提出"打造数字经济新优势"，并对企业数智化转型提出了明确的方向、任务、目标和要求。企业在战略实施过程中，受降低成本、提高效率、风险控制和财务转型等因素的驱动，会大力推进企业财务数智化转型建设。与此同时，在当前经济形势日益紧迫、市场更加细分多变情况下，需要企业以不同以往的灵活才能有效应对，通过数智化助推企业转型已经迫在眉睫。技术发展日新月异，企业原有的数智化建设模式面临巨大的挑战；在政府积极布局数智中国建设的时代背景下，企业应重新审视，积极探索出符合自身特点的数智化转型路径和方式。咨询机构作为专业的服务机构，凭借自身的专业能力和实践经验，成为企业财务数智化转型的主要推动因素。咨询机构将致力于帮助企业解决这个过程中的挑战和问题，与客户一起"犯其至难而图其至远"，创造更加繁荣美好的数字经济时代。因此，了解当前服务于中国企业的咨询机构在财务数智化转型过程中所扮演的角色、所发挥的作用显得尤为重要。基于此，我们对 5 家咨询机构进行了详细调研，结合当前咨询机构在服务企业数智化转型时取得的成效以及其在服务于企业财务数智化转型过程中的问题，提出相应对策建议。

具体来讲，本章将结合调研中 5 家咨询机构的基本情况、发展历程、服务现状等进行深入探索。本章共分为四节，分别从咨询服务行业的基本情况、咨询机构在数智化转型过程中的价值作用和建设成效、咨询机构在企业财务数智化领域存在的问题以及咨询机构数智转型的思考四个方面展开论述。

第一节　国内咨询服务行业赋能经济社会数智化转型

数字经济的发展，离不开高端专业服务支撑。当前，企业数智化转型直接催生了企业财务数智化的快速发展。面对企业在转型过程中面临的诸多挑战，作为专业服务机构，如何在实现自身数智化转型的同时，更专业、更系统地为企业提供数智服务，为数智化推动我国经济社会转型升级提供专业服务之力显得至关重要。

一、国内高端咨询服务行业多元化发展

为全面反映国内高端咨询服务行业的基本情况，本部分在对 5 家样本咨询机构进行调研的基础上，对行业的基本情况进行考察，分析当前咨询服务行业的总体情况。

（一）样本机构基本情况

为了深入了解咨询机构在自身应对财务数智化转型时采取的策略，以及作为企业的服务机构面临企业数智化转型所给予的支持，本次调研选择 5 家咨询机构，包括 3 家国际四大会计师事务所中国总部——安永华明会计师事务所、德勤会计师事务所、普华永道会计师事务所，这 3 家样本机构主要提供审计鉴证、税务服务、管理咨询、风险咨询等专业服务；1 家全球领先的专业服务公司——埃森哲，为客户提供战略咨询、技术服务、智能运营等全方位服务；1 家中国成立时间最早、存续时间最长、中国首家建立自控国际网络品牌的专业服务机构——信永中和会计师事务所，为客户提供审计、税务、咨询、工程管理等多元化专业服务。具体地，本部分将其置于行业概述中进行整体分析。

（二）咨询行业基本情况

国内高端咨询服务市场是一个庞大的市场，涉及多个领域，包括管理咨询、技术咨询、财务咨询、市场营销咨询、人力资源咨询等。

从市场规模来看，国内高端咨询服务市场规模庞大，预计在未来几年内还将继续扩大。根据 2019 年的数据，全球的咨询市场规模达到了 2735 亿美元，其中中国的市场规模约为 132 亿美元。

从市场竞争格局来看，目前，国内高端咨询服务市场主要由大型国际咨询公司和国内知名咨询公司主导，如安永、德勤、普华永道、埃森哲、信永中和等。同时，也有不少的中小型咨询公司在市场中占有一定份额。

从行业应用领域来看，国内高端咨询服务市场应用广泛，根据具体的需求和内容可以分成多个领域，常见的高端咨询行业领域包括：1）管理咨询，主要为企业提供营商战略、组织管理、流程优化、人资管理等方面的咨询服务，旨在提高企业运营和管理的效率；2）投资咨询，主要为机构投资者和资产管理者提供投资策略、风险控制、资产配置等方面的咨询服务，目的是提高投资回报率和分散风险；3）财务咨询，主要为企业提供财务管理、资产负债管理、财税法规咨询等方面的咨询服务，旨在提高企业财务管理的效率和合规性；4）数智化咨询，主要为企业提供数智化转型、信息技术战略、IT基础设施规划等方面的咨询服务，旨在提升企业科技水平和信息化水平；5）市场营销咨询，主要为企业提供品牌策略、市场推广、销售管理、市场调研等方面的咨询服务，旨在提高企业市场拓展和销售能力；6）人力资源咨询，主要为企业提供人才管理、招聘、培训、绩效管理等方面的咨询服务，旨在提升企业人力资源管理的效率和质量。

从行业服务对象来看，国内高端咨询服务市场的服务对象主要包括中小企业和大型企业，涉及诸多行业，如制造业、服务业、金融业、能源业等，企业所有制形态包括了央国企、民企、外企等。

总体来说，国内高端咨询服务市场是一个不断发展和扩大的市场，提供了丰富的服务类型和应用领域，服务对象也十分广泛。

二、国内咨询服务行业快速化发展

国内高端咨询服务行业经历了以下几个发展阶段：

（一）初创期

20世纪80年代至90年代初，高端咨询服务行业起步。当时，咨询服务主要是以国际咨询公司在中国的分公司为主，服务对象以跨国公司为主。其中，代表性的国际咨询公司就有我们的样本机构安永会计师事务所、普华永道会计师事务所等。

（二）兴起期

20世纪90年代后期，在中国经济快速发展的背景下，高端咨询服务行业开始进入快速发展的阶段,特别是国内外"两头压迫",促使中国本土高端咨询服务行业开始迅速崛起,新兴咨询公司大量涌现。这一时期,咨询服务领域进行了产品创新,提高服务质量等,代表性中国本土咨询公司有典明管理咨询、智库、方展策略等。

(三)壮大发展期

2000年年初至今,中国经济持续高速增长,高端咨询服务行业实现了快速进步。管理咨询、IT咨询、金融咨询等咨询领域的服务规模不断扩大,服务内容不断优化,行业服务范畴逐渐拓宽,并且覆盖面趋于全面。同时,新生咨询公司充满活力,部分公司具备了国际咨询公司的服务水平,进一步推动中国本土高端咨询服务的蓬勃发展。

截至目前,国内高端咨询服务市场处于稳步增长的状态,咨询公司在为企业提供高质量咨询服务的同时,也在不断开拓新的业务领域并提升服务质量。

未来,随着经济的快速发展,企业对于高端咨询服务的需求也越来越大,市场规模逐渐扩大。作为经济活动的基本细胞,企业在面临不断变化的外部环境、信息技术的持续进步,其自身战略和业务转型、IT技术升级、精细化管理等提升自身竞争力的内生需求不断放大,加之对咨询价值的逐步认同,可以预期,企业寻求外部咨询服务的需求还会保持比较高的增长态势,咨询业在中国的发展仍具有较大的上升空间。

三、国内高端咨询服务机构纵深发展

国内咨询服务机构大致可以按照以下几种不同的维度进行分类:

(一)机构发展的资本来源

按机构的资本来源划分,大致可以分为外资咨询机构和内资民营咨询机构。样本中的三大国际会计师事务所和艾森哲就是外来咨询机构。外资咨询机构普遍由于在高端咨询服务领域沉浸时间长,经验丰富,拥有较为全面的人才队伍和成熟的方法论及理论框架。而信永中和则是典型的内资民营机构。内资机构普遍由于起步晚,在市场竞争格局中相对处于落后位置。就市场竞争格局而言,基本上还是国际一流公司在为企业提供服务,但是由于本土的专业服务机构有相对更敏锐的市场触觉和敏感度,近期以来也在不断地提升自身的服务能力和水平,并奋起直追。同时,市场上企业比较多,需求层次也不一样,地域分布也比较广,转型升级数智化,都离不开不同层次的专业服务机构为企业提供多层次的品牌。

（二）机构专注的专业领域

按照机构专注的专业领域划分，大致可以分为战略咨询机构如麦肯锡（McKinsey）、贝恩（Bain）、波士顿（BCG）、远卓和和君咨询等；财务管理咨询机构如"四大"（普华永道、德勤、安永、毕马威）、信永中和、立信、天职、致同等；人力资源咨询机构如美世（Mercer）、怡安-翰威特、韬睿惠悦、光辉国际、华夏基石等；信息技术咨询机构如埃森哲、IBM、凯捷、SAP、用友、金蝶等；专注运营的咨询机构如罗兰贝格、和君、北大纵横、正略钧策等。但是随着市场环境的变化，特别是信息技术和数智化变革的引入，越来越多的咨询机构正在横向扩展自己的核心业务领域进而转型成为一个综合型的服务机构。

（三）业务发展的历史来源

按照业务发展的历史来源划分，大致可以分为独立咨询机构如麦肯锡、凯捷、和君、波士顿等，以及以大型会计师事务所为依托而发展演化来的咨询服务机构如"四大"、信永中和等。后一类机构从传统意义上说主营业务是财务审计报告领域，随着时间的迁移和客户需求的多样化，在审计业务的基础上演化出了管理咨询、税务工程、数智化服务、投融资服务等诸多业务，为国家建设和企业发展，提供各方面的综合服务。

（四）机构服务的价值链环境

按照服务价值链的环境划分，大致可以分为传统咨询服务机构和信息技术产品叠加服务的厂商。相比较而言，传统咨询服务机构对行业有更深刻的洞察，对业务有更全面的理解，对企业需求更准确的把握。以软件公司为背景的咨询机构大多是以实施能力为主，关注客户业务需求在产品上的功能实现，咨询方法论及咨询人才相对欠缺。

近年来，头部咨询机构的业务拓展之后，相互之间的业务有大量的交叠，而且几乎都有面向数智化的解决方案或洞察思考，典型如"四大"（德勤、普华永道、安永、毕马威），发展到现在，某种意义上，可称其为综合方案提供商，其服务领域已经突破传统会计师事务所内涵及外延的关键词：审计、核算、财务、税务、管理咨询等，不仅与传统的管理咨询著名机构如麦肯锡、波士顿、贝恩、凯捷、罗兰贝格等业务领域上有交叠，而且还延伸到IT咨询头部企业如埃森哲的业务领域，在投融资咨询服务上更是发展迅猛，其交易服务业务提供投融资全生命周期的咨询服务，更有甚者，普华永道并购了在战略咨询领域仅次于麦肯锡的咨询公司思略特，可以说，"四大"的咨询横跨了传统的管理咨询、投融资咨询及现在如火如荼的IT/数智化/人工智能咨询。

据2019年大中华区咨询业务板块数据，按咨询相关业务体量和规模，前十名的国际咨询机构分别是：埃森哲、德勤、毕马威、普华永道、安永、波士顿、凯捷、麦肯锡、贝恩、罗兰贝格。

第二节 咨询机构价值作用及建设成效

咨询公司作为专业服务机构，是企业成长和发展的命运共同体，在财务数智化生态中，扮演企业战略合作伙伴、咨询顾问的身份。其宏观作用主要在于推动企业整体进步以及新发展格局的高质量发展，其微观业务价值则主要在于帮助企业定位、发掘上述财务数智化转型中常见问题，并赋能企业解决方案与落地技术能力，从而提升效率、维持企业竞争力，实现降本增效提质。因此，探讨咨询机构在服务企业数智化转型过程中的价值作用十分有必要。

此外，尽管咨询行业的总营业额在年复一年地增加，咨询业的竞争格局也正在迅速变化。这是由于成功的数智新人使用的潜在颠覆性技术的最新发展，以及客户端的重大变化和不断变化的需求。面对新的挑战和不断变化的框架，在这种情况下，顾问应不断评估他们的服务组合和全面回顾传统的人员密集型"面对面"咨询交付模式。与许多客户一样，咨询公司也面临着数智化转型过程，这将导致部分或完全虚拟化的流程、适应的组织结构和数智化的商业模式。虚拟化为优化性能和服务提供了创新的可能性，从而加强了竞争地位。在这一过程中，咨询机构不断尝试和探索，也取得了一些显著的成效。

一、咨询机构赋能财务数智化生态

（一）宏观价值作用

中国改革开放40年在社会和经济发展各个方面取得了巨大的成就。在宏观层面上，按照2021年的统计口径，经济总量已经跃升世界第二，占全球的比重为18.5%，人均GDP 12359美元，全球排名第60，已经越过中等发达国家水平。在微观层面上，中国企业财富五百强上榜加速，内地加中国香港的五百强企业总数已经达到了135家，超过了美国，同时，中国企业的国际化程度也越来越高，依据商务部的统计，截至2021年，有2.86万家中国企业在境外设立机构，4.6万家中国企业在境外有直接投资，总累计境外投资的资产总额已经达到了8.5万亿美元。

1. 推动企业的发展和进步

国内咨询服务行业对于经济发展和企业进步有着重要的作用和贡献。一方面，咨询服务行业可以为政府及企业提供专业的咨询服务，有助于调整产业结构、推动新旧动能转换、提高企业核心竞争力等，从而促进经济发展和技术进步。比如，管理咨询可以帮助企业优化管理，降低成本，提高效率，增强竞争力，而科技咨询可以帮助企业引进前沿技术，提高生产效能和产品品质等。财务咨询也可以帮助企业规避财务风险、提高资金利用率等。另一方面，咨询服务行业还可以为企业提供切实可行的解决方案，帮助企业识别自身的核心竞争力，提升企业的战略规划、管理水平、销售业绩等，从而提高企业的市场占有率和利润水平。通过咨询服务，企业可以在行业竞争中占得更大优势。

因此，可以说，国内咨询服务行业与经济发展和企业进步是息息相关的，它既是经济社会的需要，也是企业自身提升的必要手段，为经济和企业的发展提供了重要的支持和保障。

2. 推进新发展格局的高质量发展

当前，中国正在构建新发展格局，以推动高质量发展。新发展格局要求以内需为主体、国内国际双循环相互促进的发展格局，核心是内循环、外向型发展。在这个发展格局下，更加重视科技创新、产业升级、人才培养等方面的发展。高质量发展的核心是创新、协调、绿色、开放、共享。通过加快推进体制机制改革、加快科技创新和产业升级、推进绿色发展和可持续发展、推进更加开放的发展道路、不断增进各类资源和收益的共享等方面来推动高质量发展。国家"十四五"规划也明确提出，社会经济发展要以推动高质量发展为主题。在此背景下，国资委提出了加快建设世界一流企业，一流财务管控体系等，都是在支持中国经济的高质量发展。我们也义不容辞地要承担起这种责任，打造立足中国，面向全球的专业服务能力，助力中国企业走出去高质量的发展。2022年财政部下发国办30号文，明确提出要以全面提升服务国家建设的能力为目标，紧抓质量提升的主线，为维护社会公平正义，规范市场经济秩序，保障国家经济信息安全提供有力的支撑。

在推进新发展格局下的高质量发展中,一方面,咨询服务行业也有着重要的作用:咨询服务行业在帮助产业升级、提高企业管理效率、优化企业经营模式、提高企业竞争力、辅助产业新技术式的研发和推广、优化市场资源配置等方面发挥着重要的作用。咨询服务行业是连接政府、企业与市场的桥梁,可以为打造新发展格局和推动高质量发展提供重要指导意见和专业化的支持。通过咨询服务行业的支持和帮助,可以更加有力地推动经济的转型和发展。另一方面,推动高质量发展对于我们专业服务机构也提出了更高的要求,专业服务机构在企业整个的发展过程中,在整个企业的战略管理运营和业务层面,要紧紧地跟着企业的需求,跟着技术的进步,自身也要提升。

(二)微观价值作用

概括来说,咨询机构在财务数智化转型过程中的微观价值体现在其在业务中的价值定位以及具体提供的转型服务支撑上。

1. 咨询机构在财务数智化转型中的价值定位

(1)技术传播者。

当前,全球数智化进程加速。以数智化的知识和信息作为关键生产要素的数字经济蓬勃发展,新技术、新业态、新模式层出不穷,成为"后疫情"时代全球经济复苏的新引擎。

咨询机构可以提供专业化的财务数智化服务,包括数据分析、数据挖掘、数据可视化、机器学习等方面的服务。这些服务能够帮助企业更好地理解和利用财务数据,优化决策和业务流程,提高效率和盈利能力。

作为技术传播者,通过深入理解财务数智化技术的应用场景、优缺点、技术原理等方面的知识,咨询机构能够将复杂的技术内容转化为易于理解的语言,让非专业人士也能够理解。面对不同企业面临的差异化问题和需求,咨询机构为不同的企业提供个性化的解决方案,包括技术选型、实施方案、应用推广等方面的建议和指导。

咨询机构还可以将自己的成功案例分享给企业,让企业了解财务数智化技术的实际应用效果,帮助企业更好地理解技术的应用价值,提高对技术应用的接受度。在项目实施过程中,咨询机构通过持续跟踪财务数智化技术的实施效果,及时反馈和改进,确保技术的落地效果,持续为企业带来实际的价值。

(2) 创新驱动者。

作为财务数智化的创新驱动者，咨询机构从以下几个方面发挥作用：

推动技术创新：咨询机构在财务数智化过程中，不断推动技术创新，引导企业尝试新的技术手段，例如人工智能、区块链等。咨询机构可以帮助企业制定技术创新计划，寻找新的技术应用场景，为企业提供技术咨询和支持。

提供创新思路：咨询机构帮助企业开拓创新思路，鼓励企业尝试新的业务模式、新的商业模式。根据企业的行业和发展阶段，提供相关的创新思路和建议，帮助企业探索新的商业模式和业务领域。

整合资源创新：咨询机构协助企业整合内外部资源，促进创新发展。例如，咨询机构可以帮助企业与技术公司合作，共同开发新的产品或服务。咨询机构也可以协助企业与外部专家或机构合作，共同开展研究和开发项目。

推动变革：咨询机构帮助企业推动变革，推进财务数智化的实施。例如，咨询机构可以帮助企业制定变革计划，建立变革团队，推进变革落地。咨询机构还可以帮助企业应对变革带来的挑战，例如组织架构调整、人才引进等方面。

综上所述，作为财务数智化的创新驱动者，咨询机构以技术创新、创新思路、整合资源和推动变革为主要手段，为企业提供全方位的创新支持和咨询服务。真正帮助企业实现财务数智化的创新发展。

(3) 生态链接者。

咨询机构可以协调企业内部各部门，以及企业与外部生态环境之间的沟通和协调，帮助企业建立跨部门、跨公司的沟通机制，整合各部门的资源和需求，推动跨部门协同。还可以帮助企业建立生态合作伙伴关系，扩展企业的生态网络。例如，引荐技术公司、数据服务提供商、行业协会等合作伙伴，为企业提供更加全面的服务和支持。

作为生态链接者，咨询机构可以通过行业研究、白皮书等方式，向行业内外推广财务数智化转型的研究和经验。通过市场营销等手段，推广企业的财务数智化产品和服务，扩大企业的市场份额。通过帮助企业制定市场营销策略，提高企业的市场竞争力。为企业提供全方位的生态链接支持和咨询服务，使企业在财务数智化生态环境中取得更好的发展机会。

以信永中和为例。当前，信永中和已逐渐形成以企业财务管控平台为核心的数智化平台服务光谱，通过自身专业＋技术底座，提供数据标准化咨询服务与项目 PMO 服务，覆盖业财税报一体化等多领域全流程，并通过数据连通构建起数智服务生态。未来，信永中和将通过持续升级数智化服务能力，构建数智化服务生态圈，成为企业数智化转型中的长期战略合作伙伴。

（4）业务翻译者。

咨询机构在某个行业或领域有较深的专业积累和经验，同时对模型设计、系统落地有充分实施经验，这意味着它们能够将技术翻译成业务需求，业务翻译成技术解决方案。通过与客户合作，了解客户的业务状况、市场情况等，咨询机构可以快速掌握客户的需求，提供高质量的行业洞察和专业知识，从而为客户制定符合市场趋势的商业策略。

首先，咨询公司的业内积累和业务精通能够帮助企业解决业务问题。咨询公司拥有丰富的实践经验和专业知识，可以对企业的问题进行深入分析，找到问题的本质，并提供相应的解决方案。咨询公司的顾问通常都是经验丰富、知识渊博的专业人才，能够提供专业的建议和指导，帮助企业实现商业目标。

其次，咨询公司掌握技术变迁和洞察能力，最具备技术和业务结合的能力。随着技术的不断变革和创新，企业需要不断更新技术和业务模式，以适应市场的变化。咨询公司能够对新技术趋势进行预判和应用，帮助客户在技术上保持领先地位。同时，它们还能将业务需求翻译成技术解决方案，使企业能够更加高效地使用技术。

最后，咨询公司作为业务翻译者，具备良好的沟通能力和项目管理经验，能够协调各方面的资源，将技术和业务紧密结合，为企业提供量身定制的解决方案（见图4-1）。

图 4-1 咨询机构需求翻译能力

综上,在财务数智化生态中扮演重要角色的咨询机构,不仅可以提供专业的咨询服务,更能够通过有效的项目组织和落地能力,帮助客户实现咨询方案的落地和持续改进。咨询机构的业务价值体现在帮助客户优化业务流程、提升企业管理和业务水平、解决企业发展中的难题等方面,是企业提高核心竞争力的重要合作伙伴之一。

2. 咨询机构在财务数智化转型中的服务支撑

针对企业在财务数智化转型过程中的阻碍和挑战,咨询服务机构能在以下领域给企业带来较为理想的支撑和帮助,主要体现在以下几个方面:

(1)策略规划。

咨询机构能够帮助企业制定财务数智化的长期战略规划,包括明确目标、制定指标、制定实施计划等。

(2)业务流程优化。

咨询机构能够协助企业优化财务相关的业务流程,提高效率和准确性,包括财务核算、财务报表、财务预算、资金管理等。

(3)数据分析和建模。

咨询机构能够利用数据分析和建模技术,为企业提供数据挖掘、预测分析、风险评估等服务,帮助企业提高财务决策的准确性和效率。

(4)技术咨询。

咨询机构能够提供最新的财务数智化技术咨询,包括数据仓库、数据治理、大数据技术、人工智能技术等,帮助企业在技术层面上提升能力。

(5)实施咨询。

咨询机构能够提供财务数智化实施咨询服务,包括项目管理、人员培训、系统集成等,帮助企业快速、高效地实现财务数智化。

二、咨询机构在财务数智化转型中的建设成效

企业数智转型是非常庞大的系统工程,产业链很长,分工很细。数智化转型中咨询机构是能够连接各方的一个非常好的平台,一端连接产品供应商一端连接着企业。咨询机构凭借知识和经验,帮助企业更好地融合各方的技术、产品、人员,同时咨询机构依托其人才团队,基于企业需求及市场上的成熟产品,提供端到端的数智化转型解决

方案,以及从规划到落地的全过程服务,帮助客户提升整个数智化过程中的业务价值。

（一）咨询机构总体建设成效

在企业财务数智化方面咨询机构解决方案通常集中在财务数智化转型规划、一流财务管理体系咨询、业财融合咨询、共享中心建设咨询、财务云咨询、财务标准化咨询等方面,其内容涵盖会计处理、司库管理、预算管理、投资管理、资产管理、风险管理、财务数据管理等财务职能管理的全领域。咨询服务机构在企业财务数智化领域的实践非常丰富,包括但不限于以下方面:

企业财务数智化转型规划。咨询机构帮助企业建立财务数智化转型战略规划、顶层设计、新技术的应用方案设计、转型战略行动路线分解。

一流财务管理体系咨询。目前国资委对很多大型国企央企提出建设世界一流财务管理体系的要求,应运而生的咨询机构对于世界一流的财务管理体系也提出了成熟的一套解决方案,包括世界一流财务管理体系顶层规划、财务管理能力评估及对标分析、司库等关键管理能力提升专题、财务管理流程优化与重塑、财务流程合规管理咨询。咨询机构通过结合企业的不同的特点和需求,灵活地与企业展开对标分析,诊断财务数智化转型蓝图规划以及专业提升方向和持续优化工作,来为客户去搭建的一流财务的管理体系。

业财融合咨询。业财融合是企业进行整个数智以及财务数智化转型的一个发力点。业财对接标准化、业财流程重塑以及业财数据核对咨询机构在这些方面会帮助企业在业财融合上提供解决方案。

共享中心建设咨询。咨询机构帮助企业从0到1地把共享中心建立起来,还能够对于现有的已建设的共享中心未来有哪些方面进行优化提供相应的从1到2的提升的规划以及解决思路,包括共享中心规划、共享中心选址、共享中心组织、运营体系建设、共享中心标准化咨询。

财务云咨询。所谓财务云是将所有的财务应用都放在一个平台上并且全部上云。这样的技术的架构未来是一个整体的财务进行完善的数智化转型也好,还是与前端的业务进行打通也好,基础的技术设计架构。财务云整体设计和规划、财务系统实施、项目监理、报表的自动化及可视化、数据治理及数据分析咨询。

财务标准化咨询。解决财务标准化咨询机构通常从会计政策标准化、会计科目标准化、财务流程标准化、财务报表及指标体系标准化四个方面帮助企业来进行梳理提供解决方案。

数据资产管理。咨询服务机构为客户搭建数据资产管理平台，提供数据清洗、标准化、建模、分析等技术支持，协助客户建立完善的数据资产管理体系，实现对企业数据的全面管理和有效利用。同时，咨询服务机构还可以提供数据安全及隐私保护方案，确保企业数据的安全性和保密性。

财务报告自动化。咨询服务机构为客户提供财务报告自动化方案，采用人工智能和大数据分析技术，将财务数据自动提取、分析，自动生成财务报告，大大缩短了财务报告的编制时效，提高了报表的准确性和质量。

财务分析与预测。咨询服务机构可以帮助客户建立财务分析模型，采用多种数据挖掘和分析技术，对企业的财务数据进行全面分析和挖掘，辅助管理层作出更加准确的决策。另外，咨询服务机构还可以基于历史数据和趋势分析，建立财务预测模型，为企业制定更加科学和准确的财务规划提供支持。

财务智能化平台。咨询服务机构可以根据客户需求设计定制化的财务智能化平台，提供实时数据监控、财务控制、会计核算、成本分析等功能，让企业财务管理变得更加自动化和数智化。

综上所述，咨询服务机构在企业财务数智化领域的实践丰富多彩，通过将技术、数据和业务深度整合，可以帮助企业提升财务管理效率、优化财务业务流程，达到业务增长和效益提升的效果。

（二）样本咨询机构建设成效

1. 普华永道

随着企业财务数智化转型的不断推进，普华永道建立了自己的创新中心。把整个对于数智化相关的业务进行了一个重新整合，成立了所谓的数智化的管理咨询部门（见图4-2）。把相关的财务、人力资源、税务等相关的数智化整合到了一个部门，这样更聚焦，方便为企业提供数智化相关咨询服务。一端的连着产品供应商一端的连接着客户，从咨询到系统实施，帮助企业能够更好地融合各方的技术、产品、人员。

图 4-2 普华永道数智重塑图

2. 信永中和

信永中和为了能够更好地为企业提供财务数智化转型咨询服务，把各个板块、各个领域的专业服务能力综合起来，把这些能力横跨在对于业务的理解，对于管理咨询的服务能力的高度的提炼上。对于在数智化转型过程中的实践经验，包括综合服务能力，在这个基础之上，面向企业提供以财税报审为核心的财务数智化转型的业务数智综合服务能力（见图 4-3）。

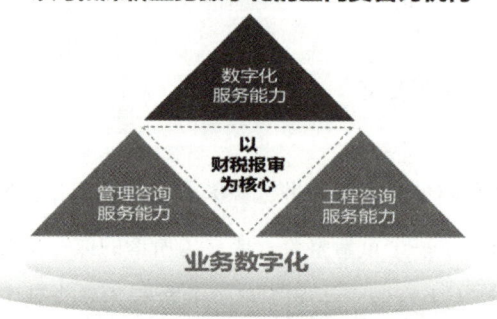

图 4-3 信永中和数智化综合服务能力图

结合对市场和用户需求的深刻理解和洞察，又结合了咨询机构自身专业咨询领域里大量的模型和设计方法论的引入，同时也结合了对于业务的深刻的理解，对新型业务场景的设计，最终落地在企业财务数智化领域，也据此部署自身的财务数智化服务光谱（见图 4-4）。

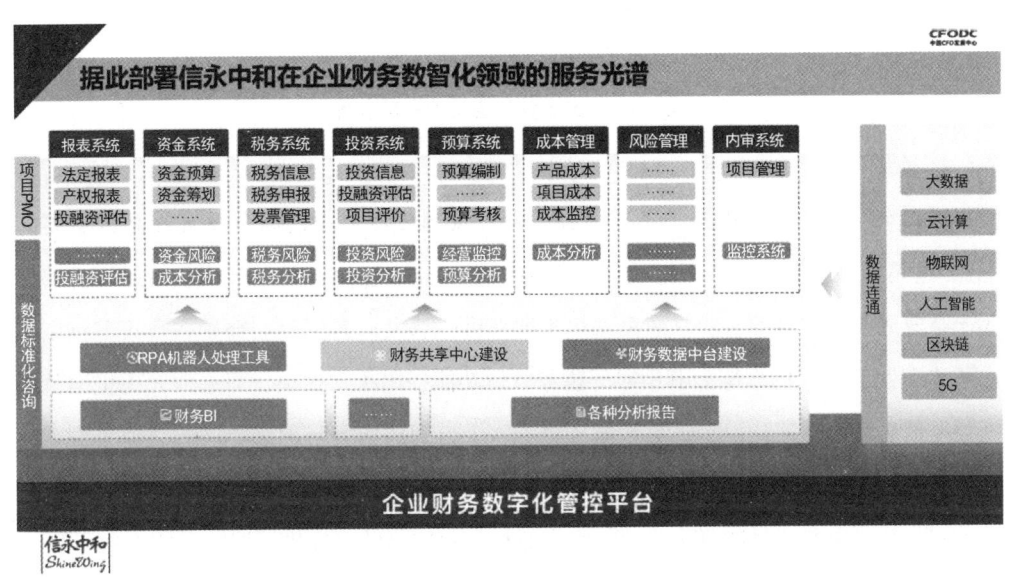

图 4-4 信永中和财务数智化领域服务光谱

3. 安永

为应对企业数智化转型的新要求，安永进行咨询业务重组，进行业务创新，加入科技咨询业务、管理咨询，这些其实是偏战略业务的转型，业务模式的转型首先有一条咨询线，其次有风险的咨询、智慧财务，最后就是整个财务域的管理咨询和转型咨询，以及供应链和智能制造和运营的咨询。同时，还有科技风险的咨询，并且和IT审计结合在一起。同时发展科技咨询业务，科技变革的是从传统意义上的IT规划到现在整个数智化转型变革的规划，到企业的应用，原来是以企业的套件，sap oracle 等为主，做整个企业整体的应用咨询，然后是数据咨询，也称DNA数据和分析、数据治理分析等，另外有针对新技术的应用即数智化核心的技术咨询。最后就是网络安全、信息安全与保护，现在也是比较发展比较快的，整个咨询业务中，财务是非常关键的一个部分（见图 4-5）。

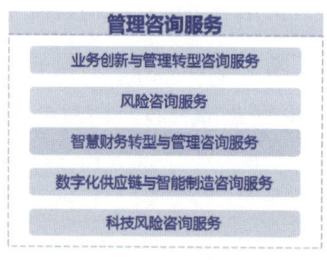 

图 4-5 安永管理咨询业务转型图

4. 德勤

2022 年 3 月 2 日发布的《关于中央企业加快建设世界一流财务管理体系的重要意见》，这是第一次从中央层面把税务管理特别是税务信息化管理提升到政策层面，那么对于企业的税务管理而言，从政策法规角度来讲，意义非常深远。德勤在政策下特别提出了"一四五五"的框架，其中对于税务管理功能提出了六大项，那这六大项里面就包括税务信息系统框架建设，还有数据分析等六个方面的内容。因为不同的企业里面，面临着不同的税收场景，不同的税务问题，咨询机构根据自己的实践经验，提出了企业税务数智化转型需要考量的五个方面，为企业税务数智化转型提供思路（见图 4-6）。

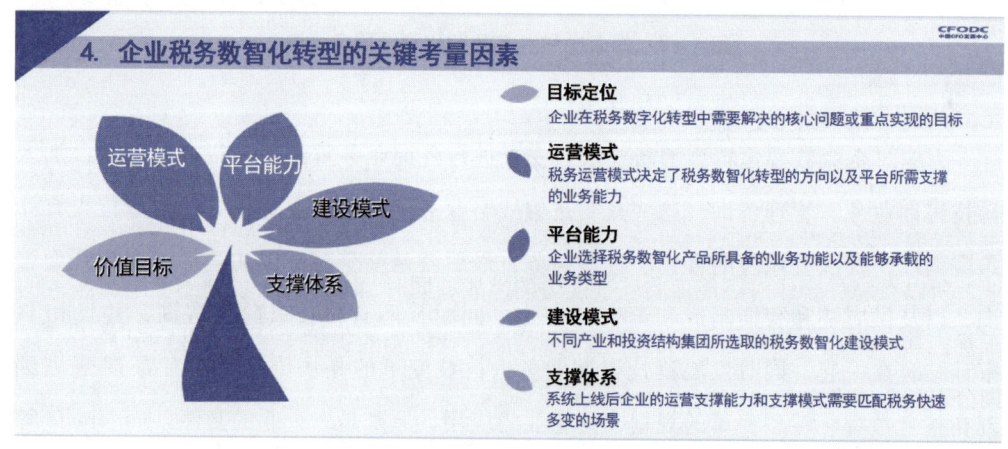

图 4-6 德勤税务数智化转型建设的关键因素

（三）不同类型咨询机构建设成效的比较分析

不同类型的咨询机构在企业财务数智化服务过程中作出的贡献不同，但是都各有特色，各有其适用情景，极大地促进了企业财务数智化转型的进程。

1. 外资咨询公司与本土咨询公司的比较

外资咨询公司如样本机构中的安永会计师事务所、德勤会计师事务所和普华永道会计师事务所引进了大量高端人才，具有先进的管理、技术和行业经验；由于其团队与咨询专家人工成本更高，所以他们提供的服务通常价格较高，这让他们在本地市场上竞争力受到考验；尽管国际企业通常影响着公司的商业举措，但外资咨询公司通常不够了解当地市场和文化，并且在执行技术、法律问题方面可能存在一定难度，因此他们在本地市场上面临着一些挑战；当然外资咨询公司通常可以采用最新和最先进的技术工具，在数智化转型领域中更容易吸引符合条件的高管或技术专家参与企业升级。

本土咨询公司如样本机构中的信永中和则是默认会提供当地市场文化和情况的专业人才，这些人员既理解当地的商业环境特征，也对那里的商业规则和文化比较敏感，因此他们得到了良好的机遇以不断地适应变化的来自企业、政府和消费者的需求；且由于人工成本较低，他们的服务价格相对较低。与外资咨询公司相比，价格的优势使本土咨询公司在本地市场上更具竞争力；同时由于熟悉本地市场环境和文化，本土咨询公司可以为客户提供更多的行业经验、消费者洞察力以及区域经济信息；另外，本土咨询公司拥有专属开发的本地网络，使其能够积极地与当地企业建立合作关系，打通市场渠道；他们可能没有那么强大、先进的技术支持工具。这意味着在技术向产业的应用方面需要更多时间和精力。

2. 独立咨询公司和依托会计师事务所发展的咨询公司的比较

独立咨询公司专攻某一特定业务类型，不易受到其他部门业务干扰，在该领域具有丰富经验，并且可以为客户提供更加精细化的服务；由于他们通常只关注单一垂直行业，所以在跨界合作时可能面临验证能力的挑战；同时，由于尽可能地避免附属条件的干扰，其中某些专家可能难以为跨越多个核心行业的企业提供支持；某些情况下独立咨询公司是中小企业或者初创公司，因此精细管理、便捷快速响应往往成为其市场卖点，可以像作为合格生产的小而灵活的齿轮一样适应某些变更和调整；与会计师事务所的其他部门相比，独立咨询公司往往较少受其他业务部门的影响，因此具有更进阶、独特的意见和解决方案，并且可能利用这一竞争优势获得更紧密的客户保持关系；当然，对于完全不具备财务咨询服务经验的独立咨询公司，他们则几乎无法在企业财务数智化领域提供任何有意义的见解。

会计师事务所在财务管理咨询领域，其洞见观察的高度深度、方法论的总结、财务咨询团队的储备、财务管理咨询实践项目的积累等方面，都远超独立咨询机构。在财务数智化方向先知先觉并持续投入的大型会计师事务所，已经形成了一套自己的财务数智化转型咨询的解决方案，他们通常拥有会计、税务等多重资质，可执行多项、多产业、具有广泛性的业务领域；在财务认证、内控审查等方面往往占据市场领先地位；他们通常重视投资并保持与若干样板企业客户的密切互动，例如大型企业、政府机构等；但是固定的客户可能会限制会计师事务所在其他潜在领域扩展其专业服务能力的机会；随着行业进一步深化，很多事务所已经发展成为全国性的大型机构，拥有数千名甚至上万名员工，并且在全球范围内设置了分支机构，他们通过强大的人员规模和资源惠及相对稳定的顾客群体；事务所的分支机构通常为一些基础性开发领域提供服务，这对其内部团队的其他业务开展容易造成干扰，除非事务所在一体化管理方面有突出的心得和水平。信永中和作为本土领先的会计师事务所，实现一体化管理，确定财务数智化咨询为重要战略方向且研发投入早，财务数智化咨询服务的团队规模达到数百人，在数智化尤其是财务数智化领域精耕细作，成为该领域一支重要的力量。

3. 软件厂商和单纯的咨询服务机构的比较

咨询服务机构中咨询顾问的专业度和行业经验得到长年积累和提升，通常对具体的问题或场景有非常敏锐的洞察和解决方案，此类公司是掌握市场趋势并能够根据客户需求提供创新技术和方法的有效途径；咨询公司通常是基于项目，一个跨多个系统甚至跨越整个企业的升级方案往往是暂时性的独立项目；咨询公司的目标是成功地创造并交付一个完整的解决方案，在项目中如期交付并贯彻落实它们，将会面临极高的要求和环节上不稳定的风险。

软件厂商侧重的是基础性开发领域，更擅长于为企业提供底层技术设施及解决方案；其通常拥有自己的专利和技术功底，并在此领域内取得了巨大进展；软件厂商可以根据客户需求提供个性化或定制化的软件或系统，在高度竞争的行业中拥有不可估量的市场份额；同时，他们也能够为用户试用和测试软件，并使其逐步成长、升级和改善自己的产品；大多数软件开发公司都致力于以高效方式完成开发任务、测试及部署；然而，由于在提供稳定、耐用解决方案的过程中受到技术限制和有限的人员资源干扰，他们可能会在部署的后期遇到挑战。

综上所述，对于企业而言，选择一个适合自己需求的咨询公司需要整体考虑所处环境、业务需求、成本分配等因素。对于国内市场的企业，选择一家本土咨询公司，在驱动企业数智化升级的过程中最能把握市场变化，具有相对优势。不过，在融入跨国企业、通往国际市场方面，选择外资咨询公司将具备更明显的优势。如果是财税类问题较为突出的企业，则会计师事务所往往能够更好地解决相关问题；如若需要深入挖掘行业细节，并在数据科学技术方面进行数智化升级，则独立咨询公司能够为企业提供服务与数据。

（四）咨询机构在企业财务数智化领域的具体实践

本部分将就企业财务数智化转型领域的一些热点和难点议题，阐述咨询服务机构的实践经验和一般性观点。

1. 财务数智化的整体观

大量传统行业在疫情后看到了数智化的价值，而选择转型升级；大数据、移动互联网、人工智能、ChatGPT等新兴技术也在为各个行业构建新的发展蓝图，改变着客户的需求以及企业的运营模式。可以说，数智化是大势所趋。企业数智化转型的进程中，财务部门扮演着重要角色，是推动企业转型和制定战略决策的关键，财务数智化是企业数智化的先行者、引领者和推动者。

（1）企业财务数智化的定义和目标。

财务数智化即财务数智化加智能化。财务数智化是指基于新一代数智与智能技术、重塑传统财务组织和流程，以改善会计信息质量、提高财务工作效率、降低财务工作成本，并逐步实现基于数据驱动的财务全流程自动化和智能化，以支持战略决策、赋能业务价值创造和防控经营风险。财务数智化不仅是技术与数据的运用，更是涉及公司绩效管理、组织架构、业务流程、人员培养、文化建设等全方位的变革。企业财务数智化的目标是提高企业决策效率，降低财务成本，增强企业竞争力。

（2）财务数智化与企业发展战略的关系。

企业财务数智化转型是将数据分析、机器学习和人工智能等技术应用到企业财务管理中，以提高财务决策效率和准确性的过程。企业发展战略则是在现实与内部环境变化的条件下，通过制定长远规划和目标来为企业增长和竞争提供方向。数智化转型可以帮助企业更好地了解自身业务和市场情况，从而帮助确定更明晰的战略方向和决策。例如，企业可以借助数据分析预测市场趋势或产品销售表现，以优化营销策略和资源配置，进一步强化其战略竞争力。此外，数智化转型也可以协助企业收集与分析财务信息，推出更为有效且精确的预测模型、风险评估和经济指标，以支持公司高层管理团队作出更有前瞻性的策略性决策。因此，在企业的战略规划和执行过程中，数智化转型是一项重要的支援手段，可以为企业的发展提供科学合理的决策基础和参考，并提高企业战略与持续发展的效率和准确性。

企业财务数智化与企业战略紧密相关。它可以帮助企业更好地了解其业务模型，支持执行战略计划、实现目标，并在不断的竞争中获得优势。

支持战略规划：企业财务数智化可以为企业的战略规划提供重要的支持。通过收集大量财务数据，分析并预测未来发展趋势，帮助企业制定最佳战略计划，特别是在市场营销、成本优化和利润增长等方面。

优化资源配置：企业财务数智化可以帮助企业更好地掌握自身业务状况以及市场变化等信息，使企业有效地作出决策从而更加精细化地管理资源。尤其对于资金的分配和流转，财务数智化可以进行精准管理，提高企业的资金效率。

提高运营效率：企业财务数智化可以帮助企业更高效地完成财务业务操作，例如会计核算、账务处理、财务管理等方面的任务。同时，财务数智化也通过数据提取、分析等方式，降低了财务资源和成本的消耗，提升企业运营效率。

实现业务增长：企业财务数智化可以基于数据对客户需求和市场趋势作出准确预测，并据此指导业务发展。

（3）财务数智化在企业经营管理中的定位。

企业财务数智化在企业管理中的定位是作为一种科技手段和数智化工具，用于提高企业财务管理的效率、准确性和决策质量。该技术可在辅助企业监控财务状况、优化预算规划、管理风险和支持战略制定等方面发挥重要作用。具体而言，企业财务数智化可以通过数据分析与模型建模，协助企业进行财务预测、成本管理、现金流优化、资产配置等方面的管理决策，并与其他部门的信息融合，帮助完善了解客户需求、营销策略、产品设计和产业链整合等领域的任务解决和经营优化。因此，在企业管理中，企业财务数智化具有重要的地位和作用。它不仅可以帮助企业改善财务状况与收益增长的表现，还可以支持公司战略在推进成功的过程中，为相应困难与机遇提供更深度有效的解决方案，从而实现企业可持续发展目标。

财务数智化在企业日常管理中常见的应用场景包括财务报表自动化、预算和财务分析、现金流预测、风险管理和控制、成本管理等。

（4）企业实施财务数智化的总体方法。

财务数智化是一个不断探索、不断迭代，螺旋式上升的过程。财务数智化作为一种全面、系统、整体的财务管理理念和方法，将其融入企业的战略规划、业务流程、组织架构和人才培养等方面，以实现财务管理的全方位、高效化和智能化。财务数智化的核心是以数据为中心，将数据挖掘、数据分析、数据可视化和数据应用四个环节有机结合，实现数据的深度挖掘和分析，为企业决策提供科学依据。企业实现财务数智化的总体方法包括以下几个方面：

建立完备的数据基础。构建可靠的数据收集、管理和处理机制，建立完备且稳定的管理信息系统，确保数据来源和数据质量的准确性和完整性。

采用合适的技术手段。选择并采用与企业需要匹配的技术工具，在人工智能、机器学习、大数据等方面挖掘更高价值的数据，并建立相应决策支持体系。

加强数智化文化建设。推动同事及领导团队成员的数智化素养、数据管理风险评估、代码开发、财务管理及其他关键技术能力的提升与创新。此外，通过内部培训、社区互动等方式持续增强员工在数智决策方面的自信和专业度。

促进科技与业务的联结。深入了解不同部门之间的工作流程和业务目标，加强相关人员沟通与协作，以便将数智化技术置于业务场景中，优化各个环节提高效率和解决难点问题。

实施全面安全措施。确保数据的机密性和数据保护措施落实到位，包括保密与加密技术、安全审计、风险评估等各方面，以避免数据泄露和其他潜在的安全威胁越来越大。

具体来说，覆盖十大领域：财务共享、智能核算、智能税务、电子档案、司库管理、全面预算、合并报表、报告分析、大数据分析。致力于打破财务面临的数据困境与决策困境，开启全新变革时代，形成全新的数智化财务数智化应用场景、数据价值链、数据治理与数智化技术平台。通过这些总体方法，企业可以逐步推动数智化转型，提高各个领域内部的效率和管理质量，为企业的发展打下坚实的基础，并为未来品牌输出、客户关系管理、盈利增长等诸多方面的问题开创一个全新的视角。

（5）财务数智化规划的必要性。

总体规划在企业财务数智化实施过程中的必要性主要表现在以下几个方面：其一，确保财务数智化工作有条不紊。总体规划能够帮助企业将数智转型与其他战略目标相互照应，设计出符合企业特点和未来发展需要的增长策略和路线图，明确各个阶段的执行计划、"最优"情况下的预期成果。其二，避免分散式、乱套山寨模式被部署。一旦缺乏明确的规划，企业内部就容易出现多开发仿制的情况，数据整合也就会受影响。而总体规划则是综合考虑企业自身因素，避免过多重复设施的出现。其三，推进科技与业务混合的方法。规划安排内部资源融合和管理结构的合理化，协调与串联各个业务数据，深入了解业务需求，推动不同部门之间基于信息化技术的流程再造和商业实践。其四，助力成功与发展。放眼行业概况和竞争环境，根据市场情况与企业价值审查或财务地图，以期打造出全面和开放的数智生态系统，培育有效高效的人才、增长源流、创新机制及亮眼的业务效益。企业在具体实施财务数智化项目的过程中，通常会包括以下四个步骤：首先，激发财务数智化转型意识；其次，现状评估和未来目标运营体系设计（战略与愿景、组织与治理、流程架构、技术与数据、人员与文化）；再次，规划具体实现路径，制定有序、具体的举措；最后，试点和实施。

综上所述，企业在实现财务数智化的过程中，如不按照规律推进工作，可能会浪费大量人力物力。因此，进行总体规划是十分必要且关键的，能够帮助企业达成更为清晰的决策、快速实现商业价值，并提升企业的贡献与形象。

（6）企业财务数智化未来愿景。

围绕"数据"和"智能"，逐步实现财务人员从核算型财务→管控型财务→精益财务→智慧型财务的转型，赋予财务人员生态圈财务、价值洞悉者、场景式服务、智能化财务这些新的角色定义。财务数智化转型的预计提高工作效率和质量，专注于事务处理的时间越来越少，更多的资源被释放用于更高附加值的工作，即预测性分析和业务关系管理。调查表明，在领先的财务职能中，75%的时间可以被用于数据分析和洞察；降低管理成本，与平均水平相比，运营水平较为先进的财务职能往往能够将财务管理占营收比率降低0.2%~1.2%；打造核心竞争力，更实时、高效的数据分析和洞察将有助于企业更有效地预测和应对环境变化、优化配置资源，重塑自身的竞争优势。

2. 财务数智化的转型整体规划

（1）财务数智化转型整体规划方法论。

财务数智化转型成功的关键是要把握好总体原则和方法。结合各大机构的经验和本次调研的结果。财务数智化转型规划需要把握好四个基本原则和三个关键步骤。

财务数智化转型规划的四个原则：

立足长远：要充分理解公司的发展战略和数智化转型的愿景，结合业务战略的分解，采用自顶向下和自底向上相结合的设计模式，整体规划财务的数智化转型蓝图框架和重点举措，并进一步提出实现财务应用建设的重点任务和实施计划，支撑企业转型升级。

效益驱动：在总体财务数智化转型目标的指导下，设置一系列阶段性目标和指标，把控阶段建设成果，快速形成相关财务分析能力和服务展示，与用户形成良好的互动关系，降低整个财务数智化转型的总体建设风险，为后期的深化应用奠定良好基础。

分步实施：转型属于长期性和战略性工作，一方面受到系统和数据的制约，另一方面和业务需求关联极大，既要考虑短期速赢和业务部门的认可，也要考虑长期建设规律，把握长期发展性与速赢性的平衡，分阶段分步骤有序建设。

重点突破：转型涉及复杂的业务和管理需求及相关部门的沟通协调，以及系统集成与数据整合等工作，因此更加需要合理分配资源，充分沟通，突出重点问题和关键问题，确保转型顺利实施。

财务数智化转型规划的阶段划分：

财务数智化转型不但要关注规划任务，还需要持续关注转型后的变革和落地工作，在转型方法上一般分为三个大阶段，即转型规划、变革试点、持续推进三个大的阶段（见图4-7）。通过规划确定明确的战略和路径；通过试点推动变革，释放转型价值；最终需要通过管理和平台进行固化和持续迭代。

（2）财务数智化转型在整体规划方面的现状、挑战以及观点。

考虑到财务数智化转型的复杂度，大多数企业都会选择先进行转型规划。通过规划找准目标，确定路径，避免在转型过程中出现混乱。即便如此，在财务数智化转型过程中仍然存在诸多的难点，例如：不知道整体规划从哪入手；不知道在规划结束之后，如

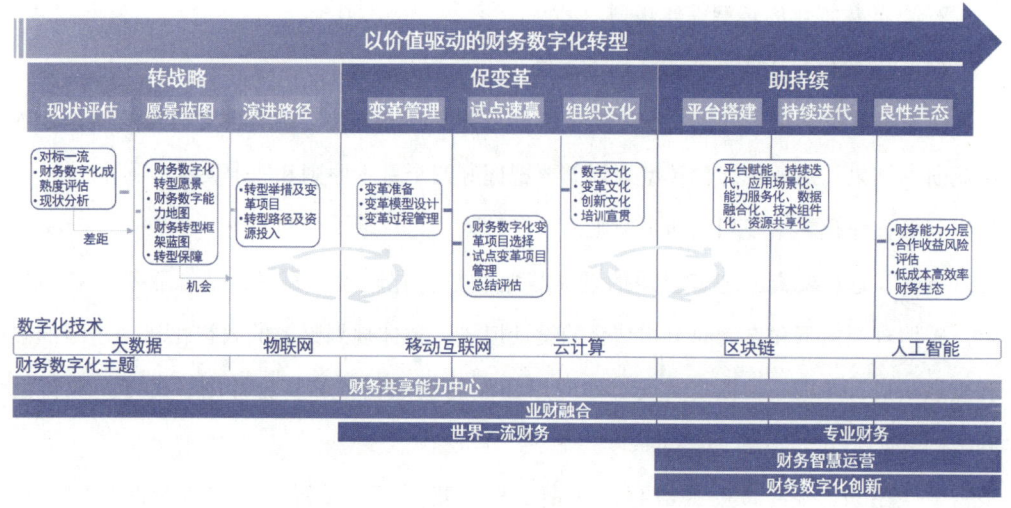

图4-7 以价值驱动的财务数智化转型

何落到具体的财务运营的领域上；规划中关注业务细节或者当前一些短期的收益，但是缺乏在整个发展过程中中长期的竞争优势的规划。规划的持续性如何保持？怎么避免出现半吊子工程？普遍缺乏价值规划，财务数智化的价值定位和释放路径不清晰；忽视对人员能力和组织发展的规划；业务变化快，规划跟不上变化，战略规划和业务规划需要不断调整和协同；业财融合过程中各系统之间的整体规划难度高，导致转型路径不清晰，数据孤岛现象严重。

针对这些问题，我们建议企业可以从以下几个方面考虑：重视整体规划，将战略、业务、组织、人员能力、技术、数据、应用、治理、运营放在一起考虑；特别是将数据作为不同方面的衔接纽带，通过建立完善的数据治理体系确保数据质量，支持通过数据资产的价值规划获得各个领域的协同能力；充分重视战略协同，做好业务战略的理解，确保财务数智化规划和业务战略的一致性；保持规划的持续性，可以通过PMO项目群管理服务时刻与企业的业务战略目标保持一致；以点切入，不贪大求全，在取得价值认可后稳步推进，支持规划的有效性；避免以某个企业套件为基础进行咨询，聘请独立的中介机构，综合考虑企业的业务战略、市场竞争、科技能力，对应用、数据、核心技术、安全进行全面规划；规划一定要跳出财务看财务，不仅规划财务职能的数智化，而是要到企业家的角度去规划，要用一个企业真正意义上在不断的多元化发展初创的过程中的心态来看财务。

(3) 财务数智化转型整体规划实践。

财务管理伴随企业发展，作为企业核心管理领域正在与时俱进，尤其是行业领先企业，一直探索财务管理如何从企业的幕后到并举，又走到前台，从共享财务、专业财务到业财一体化，不断在财务数智化转型中创新思维。本次 CFO 调研，我们根据部分公司的财务数智化案例，结合财务数智化转型三大阶段，从中节选在每个阶段相对成功的案例进行分享，期望给大家带来一点启示、经验或共鸣。

转型规划阶段的典型案例。以华润雪花为例，按照财务数智化转型的基本原则，首先通过公司 3+3+3 战略指导，制定了清晰明确的财务数智化转型愿景与目标。明确了财务数智化转型的定位为共享、服务、价值、风控和人才。在转型过程中，始终坚持一个愿景，业财并肩共创价值；坚持四个目标引领：服务战略、支持业务、监管风险、创造价值；同时建立三个财务核心能力：专业引领、业务洞察、效率驱动；在治理机制上，以财务组织管控和人才建设为保障，逐步实现财务数智化转型。在财务数智化方面实现了从数据到信息、从信息到洞察、从洞察到行动、从 CFO 到 CDO 的转型。

变革试点阶段的典型案例。以平安为例，在财务数智化转型规划后，从业务紧迫度、变革难易度、实施落地性以及转型关注度等几个角度出发，综合考虑，选取财务数智化决策分析主题。此专题以信息披露为试金石，通过自动化提高年报编制效率，迅速、准确地向投资者传递信息，将年报打造成为平安数智化经营大检阅的"最后一公里"这个目标。方法上通过平安智财云，将集团年报与数据底稿结合，形成文数混编的报告，并实现数据同步，多人协调在线同步编辑报告，最后自动输入年报体系，将公司年报披露时间从 2018 年的 63 天，缩短到 2020 年的 34 天。通过这个试金石，总结试点经验及机制，再展开到其他领域。

持续推进阶段的典型案例。特变电工 2015 年邀请普华永道协助，完成财务共享中心数智化转型咨询，搭建了"基础财务—管理财务—战略财务"三级架构。咨询和试点结束后，特变电工深刻认识到财务共享中心建设需要持续推进，不是简单的组织架构和业务物流集中。更多的是将财务、业务、系统有效融合，将咨询与试点成果按照蓝图和演进路径持续地推动，才能逐步达成目标。因此特变电工从 2016 年到 2022 年年底，在持续推进阶段先后完成以下工作。流程方面：逐步扩大财务共享中心的共享流程种类和范围,将共享流程扩展到预算、资金管理、税务、绩效评价等高价值流程。平台建设方面:持续建设财务共享平台,2016年平台一期与NC系统集成,2018年平台二期与ERP集成,2020年平台三期中新建税务管理子平台和应用。2022年平台四期建设增加RPA、债务子平台等功能。业务方面:2016年将资金结算业务、税务业务物理集中,2018年将核算业务上收,费用报销业务集中,2020年筹备公司,2022年成立专业财务共享公司全集团业务集中,开拓新的共享经营管理模式。通过持续推进,截至2022年年底,以平台为载体,特变电工财务共享中心是财务大数据基础,建立了采购到付款、总账到报表、运营管理、固定资产、税务管理、资金结算、销售到收款、费用报销8个一级流程、46个二级流程。实现了财务应用闭环,资金结算不落地,报销发票全生命周期管理,以及资金和司库立体化多维管理体系等多方面的财务数智化转型建设成果。

3. PMO项目群管理服务

(1) 概念。

PMO和监理服务是企业在进行战略转型时经常使用的工具。PMO是Project Management Office(项目管理办公室)的缩写,是企业中专职的部门或组织系统,为组织内的多个项目管理提供跨领域支持。PMO组织要承担跨项目的整体目标管控、需求管控、架构管控和项目管理职责。监理服务是指对某个具体项目实施过程中各项活动进行监督、检查、评价和指导,并提出改进意见和建议的服务。财务数智化转型中数智化产品的选择是影响转型落地成败的一项重要工作,通常由转型领导机构组织,通过多个维度,选择适合自身战略落地目标、能力的产品。

(2) PMO项目群管理服务在财务数智化转型落地中的应用。

财务数智化不仅是解决财务管理的数智化问题,更要着眼于为企业提供全面的业务、运营和战略决策支持。转型中涉及如何综合利用技术、流程、组织的变革实现业务和财务的有机结合,促进企业高质量、科学的发展。企业在转型过程中面临着目标管理、业务协同、技术匹配、人员技能、转型价值等一系列问题,解决这些问题需要专业的项目群管理组织,而一般企业的财务部门是典型的职能部门,缺乏专业的项目管理能力,无法有效地进行统筹管理,往往顾此失彼,导致转型失败。例如:部分企业转型中由技术部门牵头,希望通过引入新技术和新应用来推动快速转型,但最终却发现财务人员面对这些新技术和新系统时技能、思想、习惯都不匹配。也有些企业在转型过程中非常重视对组织、流程和人员能力的提升，通过成立各种专业化中心来改变旧有的流程和工作方式，期待获得财务管理水平本质的提升，但是却无法有效解决工具和技术开发的周期和业务变革的匹配。仔细分析这些问题都是在转型落地的管理上出了问题，需要通过建立专业的项目群管理组织来避免。通过广泛调研高校、企业、软件厂家和咨询机构，我们总结企业在财务数智化转型落地过程中的常见问题如下：

目标管理缺失。要么缺乏目标，要么目标不切实际，难以落地。导致转型落地过程缺乏指引，举措的衔接和持续性差，甚至很多举措并不能支持企业战略。

跨业务协同困难。财务数智化转型是财务、企业管理、经营、生产和职能团队的整体转型。很多企业在落地过程中总是感觉到条件不成熟，制约因素多，实际上就是没有理清楚业务之间的支撑关系，在项目的安排和管理上顾此失彼。

技术成本高、建设速度慢。财务数智化转型中的热门技术非常多，人工智能、大数据、云计算、移动化、机器人等技术的更新迭代速度都非常快，企业需要不断投入资源和人力来适应新的需求和挑战，感觉上就是不断在投入系统建设，成本高、见效慢。

涉及系统多，数据质量难以保障。数据的质量是确保财务数智化向分析型财务、决策型财务转型的基本保障，但是却经常受制于新、老系统并存、数据管理头绪多、系统断点多、人工录入工作量大、核对困难、工作负荷重等问题。表现在业财数据不一致、财务数据标准不统一、口径偏差大。

变革管理跟不上。财务数智化是组织、流程、技术和文化的统一变革。很多的失败案例都是因为忽略了人员能力、意识和习惯的改变。变革管理的缺位成为转型失败的重要影响因素。

缺乏监督和评价体系。很多企业在转型过程中不知道自己走得对不对，有没有出现偏差，企业缺乏专业技能、评估标准以及评估机制对项目的质量、进度、成本和风险进行管控。转型责任单位容易受到来自各方面的质疑。

面对这些问题，建立PMO组织、引入监理服务是一个非常有必要的选择。PMO项目群管理服务可以为财务数智化转型落地带来以下帮助：

跨领域、跨层级的项目管理支持：通过建立集中的PMO执行组织，对转型目标进行统筹管理，确保转型目标与企业的发展战略匹配，并根据目标及时调整不同项目之间的优先级和关系，进行总体计划把控。

变革管理：变革管理是一个复杂的系统工程，需要一个持续的、集中的、有组织性的变革管理机制，确保企业的文化、组织、流程、人员意识以及工具的一致性。PMO 组织中需要汇聚各类专家团队，通过变革管理活动，推广财务数智化成果，提升财务数智化意识，培养财务数智化转型能力。

架构管理：PMO 组织中的架构管理最重要的两个是跨业务流程的业务架构管控和跨系统的应用架构管控。跨业务流程管控是在发生业务问题嵌套、扯皮和推诿时，能够识别问题的根源并进行决策。跨系统的集成管控则是通过系统边界、数据交换标准和责任的控制确保跨业务流程决策能够落地。另外，在敏捷组织中，架构管理还需要建立中央技术组，对技术的前沿进行跟踪和研发，对普遍性的技术问题进行解决，确保企业能够持续跟踪技术的升级和变化，保障转型过程中技术投入的有效性和先进性，避免浪费。

沟通管理：财务数智化转型过程中涉及不同业务牵头、不同供应商承接的项目。各个项目都会确保自身的进度和目标实现，容易出现不同项目之间冲突打架，沟通效率低下等问题。有必要统筹建立有效的沟通机制和风险管理机制，提升沟通效率，避免碎片化的、无效的沟通。

价值评估：PMO 中的价值评估是对转型中涉及的所有项目进行统筹评估，确保每个项目的价值管理与整体转型价值一致。PMO 组织在项目策划阶段就会根据转型整体目标为项目建立其价值目标和衡量标准；在项目执行阶段借助监理服务持续评估价值的实现；在项目完成后，通过持续的产品运营持续关注转型的价值，对于价值下降的项目需要制定适当的改良措施。

综上所述，PMO 组织在转型落地过程中通过建立多项目管理体系、流程、方法、标准来推动项目的规划、协调和执行，可以有效地解决项目的目标管理、协调沟通、架构管理、变革推动、价值管理等多方面的问题。

（3）咨询机构的 PMO 项目群管理服务。

很多咨询机构都可以提供成体系的 PMO 体系和方法，通过派驻专业 PMO 顾问与企业内部人员共同建立 PMO 组织。外资咨询机构都比较重视建立完善的 PMO 运作机制和方法。例如安永的测试服务和变革管理。埃森哲建议将规划和 PMO 更好地结合起来，在转型开始时就从思想上做好动员和准备。普华在规划完成之后，还可以帮助企业进行系统开发、上线测试、试点上线、全面推广等实施和监理服务。德勤建议企业要考虑将咨询和落地相互结合，在咨询阶段就引入实施团队，在落地阶段则可以保留咨询团队作为监理。内资咨询机构对 PMO 项目群管理服务也越来越重视。信永中和专门设立了 PMO 和监理服务部门，将项目群管理看作是企业数智化转型成功的核心服务，并建议企业在财务数智化转型过程中一定要建立指导委员会和 PMO 办公室，做到统一领导、统一规划、统一监控、统一调配、上传下达、定期沟通汇报。

4. 企业如何选择 PMO 项目群管理服务

在企业层面，不同企业在 PMO 组织的运用上需要根据自身的需要进行选择，可以建立全面的组织，也可以只是从局部入手，甚至只是需要监理服务。例如 TCL，他们在财委会下设了单独的财资数智化专业委员会，以 CFO 为组长并下设执行秘书，并设置"能力中心"，负责战略规划、架构治理、职能支撑三部分工作。其中，战略规划部分包括数智化战略、数智化规划、组织人才；架构治理包括应用架构、技术架构、数据架构；职能支撑包括流程建设、变革管理、产品转型。这个委员会及下属组织就是一个非常完备的 PMO 组织，涵盖了目标管理、需求管理、架构管理、变革管理、项目协调、价值评价等各种能力。

广投集团选择建立了一个高效的工作组织。一方面组织了整体的业务流程梳理优化；另一方面在建设过程中组织相关数据标准的制定，并不断地优化。在沟通方面，这个小组还综合管理数智广投项目，从设计考察、立项到商务谈判、招投标全过程，最后负责整个项目实施落地，定期召开整体信息化建设例会。在变革管理方面，及时组织相关部门，讲解在建设过程碰到一些具体问题。架构管理方面成立了技术小组，负责项目运维开发，协调综合组做好项目管理工作，对业务组进行技术支持。陕投集团则重点应用了 PMO 的变更管理。通过各个层面的宣传、广泛引导各种力量，以及外部机构来参与来解决思维方式、行为习惯和作业流程的变化所带来的挑战。

5. 财务数智化产品选型方法

财务数智化转型落地过程中都会借助于财务数智化产品以加速转型，合适的产品对转型的目标实现和进度保障都很重要。但面对市场上众多的财务数智化产品，企业往往缺乏专业能力和经验来选择。本书结合了成功企业及咨询机构的经验，总结了以下选型方法：

一是，企业在进行财务数智化产品选型时，应该充分理解自身的业务需求现状和规划，先构建出财务数智化发展的现状分析和蓝图愿景。二是，通过充分的测试和验证评估财务数智化产品的功能、性能、安全性、服务和支持等方面的因素，确保产品能够与现有的系统和未来的规划都实现良好的适配。三是，需要选择适合自己的信息化能力，并且充分考虑技术发展趋势，确保能够有效进行试行和运维，并且在产品生命周期中，能很快针对新的市场趋势、业务发展和技术发展进行适配升级。四是，可以参考一部分权威中立机构的调研报告，如 Forrester、Gartner，这也是过去十多年间，中国百强企业在数智化转型道路上为了能高速发展、转型，快速赶上世界级企业的数智化程度，大都参考国外公司在企业数智化建设过程中的方法之一。五是，参考项目决策层的过往项目经验，公司领导层、业务领导、CIO 往往会有一些过往的类似项目经验，能帮助项目组很好地识别常见的问题和风险，可以起到相对准确的参考意义。六是，企业最佳的选型方法是借助咨询机构的服务。在普遍适用的软件评估维度上，一些咨询机构会通过详细的企业需求、能力、未来的发展评估后，对财务数智化产品作多维度评估，包括功能性的维度如业财衔接、主数据全流程管理、关联交易处理、报告能力、数据集成和整合等；非功能性的如产品性能、处理效率、分布式计算能力，以及产品安全性。这些专业的分析能够很大程度上地帮助企业选到合适的产品，合理有效地明确企业的几个做什么、如何做、怎么管的问题，极大提高企业数智化的成功率。

而在对产品选型理解上，不少需求管理先进的企业也同时提出了数智化项目评价的方法论（见图 4-8）和产品成熟度评估模型（见图 4-9）。以战略为目标，结合数智化战略搭建评价体系指标库的方法，认为数智化评价体系应包括评价对象、指标库、指标定义、计算方法、权重占比及数据来源等，并详细科学地给出了产品选型的理解支持。对产品成熟度评估的模型，提出了通过业务需求书、技术需求书、系统架构评估、产品供应商、招投标评估报告的考量，以及应用架构、技术架构、数据架构、基础设施等项目管理的标准来评判一个产品或方案的成熟度。因此，适合自己企业的产品才是最好的。各种方法要综合运用，审时度势，避免单纯以价格、经验、功能、名气来选择产品。

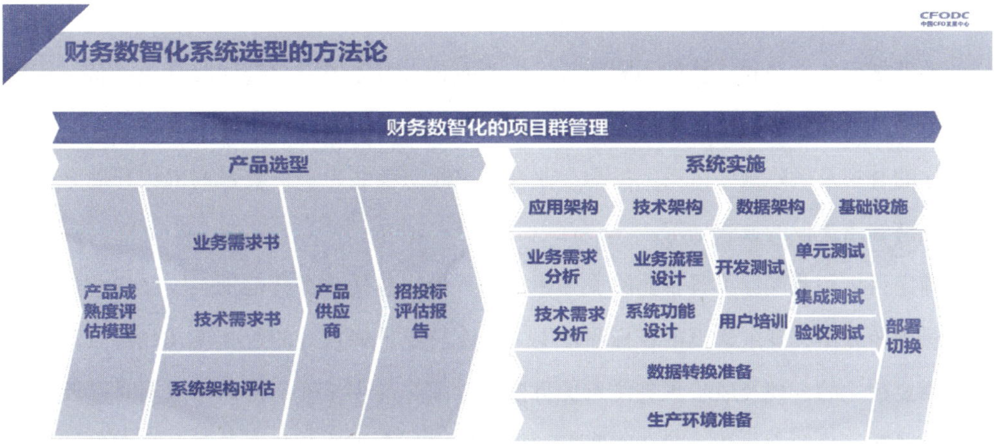

财务数智化系统选型的方法论

图 4-8　咨询机构的选型维度建议

案例：财务数智化系统选型

		某数字化产品A	某数字化产品A
软件成熟度	时间尺度	+实施时间较短 +可以分模块实施 +可以方便的采用快速的实施时间表	+实施时间取决与整个业务流程重组 +可以按要求分模块实施，提供所有核心模块 +开始支持采用快速的实施时间表
	组织灵活性	+易于添加新组织 +易于剔除组织 +易于进行人工的重新组织	+易于添加新组织 -剔除组织时需要系统重新合并 +易于进行人工的重新组织
	市场驱动	-应收款模块薄弱 +可以与第三方账务软件完美连接	+最新版本的应付款模块有很大改进 -与第三方账务软件连接需要一定技能
	信息的存取和微细度	+可以从最低层面获取信息 +可以作详尽层面的信息挖掘 +良好的信息存取	+可以从最低层面获取信息 +可以作详尽层面的信息挖掘 +非常轻松的信息存取，可以按需定义报告
	用户定制的难易程度	+高度可定制 +终端用户和开发商均可以定制	-用户定制需要技巧和经验 -仅开发商可定制
	供应商的定价策略	+非常容易通过谈判影响定价	-仅对高昂系统有可能谈判
	分散型配置	+结构支持分散配置 +强大的工作流	+结构支持分散配置 +非常强大的工作流
	可移植性	-仅可在某数字化产品B RDBMS平台上运行	+可在多种RDBMS平台上运行
	新用户入门	+易于使用 +大量的帮助文档	+新用户的介绍界面极大方便了应用 +可在线获得足够的帮助文档
	分值	85分	80分

图 4-9　成熟度模型参考

6. 财务风险管控的数智化

（1）概念。

财务风险是指企业因经营活动、市场环境等因素，导致财务状况出现变化，从而可能对企业的偿债能力、盈利能力和经营能力等产生不利影响的风险。

财务风险管控是指在财务管理过程中，利用有关信息和特定手段，对企业财务活动施加影响或调节，以便实现计划所规定的财务目标，规避风险的发生。

（2）方法论。

随着社会的发展和法规的不断完善，企业面临的财务风险管控问题日益复杂，传统的手工处理和经验判断已经难以满足需求。因此，需要借助人工智能等先进技术，建立数智化的合规及风险预警体系，提高企业合规风险防范能力。一般咨询机构开展合规与风险预警体系建设的方法如下：

确定目标和范围：了解企业的业务和法规环境，包括其经营范围、所在行业、所涉及的法规等方面，确定建设的目标和范围。企业需要了解自身的业务模式和特点，从而确定需要建立的合规及风险预警体系的目标和范围。企业在确定目标和范围时需要考虑企业的风险承受能力、企业的合规要求和行业标准、企业的业务特点和风险点以及企业的投资规划和财务状况。

梳理企业业务流程及风险点：企业合规及风险预警体系的基本要素包括法律法规、企业政策、业务流程、员工行为、外部环境等。企业需要全面了解这些要素，并建立相应的管理框架和流程，以确保合规和风险预警的有效性。企业需要对自身的业务流程和风险点进行梳理。对企业现有的合规及风险预警体系进行分析，包括其合规标准、流程、人员配备、信息系统等方面。通过对业务流程和风险点的梳理，企业可以找到业务流程中的合规风险和潜在风险点，从而为建立合规及风险预警体系提供依据。

采用数据分析技术建立风险评估模型：企业需要收集和分析大量的数据来预测和管理风险。数据分析技术包括数据挖掘、机器学习、人工智能等，可以帮助企业快速识别潜在的风险，并采取相应的措施进行预警和控制。进而建立一套科学的风险评估模型，以评估各种风险的概率和影响程度。这个模型应该基于企业的实际情况和数据，并考虑不同风险之间的相互影响和复杂性。

利用人工智能技术进行合规监管：人工智能技术可以帮助企业快速识别和解决合规问题。例如，企业可以使用自然语言处理技术来分析合规文档和政策，并提供实时的合规建议和指导。此外，人工智能技术还可以用于监管合规流程和员工行为，从而确保企业的合规性。

实施和监督：实施方案帮助企业实现合规及风险预警体系数智化，包括技术实施、培训、组织变革等方面。同时，需要监督实施过程以确保方案的有效性和可行性。数智化方案的实施是一个持续改进的过程，需要与企业保持沟通，收集反馈信息，不断改进方案，以提高方案的效果和效率。

（3）业务需求痛点。

随着监管环境的不断加强，企业的合规要求也越来越严格。合规及风险预警数智化已成为企业在合规风险管理和业务流程中不可或缺的一部分。然而，许多企业在实施合规及风险预警数智化过程中遇到了各种各样的问题和痛点。

合规要求与业务流程缺少融合：许多企业在实施合规及风险预警数智化时，发现合规要求与业务流程缺乏融合。例如，在制定合规标准时，企业可能无法考虑到特定业务流程的需求，从而导致合规要求与业务流程之间的矛盾。此外，企业在不同领域的业务流程存在差异，因此需要根据业务流程的特点和需求定制合规要求，以保证合规要求与业务流程的有效融合。

合规风险预警滞后：许多企业在合规风险预警方面存在滞后的问题。一方面，企业在识别和评估合规风险方面可能存在盲区，无法全面覆盖所有合规风险，导致预警不及时。另一方面，企业可能缺乏有效的监测和控制机制，无法及时发现和应对风险事件。因此，企业需要制定合适的合规风险预警机制，及时识别和评估风险，以便采取有效的措施控制和降低风险。

合规业务缺乏信息化支持：许多企业在合规业务方面缺乏信息化支持，这导致了许多合规业务流程无法实现自动化处理和管理。例如，企业可能需要手动处理大量合规数据，从而增加了人工成本和错误率。此外，企业可能无法对合规流程进行实时监测和控制，无法及时发现和应对风险事件。因此，企业需要建立合规信息化支持平台，实现对合规业务流程的自动化处理和管理，提高合规业务的效率和质量。

数据质量和安全：合规及风险预警体系需要依赖大量的数据，但数据质量往往难以保证。数据缺失、数据错误等问题都可能导致预警的准确性降低。对于合规及风险预警体系所涉及的数据，其安全性是非常重要的。在数智化过程中，需要保证数据的加密、存储、传输等环节的安全性，以避免数据泄露、滥用等问题。

工作人员专业程度：许多企业在合规及风险预警数智化方面缺乏专业人才和技术支持。例如，企业可能缺乏专业的合规团队，无法有效管理和处理合规业务。合规及风险预警体系数智化涉及多个领域的专业人员，包括数据科学家、算法工程师、信息安全专家、产品经理等。这些人员需要具备较高的专业素质和团队协作能力，以保证合规及风险预警体系的数智化能够顺利实施。

（4）框架体系。

合规及风险预警体系数智化是指将合规和风险预警体系通过运用人工智能、大数据、云计算等新技术和方法实现自动化、智能化和高效化。

建设完整的数据生态系统。建设完整的数据生态系统是实现合规及风险预警体系数智化的前提。数据生态系统应包括数据采集、数据存储、数据处理、数据分析、数据可视化等环节，并与企业内部的各个业务系统、外部的监管机构等实现无缝连接，实现全方位的数据共享与利用。

运用人工智能技术进行智能化分析。运用人工智能技术对大量数据进行智能化分析是实现合规及风险预警体系数智化的关键。人工智能技术包括自然语言处理、机器学习、深度学习、神经网络等，可运用于合规规则库的构建、风险模型的建立、舆情监测、异常检测等环节。

构建智能化的合规规则库。构建智能化的合规规则库是实现合规及风险预警体系数智化的基础。合规规则库应包括行业标准、政策法规、公司内部规章制度等各种合规规则，并通过人工智能技术实现规则自动化识别、更新、推送和执行。

建立风险评估和预警模型。建立风险评估和预警模型是实现风险预警体系数智化的关键。风险评估和预警模型应基于大数据和人工智能技术，通过对历史数据和实时数据的分析，实现对潜在风险的预测和预警，为企业提供有效的决策支持。

实现可视化分析与监控。实现可视化分析与监控是实现合规及风险预警体系数智化的重要手段。通过可视化分析和监控系统，可以将大量的数据以图形化的方式展现出来，便于企业决策人员进行快速分析和决策。

（5）价值提升。

随着全球经济和商业活动的日益复杂和多样化，企业越来越需要建立一套可靠的合规及风险预警体系，以避免可能的法律、财务和声誉风险。然而，传统的合规和风险管理方法往往基于人工判断和经验，效率低下且容易出错。而数智化合规及风险预警体系能够自动化分析数据、发现潜在风险、提高预警效率，并为企业带来显著的价值提升。

提高风险预警效率。传统的合规及风险预警体系通常是基于规则和模板制定的，这导致其在应对复杂的风险情况时存在一定的局限性。这种局限性可以通过利用人工智能和机器学习等技术来解决，通过分析大量数据和模式，更智能化地预测风险和制定更加准确的规则和模板。数智化合规及风险预警体系能够提高风险识别和监测的准确性和效率。通过整合大量数据源并应用机器学习和人工智能算法，数智化体系可以自动化地发现潜在风险并提供实时预警，大大减少了风险被忽视或错过的概率。此外，数智化体系还能够对历史数据进行分析和挖掘，识别出企业可能面临的潜在风险类型和模式，并提有供针对性的风险防控措施，减少了企业对人工经验的依赖，提高了风险管理的准确性和效率。

保证企业全面合规。数智化合规及风险预警体系还能够帮助企业实现合规标准的全面遵守。传统的合规管理往往需要大量的人工投入和审核，而且容易出现疏漏和错误，难以保证企业的全面合规。而数智化合规体系能够通过数据自动化和算法智能化，全面监测企业的各项业务活动，并自动发现和警报任何可能的合规问题。此外，数智化合规体系还能够根据企业的具体业务模式和需求，提供个性化的合规解决方案，帮助企业在全面遵守合规标准的同时，提高工作效率和竞争力。

提高风险评估的准确性。传统的合规及风险预警体系存在着数据源不充分的问题。合规及风险预警体系的有效性需要大量的数据支持，但是传统的体系只能获取有限的数据，不能够全面了解企业的风险状况。而通过整合内外部数据源和开发数据挖掘和分析技术，可以获取更为全面和准确的数据，并进行更加准确的风险评估。

降低合规风险和运营风险。数智化的合规及风险预警体系可以帮助企业降低合规和运营风险。合规风险可能给企业的经营和发展带来很大的负面影响，如处罚、罚款、声誉受损等。通过建立数智化的合规体系，企业可以更好地遵守相关法规和政策，及时发现和解决潜在的合规问题，从而降低合规风险。数智化的风险预警体系可以帮助企业更好地识别和管理运营风险。通过对数据的分析和挖掘，企业可以发现潜在的风险点，并及时采取措施进行风险控制和防范，从而降低运营风险。

增强企业竞争力。数智化的合规及风险预警体系可以帮助企业更好地了解市场和行业的发展趋势和变化，及时调整和优化企业战略，增强企业的竞争力。同时，企业可以通过提高合规和风险管理水平，增强消费者对企业的信任度和品牌形象，增强企业竞争力提高市场占有率。

实现信息协同共享。传统的合规及风险预警体系缺乏协同机制。不同部门之间信息共享不足，缺乏有效的协作和沟通，这导致信息不同步、信息孤岛等问题，导致企业对风险的应对能力降低。而利用数智化技术和信息化平台，可以实现企业内外部信息的协同共享，提高信息的时效性和准确性。

综上所述，合规及风险预警体系的数智化是未来发展的方向。通过人工智能、机器学习、数据挖掘等技术，可以克服传统体系的种种问题和痛点，提高合规及风险预警体系的精度、效率和可靠性，为企业的发展提供坚实的保障。

（6）成功案例。

项目背景：打造数智化是某大型央企的重点战略方向，作为数智化体系中的"智慧大脑"，是数智化建设路径"六支柱"中"两连接"之一，是转型的关键一环。

项目目标：构建风险预警，搭建风险预警模型，梳理风险指标，实时监控与标杆数据的差距，快速识别重大异常，实现对风险的监测预警。在集团整体财务分析的基础上，监测重要风险变化情况、快速识别高风险企业，并通过系统平台在线监控风险化解处置情况。

监测重要风险变化情况：通过对相关风险指标的监控，动态监测集团及各级企业面临的重大风险的变化情况。

快速识别高风险企业：通过对相关重要风险的监测，快速识别集团各级单位中存在的高风险企业以及存在的重大异常。

在线监控风险化解处置情况：通过系统实现风险自动预警与提示，跟踪监控相关风险的后续化解处置情况。

工作方法：基于外部监管及企业实际情况，形成风险监控预警的主要风险类别。以当前财务决策分析平台提取的财务数据、非财务数据以及外部数据为基础，从财务指标、业务指标、异常事项、风险损失、外部监管、宏观环境等方面识别和设置风险监控预警指标。

解决方案：明确风险预警模块的作用：风险监测预警是本次财务决策分析体系的重要组成部分，其作用是在集团整体财务分析的基础上，监测重要风险变化情况、快速识别高风险企业，并通过系统平台在线监控风险化解处置情况。

定义风险监测预警的内容：定义风险监测预警的内容，应充分融合《中央企业风险分类监测指标体系》、外部监管重点以及自身重大风险评估结果及变化趋势等因素。

设置风险监控预警指标：以当前财务决策分析平台提取的财务数据、非财务数据以及外部数据为基础，从财务指标、业务指标、异常事项、风险损失、外部监管、宏观环境等方面识别和设置风险监控预警指标。

形成风险预警指标库：针对拟设置的风险预警指标，从预警阈值、适用范围、预警机制、指标性质、是否专用等多个维度定义指标相关属性，确保指标设置科学完整，指标应用清晰高效。

建立风险监控预警运作机制：针对发生预警的指标，通过风险任务下达及追踪，实现风险监测闭环。

持续完善风险预测模型：构建风险预测模型，变事后预警为事前预测，助力集团整体高质量发展。

设计系统功能界面：根据信息系统平台的整体建设规划，设计风险监控预警模块的相关功能、工作流程、数据关系以及系统界面。

项目收益：集团从市场竞争力、经营效率和效果等全方位诊断的企业健康度，从宏观指标和企业经营指标相关性和对标感知市场蕴藏风险。

7. 管理报告、法定报表和财务决策分析的数智化

企业财务报表，基于外源性和内源性两大要求展开，致力于实现"提升价值创造能力"这一目标，构建完善的管理报告体系，更好地支持决策。管理报表和法定报表都是企业或组织在不同场合应当提供的报表。管理报表主要向内部管理人员报告业务和经济数据，用于内部管理的决策和评估。而法定报表向外部机构（如税务局、证券交易所等）提供财务和业务数据，用于合规管理和财务报告。

（1）管理报告的数智化。

管理报告是企业或组织涵盖不同领域关键指标的整体和执行层面的报表，从多个不同管理维度切入，从不同的角度来评估企业或组织的绩效，以便更好地作出管理决策。

通常来说，管理报告随着企业战略及管理热点和关注点切换、行业竞争和环境变化、特定场景的预测或假设性分析会存在"活""变"和"度"这样的特性或难度，增加梳理和定义管理分析体系，精准定义管理维度及出具管理报表的难度。财务深入研发、采购、生产、销售等业务环节，整合多个数据源，广泛采集各系统中结构化数据，外部结构化或非结构化数据，比如市场竞争态势、行业发展形势、宏观经济环节等，构

建内外部数据网络，加强建模和情景分析能力，快速应对不同的分析场景进行模拟测算、预实分析等，要求高时效性、高灵活拓展性。

对于财务数智化的要求也是不小的挑战。未来财务需要成为真正的业务合作伙伴，应用现代化的工具和技术，以不偏不倚的视角对宏观经济、行业和业务进行系统分析，提升财务数据分析和洞察能力，真正为决策提供支撑和引导。

（2）法定报表的数智化。

对于法定报表，强化核算报告，实现合规精准，是2022年3月2日国资委在《关于中央企业加快建设世界一流财务管理体系的指导意见》中明确定义的要求。建立健全统一的财务核算和报告体系，统一集团内同行业、同板块、同业务的会计科目、会计政策和会计估计，统一核算标准和流程，确保会计核算和报告规范化、标准化。优化核算和报告信息系统，实现会计核算智能化、报表编制自动化。强化决算管理，通过财务决算复盘经营成果、全面清查财产、确认债权债务、核实资产质量。加强审计管理，依规选聘、统一管理中介机构，做好审计沟通协调，抓好审计问题整改，充分发挥审计作用。完善财务稽核机制，加强会计信息质量监督检查，对违规问题严肃惩戒。构建业财融合的财务报告分析体系，利用报表、数据、模型、管理会计工具，建立纵贯企业全部经营管理链条，覆盖各个产品、市场、项目等的多维度指标体系，开展价值跟踪分析，准确反映价值结果，深入揭示价值成因。探索研究利益相关方和行业利益共生报表，更好地用财务语言反映企业发展生态。

（3）一体化财管税数据平台实现管理报告、法定报表的有机融合。

法报和管报并不是完全独立、平行而生的两个报表体系，两者需要有机一体化融合，确保数出同源。

高效化、集成化、透明化、智能化是最为普遍且最为核心的需求，借力于一体化财管税数据平台，不仅实现法定报表和管理报表的自动化出具和可视化分析，更为重要的是实现横向流程贯通、纵向信息穿透的数智化财务管控，通过法定报表和管理报表，"看得见、管得着、查得清、用得活"，真正助力财务人员实现数智化转型目标，支持运营决策、赋能业务。

（4）财务决策分析的数智化。

聚焦四个重点域建立集团管理分析体系，集团管理分析体系通常包括四个重点域：

经营分析、资金分析、税务分析和对标分析。管理分析强化数据一致性治理，推动指标口径、业务标准、业务处理规范统一，推进主数据规范统一，推进制度流程规范。

经营分析：采用适当的方法，把反映企业生产经营活动各环节或某个环节各个方面的指标综合起来，从总体上对企业生产经营状况与财务状况进行综合的、全面的评价。

资金分析：完善资金管理信息系统，建立资金风险控制体系，并将风险体系与模型嵌入资金管理系统，保障资金安全高效。

税务分析：从最基本的数据统计分析，转向风险预警和税务规划，实现税务价值创造。

对标分析：以行业内或行业外的一流企业作为标杆，从各个方面与标杆企业进行比较、分析、判断，明确自身与业界最佳的差距，通过学习他人的先进经验来改善自身的不足，从而赶超标杆企业，不断追求优秀业绩的良性循环过程。

数据可视化是数据价值链的最终展示环节。信息量爆炸的时代下，管理决策者需要有效的方法和工具解读日益增长的数据。财务决策分析数智化综合运用计算机图形学、人机交互等技术进行数据处理分析，动态高效地呈现数据信息，传递数据价值。

成功案例：某大型合资企业（曾获国资委三个"标杆"项目）在实施财务一体化管理项目后取得的成果：

会计部成功转型为财务报告中心，部门职能、岗位调整和人员能力重塑；

构建了企业级财务数据平台，包括数据仓库、报表合并、智能税务、自助分析等；

自动取数为主，手工填报为辅，总体自动化率达到85%以上；

法报自动化率从原有48%提升到92%；

管报自动化率从原有59%提升到87%；

发票/凭证级自动精准对账；

法定和管理报表出具时间缩短0.5~2天不等。

8. 财务数据中台及数据资产管理

（1）财务数据中台及数据资产管理概述。

财务管理数智化转型过程中，"数据"被认为是转型成功的核心资产要素。

数据中台是现代企业数据管理的核心平台，指将企业内外部全域、海量、多源、异构的数据进行集成整合，并依托统一的数据存储和管理机制，形成标准化、口径统一的数据资产，且通过抽象封装，向应用层面提供灵活、共享的数据服务，以满足不同管理应用场景下的敏捷的数据需求。

财务数据中台是数据中台理念与财务管理实践应用的有机结合。财务数据中台以财务管理应用场景为出发点，围绕财务管理数据需求，解决财务管理应用过程中数据不全、数据不准、数据不及时等实际问题。为资源配置、经营分析、绩效管理、财务管理等应用提供基础数据服务支撑，实现财务管理质效提升；同时，结合企业总体数据战略与架构，为企业数据管理、数据治理战略提供实际应用场景，推动数据中台体系落地。

根据美国信息管理协会（DAMA）的定义，数据资产管理是数据中台的重要应用，指通过对企业内部和外部来源的数据进行收集、整合、管理、分析和应用，实现数据的价值最大化和风险最小化的过程。

企业财务数据资产包括但不限于以下几个方面：

财务报表：包括资产负债表、利润表、现金流量表等，反映企业的财务状况和经营情况。

会计凭证：包括原始凭证、记账凭证、汇总凭证等，记录企业的经济业务。

成本数据：包括成本核算表、成本分析报告等，反映企业的成本情况。

预算数据：包括年度预算、部门预算、项目预算等，反映企业的预算管理情况。

税务数据：包括纳税申报表、税收收入报告、税务稽查报告等，反映企业的税务合规情况。

财务分析数据：包括财务比率分析、财务风险分析、财务预测分析等，为企业决策提供参考。

财务管理数据：包括资金管理、风险管理、投资管理等，为企业的财务管理提供支持。

（2）财务数据管理面临的挑战。

在本次调研中，我们发现当前大部分企业在谈到财务管理数智化的时候，都认为"数据"正在成为制约企业财务管理质效升级和价值提升的主要因素。分析后发现主要的原因仍然集中在数据的管理方面，包括：

数据来源广、质量差，容易基于错误数据作出错误的决策和分析；

数据集成和整合难，难以支持全面的分析和决策；

数据安全和隐私保护难，数据泄露和违规使用风险高；

数据可视化和分析能力弱；

数据跟踪和管理困难，难以掌握问题数据的来源和使用情况。

另外，敏捷应用与系统开发冲突、固化服务难以支撑差异化管理、应用及数据烟囱阻碍数据内部共享等问题也比较突出。

解决上述问题的最佳方式是建立统一的财务数据中台和数据资产管理，用科学的手段确保数据的价值得到最大限度地利用。

（3）财务数据中台及数据资产管理实践。

区别于传统财务数据集市，财务数据中台建设在数据资产、数据服务层面均存在不同程度改进。

在数据资产层面，财务数据中台不仅解决不同来源、不同系统的数据集成化、标准化问题，关键在于构建完整的数据资产管理体系，明确数据资产目录、数据模型、数据标准，打通数据来源、数据链路、数据应用的财务数据全生命周期管理流程。

在数据服务层面，财务数据中台由传统的定制开发模式，转变为共享服务模式。通过应用和服务场景沉淀和封装，为上层应用提供标准化、灵活化、可共享的数据服务接口，如指标服务、模型服务、计算引擎服务等，在保证数据统一的前提下，满足上层应用的敏捷、差异化用数需求。

因此，企业在建立财务数据中台时，首先通过制定数据的标准化（见图4-10），通常包括以下方面：

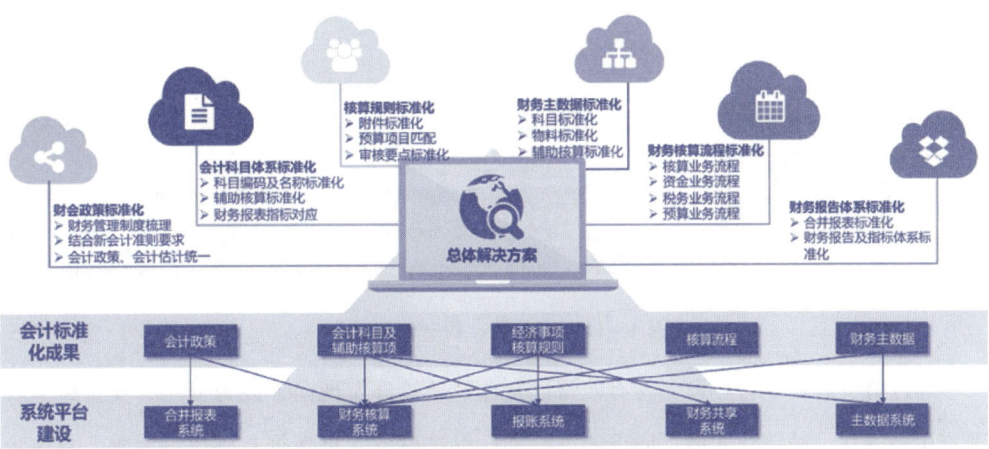

图4-10 财务数据中台总体解决方案

财会政策标准化：财务管理制度梳理、结合新会计准则要求、会计政策及会计估计统一等；

会计科目体系标准化：科目编码及名称标准化、辅助核算标准化及财务报表指标对应等；

核算规则标准化：附件标准化、预算项目匹配及审核要点标准化等；

财务主数据标准化：科目标准化、物料标准化及服务核算标准化等；

财务核算流程标准化：核算业务流程、资金业务流程、税务业务流程及预算业务流程等；

财务报告体系标准化：合并报表标准化、财务报告及指标体系标准化等。

其次，将财务数据标准化的成果应用到各业务平台建设过程中，搭建统一的数据中台，形成法、管、税一体化平台（见图4-11），满足企业跨部门（战略投资部、财务部、审计部及风控部等）、跨主体（会计、运营、资金、税务、审计、战略及风控等）等多方面对财务分析的需求。

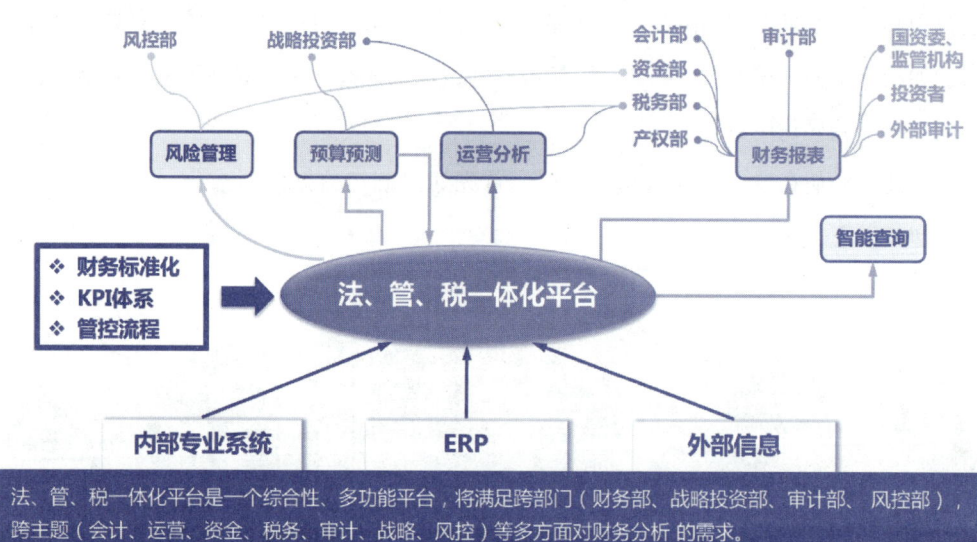

图4-11 法、管、税一体化平台

通过财务数据中台建设，能有效帮助企业财务管理实现向上能力复用，支持财务管理应用精细化、敏捷化转型；向下能力反哺，促进财务管理数据基础质量完善。具体价值主要体现在：

完善财务数据资产：梳理明确财务管理数据资产需求与数据标准，构建完整、及时、准确的财务管理数据资产，解决数据缺失、数据不准等常见问题，集中支持上层精细化、敏捷化管理应用。

沉淀数据服务能力：抽象财务数据服务内容，构建财务数据服务能力，实现财务管理应用敏捷化、差异化支撑。

共享数据服务资源：支持财务数据服务的共享复用，构建财务管理与应用的共荣机制，减少重复开发与资源浪费。

支持长效数据拓展：构建财务数据中台运营管理体系，实现财务数据资产管理机制长效运行，支持未来财务数据资产和服务拓展。

（4）数据管理行业实践案例分享。

某大型央企集团的战略及业务条线推进改革，对集团财务管控提出了更高的要求，为此引进专业咨询服务机构，开展财务标准化项目，构建并实现了一套数据、一个真相、多套架构及不同视角下的一体化"大财务"平台（见图4-12）。

图 4-12 某大型央企财务数据平台示意图

通过一体化财务数据平台，即统一标准、统一格式及统一转换，对接专业化公司的各业务系统及财务系统下的科目余额、辅助核算、财务凭证及业务凭证，通过对1810万笔财务凭证数据进行分析，纠正历史遗留问题，推动财务管理向"看得见、管得住、审得清"演进，实现近7.3万家客商映射和近43万条明细科目到集团管控科目的映射，满足了对法定报表、管理报表、税务报表、关联交易对账、审计调整及税务合规及风险控制等的内、外部管理与分析要求。

9. 财务数智化项目的审计及后评估

（1）基本概念。

财务数智化项目跟踪审计是指由专业的信息系统审计人员对企业或者政府组织的财务数智化项目建设实施全过程中的各个阶段或实施关键里程碑节点，分别从业务合规性、功能完整性、管理规范性、投资有效性、价格合理性等角度，跟随项目实施过程中执行的全过程事中审计。由于跟踪审计的结果对整个实施过程可产生实质性的影响，因此审计的监督职能可以得到更有效的发挥，从而为企业或政府组织能够规范管理财务数智化项目建设和实施的全过程、合理利用有限的资金和资源、得以成功实施，实现其预期的功能、满足用户的需求提供有效的保障。

项目后评价（Post Project Evaluation）是指在项目已经完成并运行一段时间后，对项目的目的、执行过程、效益、作用和影响进行系统的、客观的分析和总结的一种技术经济活动。财务数智化项目的后评价工作通常在财务数智化项目投产正常运行 6～12 个月之后进行，根据《GBT 30339—2013 项目后评价实施指南》的相关指导意见，财务数智化项目后评价应包含对财务数智化项目全过程回顾，包括项目立项决策阶段、项目准备阶段、项目实施建设阶段和运行阶段，开展项目目标评价、项目过程评价、项目效益评价和项目可持续性评价四个方面的内容。客观评判项目实施全过程的合规性及科学性，客观审视信息化项目管理水平，构建后评价项目指标库，重点关注重大重要风险。

跟踪审计和后评价项目在数智化项目的阶段划分，审计关注点等很多领域是相通的，但是跟踪审计把事后审计向前延伸到数智化项目规划之初，开展全过程的事前、事中、事后审计的工作。跟踪审计也可以根据企业信息化项目规模，分为项目群驻场审计（内审外包）和针对单个大型项目的跟踪审计两种交付模式。而后评价项目则在项目投产运行 6～12 个月之后开展。所以，不同的企业可以根据自身的实际需求选择开展跟踪审计或者后评价项目工作，为财务数智化项目的建设保驾护航。

（2）现状及面临的挑战。

企业在开展财务数智化项目建设的过程中，领导往往会关注整个项目建设过程的合规性和 IT 投资规模的合理性，即是否存在舞弊风险，项目完工后是否达到了预期的效果，要满足领导的这一要求，财务数智化项目的跟踪审计及后评价工作就变得非常重要。这项工作对于国企和央企的领导尤为重要，在外部监管和内部提升管理以及防范风险的要求下，IT 项目跟踪审计及后评价工作越来越引起领导的高度关注。目前，开展数智化项目的审计及后评估的项目机会越来越多，但是，由于企业长期以来对信息化项目跟踪审计及投资后评价工作重视不够，在开展指标评价时，缺乏此类项目的指标评价库，缺乏指标评价的初始值，无法进行量化的指标评价，而定性的评价往往又达不到领导的要求，这是财务数智化项目后评价面临的一大挑战。而不少客户在数智化项目开展过程中途甚至尾声才想起来要做跟踪审计，错过了发挥跟踪审计事前及时发现问题，事中跟踪整改，事后减少损失的最佳时机，是很多企业普遍存在的问题。企业由于缺乏对数智化项目开展审计的经验，往往会套用工程项目跟踪审计的计价方式，而数智化项目的规模往往比传统的工程项目投资规模要小，且数智化项目跟踪审计的人员投入和工作的复杂程度又要比工程项目跟踪审计的要求高，复杂度也高，所以，往往会造成此类项目的收费过低，无法开展。而且对于审减金额的奖励制度，很多客户也无法接受，这是此类信息化项目跟踪审计面临的又一大挑战。

（3）方法论。

我们陆续在零售行业、电力行业、烟草行业、金融行业的大型企业的 IT 项目中，提供 IT 项目全过程跟踪审计或者提供 IT 项目不同里程碑阶段的审计服务（见图 4-13），比如 IT 项目投资/立项审计、IT 项目拦标价审计、回标分析、项目验收审计、项目结算审计、项目财务审计。这些项目的侧重点各有不同，但是这些项目往往又都遵循 IT 项目跟踪审计所共有的方法论。为此，我们项目团队共同撰写了《信息化项目跟踪审计实务指南》一书，全书 86000 余字，形成了信永中和特有的 IT 项目跟踪审计的方法论，用于指导此类项目。目前此类项目还缺乏国家标准和行业标准。我们编撰此书就是为了首先形成信永中和在开展此类项目的企业标准。

信息化项目投资后评价项目主要遵循国家标准《GB/T 30339—2013 项目后评价实施指南》，开展财务数智化项目的投资后评价工作。财务数智化项目后评价报告的编制大纲是基于财务数智化项目的特点，进行调整和优化形成的。

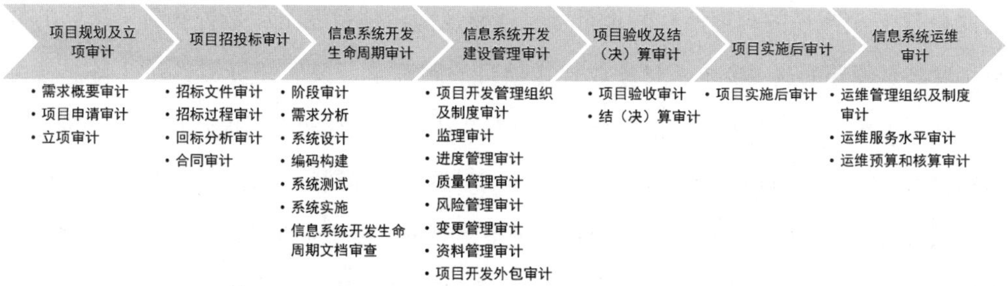

项目规划及立项审计	项目招投标审计	信息系统开发生命周期审计	信息系统开发建设管理审计	项目验收及结(决)算审计	项目实施后审计	信息系统运维审计
• 需求概要审计 • 项目申请审计 • 立项审计	• 招标文件审计 • 招标过程审计 • 回标分析审计 • 合同审计	• 阶段审计 • 需求分析 • 系统设计 • 编码构建 • 系统测试 • 系统实施 • 信息系统开发生命周期文档审查	• 项目开发管理组织及制度审计 • 监理审计 • 进度管理审计 • 质量管理审计 • 风险管理审计 • 变更管理审计 • 资料管理审计 • 项目开发外包审计	• 项目验收审计 • 结(决)算审计	• 项目实施后审计	• 运维管理组织及制度审计 • 运维服务水平审计 • 运维预算和核算审计

图 4-13 审计服务项目列示

（4）成功案例与实践。

在烟草行业，我们成功为上海烟草连续五年提供信息化项目驻场审计，每年审核的 IT 投资规模超过 2 亿元，为客户合理地控制 IT 投资规模，并逐渐提升其信息化项目的管理水平，配合客户实现了审计流程的信息化工作。另外，我们为安徽烟草、中国烟草、中国烟机、黑龙江烟草等企业提供各类信息化项目的阶段审计工作。

在金融行业，我们也成功为阳光农业相互保险公司提供信息化项目跟踪审计服务，已经连续服务了 2 年。每年审核的 IT 投资规模超过 1 亿元，并且帮助客户累计节约 IT 投资 3000 万元，得到客户的高度认可。

根据我们在此类项目的经验，帮助客户合理控制 IT 投资规模，实现 8%~10% 的 IT 投资的节约是可以实现的目标。这类项目开展之后的另一个显著效果是提高了甲方的 IT 项目管理能力，提升了乙方的项目交付质量。这一点也得到了客户的普遍认同。

在计算机、通信及其他电子设备制造业，我们成功为中国电科集团开展了信息化项目投资后评价项目，审计的项目规模超过 2 亿元，被审计的项目超过 100 个，帮助客户开展了合规性审核，对较大规模的项目开展投资合理性评价工作，并提出了需要重点关注的风险领域，得到了客户的高度认可。

第三节　咨询机构数智化转型存在的问题分析

财务数智化是企业管理数智化的核心，转型成功与否关系到企业在一段时间内的发展态势。财务数智化在早期主要解决财务数据的电子化，今天已经发展到为企业提供全面的业务、运营和战略决策支持。随之带来的变化是财务数智化的关注重心已经不再是单纯的技术应用，而是如何通过技术、流程、组织的变革实现业务和财务的有机结合，促进企业高质量、科学地发展。由此也带来财务数智化在落地过程中的复杂性。企业在进行财务数智化转型的过程中会涉及管理经营的所有领域，业务和技术方面都面临挑战。很多企业为避免混乱，会比较重视规划先行，但仍然发现规划容易、落地难。企业在落地过程中常常受困于复杂的协同关系和各种落地项目直接的同步性。面临着目标管理、业务协同、技术匹配、人员技能、转型价值等一系列问题。例如部分企业希望借助新技术和新应用快速实现转型，但财务人员面对众多新技术和新系统时往往无从下手，难以发挥工具的效能。另一部分企业则非常重视对组织、流程和人员能力的提升，通过成立各种专业化中心来改变旧有的流程和工作方式，期待获得财务管理水平本质的提升。但是匹配新的组织、流程和人员能力的工具和技术开发速度慢、效果难以达到设想，拖慢了整体转型的进度。通过广泛调研，发现财务数智化转型在落地过程中通常会碰到以下几个典型问题。

一、企业数智化转型项目咨询与落地实施脱节

在企业数智化转型的浪潮中，推进数智化转型已经成为所有企业的共识，但有很多数智化转型项目没有做到真正落地，咨询公司提供了数智化转型的运营方案并指导企业运营，但咨询公司或者实施方一走，企业一地鸡毛，不能持续运营，因此咨询公司在为企业提供数智化转型服务时，要保证方案能够真正落地，并且持续健康运营。

（一）缺乏有效的数智化战略规划

很多企业着急于数智化转型且盲目行动，对于数智化转型的战略规划不清。在寻求咨询公司帮助时常常出现目标不清晰、还没厘清数智化方向就急于投入的问题，导致最终方案不匹配不融合。而且，企业在数智化转型过程中，忽略了战略和业务的融合关系，形成了数智化战略和业务发现"两条路"的形势，两者的关系联动薄弱，这种忽略了业务也忽略了战略方向的转型往往很难发挥赋能作用。数智化转型是一个长期投入、持续优化的系统工程，企业在启动数智化转型项目的时候，一定要在高层管理和基层员工内形成思想共识，并且由企业一把手担任数智化转型项目组的负责人，积极协调数智化转型过程遇到的资源问题。

(二)构建数智化能力薄弱

企业缺乏建设数智化能力的关键要素,即数智化人才。在咨询公司方案落地时,企业不具备兼具业务能力、全局数智化理念和技能的全面人才,使最终项目咨询与落地实施脱节。数智化人才非常稀缺,培养周期长成本高。在缺乏数智人才支撑的情况下,企业在落地数智化转型也是举步维艰。此外,很多企业的数智化建设还是停留在表面试点阶段,可能仅是某个环节或者某个流程进行了数智化建设,并没有复制或者推广到全企业全业务场景,整体的数智化建设规模效应并不明显。数智化转型项目对企业来说是一次重塑新生的机会,自然对员工也提出了更高的要求,因此企业需要对数智化转型的参与人进行培训,让员工有更好地素质来适应数智化转型,这样才能更好地让数智化转型在企业内部落地。

(三)数智化价值难以变现

企业缺乏长期主义。由于数智化转型的系统性,使数智化见效慢、周期长,而对于急于求成的企业来说,难变现的数智化转型方案会受到管理层的质疑,数智化投资持续减弱,形成恶性循环,最终导致咨询方案始终无法落地。事实上,数智化转型不是买入一套数智系统,而是要涉及全业务、全流程的系统性改革工程,如果只是短期兴致勃勃,小打小闹,没有渗透核心业务环节,是很难助力企业提升竞争力的,这样也就很难真正最大化实现和解锁数智价值。数智化转型切忌贪心和急于求成,企业要先梳理核心业务流程和问题,并且从核心业务环节作为切入点,逐步提升核心环节的效率和价值,比如说,制造业以生产环节为起点,通过数智系统优化生产环节的流程,改善生产环节的资源问题,以数据价值赋能生产效益,等生产环节逐渐有起色,再逐步推广到销售、财务、研发等环节,循序渐进复制到全业务场景。

二、新的数智化产品与原有系统难以融合

目前各企业财务信息化的进程各有不同,在新的数智化产品选型过程中,原有系统利用融合的问题成了关键的难点,这就要求咨询机构从新产品选型及IT技术层面解决原有系统融合问题,发挥新老系统联动作用。

很多企业在咨询公司的协助下都已经将顶层系统进行了数智化转型,但是底层财务的标准化的基础工作没有做牢,导致顶层的应用没有办法很好地应用起来。看起来很酷

炫的一些 BI 的报表，因为底层的数据的治理还没有做到非常标准，导致管理层仍无法快捷地获得所需的数据。目前各企业财务信息化的进程各有不同，在新的数智化产品选型过程中，原有系统利用融合的问题成了关键的难点，这就要求咨询机构从新产品选型及 IT 技术层面解决原有系统融合问题，发挥新老系统联动作用。

（一）跨业务协同困难

数智化转型同时还存在着跨业务协同困难的问题，战略规划与财务转型期望存在脱节，财务数智化作为企业管理和经营的排头兵，除去财务专业的转型之外，必然涉及管理、经营、生产和职能团队的转型。牵一发而动全身，落地过程中总是感觉到条件不成熟，制约因素多。经常会出现问题一环套一环的状况，牵头部门协调和管理的难度非常高。

（二）技术成本居高不下

财务数智化推行有别于实施一个系统，而是需要通盘规划，需要资金预算的支撑。财务数智化转型中的热门技术非常多，人工智能、大数据、云计算、移动化、机器人等技术的更新迭代速度都非常快，企业需要不断投入资源和人力来适应新的需求和挑战。感觉系统一直在建设，成本高、见效慢。

（三）变革管理跟不上

财务数智化是组织、流程、技术甚至文化一体化的变革。部分企业发现建设了很先进的系统，组织和流程也进行了相应的调整，但是人员能力不足、意识跟不上、习惯跟不上，复合型人才的匮乏，导致在落地过程中沟通困难、协同困难。然而企业自身又建立不起来合适的人才培养机制，社会上也缺乏合适的人才。财务人员被动跟随、缺乏持续创新和改进能力变成常态，正是这些软性的原因导致转型失败。数智化释放了部分劳动力后，如何赋能员工从事更高附加值的工作，来实现协同。

（四）缺乏监督和评价体系

企业不知道项目的建设效果是好是坏，缺乏专业技能、评估标准以及评估机制来组织和完成对项目的质量、进度、成本和风险的管控。转型责任单位容易受到来自各方面的质疑，导致转型夭折。

三、咨询机构转型过程受到思维制约

数智时代下很多咨询机构成为助力企业数智化、智能化转型的重要角色之一，而咨询机构自身也处于数智浪潮的席卷之下,面临转型的需求。在此过程中,部分咨询机构,尤其是中小型体量的机构受到固有思维的限制,出现转型方向不明确等问题。思维制约主要体现在以下几方面。

(一)传统管理思维制约咨询机构提升服务效率

传统管理模式下,组织内部往往存在机构部门设计臃肿僵化、变通能力不强、信息沟通和协同不畅等情况。数智化时代下,管理思维更新滞后会制约工作效率的提升,增加业务成本,甚至会降低市场占有率,威胁咨询机构的生存和发展。此外,咨询机构意识到传统管理观念的弊端,转而拥抱数智化管理理念,重构内部管理方法和模式,此过程也存在一定的风险。如何将数智管理理念落实到组织内部管理机构的设计和运行中是很多咨询机构面临和思考的问题。

(二)转型过程中业务的定位和发展需要新思维的引导

企业存在向财务数智化和智能化转型的需求,咨询机构的业务正是与企业的需求对接,帮助企业实现转型。目前,财务数智化存在诸多领域,比如财务共享、业财融合、全面预算、费控管理等。相应地,咨询机构可以针对上述单一或少数几个领域开展咨询业务,也可以采用多元化经营的战略就多个财务数智领域开展咨询业务,业务的背后需要专业团队支撑,需要数智思维赋能。盲目地大范围拓展业务可能无法将每一领域的服务细节做好,满足不了企业的需求,导致客户流失,也可能会加重咨询机构的成本负担。而局限于单一领域的财务数智化服务可能使咨询机构陷入该领域激烈的竞争环境中,也可能使机构错失蓬勃发展、扩大规模的良机。对于咨询机构来说,选对发展方向,权衡好业务领域是数智化和智能化转型过程中值得思考的问题。

(三)旧方法论制约咨询机构转型

首先,数智化转型过程中,咨询机构的方法论与数智化时代企业需求的适配性不足。咨询机构基于流程思维,更为关注企业内部的分工协作,引导企业内部流程中的角色达成业务目标,从而产生业务价值。数智化时代下,企业与外部环境的联系更为密切,咨询机构更需要场景思维,即以用户的需求场景和体验场景为核心,通过场景定位客户群,确定提供的数智化服务和产品。其次,部分咨询机构的产品交付过于单一,企业从中获取的效果和价值有所折扣,这降低了咨询机构的服务价值,也在一定程度上降低了客户满意度,影响了咨询机构的市场份额。在数智化时代,咨询机构如何实现价值和服务创新，提高客户满意度和客户黏性，是需要思考的问题。

（四）咨询机构未能明确数智时代下的发展模式

数智化时代下，企业需要将视角从单独的企业转向合作生态圈，咨询机构也是如此。部分中小咨询机构过于关注组织本体的发展，忽视与外部的企业、组织的合作。在数智化时代来临之前，咨询行业暂可依靠自身的案例和经验积累，帮助客户解决财务、管理等方面面临的问题。但是数智化时代下，各类数智技术层出不穷，部分技术存在进入门槛，全面招聘和培养技术人才需要高额的成本和时间，咨询机构若不与外部企业和机构展开合作、优势互补，将面临服务和产品难以满足客户需要或市场份额减少等困境，影响咨询企业的生存和发展。

四、咨询企业数智化转型运营体系尚未确立

数智化转型是基础，数智化运营是关键，实现企业数智化运营关键是要完成企业各个要素之间的数智化打通与连接，不仅是一种串联关系，而且是需要通过数智化形成各个要素之间的价值发挥，成为相互支撑的重要基础，但是，咨询企业数智化转型过程，其运行体系仍主要存在以下弊端：

各业务系统建设时缺乏平台化思维，数据分散在各业务部门，共享难；

企业内部部门墙严重，难协同，上下游脱节，数据分散难以集中，数据平台构建缺乏统一标准；

由于管理上的问题，产生大量无效错误的数据，体系应用能力弱，此外系统上线后缺乏制度保障机制；

不少咨询企业仍以传统经验思维来构建数智化运营体系，缺乏数据化思维；

数智化系统技术的先进性与数智化运营体系不适配的矛盾，例如运营体系老旧、没有及时更新、日常管理松散等问题，导致系统应用难、数据收集难、数据准确性及时性无法保障；

在数智化转型过程中缺乏平台化思维与统一的运营体系，数据缺乏统一的标准且无法集中管理，业务部门和信息部门各自为战，信息孤岛现象突出。

咨询企业自身业务及信息板块独立建设的信息化系统虽然能够局部满足单个业务闭环需求，但也使工程咨询企业形成了多个信息孤岛，信息无法互通、数据无法共享的现

象越来越突出；分散的数据使上下游数据相对独立，同样的数据可能因为名称、格式不同造成数据整合成本较高，数据的割裂对业务协同造成困难。缺乏统一的数据格式和标准造成数智鸿沟越来越大，更不利于数据沉淀成为数据资产。而这些问题的存在导致数据建设缺乏综合把控能力、管理能力、运营能力，最终企业内部系统孤岛丛生。

咨询企业的数智化转型本质并不是一家企业的数智化，而应该是全过程咨询的数智化转型，以咨询企业的数智化推动咨询服务联调的数智化升级，从固有业务向价值链两端服务机制环节延伸，催生总集成总承包等新型服务，实现全过程咨询服务的创新发展。

咨询企业要想进行数智化转型，数智化运营平台是关键。但是运营系统上线并不代表着数智化建设的成功，反而只是阶段性的开始，若想应用系统发挥其效果，必须得正常使用，而正常使用需要具备三个特性：及时性、完整性、准确率。保障三个指标顺利推行最重要的就是保障机制，工程咨询企业需要制定每一套应用系统的运行保障制度，并落实执行。保障制度是系统正常运行的行为准则，是衡量系统是否健康运行的标准，企业不仅要建设系统，更要用好系统，系统才能发挥真正的价值。

数智化转型也不是一蹴而就的。数智化转型进程中总会遇到各种挑战，如果没有明确的方法论指导，企业可能会因找不准新市场定位、凸显不出自身的竞争优势、难以正确评估自身的转型效益、难以将现有业务和数智化新业务有效融合而陷入实施困境。因此，企业在进行数智化转型系统布局时，应参考业内数智化转型的经验和方法论，来进行整体设计和分步骤分区域阶段性实施，否则，将会为企业带来巨大的沉没成本和机会成本。

因此对于咨询企业而言，要打造适合自己的数智化运营体系，实现业务运营、数据运营和技术运营的融会贯通，打造"营销数智化—业务流数智化—项目运作数智化—人力资源管理数智化—客户服务数智化"的全流程数智化运营体系，实现提升效率、降低成本的企业管理目标。

第四节 咨询机构数智化转型展望

20 世纪 80 年代至 90 年代初，国内咨询行业处于起步阶段。当时，由于经济改革和市场开放带来了新的商业机会，一些国外咨询公司开始进入中国市场，包括麦肯锡、安永、IBM 等。20 世纪 90 年代中期，随着国内经济迅速发展，国内咨询行业逐渐兴起，各种形式的管理咨询机构开始出现，包括纯粹的管理咨询公司、大型会计师事务所设立的咨询部门、高校及研究机构下设的咨询机构等。进入 21 世纪初期，中国加入 WTO 后，外资咨询公司在国内市场逐渐占据主导地位，同时也有不少本土咨询公司逐渐崛起，例如信永中和等知名事务所。近年来，随着中国经济和企业的快速发展，越来越多的企业开始注重管理咨询，在这背景下，咨询行业正逐渐成为国内知名度和重要性都逐渐提升的行业。同时，随着人工智能、大数据等新技术的不断应用，咨询服务的形式也在不断变革和拓展。

一、服务大型企业数智化转型

国内管理咨询机构为了更好地向大型企业提供高质量的服务，需要着重关注以下领域：

深化专业领域：咨询机构需要通过在特定领域的深度研究和积累经验，培养优秀的顾问和专家，加强行业知识和技能学习，提高专业能力水平，建立自己的核心优势，以满足客户专业化需求。

提高服务品质：为了保持客户关系，咨询机构需要在服务过程中注重细节，注重客户需求和体验，以不断提高客户满意度，持续提升服务品质。

拓展服务领域：通过扩展服务领域、完善综合服务体系，满足客户多元化需求。

加强团队建设：通过吸引优秀人才加入并留住人才，咨询机构需要建立一个稳定性较高、团队协作良好、能够统一执行重要决策的团队，以提高服务执行力。

增强国际化能力：咨询公司需要关注与国外咨询公司开展联合项目等合作，拓展国际市场和合作伙伴。拥有全球视野和能力的咨询机构可以为企业提供更广泛和多样化的服务和资源，从而更好地服务于大型跨国企业。

加强合规性建设：严格遵守法律法规，提高风险管控能力，尤其是企业并购、重组等场景下，咨询机构需要遵循相关法律法规、规范运营，确保服务的合规性和可持续性。

推动管理咨询行业的发展：通过积极参与行业协会和标准制定等活动，促进管理咨询行业的良性发展，提高整个行业的专业水平和认可度。

二、咨询公司自身数智化转型

随着数字经济时代的到来，数智化转型已成为企业生存与发展的必由之路。而咨询机构作为企业数智化转型的重要参与者，也需要利用数智化技术，不断创新转型以适应市场的需求和变化，提高工作效率和服务水平，从而更好地满足客户需求。在向企业提供财务数智化转型服务的过程中，通过加强管理创新、业务创新和价值创新，注重信息安全和风险管理，咨询机构可以为客户提供更加优质、全面的服务，实现自身和客户的共同发展。下面将进一步探讨咨询机构在数智化转型过程中的具体策略和实践。

（一）咨询机构在数智化转型过程中的具体策略

1. 管理创新

管理创新是咨询机构数智化转型过程中的关键一环。咨询机构需要在管理创新方面下功夫，加强内部管理，提高效率和协作能力。采用一体化管理可以提高咨询机构特别是事务所的管理水平，从而提高整体业务效率。一体化管理不仅能够提高咨询机构的内部管理效率，还能够提高企业对咨询机构的信任度和忠诚度。此外，咨询机构也需要注重人才培养和管理，吸引和留住优秀的人才，为客户提供更专业、更高质量的服务。

作为一种有效的管理方法，一体化管理包括人员管理、财务管理、项目管理等各个方面，通过整合各方面的资源，提高内部协作效率，降低成本和风险，进而提高咨询机构的整体业务效率。一体化管理具体包括以下几个方面：

整合资源。咨询机构需要整合各方面的资源，包括人力资源、财务资源、技术资源等，以提高效率和协作能力。通过整合资源，可以实现资源的最大化利用，避免重复投资和浪费。

优化流程。咨询机构需要对内部流程进行优化，消除冗余环节，提高效率和质量。通过优化流程，可以减少错误和失误，提高交付效率和满意度。

强化协作。咨询机构需要加强内部协作，建立协作机制和平台，促进各部门之间的沟通和合作。通过强化协作，可以提高协作效率和质量，避免信息孤岛和重复劳动。

提高人才管理。咨询机构需要注重人才培养和管理，吸引和留住优秀的人才，为客户提供更专业、更高质量的服务。通过提高人才管理，可以提高服务水平和客户满意度，增强企业的核心竞争力。

2. 业务创新

业务创新是咨询机构数智化转型过程中的另一个关键环节。咨询机构需要在业务创新方面加强数智技术赋能。数智技术不仅可以提高咨询机构自身的生产力和效率，还可以打造外部合作生态和内部共享中心，逐步变革自身的作业模式和交付模式。咨询机构可以通过大数据、人工智能、区块链等技术，深入挖掘客户的需求，提供更加精准和定制化的服务。同时，咨询机构也可以利用数智技术打造合作生态，与更多的合作伙伴和专家进行特别领域的合作，提高服务的覆盖面和深度，并降低成本。其次，咨询机构可以借助数智技术在内部打造共享交付中心，通过共享资源和信息，变革交付模式，优化交付流程，提高作业效率和协作能力，更好地管控交付成本。具体实践如下。

（1）建立数智化平台。咨询机构需要建立数智化平台，通过大数据、人工智能、区块链等技术，深入挖掘客户需求，提供更加精准和定制化的服务。数智化平台可以帮助咨询机构实现全面数智化转型，提高服务效率和质量。

（2）打造外部合作生态。咨询机构需要与外部企业建立合作伙伴关系，共同开发新的服务和产品。通过外部合作，可以拓展咨询机构的业务领域，提高服务质量和客户满意度。

（3）构建内部共享中心。咨询机构需要构建内部共享中心，将企业内部的资源和知识进行整合和共享。通过内部共享，可以避免重复投资和浪费，提高效率和质量。

（4）推行智能化服务。咨询机构需要推行智能化服务，利用人工智能等技术，提高服务效率和质量。通过智能化服务，可以降低成本和风险，提高客户满意度。

3. 价值创新

价值创新是咨询机构数智化转型过程中的重要环节。咨询机构需要在价值创新方面加强落地性和商业价值呈现。在价值创新方面，咨询机构需要注重服务结果，新时代的咨询机构不能仅满足于项目的交付，更应该确保交付的落地性以及商业价值呈现，即不仅要"交钥匙"，还要"包教会"，不仅要帮助企业完成数智化转型，更要帮助企业实现商业价值的提升。咨询机构需要为企业提供更加具有前瞻性和战略性的建议，帮助企业在数字经济时代中立于不败之地。咨询机构可以通过深入了解客户的商业模式、行业趋势和竞争对手等信息，提供更加全面和深入的解决方案。同时，咨询机构也需要建立客户关系，为客户提供长期的支持和服务，帮助客户在数字经济时代中实现可持续发展。具体实践如下。

（1）确保交付的落地性。咨询机构需要注重交付的落地性，确保交付的实施效果和商业价值。通过精细化管理和专业化服务，可以提高交付的落地性和实施效果。

（2）注重商业价值的呈现。咨询机构需要注重商业价值的呈现，通过专业的数据分析和商业模式创新，实现服务的商业化和价值化。通过商业化和价值化，可以提高服务质量和客户满意度。

（3）强化客户沟通。咨询机构需要加强与客户的沟通，了解客户需求和反馈，及时调整服务方向和策略。通过强化客户沟通，可以提高客户满意度和服务质量。

（4）注重服务创新。咨询机构需要注重服务创新，不断推陈出新，满足客户多元化的需求。通过服务创新，可以拓展业务领域，提高服务质量和客户满意度。此外，在数智化转型的过程中，客户的信息会涉及机密性、完整性和可用性等方面的问题，咨询机构需要采取相应的措施保护客户的信息安全。同时，咨询机构也需要加强风险管理，预测和评估可能出现的风险，及时采取相应的措施，减少对客户的不利影响。

总之，数智化转型是咨询机构未来发展的必然趋势。咨询机构需要采取创新转型策略，提高一体化管理水平、打造外部合作生态和内部共享中心、注重交付的落地性和商业价值呈现等方面，实现数智化转型的成功。同时，咨询机构也需要注重信息安全和风险管理，提高专业水平和创新能力，为数智化转型奠定坚实的基础。

（二）咨询机构在数智化转型过程中的具体建议

咨询机构在新时期要着力加强机制建设，搭建完善的人才培养、员工激励、绩效考核等机制，以营造良好的工作氛围和企业文化；重点提升团队能力，通过持续的人才引进、团队协作、知识共享等方式，提高顾问团队的专业能力、服务水平和执行力；关注开发解决方案，通过深度分析客户需求，量身定制个性化解决方案，确保每一项服务都与客户需求密切相关，推动项目成功实施；落实知识积累与传播，通过组织内部学习和知识分享，不断积累和总结项目经验和行业知识，并将其运用于新的项目中，从而提高服务质量和客户满意度；创新理念与思想领先：关注行业变化和前沿趋势，推动咨询思想的创新和发展，形成自己的独特理念，提供更有价值的服务。具体来说，咨询机构可以采取以下措施。

1. 机制建设方面

国内咨询服务机构在管理机制建设方面可以通过以下途径提升与突破：

完善人才管理机制：加强对员工的选拔、培养和激励，实现人才的合理流动和使用。

建立高效沟通渠道：打造畅通的内部沟通渠道，促进团队协作和信息共享。

强化绩效考核体系：建立科学的绩效评估体系，将个人和团队的业绩进行量化分析，为员工提供明确的晋升通道和奖惩措施。

推行数智化转型：采用数智化技术优化管理流程，提升工作效率和数据安全性。

加强创新意识：鼓励员工创新思维，推动知识创新、业务创新和管理创新，从而不断提高企业竞争力。

提高服务质量：注重客户需求，加强服务质量管控，通过投诉反馈和满意度调查等方式，及时跟进客户问题，提高客户满意度。

优化组织架构：根据企业发展需要，适当调整和优化组织结构，提高工作效率和服务水平，实现资源最优配置。

通过以上几个方面的努力，国内咨询服务机构能够建立良好的管理机制，提升企业竞争力，为客户提供更加优质的服务。

2. 团队能力方面

国内咨询服务机构需要注重人才培养，建立多元化的人才培养体系，吸引和培养优秀的人才，提高团队的专业水平和创新能力，建立开放性和合作性的团队文化，鼓励员工创新和分享知识，提高团队的协作和创新能力。具体需要关注以下几个方面：

团队招募与培养：注重员工潜力的挖掘和培养，建立完善的招募、培训和晋升机制，吸引和留住优秀人才。

团队管理和激励：加强对团队成员的管理和激励，建立正向激励机制，促进员工积极性和主动性。

团队沟通和协作：注重团队协作，建立良好的沟通机制，提高团队合作水平和效率。

团队知识共享：建立知识库和经验库等共享机制，促进团队成员之间的知识分享和学习。

团队多元化：鼓励团队成员们具有不同的背景、经验和技能，实现团队多元化和创新思维。

团队文化建设：建立企业文化和价值观，使所有团队成员都能够认同并遵循这些文化和价值。

专家资源整合：整合外部专家资源，为团队提供更全面和深度的服务能力。

通过关注以上几个方面，国内咨询服务机构能够提高团队的综合能力和服务水平，为客户提供更加优质的咨询服务。

3. 解决方案方面

国内咨询服务机构在解决方案领域可以实现提升与突破的方法如下：

深入了解客户需求：通过充分了解客户背景、特点和需求等信息，制定符合客户实际情况的个性化解决方案。

建立行业专家团队：建立专业的行业专家团队，对行业发展趋势、政策法规、经济环境等进行深入研究和分析，为客户提供权威的行业分析和解决方案。

加强技术创新：注重技术创新，利用先进技术手段帮助客户提高效率、降低成本、提升产品质量等。

推广成功案例：在推广解决方案时，以往成功案例作为依据，展示自身在该领域的专业能力和实践经验。

联合拓展合作伙伴：与相关行业的优秀企业或专业机构建立合作关系，共同努力，研发更高效、更精准的解决方案。

提高服务运营能力：加强项目管理和控制，在项目实施中不断寻找问题和改进点，提升服务质量和客户满意度。

不断学习与总结：持续不断的学习和总结行业的经验和案例，吸收优秀实践成果，不断完善解决方案领域的专业能力。

通过以上几个方面的努力，国内咨询服务机构可以不断提升自身解决方案领域的专业水平和能力，为客户提供更加高效、精准的一站式咨询服务。

4. 知识积累与传播方面

国内咨询服务机构在知识积累与传播方面应该着重关注以下几个问题：

知识管理：建立完善的知识管理体系，包括知识库、经验库等，对知识进行分类、标签化和数智化，以便快速查找和共享。

建设学习型组织：将知识积累和传播融入企业文化中，建设学习型组织，激励员工不断学习和创新。

知识分享：通过内部沟通渠道和分享机制，促进团队成员之间的知识共享和交流，实现资源优化和信息共享。

专业培训和发展：为员工提供专业培训和发展计划，帮助他们了解行业前沿动态和最新技术，提高专业素养和工作能力。

学术研究：积极参与知识产权保护和学术研究活动，提高行业影响力和知名度，推动行业标准化发展。

创新思维：鼓励员工开展创新思维和实践，提出新的解决方案和模式，实现业务创新和行业领先。

知识传播：通过多种方式传播知识，如制作分享文档、举办内外部讲座和研讨会等，为客户和合作伙伴提供高质量的知识服务。

通过关注以上几个问题，国内咨询服务机构可以积极推动知识的积累与传播，不断提高员工的专业素养和企业的核心竞争力，为客户提供更加优质的咨询服务。

5. 思想领先方面

国内咨询服务机构要做好思想领先方面的工作，不断创新思想和概念，可以有以下几个方面的努力：

关注行业变化和前沿趋势：积极关注行业变化和最新发展趋势，洞悉行业未来发展方向，为客户提供相应的咨询服务。

研究新技术和方法：持续学习新技术和方法，与时俱进地更新自身的专业知识和能力，并将其运用到实际项目中。

借鉴国内外经验和案例：积极借鉴国内外优秀企业的成功案例和最佳实践，吸收并创新应用到自身咨询服务中。

推动咨询思想的创新：建立团队研究机制，推动咨询思想的创新和发展，开展前瞻性的咨询研究，推出符合市场需求的新型咨询服务。

拥抱数智化转型：加强对数智化转型的研究和应用，推动全方位的数智化转型，为客户提供更高效、精准、智能的咨询服务。

人才引进和培养：积极引进和培养具有创新精神和思维能力的人才，为企业注入新鲜血液和创新思想。

通过以上几个方面的努力，国内咨询服务机构可以不断提升自身思想领先的能力和竞争力，从而更好地满足客户需求，推动咨询行业的健康发展。

（三）咨询机构数智化转型的发展前景

本土领先的咨询机构以及会计师事务所虽然起步较晚，但是，得益于改革开放的红利，以及国家的大力支持，近年来，在国内咨询市场上，无论是业务结构调整、分支机构发展、人员团队准备，还是在服务于央企国企民企以及上市公司的咨询实践上，都有了长足的进步，在某些客户群体和某些项目类型的服务上，其服务水准在向国际咨询机构靠近。

随着中国企业的发展壮大，"洋咨询"在本土市场的局限性日益显露，国际咨询公司针对西方企业的解决方案和方法论开始遭遇瓶颈。中国企业在学习吸收西方管理经验的同时，越来越意识到中国企业的治理结构、管理文化等方面和西方的不同，不能完全照搬西方的模式；中国企业目前在某些方面，比如现代物流、互联网金融、线上支付等方面已经领先，亟须总结自己的经验和运营模式，是时代提出的要求也是业务创新的需要；另外由于信息和经济安全的需要，值得注意的是，目前活跃在中国市场的主要是一些外国控制的国际咨询公司（虽然有些公司由于监管或税务原因注册在第三国，但实际控制人是外国人），随着中外在各个领域竞争甚至对抗的加剧，以及"脱钩论"甚嚣尘上，咨询市场面临重大调整机遇，大型国有企业的咨询如果任由这些外资公司控制，将存在极大的信息安全隐患。

与此同时，随着服务国家重大战略，例如"一带一路"倡议，党的二十大报告中提出高质量发展、统筹发展与安全，国办发〔2021〕30号文件《进一步规范财务审计秩序促进注册会计师行业健康发展的意见》提出促进注册会计师行业健康发展、加强会计师事务所一体化管理，引导事务所加强统一管理的要求，当前政策环境与导向对内资专业咨询服务机构的发展给予了最殷切的期许。本土领先咨询机构及会计师事务所必将迎来黄金发展机遇。

领先的本土咨询机构及会计师事务所也有其自身的优势，那就是对国情及文化的深刻理解、对央企国企民企咨询诉求的深刻理解，使咨询服务过程沟通更顺畅，方案也更贴合实际，如果再考虑到收费，本土机构性价比突出。

第五章　企业财务数智化转型助推高校财务数智化人才培养

第一节　财务数智化人才培养的时代背景

一、财务数智化人才培养的应用场景

2021年3月12日,《中华人民共和国国民经济和社会发展第十四个五年规划和2035年远景目标纲要》发布,其中第五篇"加快数字化发展,建设数字中国",迎接数字时代,激活数据要素潜能,推进网络强国建设,加快建设数字经济、数字社会、数字政府,以数字化转型整体驱动生产方式、生活方式和治理方式变革。信息化、人工智能、大数据、云计算、区块链等技术的相继出现,推动了数字化转型、智能化升级,数字化应用场景不仅包括智能交通、智慧能源、智能制造、智慧农业及水利、智慧教育、智慧医疗、智慧文旅、智慧社区、智慧家居、智慧政务。新一代信息技术对全球经济发展、社会进步、人民生活带来重大而深远的影响,对于企业来讲,产品将被场景所替代,行业将被生态所覆盖,工业互联网将成为驱动经济发展的新引擎。当然,也对财会理论与实务带来了前所未有的挑战。财政部发布的会计改革与发展"十四五"规划纲要中有关《会计信息化发展规划(2021—2025)》和《会计行业人才发展规划(2021—2025)》以

及国务院国资委发布的《关于加快中央企业建设世界一流财务管理体系的指导意见》，其中重点提出了财务数智化转型，关键点主要包括"系统高度集成、业财技一体化、数据与模型驱动、安全保障"。

数智化将给财务管理带来的是角色的改变。财务已经告别了过去"账房先生"的角色，从事后走向了事中甚至事前，扮演着与企业共同成长，对业务进行支持，对公司进行战略支撑，对公司运营与风险进行全盘掌控，对公司"第二增长曲线"进行准确预判等重要角色。在智能转变方面，财务人员不仅限于专业财务技能，同样应该具备适应和搭建数字化财务体系所需的数字技能。随着智能化的提升，智能机器人 RPA 的引入，枯燥的、机械的、重复的财务工作在不断减少，财务人员的时间与精力被更多地释放出来，从事高附加值的价值创造性工作。因此，财务数智化转型如何由高速度扩张向高质量发展转变、管控型财务向赋能型财务转变、核算场景向业务场景转变、流程驱动向数据驱动转变、业财分离向业财融合转变、守护价值向创造价值转变，实现人机协同，是所有财务人员面临的"时代新课题"。

二、数字经济助推高等教育变革与面临的挑战

数智经济时代的到来，不仅改变了大众的工作、学习、生活方式，数智技术的发展，催生了实务界的变革，推动了企业商业模式、管理模式的创新，业财融合的深化要求非会计专业人员必须具备阅读和分析会计信息的能力，并将其应用于经营决策。因此，财务数智化教学必须要面临的问题就是如何大力培养智能技术复合型人才和人工智能应用人才，加强多学科协同交叉，优化人工智能学科课程体系布局，提升高等教育管理者在智能时代的决策力，传统财会课程改革已然迫在眉睫。随着智能时代人才需求和技术的变革，高等院校财务人才培养目标如何确定？人才培养方案如何修订？学科建设与发展如何推动？面对新智慧的育人空间和管理形式，高校又该如何应对教育治理呢？这些都是正在走向智能时代的高等教育必须回答的问题，在人才培养、学科建设、教育治理等方面，对高等教育的发展提出了全新的挑战。

（一）时代发展速度与教育发展速度不同步

我国在短短 70 年的时间里，实现了从传统计划经济到市场经济以及中国特色社会主义市场经济的跨越，取得了举世瞩目的卓越成绩，但是必须清醒地认识到，对于计划

经济和市场经济中的财务会计这门科学，仍然有很长的道路需要探索。另外，从工业时代到互联网时代，再到数智化时代，知识的更迭速度越来越快，财务会计这门学科的内容，似乎出现了"认知撕裂现象"，也就是说，财会专业实践者两只脚站立在传统的工业时代，两只手里攀爬在互联网时代，两只眼眺望着数智化时代。高等教育的机构和教师如何培育出与时代发展同步的优秀人才将面临巨大的挑战。

（二）市场需求人才与高校供给人才不匹配

实务界需要的是具有国际化视野的、复合型财会专业人才，懂财务、懂业务、懂科技，同时需要有一定的企业场景认知，具备财会知识与业务发展相结合的意识和能力，同时要掌握并应用多种数智化工具。另外，高校人才供给短缺严重，主要原因在于上级主管部门和校方主要领导的支持力度不够，在过去对高校的跟踪调研以及往年调研过程中发现，虽然教育主管部门已经出台了一系列的相关政策，但是落地到实际教学上，尤其是教育经费的支持上，可谓是"雷声大雨点小"。校方主要领导为了平衡学校各方面的利益，协调各学科的均衡发展，对财会教学的关注力度以及财务会计学科的资金支持力度都不够，导致财会数智化教学水平的提升速度未能达到预期，从而造成课程的研发与师资力量的不协同。数智时代，财会专业的课程内容，大多都需要进行二次开发或者重新研发。在研发过程中，研发的团队由哪些要素构成，如何使各要素彼此互补而不是重叠和人员堆砌，解决这些问题非常重要。

（三）财务数智化教学改革与教学理念不协调

教学理念需要转变和更新，首先，高校培养人才的目标，既不是精致利己主义者的摇篮，也不是企业用工的输送基地，而是为了国力的强大、民族精神的传承和弘扬、科教兴国大政方针的落地实施培养优秀的人才。因此，高校应该进行教学理念的深刻转变与迭代更新，需要同步培养具有高尚品德的研究型人才和实用型人才，不但要满足企业的人才需求，而且要满足科研机构的人才需求，实现人才培养质量的持续提升，知识和技能的持续创新。其次，教育创新意识薄弱、顾虑颇多。高校会计教学的创新主要表现在数智化工具的应用，例如，慕课和移动通信使学生的泛在学习成为现实，AR与VR提升了学习的体验性，智能助教为学生提供了24小时在线的答疑服务。而在课程开发方面，过于纠结于新概念的解释和课程内容的全面性在课程体系建设方面，兴趣偏好顾及较多。在课题立项方面，课题形式和规格的攀比现象比较严重。同时，高校在整合校外社会优质资源时存在诸多顾虑。

第二节　财务数智化人才培养的实践与理论创新

近年来，为主动适应大数据人工智能的技术革命、数字化转型与经济社会发展，深化教学改革高质量发展，满足大数据高速发展背景下经济社会发展对会计数据分析和会计管理决策的需求。高校通过创新人才培养模式，全面修订本科与研究生教学方案，开设智能化的课程模块、智能会计教研室等方式，坚持全面与头部信息化企业协同与融合的发展路径，持续培养智能财会融合型人才。高校在智能化领域的人才培养具有培养基础扎实、培养特色鲜明和培养路径清晰的特点。

一、人才培养的系统化实践探索

（一）以成立学院为突破口

高校会计专业财务数值智化转型在组织架构上的创新，首先体现在通过组织架构调整，强力推进新文科新商科建设，搭建"智能+财会"人才培养平台。"大智移云物区"时代对财会人才的需求，不仅要求能够为企业管理提供更多的增值服务，而且对外部资本市场发展提供财务决策服务。因此，部分高校以成立智能财会学院为突破口，推动财务数智化的转型。例如，广东财经大学于2021年设立智能财会管理学院，学院的专业设置方向包括会计学（智能会计）、财务管理、税收学（智能税收），其中，财务管理包括财务管理、财务管理（智能财务）、财务管理（管理会计）。在智能财会管理学院三大专业的课程设置方面，高校以目标为导向，解决为谁培养人？培养什么人？怎样培养人的问题，将"服务国家战略，为党育人，为国育才"思想贯穿全过程。课程设置体现智能特色和湾区特色。同时，以财会管理知识为主体，发挥"大智移云物区"优势，彰显"湾区实践服务"特色，创新人才培养一体两翼模式。

（二）以专业建设为导向

高校会计专业坚持以人为本，以学生为中心，以培养德智体美劳全面发展，具备会计数据分析能力的智慧型、创新型应用复合人才为目标，形成以会计、财务管理和审计三大专业为导向的财务数智化转型。一是以会计专业为方向的智能会计发展。数字经济的新时代,会计作为商务世界的通用语言,在大数据、人工智能等新技术的赋能下迎来新一轮的重大变革,企业数智化转型需要智能会计,国家治理与社会发展更需要智能会计人才。智能会计方向的专业渊源为会计学,专业融合人工智能、大数据、区块链等科学技术,将高校数据分析与信息技术类专业的优势与会计学专业有机结合,推动未来会计职业的发展趋势,秉承学科交叉的理念,在夯实会计学理论知识学习的同时,强调对新技术的融合实践应用。人工智能时代带来的商业革新,正演变为高校会计学专业教育变革的重要推动力。需要重塑财会审专业人才能力框架,培养我国和区域经济发展所需具有科学素养和学科交叉能力的财会审专业人才培养体系。二是以财务管理专业为方向的智慧财务。会计学院积极争取多方资源,不断开拓创新、锐意进取,取得了卓有成效和突出的成绩,整体办学水平、办学层次和人才培养质量得到大幅度提升,为国家和自治区的经济建设与社会发展作出了新的贡献,为"十四五"发展奠定了良好的基础。"十三五"期间,会计学院进一步突出复合型、应用型和创新型人才培养目标,逐步探索以"立德树人"为核心的数智化财会人才培养模式,全面修订本科与研究生教学方案,以课程思政全面覆盖为抓手,强化实践教学和数智化信息技术赋能课程转型,增设大数据与智能会计相关课程,通过校企合作方式培养大数据师资队伍。三是以审计专业为方向的数智化审计。审计数智化将重塑数智时代审计业务,实现审计工作简约化,统筹管理,实现审计计划统一管理,审计资源优化配置,实现审计作业全过程管理与监控。

(三)以课程体系为核心

各个高校学院在会计、财务管理和审计专业财务数智化转型过程中,将人工智能、大数据等新兴技术与传统学科相融合,探索新时代下新的专业话题,改革传统教学内容。以课程思政全面覆盖为抓手,强化实践教学和数智化信息技术赋能课程转型,增设大数据与智能会计相关课程,构建新的核心专业课程和课外综合实验课程体系,注重专业知识、专业实践和数据分析实践相衔接,利用学科优势和智能会计实验平台,培养学生会计领域下的数据分析能力,突出"智能型、创新型"的会计人才培养特色。例如,重庆理工大学的"RPA 机器人课程:原理、应用及开发"课程主要包括 RPA 财务机器人的概念与内涵,以及财务机器人的应用架构与技术、需求规划、设计与开发、部署与运维等核心内容,建立系统化的财务机器人理论框架。通过学习掌握强化智能数据分析学科前沿课程设计,使学生能够理解财务机器人的主要和重要应用场景,熟悉财务机器人的诸多应用场景,了解各个场景的应用背景、业务流程与存在的痛点、自动化流程设计与收益实现。掌握前沿数据分析的理论知识与技术方法,着重培养学生会计领域的数据分析及创新实践能力,充分发挥数字化时代的会计功能,突出"智能型"培养特色。

随着数字化经济的快速发展,面对新时代国际、国内双循环经济格局的形成,在数智化专业转型与升级方面,各个学院的会计学院存在着较大的差距。"十四五"期间,个别会计学院进一步完善数智化财会人才培养的课程体系,在专业基础课和传统专业课程教学中融入大数据与智能会计教学内容,新增大数据财务分析、智能会计、财务共享等实践课程。第一,智能化新技术方面,增设财务大数据分析与决策、财务机器人应用与开发课程,使学生了解新技术在财务中的应用。第二,智能财务相关平台建设研究方面,面向会计学专业开设财务共享服务必修课程,全校开设财务共享服务选修课程,使学生理解财务转型的思路和未来发展的方向。第三,新型财务管理模式构建方面,结合目前已开设的智能财务课程,探讨财务管理模式的创新发展。主要负责的课程有 Python 程序语言设计、数据挖掘、数据库与数据处理、ERP 实验、会计信息系统、智能财务共享服务、财务大数据分析与决策、大数据审计分析、财务机器人,除公共基础课之外,智能会计还包括 Python 财务大数据分析、智能会计、财务大数据可视化分析、财务大数据挖掘等专业必修课。

(四)以实验室为平台

高校在企业财务数智化转型领域展开了主要围绕以下"五位一体"的一系列研究实践,包括产学研政策扶持、校企合作良好机制、智能技术与专业融合、多平台协作研究开发、实验室场所支持等。在多平台协作研究开发中,建议在校内可能平台和平台之间加强合作,例如与创实中心之间的合作,在校外会与更多的平台开展和尝试一些合作。依托社会实践基地、战略合作企业(用友新道)等联合培养,培养学生社会实践能力,通过第二课堂开展学科竞赛和学术训练,培养学生创新研究能力。在财会云仿真实验研究与应用探索方面,建立了由统一的仿真教学资源平台支撑的"三位一体"的教学模式,在实验室情境下运用仿真教学素材和技术手段,采用"知识点讲解+案例分析+数据分析"的方法,通过案例、数据与知识点的直接对接,实现会计学专业理论教学、案例教学和实验教学的协调融合，形成"理论教学有案例、案例教学有数据、实验教学有知识点"的"三位一体"的教学模式。在搭建智能化实训场景方面，配置先进的实验室硬件设备和教学软件，极大地提升学校和学院的实验教学水平和会议保障能力，充分使用财务云实验室，安排财务机器人应用与开发等课程教学，组织国内外学术活动。财务云实验室是基于"大智移云物"技术在财务领域的应用，通过VR技术模拟的全景式互动财务共享实验室。实验室以全球化业务为设计背景，以未来企业的财务信息化为基础，创新性地通过多角色任务体验业务流程，使体验者切实、完整地感受到国际化企业真实业务场景和财务流程。拓展产学融合校企合作平台，除校内实验室提供的实践教学平台外，学院积极与实业界保持密切联系，多渠道拓展校企合作实践基地建设，与多家企业签订校企合作实践教育基地协议。会计学院通过校企合作平台的搭建，互惠互利，共同发展，为社会培养更多的优秀人才。同时，积极邀请校外实务专家作相关报告，"会计实务大讲堂"等活动拉近学生与实践的距离，拓宽学生的视野，对进一步促进实践教学、提升人才培养质量具有积极作用。

（五）以教学工具为载体

高校财务数智化转型实践较为普遍的做法是智慧教学工具在教学中的广泛应用。高校通过选择合适的智慧教学软件，将硬件性能与软件应用深度融合，覆盖课前备课、课中授课、课后精练教学场景，全方位提高教学效率和教学质量。遵循大数据理念，运用大数据技术方法和工具，利用数量巨大、来源分散、格式多样的经济社会运行数据，开展跨层级、跨地域、跨系统、跨部门和跨业务的深入挖掘与分析，提升会计核算、财务管理以及业务审计过程中发现问题、评价判断、宏观分析的能力。部分高校与用友新道云等深度合作，借助其在财务智能化和数据化转型方面的技术和平台，打造本校自己的财务大数据实践教学平台以及智能财务综合实验室。通过实验室和教学平台的建设，逐步开展和完善一系列智能财务相关课程。用友等公司提供的沙盘工具及每年一度的"企业经营模拟"比赛为平台，通过社团运营、以赛代练的方式提升学生运用结构化决策知识及非结构化决策知识的能力。传统教学手段升级，新教学资源不断丰富。依托多门国家级和省级一流课程建设成果，改革传统教学手段，形成线上线下相结合的以学生为主体的学习方式，不断更新和丰富教学资源。智能技术在教学手段的应用，不断丰富和完善数智化教学资源。以教师讲授为主转为教师引领，学生主动学习为主，运用可视化、财务机器人操作、智能财务管理仿真实验等，开展智能化教学模式的探索。此外，相关课程建设团队充分运用正保云平台、雨课堂、启课程等资源，创新教学手段，逐步实现教学信息化、业务情景化、案例故事化、讲解可视化，不断充实专业课程的教学资源。

二、人才培养的多样化理论研究

高校财务人才培养不仅在数智化实践应用方面积极变革与创新，且加强数智化人才培养理论的创新研究。高校财务数智化重点研究方向集中于探索数据会计核算、财务分析、业务审计中的数据采集、数据清理、数据转换、数据验证、模型构建和系统业务流程中的一般控制、应用控制、应用软件，对会计核算—财务管理—业务审计的各个阶段的大数据智能技术和方法进行系统的研究。

（一）"智能+财会"的融合性与价值创造

首先，部分高校推进复杂环境下的财务决策与风险管理系统研究。依托大数据系统，全面深度挖掘公司财务及非财务信息，全方位展现公司数字画像，为快速发现公司存在的问题、分析潜在风险、进行价值分析，提供实时、完整、准确的案例和数据资源。针对影响财务决策和风险管理的复杂因素，基于上市公司智能分析数据库，推进融资决策、投资决策、业财融合和风险控制智能化研究和开发，从而有助于企业在复杂环境下完善财务决策和风险管理。其次，推进"多模态"大数据背景下的会计行为研究。例如，粤港澳大湾区的XBRL标准研究，结合非结构化数据分析工具和机器学习对企业的信息披露质量进行评价和提升，探讨粤港澳大湾区XBRL标准对大湾区上市公司财务报告的信息质量和可比性的影响，从而有助于推进"多模态"大数据背景下的会计行为研究。最后，推进智能审计技术与模型研究。基于大数据审计系统，有助于推进审计数据与区块链研究，探讨运用深度机器学习算法进行数据分析并出具可视化的审计报告，进而推进智能审计技术与模型的开发与研究。此外，价值创造与分享是企业的核心。在数智经济时代，生态共赢将成为基本的理念，如何实现企业与各方利益相关者的合作共赢将成为企业管理的核心，也必将成为财务会计和管理会计的核心内容。海尔独创建立的共赢增值表也称为第四张报表的基础理论、应用、预算管理，以及创造的价值，也将成为财务会计和管理会计的核心研究内容。

（二）智能资本配置与智能司库的系统建设

在智能技术手段应用于资本配置和管理实践中，如何提升我们资本市场投资者和实体企业的资本配置效率是关键问题。针对该问题，基于资本配置理论，构建概念框架，重点围绕三个具体分支深入开展研究。首先是战略性资本配置的智能决策模型的开发。企业的整个的资金的运用包括经营活动和投资活动，即资金留给企业自己使用还是交给被投资企业，资本配置的首要原则就是应该把有限的资源交给擅长于运用这些资金能够带来更高回报的资金使用者。基于资本配置视角，战略性资本配置决策不是企业经营发展战略，而是企业资金在经营活动与投资活动之间配置决策的方向性选择，是每个企业面临的首要选择，也是战略性资本配置的一项重要决策。此外，智库系统概念框架布局也日益提上日程。特别是国资委发布中央企业建立一流财务管理体系后，对资金管理和司库体系都提出了新的要求。企业司库系统的建设需要智能数控体系的内核支撑。在界定概念框架的基础上，理论研究的核心是围绕支付数控体系的概念框架，构建或升级支付数控体系。在此基础上，如何评价智能司库系统的开发能力，也是智能资本配置的一项重要研究内容。

（三）数据资本和数据要素的市场化配置

企业是物质资本、智力资本与社会资本的集合。数字经济时代，数据资本在企业价值上调当创造中的贡献越来越突出。数据资本的本质是社会资本。那么，数据资本的内涵、本质、分类如何确权与估值？政府和市场在数据资本和数据要素市场化配置中的作用是什么？实现机制是什么？这些问题都值得高校专家进行深入的探讨，充分发挥数据资本的作用。企业组织变革和商业模式创新的本质是异质性资本结构优化的企业混合所有制改革。工业互联网是企业混合所有制改革的新形态。青岛海尔在数字化转型方面也走在了全国的前列。而在互联网工业发展方面，海尔应该是属于业界领先。企业是抑制性资本的结合，抑制性资本既包括物质资本，也包括治理资本和社会资本。数据资本的本质是社会资本，是一种用符号、信息、数据体现关系的资源。这些数据加强了企业和社会其他各个组成部分之间的联系。数据资本是企业资本当中的一部分。组织变革、商业模式创新的本质就是异质性资本结构的优化配置。从而实现企业混合所有制的改革。因此，数据资本的配置不是在企业内部经营的配置，而是更大范围内的异制性资本优化配置，在该基础上研究数据资本驱动的组织变革和商业模式的创新，以及异质性资本配置结构的企业混合所有制改革和工业互联网的运营。

（四）智能风险评估和金融风险的预警决策模型

静态的、单一化的传统金融风险评估模型在当前复杂的经济环境下显得捉襟见肘，动态的、网络化的智能风控模型为化解这一难题提供了新的思路,如何利用大数据资源,构建智能化的金融风险预警模型成为管理当局面临的新课题。上市公司频频出现债券暴雷的突发性违约事件,说明企业财务风险的评估,或金融风险的评估和预警可能存在问题,其主要原因是预警模型指标的静态化和单一化。在当前复杂多变的环境下,动态的网络化的智能风险控制模型是企业未来的选择。企业和高校面临的学术研究关键问题是如利用大数据资源构建智能化的金融风险预警模型。智能风险的评估可以从微观金融风险的预警以及宏观风险运行两个分支展开讨论。包括大数据背景下文化差异及异地并购决策效果与机制、数智化转型能否提升企业 ESG 的表现、数智化转型与企业绩效的研究、基于环境不确定性的视角的研究等方向。目前研究仅局限于已有的研究框架,还需在有关数智化转型主题研究中,有关数据收集和指标设计方面展开突破性的研究。

第三节　财务数智化人才培养创新成效显著

近年来,人工智能技术飞速发展,正在深刻地影响着各行各业的发展,会计行业也不例外。例如,德勤、普华永道推出的财务机器人,毕马威利用 IBM Watson 认知技术提高财务数据的分析和处理能力,中兴通讯集团成立的财务共享服务中心等。人工智能概念的不断加深以及新兴技术的不断推广和运用,对传统会计产生了巨大的冲击,逐步颠覆了对传统会计工作内涵与技术的认知。智能时代会计的技术手段、服务对象、组织形式等都发生了很大变化。会计智能化转型迫在眉睫,会计需要在转型变革的浪潮中形成自身的竞争力,以应对新技术、新环境带来的挑战。高校始终坚持创新驱动发展,经过高校财务数智化人才培养实践与理论的创新,会计学科在几年来取得了丰硕的成果。

一、培养方案建设更新迭代

高等院校是培育高层次会计人才的基地,无论是财经类院校还是理工类或综合类院校等,在会计专业教育供给侧结构性改革中至关重要。面对人工智能时代,高等院校在传授知识的同时应培养学生哪些能力,如何设置课程体系及教学内容,怎样变革教学方式方法,如何制定智能会计人才培养方案以满足会计人才市场的结构性需求,这是深化会计专业供给侧结构性改革的关键。因此，面向国内财经类、理工类、综合类、其他等各类多家高校进行调研访谈，以总结与归纳高校财务数智化人才培养方案建设成效。人才培养方案的升级、课程体系的优化、师资知识结构的调整、时间教学环境的配套，都是高校财务数智化转型成果丰硕，效果提升显著的体现。

（一）人才培养目标更新化

在培养目标上，中国人民大学会计学（智能会计方向）以及西南财经大学会计学（大数据方向）均强调当前的数字化背景和学生的实践能力，即希望学生一方面能够主动适应当前会计向智能化方向发展的趋势，另一方面能够用扎实的计算机技术和数据分析技术来解决现实中的问题。例如，中国人民大学的目标包括，"旨在培养具有数字化、智能化思维，掌握系统的会计和工商管理基础知识、扎实的数据处理和分析方法以及深入的会计、审计和税务方面的专业理论知识，能够理解数字智能时代企业会计、审计和税务实践，善于批判性地分析问题和解决问题，具有沟通能力和社会责任感的管理人才。"而在一些财经类的高校，更加直接强调人工智能等技术在该专业领域的应用，西南财经大学认为当今人工智能与大数据时代会计业务和会计信息日益呈现海量数据处理、实时云计算化、会计智能决策等新型会计业务特征，高等院校应该以培养具备会计财务专业理论知识、大数据分析处理技术、计算机人工智能与IT信息技术为目标。

人才培养目标的实现需要具体的场景，浙江大学针对新时代对智能财务人才的需求，认为通晓财会专业知识和经济管理规律是培养财会专业人才的基本目标，在此基础上，通过厚实基础知识学习和能力培养，兼备技术创新能力和数据分析能力，能够在面对技术驱动的商业变革和高度不确定性商业环境时，保持从容的专业、技术应变能力和持续学习能力，成为财务、技术、业务之间的跨界沟通者和价值中枢。除此之外，还应具备数字创新时代价值再造和流程重构的敏锐洞察力，胜任智能财务系统的开发、管控和决策，成为行业未来发展和变革创新的引领者和领导者。

在学生的就业与发展层面，相较典型的商科学生，各高校预期毕业生能够胜任更多的数据处理和分析工作，并对公司和相关产业的智能化发展起到积极的作用。例如，中国人民大学希望自己的学生可以"能够秉持求真、创新、合作、开放的价值观，从事会计和审计工作，促进会计和审计工作的智能化发展。"西南财经大学则更为明确，预期毕业生除了能够胜任传统的会计师事务所、证券公司、基金公司、商业银行、上市公司、国有企业、事业单位、政府机关等企事业单位从事传统财务会计、金融投资领域工作之外，还能"在高科技信息技术行业从事新型会计人工智能计算机系统开发设计与复杂大数据会计业务逻辑处理等工程技术和科技研发工作"。整体而言，中国人民大学会计学院在智能财务人才培养目标定位时，强调大商科和国际化的理念，希望学生能够具有更加全面的知识结构，并能够"通过主动学习、自我学习、终身学习来顺应社会经济发展和科技发展，能够较好地适应独立和团队工作环境"。

（二）人才培养模式差异化

人工智能时代，深化专业供给侧结构性改革，推动会计智能化转型，智能会计人才培养方案变革是关键。高校会计专业坚持以人为本，以学生为中心，通过校企合作方式培养大数据师资队伍，进一步突出复合型、应用型和创新型人才培养目标，逐步探索以"立德树人"为核心的数智化财会人才的培养模式。为深化会计专业供给侧结构性改革，推动智能会计人才培养方案变革，一些高校先行先试，制定了新的智能会计人才培养方案，或者修订了原有的会计专业人才培养方案，添加了人工智能、大数据等相关课程，既突出自身办学历史又具特色优势的智能会计人才培养，从而形成了两种人才培养模式。

第一种为另起炉灶式，以浙江大学、中国人民大学、西南财经大学为代表，将智能会计作为一个新专业单独招生，必修课包括完整的会计和计算机两个专业的核心课程，以为学生建立完整的学科体系。第一种模式均很必要，因为能够直接提供嵌入与融合后的场景知识（体系）。立足长远，该种模式直接提供智能技术如何嵌入、应用于会计的知识，具有见效快的优势，但可能陷入两边都不精的劣势。另一种为嫁接式，以上海财经大学、中央财经大学为代表，这些高校并未将智能会计作为一个新的专业方向单独招生，而是依托现有的课程体系，面向所有会计系学生增加一系列有代表性且适用性强的内容，比如Python编程、数据分析等课程，强调计算机学科的工具属性，目标是使学生掌握最新的数据处理工具，并未要求学生构建相关的专业体系。例如，中国人民大学智能会计方向紧跟发展潮流，即采用另起炉灶式的培养方案，在会计学专业的基础上，设立新的方向，在学生具有财会专业的基础上，全面培养学生对于计算机和信息技术的掌握。无论是在短期还是长期内，第二种模式通过从培养源头上提供多元的专门知识，具有基础扎实的优点，但存在短期嵌入融合变数大的劣势。第二种模式从现在就应开始实施并做好长期规划和保持教育耐心，经过几代人的培养，教师和学生将同时掌握会计和智能技术相关的知识，高水平、两边都精的嵌入与融合将水到渠成。因此，对于智能会计方向的建设探索应要有一个清晰且科学的规划，既要有短期思路也要有长期战略，构建一个长期与短期兼顾、主业与技术融合的智能会计方向建设与探索体系。下面根据所调研高校情况进行总结与梳理（见表5–1）。

表5–1　　　　　　　　被调研高校智能化改革的人才培养模式

高校名称	主要成效
云南财经大学	（1）以案例教学方式引领学生了解数智化发展和应用的最新前沿；（2）利用"快速原型"理念提高学生财务决策能力培养教学模式；（3）采用"以赛代练"方式提升学生能力；（4）探索智能化转型的新模式，开展产学研合作新方式，进行数字化转型的实践教学
内蒙古财经大学	（1）全面修订本科与研究生教学方案；（2）增设大数据与智能会计相关课程；（3）构建新的课程体系；（4）依托社会实践基地、战略合作企业等联合培养，培养学生社会实践能力，通过第二课堂开展学科竞赛和学术训练，培养学生创新研究能力
广东财经大学	（1）打造"以管理为核心，以财会为基石，以智能为支撑"的人才培养模式，形成"一体两翼"独具特色的"广财模式"；（2）运用可视化、财务机器人操作、智能财务管理仿真实验等，开展智能化教学模式的探索；（3）创新教学手段，逐步实现教学信息化、业务情景化、案例故事化、讲解可视化，不断充实专业课程的教学资源
东北财经大学	建立由统一的仿真教学资源平台支撑的"三位一体"的教学模式，采用"知识点讲解+案例分析+数据分析"的方法，通过案例、数据与知识点的直接对接，实现会计学专业理论教学、案例教学和实验教学的协调融合，形成"理论教学有案例、案例教学有数据、实验教学有知识点"的"三位一体"的教学模式
安徽财经大学	依托"大智移云"现代网络技术，建立"会计专业教学一体化平台"，实现教学活动全过程信息化，线上线下深度融合，推进教育环境融入教学过程、教学手段智能化和教学方法多样化；建立"七平台、十模块"课程教学系统，注重理论课程和实践环节与高层次应用型人才所需的知识、能力、素质与人格之间的对应关系
广西财经学院	设立大数据特色方向实验班，发挥传统办学优势、面向未来人才需求，培养具备较强数字化会计、智能财务和大数据应用能力，具有一定东盟国际化特色的新型财会人才

续表

高校名称	主要成效
重庆工商大学	实施产教融合、国际合作、大类招生、卓越计划、课堂革命、三全育人等系列改革
南京审计大学	坚持"思政引领、科技赋能、学科交叉、产教融合、国际视野、特色发展"的原则，形成四个模块的会计智能化课程体系和一体两翼六协同的教学模式，建设"智能会计产业学院"
贵州财经大学	开设会计学专业（智能会计实验班），增设了大量大数据人工智能方面的课程。经过2年的实践，积累了专业智能化转型的经验，从2022级开始会计学院各专业实现全面升级
石河子大学	针对实现人才培养的目标，即培养强基础、宽口径、重实践、能创新的创新型、复合型、应用型人才，提出了开放型、实践型、研究型的三位一体的模式 会计人才培养方案坚持基本原则和导向：夯实会计本质、提升管理素养、强化数智技术、培养复合人才
重庆理工大学	做一些学科交叉、科教融合、产业融合、思政融合和协同育人的顶层设计，全面推进"业务、会计、技术"一体化能力需求为主线 在应用示范和服务社会方面，不断持续做挑选性优势的项目去做产教融合、产学研一体化的生态
吉林财经大学	凭借智能会计实验班，以"双一流"学科和"双万"专业建设为政策支撑，开启智能会计专业招生；引用了财务共享教学平台、智能会计实验中心，注重培育学生的数据思维、逻辑分析能力和实操能力；借助数智化课程和技术，进行有效实践案例开发
中国海洋大学	产教协同，理实一体，科教融合，强化特色
吉林财经大学	培养德智体美劳全面发展，满足大数据高速发展背景下经济社会发展对会计数据分析和会计管理决策的需求，具备会计数据分析能力的智慧型、创新型应用复合人才，学生可胜任大中型企业、行政事业等单位的会计分析工作，而且要求能够使用智能化工具发挥管理会计的规划、决策、控制、评价职能，更好为管理决策者提供辅助决策的会计信息
对外经济贸易大学	（1）培养目标的复合性强。总体的目标是具有国际全球视野、特色鲜明、国内一流、国际知名的会计学本科专业；（2）课程体系学科跨度大，培养跨学科的思维。通过金融、统计、信息、审计这种跨界融合，培养一个整体性的学习者；（3）培养路径实行双导师制。校内导师和校外导师一起对学生培养

续表

高校名称	主要成效
浙江大学	建立"商学+科技+人文"的课程体系、"宽口径、通识型"的专业体系、第一、第二、第三、第四课堂体系，支撑人才培养

各高校以培养德智体美劳全面发展，具备会计数据分析能力的智慧型、创新型应用复合人才为目标，以能力培养为导向，坚持制度治院、质量领院、学科兴院、人才强院，探索复合性、应用性、创新性、国际化的卓越会计人才培养模式，在数智化人才培养方面取得了一系列成果，并且各有特色，但同时也呈现出一些共性特征。

第一，坚守根本，数智赋能。高校在设置财会智能化人才培养方案时，都比较坚守财会专业的根本，坚持科技赋能，突出智能化技术在财会中的应用。尽管各高校的科技赋能财会智能化升级的改革中所体现出的力度各有不同，但都呈现出"财会+智能"的特点，即，智能化技术为财会所用，从而实现财会专业从信息化向智能化升级。

第二，产教融合，突出应用。在财会专业智能化升级的过程中，基本都不同程度在实施产教融合。通过产教融合，将信息化产业的先进技术渗透到人才培养的资源建设中，将企业在智能化方面的开发和应用，进行案例开发，应用于智能化的人才培养中，从而突出财会专业智能化的应用性。

第三，积极探索，稳步推进。根据各高校的实施情况来看，尽管都实施了智能化改革，但是，实施智能化改革的力度各有不同，说明各单位的推进步伐各有不同，有些高校推进力度较大，有些较小，说明改革进程相对比较稳妥。

第四，因地制宜，特色发展。每所高校都有其独特的学科优势、行业背景、培养特色、资源差异等，因而各高校在推进智能化转型升级中各有特色。例如，重庆理工大学的"业务、会计、技术"一体化模式、南京审计大学"一体两翼六协同"的产教融合模式、浙江大学的"商学+科技+人文"的课程体系等。

（三）人才培养教学课程体系化

随着数字化经济的快速发展，面对新时代国际、国内双循环经济格局的形成，在数智化专业转型与升级方面，各个高校学院在会计、财务管理和审计专业人才培养方案中，进一步完善数智化财会人才培养的课程体系，均把计算机和信息技术类课程放在培养方案的重要一部分，开设了智能化的课程模块，在专业基础课和传统专业课程教学中融入大数据与智能会计教学内容。但不同的学校在内容安排上略有差异。

首先，各校普遍将计算机基础以及编程基础作为通识或必修课，包括计算机技术或计算机基础（中国人民大学、西南财经大学）、Python 程序设计（中国人民大学、中央财经大学、西南财经大学、山东财经大学）、数据库技术及应用（中国人民大学、浙江大学、西南财经大学、山东财经大学）。其次，专业必修课一般包括机器学习或人工智能概论（中国人民大学、浙江大学、中央财经大学）、数据分析或者数据挖掘（中国人民大学、浙江大学、山东财经大学）。另外，专业的选修课一般以专题内容或者 1 学分的课程为主，以丰富学生了解在不同场景和不同工具中如何选择和使用相关技术，包括智能科技（专题）、量化投资、非结构化数据分析与应用、文本分析与挖掘、财务数据采集与分析、数据可视化等。

国外著名高校的培养与国内比较接近，普遍也是为学生安排一系列的信息技术类或者面向典型场景和应用的融合类课程或专题，包括基于 Python 的数据分析和商业建模分析（康奈尔大学）、管理会计数据分析（伊利诺伊大学）、数据驱动的核算决策（伊利诺伊大学）、会计分析基础（伊利诺伊大学）、统计编程（新加坡管理大学）、数据分析（新加坡管理大学、新加坡国立大学）等。国内高校的相关课程设置汇总如表 5-2 所示。例如，中国人民大学智能会计方向在充分调研的基础上，吸取各个学校的经验，在本科四年中安排课程包括商务数据分析、大数据商业分析：贝叶斯网络与贝叶斯估计、大数据与会计应用、大数据与审计等。之后陆续开课的内容还包括人工智能、财务共享、文本分析、大数据与内部控制等。除此之外，通过项目制的学习方法，中国人民大学会计学院人工智能专业还将安排一系列实验类课程，包括数据可视化原理及应用、商务数据处理与分析、Python 与大数据分析、机器学习与数据挖掘、互联网金融大数据分析、商务智能、Python 及其应用等。

表 5-2　　　　　　　　　　被调研高校开设智能化课程情况

高校名称	开设智能化会计相关课程
云南财经大学	财务决策支持系统、商务智能、财务智能大数据分析、企业经营模拟、计算机财务管理、财务管理综合实验

续表

高校名称	开设智能化会计相关课程
内蒙古财经大学	大数据财务分析、智能会计、财务共享、大数据审计、财务大数据分析实训课程、RPA财务机器人、人工智能与会计发展、数据挖掘、数据库系统应用与开发、Python数据处理、计算机审计技术与方法、大数据与审计应用
广东财经大学	智能管理会计、智能财务风险管理、数据库技术与应用、大数据与智能财务决策、RPA财务机器人开发、ERP软件（云财管系统）、人工智能与商业智能、数据采集与挖掘、财务大数据分析基础与应用、智能财务共享、智能财务专题、会计智能化基础、智能会计专题、商务智能、机器学习与税收数据挖掘、税收管理信息化、大数据财税应用、智能税收征管综合实验、税收财务电算化、智能税收经济分析与政策效应评估、大数据税收风险管理、数字经济税收管理
东北财经大学	计算机应用模块、数据科学模块、会计信息系统、大数据与智能会计、财务共享实验、大数据商业分析、会计大数据可视化分析、财务与会计综合实验、统计软件与数据分析、PYTHON编程设计、大数据风险管理、大数据与智能财务、会计大数据可视化分析、大数据商业分析、大数据风险管理、PYTHON编程设计
安徽财经大学	数据分析与运用技术、财务共享服务、财务机器人、财务大数据分析与决策、财务机器人应用与开发、财务共享服务
广西财经学院	会计信息系统、集团会计与财务共享（金蝶EAS）、SAP_ERP系统应用、财务大数据分析与可视化、财务仿真建模、审计信息系统、计算机审计、审计之星、SAP供应链云、SAP分析云、云会计、预算管理一体化系统
重庆工商大学	数据库原理及应用、Excel/VB与会计信息处理、会计信息化、财务报告分析、大数据会计分析与应用、博弈论与信息经济学、Stata财会数据统计与分析、数据挖掘、机器学习基础、Python财会数据分析与挖掘、会计信息系统规划分析与设计、企业经营管理与财务决策沙盘模拟实验、财务共享服务中心规划与运营、云平台财税一体化实训、区块链经济与会计、人工智能原理、VBSE企业财会仿真实训
江西财经大学	数据库与数据处理、python语言与数据分析、数据挖掘数据结构与算法、C语言程序设计实验、人工智能机器学习实战、智能财务共享服务、财务大数据分析与决策、大数据审计分析、商业智能分析与可视化、数据库与数据处理、语言数据分析、数据挖掘、数据结构、大数据审计分析、财务大数据分析与决策、智能财务共享服务、商业智能可视化分析

续表

高校名称	开设智能化会计相关课程
贵州财经大学	计算机应用、Python 程序设计、数据库与数据仓库、会计数据处理与挖掘、RPA 财务机器人开发与应用、财务共享与智能财务、财经大数据与管理决策、大数据特征提取、现代科技与人工智能、计算机辅助审计、财务大数据基础、智能会计信息系统、Python 开发与财务应用、大数据财务分析、RPA 财务机器人开发与应用、IT 审计
石河子大学	Python 语言程序设计、数据分析与可视化、会计信息系统、区块链与会计、智能财务共享、数据挖掘、大数据与智能分析实践、业财税一体化综合实训、CIMA 数字时代的财务职能、CIMA 供应链管理、智能财务共享、数据挖掘与大数据分析、数据分析与可视化等、区块链与会计专题、大数据智能与智能分析实践、会计信息与数据挖掘
重庆理工大学	会计信息化、信息系统审计、会计大数据基础、RPA 财务与审计机器人、云会计与智能财务共享、大数据与财务决策
吉林财经大学	Python 财务大数据分析、智能会计、财务大数据可视化分析、财务大数据挖掘
对外经济贸易大学	大数据与会计应用、大数据和审计学、内部控制和大数据应用、会计实务与实验、Python 财会数据分析、财会机器学习、财会文本大数据分析、财务共享
天津财经大学	数据分析、财务机器人、财务共享

各大高校在开设智能化课程基础上，积极构建线上与线下、本科生与研究生、必修与选修等多维度课程群，报申报虚拟仿真等国家级省级一流课程及全国混合课程教学等成果奖，基础高校不断摸索开什么内容、用什么教材、用什么平台，希望既照顾到相关课程的基本原理、基本过程、基本工具，同时也有必要在一定的平台上能够比较高效地开出一些面向具体管理场景的实践内容。根据上述统计，可以发现，智能化课程体系设计上呈现以下特征。

第一，智能课程多样化。综合表 5-2，高校开设智能化课程具体包括 IT 审计、Python、RPA、大数据分析与财务决策、大数据与商务智能、区块链、人工智能、数据分析与可视化、数据结构、数据库应用、数据挖掘与机器学习、业财一体化、云会计、智能财务共享 14 类课程。整体而言，智能会计课程可划分为通识课、专业必修课和专业选修课三大类。除此之外，各校的专业必修课和选修课也会安排一些场景驱动下财会与信息技术的融合课程，包括大数据与商务智能、审计数据分析、信息技术与审计、大数据与会计应用、大数据与审计、财务共享服务、智能会计专题等。这些课程能够帮助同学深入了解现实情况，不是空洞地学习财会知识或者计算机技术，同时也有助于理解两者如何在现实中产生相互的影响，有利于学生动手能力的培养。

第二，开课数量规模化。通过统计开课数量，构建智能会计相关课程词云图将智能会计相关课程可视化显示，现有开设的智能会计课程中，大数据分析与财务决策相关课程的比例最高、其次依次为数据库应用、智能财务基础与智能财务共享、数据挖掘与机器学习、大数据与商务智能、Python、IT审计、数据分析与可视化、人工智能、区块链、业财一体化、RPA、数据结构、云会计相关课程。

第三，课程设置系统化。从课程相关性来看，首先有数据库应用、数据挖掘与机器学习、人工智能类课程的中心度最高，其次是大数据分析与财务决策、智能财务共享、Python、数据分析与可视化，再次是IT审计、大数据与商务智能，接着依次是RPA、区块链、业财一体化、数据结构，最后是云会计。说明人工智能大数据时代，现有智能会计人才培养方案首先注重人工智能及数据基础能力的培养，其次是大数据分析能力、智能共享及可视化，然后是IT审计及商务智能，对RPA、区块链、业财一体化的关注度并不高，对数据结构及云会计类课程的开设也比较少。现有智能会计人才培养方案更多的是将数据库应用、数据挖掘与机器学习、人工智能、Python、大数据分析与财务决策、数据分析与可视化、IT审计、大数据与商务智能、智能财务共享类课程同时开设。

二、师资建设均衡发展

企业在数智化转型过程中，数据科学、计算机科技理念和会计技术结合已经成为战略规划的一部分，如何做到企业数智化复合型人才的需求与高校人才供给的无缝对接，教学是人才培养落地的关键。然而，人才的培养需要配备具较高水平的教学与科研能力的师资。但是，目前各大高校师资普遍存在结构性失衡、年龄老化等问题，结构性失衡主要表现在年龄结构和知识结构的不均衡，对数智化方面的知识掌握较好的老师不是很多。学科交叉复合型师资比较少，具有企业实践经验师资较少。从师资结构而言，高校既注重传统会计老师的改造，也关注工科类老师在教技术类课程的改造。一方面，传统会计老师需要完成传统会计课的数字化，重点在于数据的思维、业务的流程呈现，业财融合才是他的主战场，而并非是软件。另一方面，教授技术类课程的老师，大部分有工科背景，不一定是会计专业背景，对于这部分老师，如何进行会计业务一体化的改造至关重要。根据调查情况，各单位在智能化师资建设方面成效突出。

第一，师资建设年轻化。在各大高校针对性地打造智能化师资过程中，有相当一部分老师年龄比较大，推进数智化转型较为困难，安排继续从事基础的财务管理课程、会计课程的教学，选拔青年教师加入会计智能化的师资队伍中。中青年骨干教师成为重点培养、提升、重塑和引进对象，在科研创新方面立足科技革命、产业革命等一些前瞻性的技术在智能会计五大领域应用的研究。引进大数据或计算机专业毕业生补充教师队伍。同时，引进有复合型专业背景、对智能财会的发展有清晰的认识的青年教师，通过安排年轻老师至少担任一门融合性课程的教学或课程培育项目的方式，推动财务数智化的转型。

第二，师资建设联合化。为了进一步突出复合型、应用型和创新型人才培养目标，各大高校逐步探索以"立德树人"为核心的数智化财会人才培养模式，全面修订本科与研究生教学方案，以课程思政全面覆盖为抓手，强化实践教学和数智化信息技术赋能课程转型，通过校企合作方式培养大数据师资队伍与团队建设。此外，通过校企共建联合实验室的建设，进一步提升学生信息化、智能化的实践应用能力。许多高校都选择"产教融合"的方式，高校和企业联合开展师资队伍的建设，通过送出去实践学习和请进来参与教学的方式，建设产教融合型师资队伍，鼓励老师申请各种产教融合、协同育人项目，或与实务界共同开发课程。

第三，师资建设制度化。在人才培养方面，高校领导层努力尝试构建学科交叉、科教融合、产教融合、思政融合和协同育人的顶层设计，以全面推进"业务、会计、技术"一体化能力需求为主线，不断持续做挑选性优势的项目搭建产教融合、产学研一体化的生态，从而起到应用示范和服务社会的作用。在顶层设计基础上，各高校大多制定了开展智能化师资建设的相关激励制度和支持制度，包括课程建设、人才引进制度等。首先，大多数会计学专业出身的老师对大智移云不熟悉，而人工智能专业老师讲授难以和会计学专业相结合，会计学专业老师亟待学习和充电等问题，部分高校将大智移云相关知识融入本专业课程，原有教授会计信息系统的老师去学习更多的大数据等新技术。其次，部分高校修订绩效奖励政策与职称晋升制度，通过发挥绩效指挥棒的作用方式，鼓励专业教师学懂弄通新技术相关的知识和技能，讲授"大数据与智能会计或智能财务"等课程,或职称晋升时必须有半年以上全脱岗的实践锻炼,从而加强老师的实践经验。同时大力引进具有国际视野和创新精神的优秀人才。

第四,师资建设资源化。一方面,为提升学生的实践能力和职业胜任能力,真正将课堂知识与企业实务结合起来,高校借助校外合作资源,选聘校外客座教授和兼职教授,邀请其请进课堂,网络课程,让学生自学一部分基础知识和技能,或通过成立智能财务与会计研究中心、充实教师队伍并组建学术团队等方式,校企共建申请产学合作协同育人项目,加速推进产教融合。另一方面,通过开展企业管理实践课程走入课堂,或开设"实务专家大讲堂"等活动,挖掘实务界资深专家作为产业教授,不断推进产教融合,深化校企合作,把实践育人落到实处。

第五,师资建设系统化。针对师资水平不足问题,各大高校制定系统性的培训计划,包括支持老师去参加各种类型的培训,包括观念性的培训和实操性的培训,同时将老师送出去进行数智化课程培训,让老师到实务工作进行锻炼。通过线上线下相关智能财务方面培训,加强教师在智能化某个领域的专业深度,如 SAP ERP 云、用友财务云、大数据分析、财务共享等。通过组织开展校外线上虚拟教研室、校内线下跨教研室常态化教师培训,以在线教学研讨和在线建课为主要形式,邀请优秀教学团队、教学名师、专家、企业业务骨干、企业导师进行在线学术讲座和沙龙交流,举办示范大讲堂,实现"学院—教研室—教师—学生"之间的在线信息交流,对现有会计学专业教师进行智能化培训(见表 5-3)。

表 5-3　　　　　　　　被调研高校财务数智化师资建设成效

高校名称	建设成效
云南财经大学	明确方向和研究领域:一是企业数字化转型对企业价值的影响及其影响路径研究;二是年报数据挖掘和文本分析;三是数智化转型环境对企业风险控制等领域的影响与应对研究
内蒙古财经大学	组织关于《RPA 财务机器人开发教程——基于 UiPath》的线上师资培训;通过校企合作方式培养大数据师资队伍
广东财经大学	积极打造"智能财会管理科研团队",组成交叉学科研究团队,获批广东省智能财会管理现代产业学院,粤港澳大湾区资本市场财务与会计创新研究团队,先后成立广东财经大学智能管理会计研究中心、广东财经大学粤港澳大湾区智能财会研究院

续表

高校名称	建设成效
东北财经大学	邀请中兴通讯、深圳一得教育科技有限公司、中国广核能源国际控股有限公司等数10位实务专家开展讲座
安徽财经大学	积极动员组织教师参加"互联网+会计教学一体化改革"培训,并动员有工科背景的教师全力备课以承担财务共享、会计信息化等课程,力争安财"新经管"战略下的线上线下融合式教学取得更好成绩
广西财经学院	校内实现"学院—教研室—教师—学生"之间的在线信息交流。校外邀请优秀教学团队、教学名师在线交流,举办示范大讲堂。开办线上企业导师讲堂,邀请专家、企业业务骨干进行线上学术讲座和沙龙;选聘校外客座教授和兼职教授,充实教师队伍并组建学术团队
重庆工商大学	2022年3～4月与新道科技合作,历时一个月,共举办13期智能会计教学工作坊,共有校内38位学生、17位老师积极参训
南京审计大学	组建"智能会计教研室",建设虚拟教研室,制定教学、人才引进激励措施和制度,要求青年教师必须要承担会计智能课程建设,而且和职称晋升密切挂钩,专项立项建设智能化课程等,引进计算机、信息管理、统计学等相关学科的博士毕业生
重庆理工大学	会计学和会计信息化课程教学团队荣获市级教学团队,财务管理专业获得重庆市级一流专业,国家企业一流专业,举办夏令营师生培训教育发展论坛等活动,财务数智化的团队申报重庆市黄大年式教师团队
中国海洋大学	通过资源整合和产教协同来解决;搭建中国商业发展中心平台,进行资源整合,产教协同;积极地参加各种专业化的培训;引进数字化背景的人才
西安交通大学	培养了一支能够适应数智时代变化的师资队伍,还有100位左右的校外的导师,师资队伍讲究梯队,讲究产教融合
对外经济贸易大学	以会计背景和计算机的复合背景师资引进、实务人士进课堂等方式,优化师资配置

三、教材建设升级改造

在人才培养目标更新和培养方案修订驱动下,部分高校组织主题性科研团队,指导学生在智能财会管理领域开展研究工作,主题包括数据"爬虫"团队、大数据财务可视化团队、机器学习与资本市场团队、智能财会前沿论文团队、智能财会案例分析团队、

"财会+管理"业财融合研究团队,举办智能财会案例大赛,出版智能财会案例集等。部分高校针对一些国内较多且大同小异的《会计信息系统》等传统教材进行升级改造,方法上更加注重数据分析、数据抓取的应用,内容上更加突出业务核算和财务核算,同时也为此开发了一些很有特色的会计信息系统实验实训教程实验和实训教程。

国内各大高校通过培育师资力量和积累经验,积极探索财会数智化教材建设路径,在自行开发建设数智化教材方面取得了一定的成效并各具特色。例如,重庆理工大学和西安交通大学已经编写并出版"十四五"规划教材《区块链理论与实务》《智能管理会计》《智能审计》《审计机器人》《会计信息系统的分析与设计》等多部教材,南京审计在完成会计智能化基础同时也在筹划多部教材的编写。广东财经大学以翻译国际前沿教材为起点,培育师资力量和积累经验,以《湾区财经概论》《湾区资本市场与财务治理》《湾区企业发展》为起点,组织教师陆续翻译并逐步开发湾区财会管理系列教材。

目前,国内高校在教材方面的成果还不太显著,成套的成熟教材几乎没有,这与目前财会智能化人才培养改革刚刚起步有关。个别高校已开始筹划启动成套教材的编写工作,如西南财经大学、南京审计大学、重庆理工大学、山东财经大学等高校都正在筹划进行教材的编写(见表5-4)。

表5-4　　　　　　　　　　被调研高校已出版或正在出版教材情况

高校名称	建设成效
广东财经大学	翻译《智能会计》《智能审计》《商务分析》等教材
广西财经学院	出版《会计信息系统》《会计信息系统实验实训教程》《企业会计信息化》《财务共享应用》《SAP Analytics Cloud 入门与应用》等教材
重庆工商大学	出版《会计信息化(用友T3版)》《会计信息化习题与实训(用友T3版)》《EXCEL会计信息处理》
南京审计大学	筹划编写《智能会计概论》《Excel高级数据分析与可视化基础》《商业智能分析》《智能财务共享》《大数据财务决策》《智能审计》等教材,已经完成会计智能化基础
重庆理工大学	出版《审计机器人》《会计信息系统的分析与设计》《会计信息系统开发实验教程》《会计信息化》《大数据智能风控》
中国人民大学	出版《智能财务基础——数字化时代财务变革实践与趋势》

续表

高校名称	建设成效
西安交通大学	出版《区块链理论与实务》《智能财务理论与实务》《智能管理会计》《智能审计》《数智时代的企业内部控制》
对外经济贸易大学	出版《大数据与审计》

四、教学实践条件建设持续改善

国内各大高校纷纷顺应财会行业和信息技术融合趋势，引入大数据、人工智能、移动互联、云计算、区块链等技术，依托实验教学示范中心（实验室）等资源开展实践教学。各高校学院在会计、财务管理和审计专业人才培养方案中，除开设了智能化的课程模块外，还申请获批和组建智能财会教学科研机构，设置智能会计教研室，虚拟教研室，开始与浪潮、新道、金蝶等国内头部的信息化企业合作来进行转型，培养学生可胜任大中型企业、行政事业等单位的会计分析工作，而且要求能够使用智能化工具发挥管理会计的规划、决策、控制、评价职能，更好为管理决策者提供辅助决策的会计信息。广东财经大学智能财会管理学院就是典型案例，该学院先后获批广东省智能财会管理现代产业学院，广东财经大学粤港澳大湾区智能财会研究院，组建粤港澳大湾区资本市场财务与会计创新研究团队，成立多个研究中心，主要有广东财经大学智能管理会计研究中心、教育部人文社会科学重点研究基地长江上游经济研究中心、企业管理研究中心、政府预算绩效管理与审计治理中心、城市群产业协同创新中心、现代商贸物流与供应链协同创新中心、广州市社会科学大数据中心，同时也创建一批合作基地，包括会计学科独立或共享国家智能制造服务国际科技合作基地、人文社会科学重点研究基地、经济社会应用统计重点实验室，协同创新中心等省部级科研平台，形成了完备的科研平台支撑。学院、中心、基地及各类平台的创建，为在校大学生提供了锻炼自己实践能力的广阔舞台和良好的学习渠道，并以此展示大学生的才华和能力，起到推动高等教育创新发展、资源共享的效果。

在财会人才培养的实践条件建设方面，与人才培养的需求相比目前还存在较大差距，突出问题包括尚未形成具有代表性的、大家普遍公认的实验教学平台和相关实验教学软件。因此，各高校都探索性地开展实验室建设，通过产教融合的模式开展实验室建设的高校相对较多。所以，通过产教融合，共同开发实训平台可能是可行的选择（见表5-5）。

表5-5　　　　　　　　被调研学校的教学实践条件情况

高校名称	建设成效
云南财经大学	1）通过与用友新道云深度合作，打造自己的财务大数据实践教学平台以及智能财务综合实验室；2）首批加入 SAP UA（SAP 大学联盟），通过 SAP 实践教学平台的训练，紧跟全球领先的信息化、智能化管理理念；3）与福思特公司合作，搭建了课程实验和大数据大赛平台
广东财经大学	1）建设智能化的教学平台；2）打造高端智库和研发基地，联合共建单位开发"智能+财会+管理"产品；3）与广东省电子政务协会、佛山市公安局、佛山市三水区财政局、天健会计师事务所广东分所4个单位签署协议共建产教融合基地
东北财经大学	建立财会云仿真实验中心，首次推出基于实验项目云的独立的课外综合实验课程体系，在课堂教学环节，推出了基于手机端的实验项目云应用和移动互联教具卡片，首次尝试了理论课程与实验资源的深度融合
安徽财经大学	1）设立"安徽财经大学财务云实验室"，安排财务机器人应用与开发等课程教学，通过 VR 技术模拟的全景式互动财务共享实验室；2）积极与实业界保持密切联系，多渠道拓展校企合作实践基地建设，已与多家企业签订校企合作实践教育基地协议
广西财经学院	建立"财务共享实验室"以及"大数据分析实验室"
重庆工商大学	建立大数据财务共享实验中心、智能财务共享中心、财会云计算一体化平台等实验实训平台，成立重庆市成渝数智会计虚拟教研室重庆市唯一的会计专业类虚拟教研室
南京审计大学	成立智能会计产教融合平台，与企业联合成立智能会计产业学院、大数据智能风险管理产业学院（获批工信部专精特新产业学院）
中国海洋大学	打造数字化资金营运与智能私库实验室；打造智能资本配置与工业互联网运营新闻科实验室
西安交通大学	打造一流大数据管理课程虚拟教研室信息平台
吉林财经大学	建成了关于财务共享的实践教学基地和智能会计的实验中心
西安交通大学	获批教育部首批大数据管理课程虚拟教研室
天津财经大学	建立财务数智化的仿真实验室

续表

高校名称	建设成效
中国人民大学	建立数字化转型联合实验室
浙江大学	与物产中大共同研究智能财务课程体系和实践教学的协同育人研究，获得浙江省教育厅的立项，基于教育合作实践基地，进行案例研究
石河子大学	获批教育部智慧财务创新中心建设，教育部产学研合作协同育人项目——大数据财务分析实践教学基地，新增区块链会计应用人才培养
重庆理工大学	获批立项国家级的虚拟教研室、国家级教学的一流和精品资源共享课程、新文科的研究项目，主持"互联网+背景下基于OBE的工程训练教学模式"省部级重大项目，打造市级的大数据公司、税务局研究生联合培养基地

第四节　人才培养科学研究成果转化良性循环

一、科学研究建设成果丰硕

高校在财务数智化人才培养方面也取得了一定的研究成果，包括申请和获立各类科研课题及发表高水平数智化论文。部分高校通过积极打造"智能财会管理科研团队"，集聚年轻教师力量，组成交叉学科研究团队，围绕智能财会管理方向开展研究和发表论文，为教学提供前沿内容和支撑力量。近年来高校在财会领域智能化研究获批与财务智能化问题密切相关的纵向课题，包括国家自科基金项目、国家社科基金项目、教育部高教司协同育人、产学研合作育人、人文社科项目、中国博士后基金项目、市自科基金项目、市社科项目、教育规划项目、各类咨询项目等各类课题，获得省部级、厅级、校级等各类奖项，部分研究报告获得中央及省部级领导肯定性批示。为提升教师科研能力，高校通过与电子政务协会、公安局开展各种维度智能化转型的培训，一方面邀请实务界专家进行讲授，另一方面，倒逼老师进行智能化的研究和教学，在 The Accounting Review、管理世界、会计研究等期刊发表一系列高水平论文，并出版学术专著。

为扩大学术影响力，举办智能财会学术论坛成为高校普遍实践措施，例如，西安交通大学近些年通过主办与承办中国会计学会高等工科院校分会年会、亚洲会计评论（ARA）国际会计学术研讨会、中国商业会计学会年会，以及三届财务与会计及资本市场学术会议，"数智时代新商科一流专业建设论坛"、首届"数智时代新商科产教融合国际论坛"和"数字经济时代产教融合协同育人论坛"等，不断提升学术影响力，组织年轻教师研讨国际前沿文献和报告工作论文，不断提升年轻教师的研究能力。尤其从2020年疫情期间开始，建立"财道中国""财道直播间"平台，举办大型系列公益讲座100余期，网络流量超五千万，受到新浪财经、百度头条等媒体的广泛关注，推动会计学创新人才培养的理论与实践的创新。

高校财务数智化转型研究团队和研究成果得到了政府和企业的认同，形成了一系列转化成果。在智能化研究成果转化方面，一是承担企事业单位的一些横向课题，将大数据分析这智能化角色和可视化渗透到企事业单位的课题研究中，承担智能管理会计和可视化方面的课题。数智化转型时期，与企业和政府、机关等单位加强校政企联动的合作，已经取得了大量的成果，我们也自然而然地展开了很多合作。在数智化转型教学方面，在研究生方面要比在本科生方面推广得快一些。在本科阶段，选修课中增加了数智化相关的内容，主题核心课程还是依据国标来进行的，在有些课程中会适当把数智化的知识融入进去。

二、科研成果转化为人才培养的基石

（一）案例教学引领学生了解数智化前沿

以案例教学的方式通过对在数智化转型方面领先的上市公司进行深度剖析，引领学生了解数智化发展和应用的最新前沿，同时在数智化案例开发的环节也取得了优质的成果。例如，高校团队硕士生导师指导硕士生合作开发案例《徐工机械：数字化转型下的价值链成本与业绩》，获得美国管理会计学会颁发的IMA中国优秀案例。团队硕士生导师与研究生合作的学术论文《财务共享可以提升会计信息质量吗？》被中国会计学会学术研讨会评为优秀论文。团队老师带领硕士生开发的案例《易见股份："予人玫瑰，手有余香"——基于区块链的财务管理》获得教育部学位与研究生教育发展中心、全国会计专业学位研究生教育指导委员会MPAcc优秀案例奖。

（二）搭建实验平台服务学生成长

高校为顺应财会行业和信息技术融合趋势，引入大数据、人工智能、移动互联、云计算、区块链等技术，依托国家级经济管理实验教学示范中心、国家级经济管理虚拟仿真中心等国家级、省部级平台，建立大数据财务共享实验中心、智能财务共享中心、财会云计算一体化平台等实验实训平台，也包括财会云仿真实验研究和应用探索、实务案例、实务工具、企业沙盘、实务模拟等，着力于专业建设的转型，为学科体系建设提供有力支撑，服务学生成长。平台建设涵盖很多课程，例如基础会计、财务会计、管理会计、财务分析、财务管理、税务管理、成本会计、公司理财、审计实务等。围绕理论课程学习开展的实感型体验，帮助学生在实际操作中加深对理论的学习。学生在实践的过程中，需要到自己学习过的专业基础知识中搜寻和抽取相关的基本理论知识并应用到实际操作中。

（三）以赛促教提高学生核心竞争力

以赛促教、以赛促改引领学科的转型。部分高校通过举办校内智能财会审与RPA机器人大赛，数据可视化大赛，或由学生的社团承办会计师协会市级竞赛，大学生会计信息化竞赛、RPA财务机器人应用与开发竞赛，大学生的财务大数据分析竞赛，以及基于"互联网+"的园林绿化投标人资格筛选模式、全国大学生企业模拟经营挑战赛、数字经济时代下会计与财务案例大赛、SAP全国大学生角色模拟挑战经营大赛、ERPsim国际大赛等。作为会计的创新创业，与工科学院相比，还需要进一步努力，冲击更多全国的创新创业的奖项，通过参加比赛提高大学生未来就业核心竞争力。

三、科研成果转化为社会服务的基石

高校围绕智能财会管理主题，打造高端智库和研发基地，为政府、企事业单位、行业协会提供智库服务和培训服务，联合共建单位开发"智能+财会+管理"、实验室、智库产品。与协会、政府、企业等单位签署协议共建产教融合基地，为当地的数智化转型提供研究报告、顾问、培训与智库，学院教师团队开发的多个案例获奖并得到推广使用。

（一）为政府数字化建设服务

不少学校通过开放协作回馈服务社会，在高校建立市级会计信息化培训中心，税务系统培训班，举行审计局计算机审计的初级班的培训，联合中国的会计学会举办全国高等财会教育教师高级研修班，构建python、BI的可视化和RPA的财务机器人三大平台。

同时还跟政府机关企业有校内校外的实践基地。建设政府会计和预算管理一体化系统。和浪潮建立了校内的实践基地，由学生直接来服务政府。每年承接会计信息化培训中心、税务系统干部教育培训基地；与审计局共建了审计干部培训学校，与财政学校共建了财政会计人员教育中心，近年来为市内外政府部门、企事业单位提供专业培训。

（二）为企业数字化建设服务

高校通过建立合作单位非常广泛的财会人才培养基地，为企业信息系统建设提供方案，包括财政厅和审计厅监管部门。注协、会计学会、财政厅、审计厅和学会对高校的专业人才培养非常重视，也深度参与合作。另外，SAP也有深度合作，既有其大学联盟，还有SAP云系统的中国运营商，中通服旗下的中数通（CDC）。还有金蝶、用友、中科江南。高校合作伙伴不仅有国有企业，还与广大中小微企业合作，通过中介服务机构参与与中小微企业和小型机关事业单位的合作，为广大小微企业提供会计服务，尤其是为制造业规划信息化建设方案，并形成建设报告，并提供信息化建设咨询。高校横向服务类型包括内部控制信息化建设、全面预算信息化建设、智能财务共享建设、财务风控系统系统建设、财务报表编制、内控报告编制、财务信息系统建设与运营咨询、与企业共同开发实践课程和实践项目，开发管理会计案例，MPAcc案例，启用新建的"财务共享实验室"以及"大数据分析实验室"，从而更好地为企业数字化建设服务。

（三）为行业协会建设服务

高校师资缺少企业数字化转型、财务共享模式认知等系统知识结构体系，传统实践教学环境配置落后，须向云端化、移动化、场景化的教学环境升级，高校通过智能化与专业培养融合、拓展产学融合校企合作平台和搭建智能化实训场景等方式实现数智化实现数字化领域教学中的创新应用。结合数字化企业、财务共享服务中心等新兴组织形式所需人才培养目标，修订现有人才培养方案。现有课程体系亟须融入新型企业管理模式、技术与专业融合等跨专业、前沿课程内容，满足未来需求。高校通过行业协会、公安局、财政局、会计师事务所等单位签署协议，共建产教融合基地，为当地企业甚至全国企业的数智化转型提供研究报告。全国高等学校通过承办"课堂·案例·实验三位一体创新教学研讨会"等研讨会，向会计学专业推广应用创新型仿真教学体系和相关技术产品，从而提高行业协会的社会影响力。

第五节　财务数智化人才培养刻不容缓

一、人才培养目标定位模糊

《会计信息化发展规划（2021—2025年）》指出，随着大数据、人工智能等新技术创新迭代速度加快，经济社会数字化转型全面开启，对会计信息化实务和理论提出了新挑战，也提供了新机遇。运用新技术推动会计工作数字化转型，需要加快解决标准缺失、制度缺位、人才缺乏等问题。会计专业人才培养的供给侧与用人单位的需求侧出现了严重的脱节错位现象。深化会计学专业供给侧结构性改革，推动会计智能化转型，财务数智化会计人才培养方案变革是关键。为深化会计专业供给侧结构性改革，推动财务数字化会计人才培养方案变革，一些高校先行先试，制定了新的财务数智化会计人才培养方案，或者修订了原有的会计专业人才培养方案，添加了人工智能、大数据等相关课程，形成了既突出自身办学历史又具特色优势的智能会计人才培养新模式。如浙江大学开设智能财务班；南京理工大学、山东财经大学、贵州财经大学开设智能会计方向；西南财经大学开设大数据会计方向；重庆理工大学开设会计信息化方向；南京财经大学开设智慧会计方向；南京审计大学对会计人才培养方案的修订，添加了会计智能化、大数据审计等相关课程等。财务数智化会计人才培养方案的制定如日方升，但是财务数智化人才培养目标的定位还存在以下问题。

（一）数智化财务人才培养目标定位不明确

随着互联网技术的快速发展，大数据、人工智能、移动互联网、云计算和物联网技术加速与各领域融合，人类进入人工智能时代，学生对专业知识的认知、学习方法和思考习惯发生了大幅度变化。同时，对新兴技术工具的学习与应用、对综合信息的理解与判断、对分析结果的传递与交流，将成为会计执业内容的新内核，会计人员的角色扮演也更加具有战略财务内涵。企业对财务专业人才的需求类型发生着不同程度的转变。但是，高校在数智化人才培养目标确定的过程中，缺乏与产业界及会计界的充分交流，对行业发展变化和社会需求的人才类型把握不准确，人才培养目标不能准确反映社会经济发展对数智化财会人才的需求，不能够有效地培养与企业对接的专业人才。

（二）培养目标与数智化人才不匹配

人工智能、大数据等应用技术的迅猛发展，不可避免地对财会人员的职业技能与职业目标产生影响，这些影响主要表现在：首先，要求会计人员具有更高水平的职业道德。数字经济时代下各种不确定性因素增多，对会计人员的伦理道德与职业认识有了更高的要求；其次，要求会计具有更高水平的国际视野。全球化的发展迫切要求会计人员要有更高水平的国际视野，熟悉国际通用的会计标准；再者，要求会计人员具有卓越的会计职业判断能力与管理决策能力。在人工智能环境下，人工智能正在弱化乃至取代会计核算，企业发展不再需要仅以核算为主的会计人员，而是需要会计人员根据众多可能影响企业运营的信息作出合理的应对，会计需要从战略上面向管理与决策，会计的判断、决策与评价的功能得到进一步强化。最后，要求会计人员具有较强的信息素养与大数据分析能力。在人工智能环境下，会计人员需要掌握区块链、数据库、大数据分析与财务决策、大数据与商务智能、财务共享等数智化知识。但是，现有的数智化人才培养目标可能更多考虑的是学生的数智化技能的锻炼与培养，而没有考虑数智化人才其他能力与素养的需求，比如数智化时代对会计人员的数字伦理要求、全球化对会计人员的国际化视野要求等。

（三）培养目标未与复合型人才的对称

世界上唯一不变的事情就是"一切都在变"，会计也是如此。从会计发展变化的趋势来看，确实每一次技术变革均推动了会计的变革。但是，技术是帮助会计实施智能化升级的手段和工具，并非根本性的内在动因，会计服务于高质量发展才是发展智能会计的内在动因。党的十九大报告首次提出，我国经济已由高速增长阶段转向高质量发展阶段。会计作为有效管理经济活动的应用型学科，在国民经济转型发展的重要历史阶段扮演着举足轻重的角色。国民经济的高质量发展需要高质量会计的支撑。为了促进国民经济的高质量发展，数智化会计人才培养目标需要考虑国民经济高质量发展的需要，为国民经济的高质量发展提供高质量信息、高质量监控、高质量决策支持。

二、人才培养方案设计陈旧

（一）培养方案差异较大

根据调研，现有的财务数智化人才培养方案百花齐放，各具特点，还没有一个比较成熟的、适合绝大部分高校特别是符合财经类高校特点的财务数智化人才培养方案。财务数智化人才培养方案应该以国家战略发展和智能时代的会计实务需求为导向，以会计的核心功能为根本，结合学校的特点，特别是财经类院校的特点，同时兼顾理工院校和综合性大学的需求，形成"财务数智化"专业方向的人才培养目标体系，从而形成"财务数智化"专业的学生能力体系，进而构建"财务数智化"专业方向的课程体系，建设"财务数智化"专业方向的系列教材、教学课件和实验体系，并根据教学内容形成相应的教学手段和方法体系。

（二）培养方案尚不成熟

对开设了智能会计相关课程的高校进行统计，发现对于财务数智化人才培养改革，大多数高校通过设置方向班开展智能化改革，这些方向包括智能财务方向、智能会计方向、大数据会计方向、会计信息化方向、智慧会计方向、数智化方向、智能财务与国际会计方向等；也有少数高校未设方向班，而是对会计学专业进行了全面的改革升级，例如南京理工大学、南京审计大学。这个调查结果表明，财务数智化人才的培养才刚刚起步，培养规模还比较小，各高校对数智化人才的培养还处于摸索阶段。财务数智化人才大规模的培养，还需要首批"吃螃蟹"的高校，比如南京审计大学在人才培养过程中及时总结经验与教训，提供一个可供绝大部分高校参考借鉴的数智化人才培养方案。

（三）课程设置差异较大

作为会计专业教育供给侧的高等院校，无论是财经类院校还是理工类或综合类院校等，都需要为了适应会计人才市场的需求进行人才培养改革。为了调研高校财务数智化人才培养，温素彬教授曾调查了179所高校作为研究样本，进行会计人才培养方案对比分析。其研究样本面向财经类、理工类、农林类、师范类、综合类、其他等各类高校，并且包含"双一流"高校和非"双一流"院校。其中，调查样本中有36所高校开设了智能会计相关课程。

从统计的结果来看，会计人才培养改革的先行先试的院校主要分布于财经类、理工类和综合类院校，特别是以财经类院校为主，侧面说明财经类院校对于财务数智化的紧迫感更加强烈。根据课程的相关性，调查对36所高校开设的具有代表性的财务数智化的相关课程进行分类。从课程的分类来看，有人工智能、区块链、数据库应用、数据结构、数据挖掘与机器学习、大数据分析与财务决策、大数据与商务智能、数据分析与可视化、Python、IT 审计、智能财务共享、业财一体化、RPA、云会计 14 大类。从统计结果来看，开设财务数智化专业的高校在人才培养方案中设置的数智化课程千差万别，各具特色，但是这些课程的设置差异化有余，标准化不足，不利于数智化人才培养模式的总结与推广。

（四）跨学科课程存在"两张皮"

现有的数智化人才培养方案一般会设置会计专业相关课程以及数智化相关的课程。但是从课程的设置上来看，存在单独教授会计专业的学科知识与数智化相关的知识。对于一些交叉学科的学习，例如云计算、信息技术、大数据等方面的知识，相关课程只是单纯地对信息技术和大数据进行介绍，浮于表面，没有很好地将会计专业课程与信息技术、大数据课程融合，存在"两张皮"的问题。对于大数据与财务、信息技术与财务的交叉和融合上没有更深入，这就导致学生虽然学习了相关的交叉学科的知识，但是却不能学以致用。

（五）跨学科课程无法满足实践需求

从课程体系的设置来看，高校的数智化课程设置滞后于实践。大数据技术、人工智能的发展对会计学学科交叉提出了更高的要求。但是由于当前高校数智化师资力量不足，高校会计学科的课程设置更多的是从会计、财务管理、审计等角度出发，而没有充分重视对学生大数据分析决策能力的培养，这就导致了当前的课程体系还是与实践需求脱节，忽视了多元化、多层次、跨学科课程体系设置，无法适应数智化时代对数智化会计人才的需要。

三、人才培养师资建设滞后

（一）财务数智化课程教师紧缺

教师在智能会计人才的培养过程中发挥着重要作用，数智化时代的到来导致会计学科课程培养体系有所改变，这对专业教师的教学能力、实践能力来讲是一个重要的考验和挑战。财会数智化人才的培养需要将信息化、大数据、人工智能等新技术融入传统课程之中，对传统课程进行学科交叉融合改造，比如温素彬教授调查发现，实施数智化财务人才培养的高校开设了 python 程序设计、大数据审计、智能商务决策、大数据财务决策、机器学习与数据挖掘、财务共享与智能财务等诸多学科交叉课程。这些新设课程没有现成的教学资源可以利用，需要建设开发。目前会计系教师年龄结构偏大，对于新知识的接受能力比较差，财会类老师偏重于会计学基础、财务会计、财务管理、管理会计等传统的财会类课程，对 python、数据库、机器学习、大数据等财务信息化课程缺乏了解，缺乏系统的计算机知识对于传统的财务会计老师讲授数智化财会课程是一个极大的调整。同样，精通计算机知识的教师又缺乏对财务会计知识的了解。很少有老师对信息化、计算机与会计学专业课程都精通，课程开发以及课程教学面临难题，财务数智化课程师资力量还没有完全建立起来，需要各高校大力培育。

（二）财务数智化师资缺乏实践

财务会计的学习离不开实践，这就对教师的实践能力提出了较高的要求。但是，当前绝大部分会计专业高校教师都是毕业后直接进入高校就职，教师没有直接参加过会计实务工作，缺乏实务经验，而高校尚没有特别可行的、完整的、系统性的人才和支撑人才发展的学科专业实践平台模式可以供各大高校参考，这就导致了教师在教学的过程中侧重理论讲解，实务经验无法满足学生就业所需。从数智化课程的实践来看，熟悉并掌握大数据、云计算、财务共享、财务机器人等学科知识的教师本来就少，具有实践经验的教师就更少了。这导致教师在课堂上只会讲授有关大数据等学科的理论知识，而缺乏相关实务性的操作，学生难以在实践中应用数智化课程相关知识。

（三）教师专业教学技能亟须提升

"互联网+智慧教学"背景下，高校通过互联网、大数据、云计算等信息化处理技术，运用各种智慧教学平台构建智能学习环境。在此情境下，高校鼓励教师运用互联网相关技术、合理使用智慧教学工具，注重 OBE 理念，倡导以"学生为主，教师为辅"的翻转课堂模式。因此，人工智能时代，教师需要了解和掌握很多财务数智化专业知识之外的教育教学知识，提高自身教学能力与教学水平。目前，部分高校教师在专业课程备课和授课时，还不能够有效达到拓展学习和掌握互联网信息处理技术和智慧教学等相关教学资源的程度，无法充分发挥"互联网+智慧教学"的资源优势，高层次的会计专业教学能力有待提升。

四、人才培养课程教材建设碎片化

教材是人才培养的重要基石、知识传播的主要载体、教学的根本依据，也是学生获取知识的主要途径，是影响人才培养质量的关键因素。当前，传统的教材普遍存在教学内容更新不及时、教学场景案例针对性不强、内容缺乏深度、智能技术融入不足等问题。而近年来学校新开设的一系列课程，例如大数据与智能会计、大数据与智能财务决策、智能财务共享、智能管理会计、大数据与智能审计、RPA 审计机器人开发等，须进一步结合企业的项目实践，开发以场景驱动的业务、财务和技术一体化教学案例并融入思政元素，同时编写能够用于教学过程的新型教材。有关财务数智化相关的知识读本都是由财务数字化领域的专业咨询机构编写，如中兴新云编写的《数字化时代的财务中台》《财务机器人》《财务共享服务》《数字财务》《财务就是 IT》等。这些由咨询机构编写的专著反映了数智化财务在实务界的实践应用，体现智能会计的最新发展。

在数智化教材的编写方面，部分教材由高校与咨询机构共同编写，如由南京审计大学与中兴新云联合编写出版的《智能财务共享》，部分教材由高校主导组织编写的教材，比如山东财经大学编写了《智能财务共享》《智能财务决策》和《智能财务分析可视化》等智能会计系列教材，这类教材注重人才培养与教学适用性。

与传统的会计专业教材相比，财务数智化相关教材还不是很丰富，选择范围较窄，总量偏少、质量不高、体系性偏弱，大多数是电子资源，而且使用效果还有待教学实践检验，缺乏得到广泛认可的由高校主编的国家级或者省部级智能化规划教材。财务数智化教材的建设不是一蹴而就的工作，需要结合实践的最新发展，将最新理论、最新研究成果和最新前沿知识纳入其中。编写出适用性强、具有推广性、符合数智化财会人才培养需求的系列教材，是会计教育工作者今后一段时间需要努力的方向之一。

五、人才培养实践条件建设约束化

（一）财务数智化实践课程差异较大

根据温素彬教授的调查，36 所开设数智化课程的高校开设了财务数智化相关的实践课程（见表 5-6）。从表 5-6 可以看出，智能会计相关课程中，IT 审计、Python、RPA、大数据分析与财务决策、大数据与商务智能、数据库应用、数据挖掘与机器学习、业财一体化、云会计、智能财务共享、数据分析与可视化大类包含实践实验课程。从以下的实践课程来看，财务数智化人才培养实践课程千差万别，存在标准不足、差异较大的问题。

表 5-6　　智能会计相关的实践实验课程

实践实验课程	课程分类	具体课程
实践课	IT 审计	大数据审计
	Python	程序设计及实践（Python）
		计算机编程语言（Python）
	RPA	RPA 财务机器人
	大数据分析与财务决策	财务大数据应用与分析
		大数据财务分析
	大数据与商务智能	商务大数据智能分析
		大数据与智能分析实践
	数据库应用	数据库应用
	数据挖掘与机器学习	深度学习基础及实践
	业财一体化	业务财务一体化应用
实训课	云会计	云资源共享财税一体化实训
		云资源共享成本会计实训
	智能财务共享	集团财务全面共享实训
		财务共享实训
实验课	大数据分析与财务决策	大数据财务决策
	数据分析与可视化	EXCEL 在财会中的高级应用
	数据库应用	数据库技术及程序设计实验
	业财一体化	ERP 财务业务一体化实验
	智能财务共享	财务共享仿真实验
		财务共享实验
		会计智能核算实验

（二）财务数智化实践教学难以满足人才培养需要

在智能会计快速发展以前，会计学专业的教学方法和手段很少发生变化，这样的教学方式在智能时代显然是行不通的。当前，大数据、云计算等技术已经被应用到各行各业。但是许多高校却限于资金、技术等原因没有充分重视信息技术相关课程的教学，或者缺乏与数智化财务相关的教学软件，学生无法深刻地理解真实的业务场景，导致学生在进入社会以后不能适应智能化财务工作。

在传统的会计实训教学中，除了校内实训之外，还有校外的实训。但是就财务数智化的实训来讲，一方面，很多企业还没有实施财务数智化的转型，另一方面，即便是已经实施财务数智化转型的企业，其容纳的实习学生人数有限，学生难以在校外实践基地进行财务数智化的实习。因此，不管是校内还是校外财务数智化实训教学，都需要进行改革，以提升教学效果。

（三）财务数智化实践教学条件不完善

会计智能化课程属于实践性很强的课程，在智能财务相关课程平台建设方面，课程平台不太统一，例如财务机器人的开发和应用受环境的影响较大，平台建设周期较长。部分高校财务数智化实践教学体系缺乏整体规划，注重传统的基础性会计技能，对大数据财务分析、智能管理决策关注度不高，不适用于人工智能背景下的数智化财务人才培养需要。智能化场景设计和新技术匹配运用，是智能财务的本质所在。智能会计专业化、流程化、信息化的特点加重了智能会计教学平台构建的复杂性。智能财务平台更新较快、平台建设成本高。缺乏智能化会计实训平台，无法满足智能化会计的教学需要。

在智能会计平台的搭建中，需要根据教学目标，考虑云模式、业务场景、智能工具、教师参与、教学平台的可扩展性以及与软件开发机构的合作等。智能会计教学平台的搭建，已经不是购买或租用一个软件就能解决的，仅依靠高校内部的技术人员已经远远不能满足需求。因此，部分高校开展数智化会计实践教学的互联网技术环境和教学设施尚不完善，不能满足智能财务、大数据分析、财务共享、人工智能等方面的实践教学。

第六节　财务数智化人才培养任重道远

一、精准定位人才培养目标

人工智能、大数据等应用技术的迅猛发展，不可避免地改变了传统的财务专业人员职业技能和职业目标，具体表现在以下几个方面：

（1）职业道德。数字经济时代下各种不确定因素增多，对财务专业人员的伦理道德和职业认识有了更高的要求。

（2）国际视野。全球化发展迫切要求财务专业人才具有更高水平的国际视野，熟悉国际商务环境和通用的专业标准，具备国际视野与跨文化交流能力。

（3）大数据财务决策和商务智能分析能力。科技手段正在不断弱化传统的核算反映职能，企业发展需要的不再是仅以核算为主的财务专业人才，而是需要财务专业人才根据众多可能会影响企业运营的信息进行合理风险预测，并进行有效职业预判，财务专业职业的定位需要更多的战略层面上的管理与决策，进一步发展专业预测与管理决策。

（4）数字能力。在大数据分析的情境下，财务专业人才需要快速学习和更新财务专业知识，深入理解经营业务内涵，提高信息需求规划能力、数据挖掘能力、信息集成和整合能力等才能适应行业需求与企业发展。数智技能主要培养学生对现有及数字经济下数字技术、功能、实践及战略的认知和应用。大数据的飞速发展改变了企业所处的环境，围绕"大智移云"时代行业动态需求，培养财务人才数据挖掘与机器学习、智能财务共享、应用财务软件设计与开发等数智技能，不断提升学生的大数据分析能力与智能化财务风险管理水平，向社会输送智能化时代需要的财务专业人才。

（5）决策能力。是指培养学生综合运用财务专业知识，根据环境变迁和企业主体的实际情况进行综合决策与判断等综合能力素质，具体涵盖正确的评估能力、精确的预测能力、准确的决断能力三个方面。

（6）治理能力与审计能力。是指培养学生参加政府部门、企业内部、民间注册会计师等治理与审计监督业务等。培养学生对财务专业法律法规熟悉度，提高专业判断力，以及借助专业理论发现问题、分析问题与解决问题的能力。

基于以上分析，首先，要培养学生热爱社会主义祖国，拥护中国共产党领导，掌握马列主义、毛泽东思想和中国特色社会主义的基本原理；愿为社会主义现代化建设服务，为人民服务；有为国家富强、民族复兴而奋斗的志向和责任感；具有良好的思想品德、社会公德、职业道德以及社会责任感；具备良好的身体素质和心理素质。其次，具有一定的体育和军事基本知识，掌握科学锻炼身体的基本技能，养成良好的体育锻炼和生活习惯，受过必要的军事训练，符合国家规定的大学生体育和军事训练合格标准，具备健全的心理和健康的体魄，能够履行建设祖国和保卫祖国的神圣义务。最后，使学生具有一定的人文社会科学和自然科学基本理论知识，具有独立获取知识、发现问题、分析问题和解决问题的基本能力及开拓创新精神，具有一定的从事本专业事务工作的能力和适应相邻专业业务工作的基本能力与素质；具有较强的沟通协调能力和团队合作意识。

概而言之，建议将财务数智化人才培养的目标定位于：培养品格高尚、社会责任意识强、拥有扎实的新文科基础，系统掌握财务会计专业理论知识、大数据分析与智能技术，能够熟练运用智能财务理论和方法进行财务活动，具有国际视野与跨文化交流能力、适应社会经济发展需要的大数据分析能力、大数据财务决策和商务智能分析能力的创新复合型财务数智化人才。

二、有效重塑人才培养方案

在广泛调研的基础上，我们提出以下财务数智化人才培养方案的设计原则：

第一，转型升级。会计须从核算反映型向智能决策型转型。人类社会正在进入智能化时代，智能时代所出现的新技术、新业态、新产业、新模式对会计提出了极大挑战的同时，也为会计提供了极好的转型机遇。特别是大数据、人工智能、移动互联网、云计算、物联网、区块链等新的信息技术的发展，使会计所依赖的技术手段发生了极大的变化；新业态、新产业、新模式的不断涌现，使会计服务的对象发生极大的变化。因此，随着智能时代的到来，会计从传统的核算反映型会计向智能决策型会计转型已成必然。

第二，坚守根本。变的是技术的"形"，不变的是会计的"魂"。智能时代会计的技术手段、服务对象、方式方法、组织形式、服务内容、效率和质量等都发生了很大变化。但是，无论技术如何变化，会计的根本并没有变，即会计的"监督、反映、决策支持"的核心功能没有变。并且，随着新技术的不断应用，会计的功能将更加强大。事实已经证明，随着每一次技术革命，会计不是消亡而是变得更加重要。所以，智能时代，变的是技术的"形"，不变的是会计的"魂"。

第三，设计原则。面向需求，科学规划，分步实施。智能会计人才的培养方案，是以国家战略发展和智能时代的会计实务需求为导向，以会计的核心功能为根本，结合大多数院校的特点，特别是财经类院校的特点，同时兼顾理工院校和综合性大学的需求，形成"智能会计"专业方向的人才培养目标体系，从而形成"智能会计"专业方向的学生能力体系，进而构建"智能会计"专业方向的课程体系，建设"智能会计"专业方向的系列教材、教学课件和实验体系，并根据教学内容形成相应的教学手段和方法体系。

基于以上三点基本认识，按照"教是核心，学是根本"的理念，围绕"培养怎样的智能会计人才？""怎样培养智能会计人才？""怎样评价智能会计人才培养质量？"三个层次进行设计。具体来说，在智能会计人才的培养方案中，我们以培养能胜任工商企业、金融机构、会计师事务所、政府机关和科研院所等各类组织中智能会计实务和研究的高素质、复合型人才为最终目标，夯实会计基础和强化"智能会计"的专业能力训练，开展多维度学习效果和能力培养的综合评价。设计思路如下（见图5-1）。

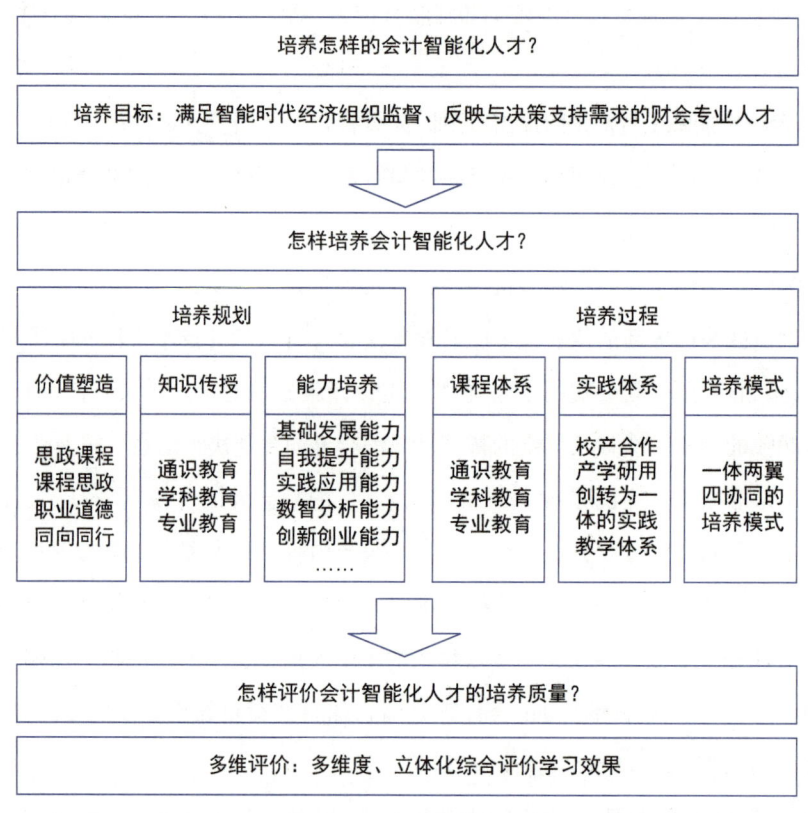

图 5-1 财务数智化人才培养方案设计思路

三、优化配置人才培养师资

（1）以点带面。在现有教师队伍中选拔有较好编程基础、熟悉 python 等语言或有浓厚智能化转型兴趣的老师进行重点培养、培训，在科研工作量、教学工作量上给予一定的减免，同时，对所有教师进行智能化转型的基础培训，设置考核办法，提高培训的效果。

（2）精准招聘。在每年毕业博士中招聘有计算机、人工智能、数学、统计学、管理科学与工程专业背景的年轻博士补充到教师队伍中，对新招聘的教师给予一年的无课见习，并安排专业资深教授作为他们的导师，使他们快速将原有专业与"财会审"专业有效对接，快速成长为合格的"财会审"专业的中坚师资力量。

（3）多维交叉。打造"理论＋实务"的交叉复合型双师型队伍，开展相关学术研究、案例开发和应用研究；开展校企导师联合授课、联合指导，打造高水平数智化教学团队；开展学生毕业设计"双导师"制度，将毕业论文中的理论内容与毕业实习的实际情景相结合，夯实数智化的实践教学基础。

（4）系统融合。学校与企业共建教师团队，让企业与行业专家进课堂，建立"企业家走进会计课堂"和"财会教师走进企业"的互动机制，实现理论教学与实践教学相融合、线上线下有机结合、校内校外相互补充的混合式教学，提升学院专任教师实践教学能力和实务专家的理论水平。

（5）带引研培。以老带新：形成以团队带头人为核心的"传、帮、带"机制；以课程组为单位，加强基层教学组织建设，积极组织各类教研活动，广泛开展各类教育教学研究活动，提高教师教书育人的积极性、主动性和创造性。引进带头人：实施数智化教学带头人"领雁计划"，让带头人领头飞，不断引进高素质、高水准的专业教师人才。培养教学名师：加大力度培育财务数智化教育教学名师，形成教学团队。研究数智化教育教学规律：提升数智化教育教学质量，为实现高效的数智化教育教学模式提供强大的理论支撑。

（6）本位回归。实施"学生评教、专家督导、同行评议、院系评价、自我诊断"五位一体的教学评价制度，对于评价高的教师给予教学奖励，对于评价低的教师，配以导师帮扶。通过这些制度的实施，不断提升师资队伍教学能力，确保了教学的中心地位，推动了教师回归教学本位。

（7）绩效优先。坚持绩效优先，向数智化教学改革领域倾斜，出台绩效考核分配配套制度，围绕数智化教学改革设置绩效分配额度，并注重向一线教师、骨干教师倾斜，建立激励制度引领。通过绩效管理的配套机制运行，激发教师的积极性、主动性、创造性，促进数智化教育教学的高质量发展。

(8) 职称激励。改革教师考核和职称评审机制，建立数智化教学实践和科研成果并重的考核体系，在职称评审过程中，把数智化能力的提高作为评价标准之一。

四、迭代更新人才培养课程教材

基于财务数智化人才培养目标，建议基于以下原则设置课程体系：

第一，注重管理决策型财务。互联网与信息技术的发展对传统的财务专业人才提出了挑战，且极大地促进对管理决策型财务专业人才的需求。在智能化机器时代，拥有正确的专业分析与价值判断、提升企业价值的财务专业才能适应时代需要。因此，管理决策型财务专业将是数字经济时代下财务专业的重点发展方向。

第二，加快新文科融合。新时代下，以素质塑造和能力培养取代知识传授为基础来构建财务专业教育理念：将数字时代数智技术嵌入财务专业人才的能力框架及相应的知识体系。同时，在财务专业中多展开"财会＋智能技术""财会＋审计""财会＋法务税务""财会＋治理"等学科交融模块，使融入财务专业的学科模块是动态的，可以更好地满足学生个性发展与社会的多元化需求。

第三，财会与计算机交叉融合。依托"大数据"相关理念，应用互联网＋信息科学技术方法和手段，以财务专业课程为核心，融合应用计算机、信息管理等相关学科的先进工具方法，提升学生数据挖掘、信息检索与综合决策支持能力。

第四，培养学生信息素养。信息技术的发展为在财务专业课程中全面推进实验和实践教学提供了技术上的可能。因此，财务专业的课堂教学根据基本原理通过仿真模拟实验，强化基本原理的学习，提高学生专业实践技能，培养了学生创新思维的能力。具体课程体系如下（见表5-7）。

基于以上课程设置，加快开发相关教材，开发《会计大数据基础》《会计智能化基础》《高级数据分析与可视化》《智能财务共享》《大数据财务决策》《商业智能分析》《大数据审计》《智能知识管理》《基于大数据的供应链成本管理》等特色教材。

五、财务数智化人才培养实践条件建设的建议

围绕人才培养目标，将建立一套学科交叉融合的财务数智化专业实践教学体系，突出新时期"教学内容＋教育技术＋教学方法"高度集成的教学思路。实践教学内容与科

表5-7 财务数智化课程体系

专业基础课	专业核心课	智能财务方向课	专业拓展课
管理学原理			数据资产与数据治理
微观经济学			基于大数据的运营管理
宏观经济学	会计学		大数据分析中的统计方法
税法	管理会计	Excel 高级数据分析	RPA 技术
经济法	财务分析	智能财务共享	企业经营沙盘模拟
战略管理	商业伦理与道德	商业智能分析	税务会计与筹划
管理信息系统	财务管理学	大数据财务决策	高级财务管理
统计学	审计学	智能审计	内部控制学
运筹学	会计信息系统		资产评估
计量经济学	会计智能化基础		证券投资分析
大数据分析基础			国际财务管理
计算机程序设计语言			统计分析软件及应用
数据库原理与应用			金融风险管理

研、社会应用实践密切联系，形成良性互动，实现基础与前沿、经典与现代的有机结合。建立新型的适应学生能力培养、鼓励探索的多元实践考核方法和实践教学模式，推进项目式教学、案例教学、探究式教学、翻转教学、团队合作学习、建构主义学习等教学教育方法。实践教学效果成果显著，成果丰富，受益面广，学生实践兴趣浓厚，积极主动，自主学习能力、实践能力、创新能力明显提高，实践创新成果丰富。

（一）实施产教融合

与企业联合攻关，整合双方资源，开发建设"数智财务"联合实验室，发挥学校人才与行业优势，围绕会计智能化转型的需求开展协同创新，实现高校知识溢出，直接服务企业数字化转型，推动企业高质量决策。将研究成果及时引入教学过程，促进科研与人才培养积极互动，发挥产学研合作示范影响，提升服务产业能力。将智能化企业场景搬进校园，共建产教融合的"智能会计"校内实训基地、校外实训基地、技术服务平台。面向校内外学生及社会对象，开展"数智财务"能力教育，提供学历教育之外的社会企业服务、教师培训服务、技能培训服务等。

（二）建设产业学院

实现"智能财务产业链、智能财务研究创新链+智能财务教育链"的有效衔接和"智能产业、智能财务教育、现代信息科技"的共建共享，构建"共创人才培养新模式、共商专业建设新规划、共议特色课程新开发、共组双能师资新队伍、共建专业实训新基地、共评人才培养新质量、共享校企合作新技术、共搭财务数智化教育新平台"的产、学、研、创、用合作共赢的多平台育人机制。

（三）创新教学模式

结合课程体系、教学平台、实验平台、研究平台、实践平台，构建一体两翼四协同的教学模式（见图5-2）。"一体"即目标—能力—课程体系。智能会计培养品格高尚、社会责任意识强、拥有扎实的新文科基础，系统掌握财务会计专业理论知识、大数据分析与智能技术，能够熟练运用智能会计理论和方法进行会计管理活动，具有国际视野与跨文化交流能力、适应社会经济发展需要的大数据分析能力、大数据财务决策和商务智能分析能力的高级复合型专业人才。基于这一目标和能力体系，构建课程设计矩阵，形成课程体系。"两翼"即教学资源平台和实验实训平台。建设会计智能化精品课程、智能会计教材、智能会计案例、课程思政案例、智能会计场景、课程思政场景、实践平台、实践基地等，构建多资源协同育人机制。"四协"同即产学研用协同。通过智能会计产业、智能会计人才培养体系、智能会计创新研究、智能会计实践应用的有效衔接，实现产学研用的共建共享。

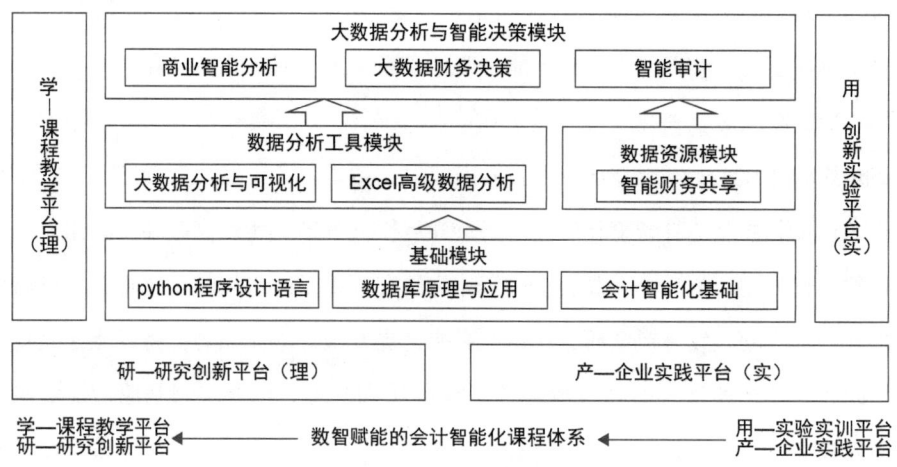

图5-2 一体两翼四协同教学模式

（四）建设财务大数据实验室

财务大数据分析与决策实验室是依托企业数字化运营需求场景搭建的实践教学平台，创新性地融合 Python 数据获取、数据清洗、MYSQL 数据存储、商业可视化分析软件（分析云）、数据挖掘等多类大数据工具，对企业内外部经营环境的结构化数据、非结构化数据进行获取，结合学生所学传统财务分析指标体系和大数据预测模型，进行基于商业问题仿真需求场景的财务分析决策训练。

在实验室建设过程中，将打破学科壁垒，将大数据采集、文本挖掘、商业可视化分析融入财务分析领域，从而引导"财会审"专业本科生及从业人员能通过学习掌握大数据分析工具基本应用，结合"财会审"专业理论进行实际商业问题的分析，培养"强专业、精数据、懂业务、能创新"复合型高级人才。

财务大数据分析与决策课程教学软件中内置了多个行业，多家上市企业海量报告数据，可以支持学生进行 7 大商业场景业务学习：

（1）投资者角度与经营者角度的财务报表分析：其中包括盈利能力、偿债能力、营运能力分析等、投资项目投资决策分析等。

（2）资金分析与预测，包括企业资金管理、现金流预测等。

（3）销售分析，包括销售收入多维度分析与销售预测。

（4）费用分析，包括费用数据多维度分析与数据洞察。

（5）文本挖掘与战略分析，如京东商城评论数据挖掘与公司战略分析等。

（6）供应商画像，包括供应商画像指标的爬取与因子分析等。

（7）企业财务预警分析，包括 St 股企业财务分析与预警等。

同时课程教学软件中内置了机器学习算法的工具，可选择的有监督学习算法包括：回归分析多元回归算法、分类分析朴素贝叶斯算法、ARIMA 算法、文本挖掘等，满足学生、审计干部、企业从业人员利用大数据相关算法帮助企业进行精准预测和决策的需求。

第六章　企业财务数智化转型赋能企业高质量发展

习近平总书记在中央全面深化改革委员会第二十四次会议时强调，要加快建设一批产品卓越、品牌卓著、创新领先、治理现代的世界一流企业，在全面建设社会主义现代化国家、实现第二个百年奋斗目标进程中实现更大发展、发挥更大作用。中共中央、国务院在 2023 年印发了《数字中国建设整体布局规划》，规划中指出建设数字中国是数字时代推进中国式现代化的重要引擎，是构筑国家竞争新优势的有力支撑。为推动我国建设世界一流企业的目标，国务院国资委陆续发布《"十四五"数字经济发展规划》（国发〔2021〕29 号）、《关于开展对标世界一流管理提升行动的通知》（国资发改革〔2020〕39 号）、《关于中央企业加快建设世界一流财务管理体系的指导意见》（国资发改革〔2022〕23 号）、《关于开展对标世界一流企业价值创造行动的通知》（国资发改革〔2022〕79 号）等一系列文件。这些政策明确指出企业应该完善智能前瞻的财务数智体系，统筹制定全集团财务数字化转型规划，完善制度体系、组织体系和管控体系，加强跨部门、跨板块协同合作，建立智慧、敏捷、系统、深入、前瞻的数字化、智能化财务。统一底层架构、流程体系、数据规范，横向整合各财务系统、连接各业务系统，纵向贯通各级子企业，推进系统高度集成，避免数据孤岛，实现全集团"一张网、一个库、一朵云"。企业应积极探索商业模式创新，充分发挥国有企业数据和应用场景优势，加快企业数字化、智能化转型，推动大数据、区块链、人工智能等先进技术与业务深度融合，培育价值增长有效动力。

为加快推进企业高质量发展，2023 年 1 月 5 日，国务院国资委在中央企业负责人会议中提出"一利五率"的考核指标，新增营业现金比率考核，调整净利润指标为净资产收益率，考核更加注重央企实际经营质量，关注企业发展质量。2023年4月17日国务院副总理张国清在中央企业2023年度经营业绩责任书签订会议中提出"两核三做"，坚定不移做强做优做大，不断提高核心竞争力、增强核心功能，积极服务国家战略，扎实推进国有企业高质量发展。

2023年8月22日，财政部制定印发了《企业数据资源相关会计处理暂行规定》（财会〔2023〕11号），自2024年1月1日起施行。企业数据资源进入企业财务报表进一步明确了数据要素参与企业生产经营并对经营产出具备重大影响及其独特的认定与管理方式。企业数据资产化与数字化转型关联紧密、相辅相成，数据资产化既可以成为数字化转型的成效之一，也是实现数字化转型重要举措。数据资产的认定和价值离不开财务，离不开业务数据和财务智能的协同。将大幅推动财务数智化的进程，将有助于进一步推动和规范数据相关企业执行会计准则，准确反映数据相关业务和经济实质。进一步强化数据资源相关信息披露，将有助于为有关监管部门完善数字经济治理体系、加强宏观管理提供会计信息支撑，也为投资者等报表使用者了解企业数据资源价值、提升决策效率提供有用信息。将进一步推动企业对数据资源的重视，提高对业务数字化和财务数智化的重视。

财务管理作为企业治理的核心环节，是实现企业长期稳健发展的重要保障，是建设世界一流企业不可或缺的内容。在数字经济的背景下，企业为适应时代的经济环境变化，财务数智化转型已经迫在眉睫。财务转型是要实现财务业务和流程智能化处理和管理，通过自动化数据录入、自动化流程、财务智能分析、移动办公等方式提高工作效率，推动企业发展。作为企业的重要职能部门，财务数智化转型不仅撬动了企业整体进行数字化发展，还可以提升财务相关部门处理结构化和非结构化的财务信息，提高企业信息传递效率。

企业的高质量发展由业务循环、管理循环和信息循环共同作用，驱动企业向上成长、向前发展。财务作为企业信息循环的重要组成部分，其在数字化时代的核算和决策方式也发生了重大变化。财务数字化转型从信息化到数字化共历经了四个阶段，从会计电算化、ERP阶段、财务共享服务中心到如今的数字化时代。在新时代，企业财务数智化转型有着明确的诉求。第一，财务数智化转型促进业务信息、财务信息更加标准统一，提升会计信息质量、提高风险管理能力，赋能企业合规管理。第二，财务数智化转型提升企业全面预算的能力，增强业务、财务预测的准确性，加强供应链韧性，推动企业可持续发展。第三，财务数智化转型促进企业财务职能转型，促进企业整体数字化发展，提升运营效率，降低产品成本。第四，财务数智化转型赋能企业转型升级，财务智能化转型改变了传统功能，转向网络化、智能化发展，促进业务创新、流程创新，助力企业转型升级。第五，财务数智化转型能够赋能企业 ESG，促进企业 ESG 披露、ESG 管理、ESG 互动等方面的提升和完善。

第一节　企业财务数智化转型赋能企业合规管理

在调研的 37 家企业中，财务数智化转型赋能企业合规管理共计 35 家。其中利用财务数智化进行标准化运营的企业有 35 家，规范化运营的企业有 24 家，进行风险控制和风险预警的企业有 22 家，提升会计信息质量有 4 家，增强内部控制质量、降低风险的有 20 家。

一、促进标准化运营

第一，财务数智化转型有利于促进业务执行自动化，提高业务规范性。以往由于业务量大、重复度高，人工处理容易出错，导致工作质量保证程度不足。企业数智化转型引入 AI 数字员工后，企业内大量重复、易错的工作，由 AI 数字员工来完成，通过业务流程自动化，业务审核电子化，实现运营与管理效率优化，进一步提升了工作质量。比如科大讯飞引入 AI 数字员工，提升了企业的智能化经营管理，通过业务流程自动化，实现运营与管理效率的提高，最终实现数字员工的价值提升（见图 6-1）。

第二，财务数智化转型有利于统一会计核算标准，提升财务标准化。传统的财务系统存在数据标准、会计科目、会计核算不一致等情况，导致出现同一业务难以对比、难以规范子公司账务等问题。企业进行财务数智化转型后，通过财务共享服务平台，统一业务流程、统一数据标准、统一会计科目、统一核算方式、统一报表报送体系等，消除在信息系统业务之间的数据差异，打破数据孤岛，提高同质业务的可比性。同时，对报表进行标准化设置，规范子公司账务处理，提升财务核算质量；减少多头报送报表造成

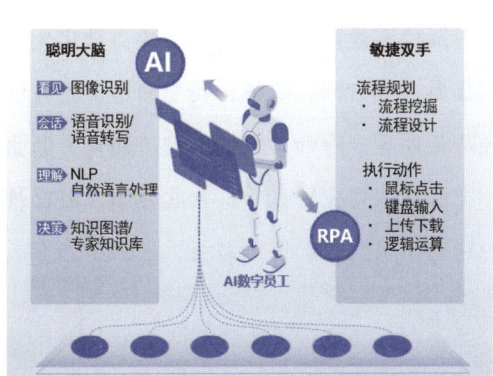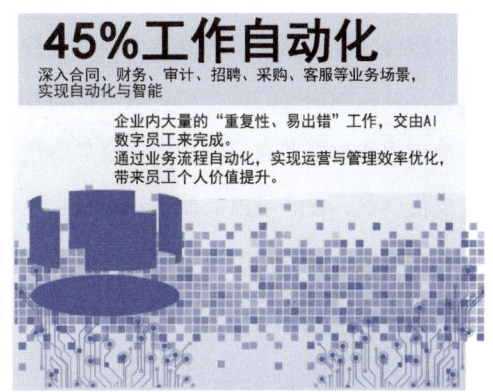

图 6-1　科大讯飞 AI 数字员工

的差异，提升编报效率，规范报表报送机制。

第三，财务数智化转型有利于减少信息错误，提升信息披露质量。以往财务人员需要每月编制三大报表（资产负债表、利润表、现金流量表），需要耗费大量的人力和时间，尤其当企业集团拥有众多子公司，编报工作量巨大，人工处理容易出错，导致会计信息披露出现偏差。在数智化转型后，依托财务共享平台，利用 RPA 自动化软件，完成数据实时自动化下载、核对、核算、汇总，规避人为操作带来的风险，减少信息披露错误。

二、促进合规化运营

在数字化转型的时代背景下，内部控制的重要性日益凸显，完善的内部控制机制有助于企业抵御风险。2021 年 11 月，财政部印发的《会计改革与发展"十四五"规划纲要》明确提出"修订完善内部控制规范体系，加强内部控制规范实施的政策指导和监督检查，建立并有效实施内部控制的责任"的改革任务。因此，数字化转型背景下，企业内部控制建设成为社会关注的焦点。2022 年 10 月 1 日实施的《中央企业合规管理办法》（国务院国有资产监督管理委员会令第 42 号）明确指出，央企应建立健全符合企业实际的合规管理体系，充分利用大数据等信息化手段，切实提高管理效能；应当加强合规管理信息系统与财务、投资、采购等其他信息系统的互联互通，实现数据共用共享；应当利用大数据等技术，加强对重点领域、关键节点的实时动态监测，实现合规风险即时预警、快速处置。

随着云计算、物联网等技术的普及应用，内部控制运行方式由人为变成自动化、智能化，其控制执行的效率和有效性都得到较大提升。一方面，数智化转型后，企业通过标准化的线上审批流程对资金、税务等进行规范化处理，降低了财税风险，强化了企业合规化运营，提升了内部控制执行效率。另一方面，数智化转型后，企业为加强信息系统的沟通，建立数据中台，进而针对数据中台建立相应的内部控制系统，进一步完善了企业内部控制体系。

三、提高风险管理能力

2022年9月，国务院国资委颁布并正式发布《中央企业合规管理办法》，成为中央企业合规管理的主要规范性文件，要求中央企业持续优化全面风险管理体系，进一步强化了中央企业风险管理、内部控制和合法合规意识。在数智化转型的背景下，企业面临着各种新的风险，例如数据安全风险、技术风险、业务风险等。因此，企业应更加注重风险管理，构建并不断优化全面风险管理体系。

传统的风险管理方法需要大量的时间、人力和财力，而数智化财务能够使企业借助自动化、智能化的手段以更快的速度获取和分析大量的数据，提升风险管理的效率。同时，通过财务共享平台，企业能够对业务开展过程中的风险进行全范围的识别、评估和监控，并及时预警，进而提升风险管理的准确性和及时性。例如：中国太保集团（见图6-2）通过结构化数据沉淀，运用大数据识别，加强事前、事中风险的管控力度，进行财务全场景的百分之百覆盖，实现了系统替代标准的统一、流程的统一和执行的统一，审核标准化由70%提升至100%。目前随着外部的监管压力愈加严格，对风险管控要求日益增加，通过财务共享风险控制的自动化处理和风险提示功能，降低中国太保在业务部门拓展业务时违规的风险以及被处罚的风险。

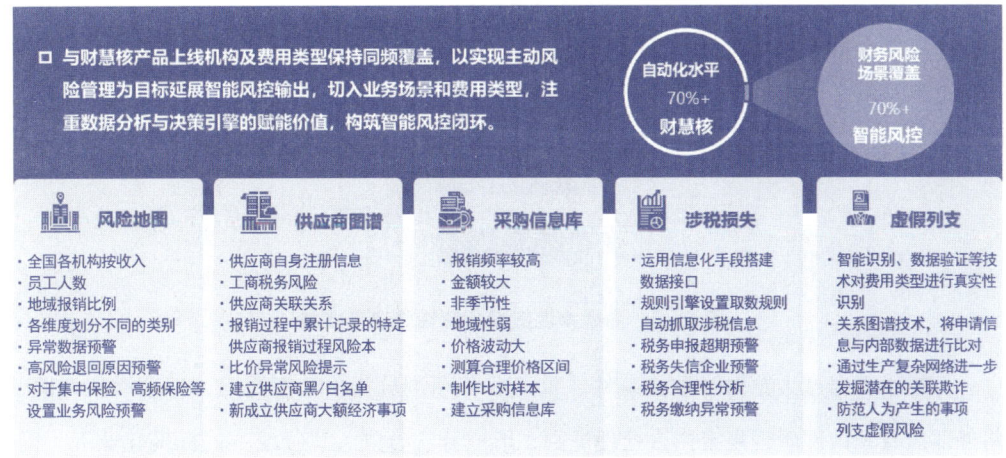

图 6-2 太保集团智能风控闭环

第二节 企业财务数智化转型赋能企业可持续增长

据调研数据统计，通过财务数智化赋能企业可持续增长共计 30 家，其中精准预测能力提升的涉及 28 家，增强全面预算能力的有 25 家，加强产业链、供应链韧性有 13 家，促进企业有效投资和增强生产效率涉及 30 家。

一、持续精准预测市场需求

海螺水泥股份有限公司作为资本密集型传统产业，在面临行业整体产能过剩，经营管理点多面广、业务复杂、信息量大的特征的困境时，经营管理难度愈加突出，公司各业务系统间的数据孤岛和技术阻碍等因素限制了工作效率的提升。在财务管理上无法有效整合数据资产等一系列发展困境时，选择以智慧运营管理平台为载体，通过构建企业数据治理体系，利用信息和网络技术，打破数据孤岛，建立数据标准，实现数据资源共享利用，加强业财深度融合，实现智能会计管理与智慧运营分析，深化战略财务对企业生产经营决策的支撑作用。通过数字技术的应用促进企业经营决策由经验主导向数据和模型驱动转变，形成一套财务专业的经营管理分析模型，为企业日常内部控制与决策工作提供重要依据，赋能企业发展（见图 6-3）。

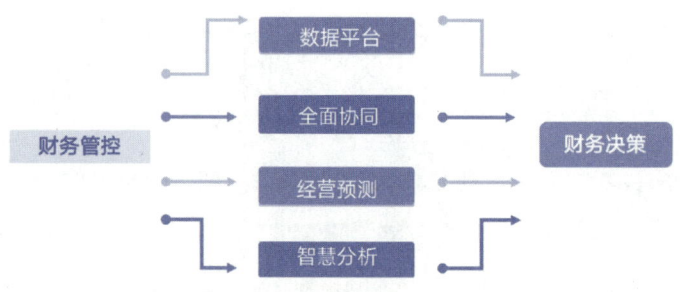

图 6-3 海螺水泥数据预测增强决策支持

海螺水泥通过大数据对重大事件、重点业务预测分析，动态跟踪，识别潜在风险，将外部监管和内部管理规定内嵌处理规则，形成合法合规、口径统一的标准化业务。同时数据资产的沉淀使指标的对比分析极大简化，易于发现管理问题，及时调整策略，通过监控关键指标，掌控业务执行的状况，加速决策过程。智慧运营管理平台通过标准指标的对比分析，及时准确反馈销售策略的实施效果，大幅缩短营销策略制定市场反应周期。如某工厂推广数据分析，了解不同区域间市场需求变化，制定实施两项特殊销售政策，该工厂水泥日销量增加约 1000 吨，水泥月销量增加约 3 万吨，增加效益 450 万元/月。

二、提高投资与生产效率

在全面预算管理上，建立动态预算管理体系，优化资源配置，实现经营分析智慧化。利用智能化手段，将管理会计工作经验数据信息化，融入智慧运营平台，由平台自主分析预算、同期、上期差异值及原因，反映存在问题。同时大幅降低统计、分析工作量，保证数据分析全覆盖，规避统计工作量和人为经验造成分析不全面、不准确，让单体公司拥有海螺水泥管理智慧"经验"，从而充分发挥管理会计职能，实现管理会计智能化。以实时成本、经营数据为基础，强化预算管理，动态对比公司预算执行情况并进行差异分析。对财务与业务流程进行合理的整合和科学的规划，提高管理水平，减少管理成本，进一步优化资源配置。形成以全面预算管理为中心的动态预算管理体系，优化配置资源。

企业要增强自身的发展优势，必须从内部建设和内部控制两个方面进行改进。全面预算管理的形成，对企业财务相关指标产生了控制的作用，主要表现在预算的编制、审核及执行等一系列的环节上,这也是企业财务管理的一项创新措施(见图 6-4)。全面预算管理可以有效地管理和控制企业的经济活动,并对企业的经济管理和业务进行指导,从而实现经营效益的稳步增长,同时还可以降低经营成本。企业采用全面预算管理,不仅可以形成全面、科学、统一的规范化及规模化管理,还可以提升企业的经营效益和市场核心竞争力。全面预算管理适用于各种经营业务和经济活动。企业能够以全面的预算数据为依据,来确定经营目标和战略规划,通过预算目标来实现经营目标,为企业的长期发展打下坚实的基础。在企业的经营发展过程中,对其所存在的问题进行分析,并针对这些问题提出相应的改善方案,这对于提高其企业经营优势有着非常重要的影响。全面预算将收入、利润、损益、目标以及每年的投资计划、资本开支计划、围绕利润目标的现金流计划、贷款计划、理财计划、融资计划、担保计划、费用支出计划、捐赠支出计划等一系列规划和决策融合,由财务部门牵头,各个业务部门配合,从而让企业可以更好地进行资源配置,从而获得最大的利益。

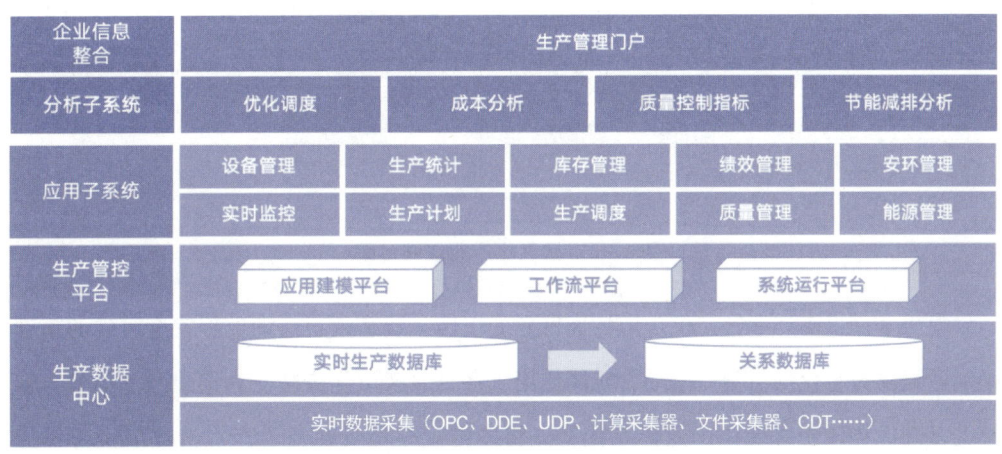

图 6-4 海螺水泥生产全面预算图

三、提高企业供应链韧性

在党的二十大报告中,习近平总书记指出:"要努力提高产业链供应链的韧性和安全性,构建一个现代化的产业体系。"与此同时,他还提出了"要加快发展数字经济,推动数字经济与实体经济的深度融合,构建一个有国际竞争能力的数字产业集群。"这表明,产业链的发展始终是推动我国高质量发展的一个关键因素。

随着数字经济的迅猛发展，新一轮的技术革命将给我国的产业链现代化带来新的推动力（见图 6-5）。数字经济和产业链的相互影响也越来越明显：一是从数字产业角度看，进一步向跨界融合、平台化、生态化发展；二是从产业转型角度来看，数字技术可以拓宽产业链结构的分工范围，使其能够更好地融入产业中，进而实现产业转型；三是就产业链密集程度而言，数字经济对产业链密集程度的提高起到了有力的推动作用，并且这种推动作用逐步加强；四是对产业链集成而言，信息化的引入改变了传统的生产成本结构，加之工业互联网的引入，实现了产业链的协同发展，进而推进了产业链集成。数字产业链是一种新型的产业链运作模式，可以通过多种方式，如平台网络、数据创新等，来推动我国的产业链现代化。

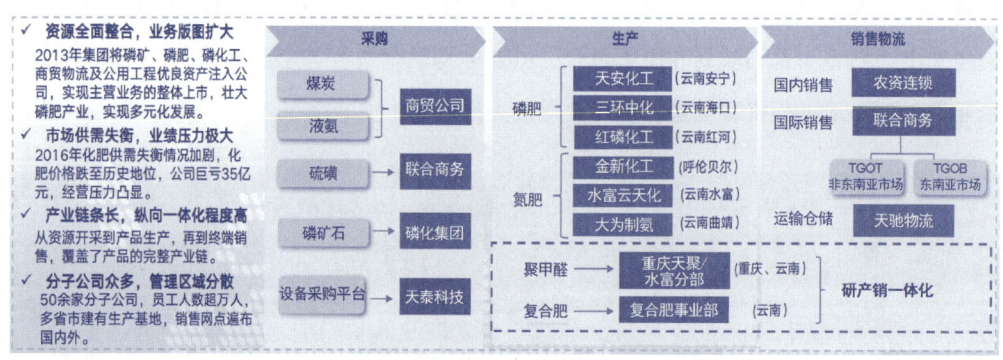

图 6-5　云天化产业链整合图

要想全面提高产业链、供应链的韧性和安全性，就必须在保证数据安全可靠的基础上，凸显出数智化的引领、撬动、赋能作用，将交通区位优势转变为枢纽经济优势，将产业基础优势转变为现代产业体系优势，将内需规模优势转变为产业链供应链协同优势。首先，为工业的数字发展提供了有力的支持。在此基础上，建立"装备数字化—流水线数字化—车间数字化—工厂数字化—企业数字化—产业链数字化—数字生态"的典型范式，建立跨越实体边界的"虚拟产业园"与"虚拟产业集群"，发挥企业之间的协同作用，推动传统产业在高位嫁接，在新兴产业中抢滩抢占先机。其次，加强对工业应用的安全性保护；在数字政务、工业控制、智慧交通、电子商务等多个领域，通过对基础设施的升级，实现"云—边—端"的功能自适应，实现信息安全和工业应用的深度融合，实现"云—边—端"多层次的信息安全。最后，加强信息安全保障。利用人工智能、大数据、云计算、区块链、安全虚拟化等新兴技术，构建面向网络安全态势感知、风险评估、通报预警、应急处置、联动指挥等多功能的网络安全服务平台，实现对重要信息基础设施的联防联控。

以云天化仓储物流系统的建设来说，在2020年以前，云天化传统的内部物流体系整体性较弱，功能相对分散，不同单元之间无法进行紧密的衔接，相互之间在业务配合方面存在很多问题，尤其是在对外的原料采购或者产品销售、配送工作中，面对的客户或供应商群体非常庞大，订单极具复杂性，传统的物流系统无法及时有效处理供应链的上下游订单，影响了货物的及时发出。同时，随着市场需求量的逐渐提高，在物流管理过程中存在的诸多不利影响因素导致企业的物流成本较高，影响了企业的快速发展。因此，云天化于2020年5月开始搭建仓储物流系统，对生产、仓储、出库以及信息处理等多个环节进行统筹规划、合理安排，为原料采购、产品销售提供有力的支撑，实现物流运输一体化管理，上游企业和下游运输信息实时共享，有效提升了仓储物流管理质量。

第三节　企业财务数智化转型赋能企业降本增效

在财务数智化转型的37家调研企业中涉及降低成本和拓宽融资渠道的有23家，提高效率的有26家，利用财务数智化转型实现价值创造的有27家。

在2023年1月5日，国务院国资委在中央企业负责人会议中提出"一利五率"考核指标体系，对2023年中央企业的"一利五率"目标设定为"一增一稳四升"，即确保利润总额增速高于全国GDP增速，力争取得更好业绩；资产负债率总体保持稳定；净资产收益率、研发经费投入强度、全员劳动生产率、营业现金比率进一步提升。财务数智化转型可以助力企业加强运营管理、提升精益运营能力，优化资源配置、提升价值创造能力，进而促进"一利五率"目标的实现，增强企业的核心竞争力、核心优势，助力企业做强做优做大。

一、降低融资成本

财务数智化转型通过资金集中管控系统将下属企业纳入资金集中管理平台，帮助企业对所属集团公司的银行资金进行统筹集中式管理,实现资金上划、资金下拨、资金内转等各个环节的监控,搭建一体化财资系统,实现集团整体范围内的融资、营运、投资等资金的统筹管控,构筑多元化融资体系,实现内部资金相互结转,资金高效率配置,有效利用盈余资金,降低外部融资成本。例如,河南兴港投资集团自2017年开始建立资金池,不断引进并创新司库模式,比照财务公司模式集团搭建了一体化的财资系统,建立了内部银行运营机制,开展内部资金结算、票据、投融资运营、内部融资管理,降低对外部银行的依赖,赢得更大的资金沉淀。同时,通过与共享表单对接,实现业务流到资金流的循环,最终通过财务核算会计凭证反映会计语言,将经营数据循环、资金循环、会计循环融合为一体,实现对资金业务运作效果的实时监控,提高决策的时效性和准确性(见图6-6)。

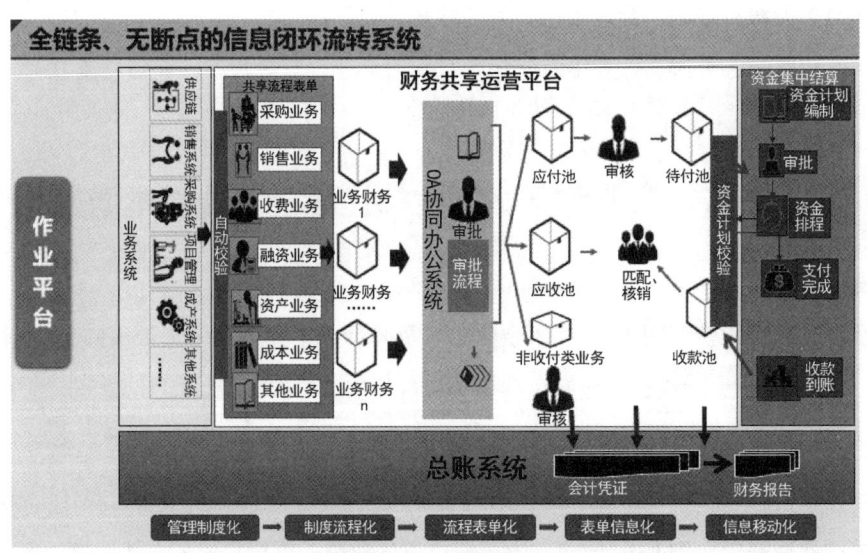

图6-6 河南兴港集团信息闭环流转系统

财务数智化转型可以通过核算系统、报销系统、税务系统、影像系统为企业电子会计档案提供归档资料来源,实现会计电子档案生成、调阅、查看、归档、销毁的全生命周期管理,逐步实现会计资料的全面电子化归档和管理,大大缩减了财务人员翻凭证、找凭证的基础工作时间,降低了财务人员的出错概率,从而降低了财务人员运作效率低下和操作失误带来的风险。智能的财务系统不仅可以提升企业内部的财务运作效率,还可以提升与金融机构、税务系统、上下游交易商的对接合作效率,从而加速企业资金的运转，提高资金的稳定，利用财务智能化系统的资金监测、资金分析，以此来指导企业与上下游企业的资金活动以及金融机构的借贷活动，有效提高企业的资金配置效率，进而降低企业的融资成本。

财务数智化转型能够帮助企业以科学且理性的融资决策来达到降低融资成本的目的。数字化技术应用之后能够驱动企业在有限的财务资源边界下达到最优的扩展边界，提升自身的财务稳定性。在一个较为健康的财务环境下，企业无须过度将精力集中在短期财务稳定领域中，也无须通过"另辟蹊径"的方式增加不必要的融资来弥补资金空缺，从而可减少融资费用的支出，由此达到融资"降成本"的效果。另外，财务数智化转型并非简单的技术嵌入，还在人员变革和学习导向方向上有着更高的要求，提升人员决策水平，驱动企业自身财务体系的优化，以科学的眼光判断投资项目，避免无效投资，从根源上减少融资所需，降低企业融资成本。

二、降低产品成本

财务数智化转型不仅有助于降低企业融资成本，还可以降低企业成本。在财务层面，智能化财务体系的建立，优化了财务架构，促进财务职能转型，财务快速由核算型向决策支持型、价值创造型转变。共享财务通过专业化分工，统一财务共享平台、统一业务流程、统一会计政策、统一会计科目等，进一步提高人员业务操作熟练度和服务意识，打造公司财务精益服务团队。业务财务聚焦关注业务和风险，统一规范了业务处理标准，支持业务快速发展过程中的资源高效配置。战略财务支持集团数字化、智能化发展战略，建设多功能大共享服务的运营和管理模式推动系统互通互连，提高了系统自动化水平，充分利用数据平台更好地支持经营决策。财务数智化转型不仅降低了公司整体层面的沟通成本，还降低了企业的风险成本和决策成本，进而使企业产品成本下降。

在公司层面，智能化财务体系建立，强化了公司管控，各项运营指标结果透明可视化，如随着共享平台的建立，系统自动产生各单位、各人员费用日报，使支出透明化；加强了系统内部控制，促进风险管控前移，提高风险预警能力，如税务平台通过纳税动态地图，实时监控各子公司税负率、纳税额，大大降低税收风险。财务数智化转型也可以通过构建以价值链为核心的信息化运营管控模式，有效发挥一体化优势，强化数智化运用与企业采购、生产、销售的流程管理和价格精准把控，能使企业竞争优势持续增强，有效降低产品成本。智能化财务体系的建立还降低了运营成本，提升运营效率，比如正泰电器通过财务数智化业务处理实现标准化、流程化、专业化、自动化，进一步提高财务业务处理效率以及财务数据的质量，在正泰电器的 RPA 应用中，一期五个工作场景替代了 10 个人，原来通过复核统计下来人工操作准确率只有 95%，现在执行正确率 100%，进一步规范了财务数据的质量，也有助于运营效率的提升，又进一步降低了转移给产品的成本（见图 6-7）。

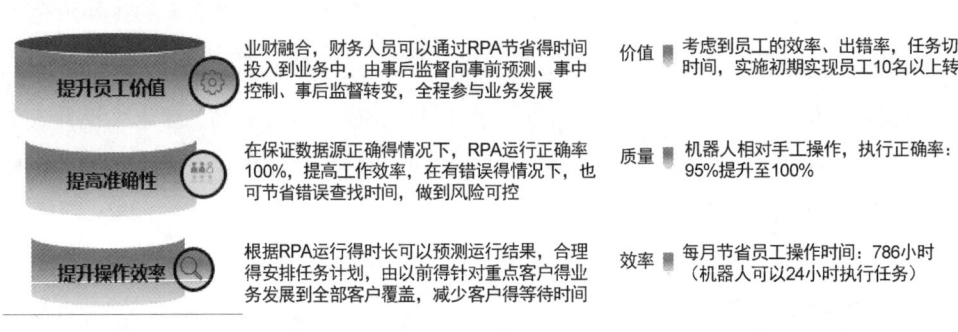

图 6-7　正泰电器引入 RPA 提质增效

三、提升价值创造

财务数智化转型促使财务职能重心向价值创造转移。一方面，释放财务人力资源，将更多精力投入从事管理会计、政策研究、行业对比、市场调研、业务探索和财务分析等价值创造型财务工作，使公司财务人员在企业管理中的价值不断凸显。另一方面，实现公司财务管理模式由基础核算型向价值创造型转变，有效提高企业经营水平和管理效率。以全面预算管理、成本管控等数智化支撑工具，实现前瞻性规划、模型化决策、全过程管控。财务共享中心一方面推进财务流程加速提效，优化财务服务质量，另一方面释放财务人力资源进行价值创造型财务活动，快速响应公司战略决策支持，不断提升管控水平。在实现上下游供应链协同共享的同时，形成与内部销售一体化系统的融合支撑，实现内外连接共生和全业务链条的价值增值。

财务数智化转型通过统一财务核算的制度和业务流程，提高了业务标准化和规范化程度。首先，建立统一的财务报表平台，实现财务数据的信息化快速采集，过程质量审核控制，及时上报，监控管理，满足对外披露及对内管理的需求。其次，建设标准化数据接口规范，实现与 SAP 财务核算软件的数据提取功能，减少财务人员重复工作量，提高报表填报工作效率，实现财务与业务系统的共享与传输。同时借助统一的制度规范和标准的业务流程，采用自动化技术手段，有效提高了财务工作的效率和财务数据的质量，形成源头可追溯、流程可追溯，保证了各项数据在系统上形成完整的闭环，提高数据的透明度。比如云天化通过实行商旅管理系统，统一标准、明确流程、制定规范，提高差旅出行效率和差旅报账，实现数智化存储、网络化共享、可视化查询，提高单据查询及在线追溯的效率；通过商旅大数据分析，降低企业成本，提高企业运作效率。

财务数智化可以促进数据驱动，连接共生。2023 年 8 月，财政部发布《企业数据资源相关会计处理暂行规定》，将数据资源作为存货进行会计处理，在微观层面理顺了对数字资源的计量流程，有利于明确数据资产在市场上的交易定价，也为企业提供了统一的数据入表规则；同时也促进了数据资产的流动与共享，使企业更加重视数据要素，重视数据资产的价值挖掘和使用，进而有助于实现其数字化转型。通过数智化建设，推动公司由"业务驱动"向"数据驱动"转型，建设数据驱动的智能财务。将总账、报表、应收、应付、费用、资产、资金、成本、税务、档案管理等各类模块数据汇集起来，形成"财务数据中心"，积累数据基础，同时借助大数据技术全面释放数据的价值，以数据服务业务和支撑决策，提升财务的业务服务水平和支持决策效能。比如云天化通过数智化系统，打造云天化数据资产平台，实现"一张网，一个库，一朵云"，释放数据资产价值。同时以数据赋能为主，系统化实施"对标对表"专项行动，针对企业痛点、难点和行业发展特征，与市场、行业、标杆对比，找差距，补短板，增强企业内生竞争力，助推企业高质量发展。2021 年 7 月，云天化入选国务院国资委"管理标杆企业"（见图 6-8）。

图 6-8　云天化释放数据资产价值的归母净利润变动趋势

第四节　企业财务数智化转型赋能企业转型升级

企业财务数智化建设带来的变革与创新，极大地促进产品结构升级、企业创新、业务转型以及智能转型，赋能企业转型升级。基于财务数智化应用架构，推动企业财务数智化转型进入实时会计、智能财务、数据驱动的全新时代，重塑财务组织和流程，逐步实现基于数据驱动的财务全流程自动化和智能化，推进财务管理工作逐步向自动化、数字化、智能化转型，助力企业迈向高质量发展。据统计，调研的37家企业中有3家高新技术企业，提到通过财务数智化促进创新的有34家，此外，有5家企业提到其优化了产品结构。

一、促进企业创新

企业是我国经济发展的动力，想要在"新常态"下取得成功，未来必须转变发展模式，从效率型向创新型转变，重塑核心竞争力。习近平总书记多次指出，我国要牢牢把握新一轮科技革命和产业革命战略机遇，要高度重视创新驱动发展，积极促进产业结构优化升级，推动经济高质量发展。在大数据、云计算、移动互联、智能仓储等数字技术的支撑下，企业可以形成更为强大的创新能力和核心竞争力。当前创新驱动发展战略在中国经济社会发展全局中具有举足轻重的地位，财务数智化进程不断加速，对企业创新的影响也愈加深入。

企业创新包括产品创新、工艺技术创新、材料能源创新、市场创新、组织创新、商业模式创新等。财务数智化转型赋能企业创新涉及从企业战略、组织设计到运营管理的各个环节，并且需要自上而下地在企业的职能和业务领域进行部署，降低研发成本，促进创新研发投入与研发产出效率的提升，借助数字技术影响模块化产品构架从而影响产品开发绩效和服务创新绩效。数字技术凭借其高效、低成本以及跨越时空限制等优势成为赋能企业创新的新路径和新工具。

企业应加强管理创新，不断完善制度化、标准化、流程化的企业管理体系，适应信息化变革趋势，将价值创造理念有效融入现代企业管理。

老板电器的创新实践表明，财务数智化转型推动了数据、信息、智能等要素的汇聚，正在重构企业的创新模式。老板电器历经40余年的创新和积累，不仅以创新技术变革传统业务，也成为了厨电行业数智化的领跑者。持续创新的研发能力是老板电器立足市场的前提。通过新品供应链联动，缩短开发周期，确保新品及时交付。2020年，老板电器以自动化和信息化为载体深化智能制造，全面实现数智在线化。成功发布以"未来烹饪，数字智造"为主题的九天中枢数字平台及零点制造，推动产品迭代和制造智能能力升级。2022年度持续探索AI-IoT智能物联平台开发，聚焦AI智能烹饪曲线应用，提升厨电产品软实力。通过数智化系统提炼客户需求，根据用户需求进行产品研发规划。结合LIMS（实验信息管理）系统随时定制所需的研发流程。此外，老板电器注重研发质量与研发效率，持续优化产品开发周期并提升产品上市成功率，储备智能化、集成化核心技术。

老板电器在秉持"产品领先"的基础上，不断追求"技术领先"。完备的数字厨电产品体系让老板电器开启了数字化烹饪"革命"，将厨电硬件的互联互通和自动化水平推向了行业新高度（见图6-9）。

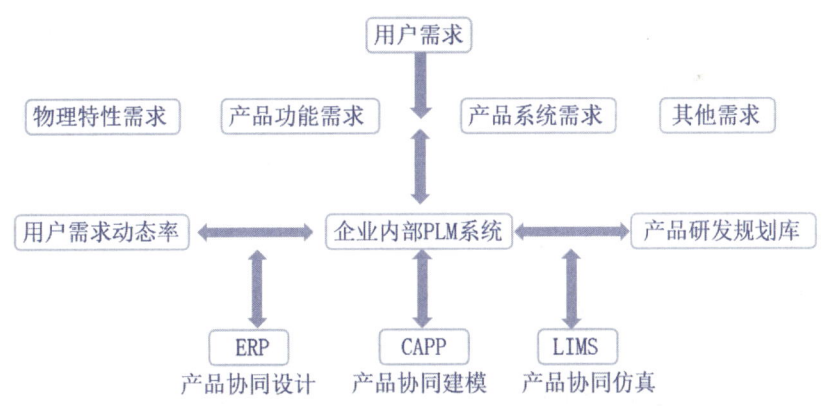

图6-9 老板电器产品研发流程图

二、促进业务转型

企业财务数智化下的业务转型，促进了企业管理、生产要素配置以及价值创造模式的变革，拓展了业务边界，打破了传统财务的边界，完成了粗放式管理向精细化、集约化、价值创造型管理的蜕变。研发、采购、生产、营销、人力等业务均进行了制度和流程更新，并最终使业务流高标准化、高效率化、高合规化。在业财融合实施中，将工作重点转移到预算、成本、决策与控制中，并通过引领企业资源配置推动价值增值活动的可持续发展，促进业务转型。

特变电工围绕财务共享中心流程、组织人员、信息系统跟运营系统以及实施路线图，从五大方面进行设计，将业务流程与财务流程有效的融合，打造适合企业自身的财务共享平台（见图6-10）。同时加强对人才输送中心、数据加工中心、标准制定中心和RPA共享中心的建设。

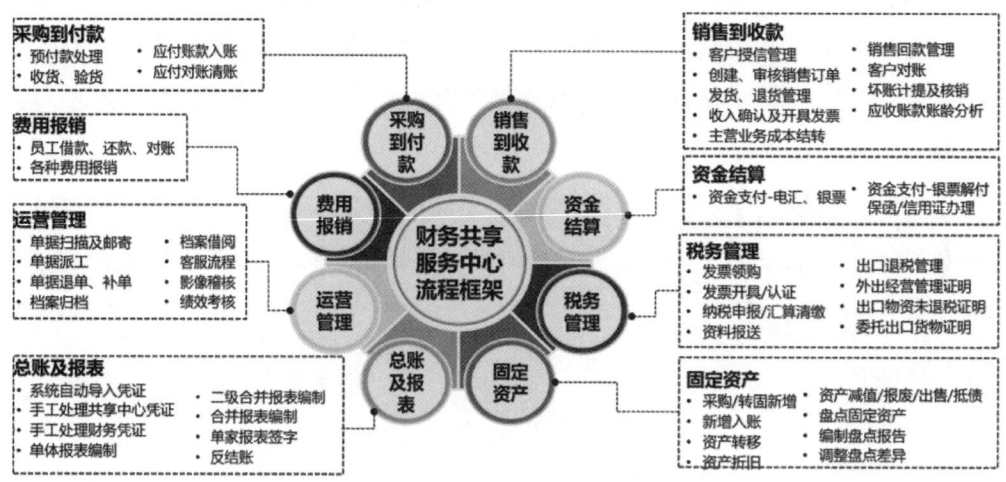

图6-10 特变电工财务共享建设流程框架图

特变电工高度重视金融资源管理，搭建财务共享中心（见图6-11）作为集团内企业基础财务业务集中服务平台、财务公司承担金融服务中心角色，随着公司业务体量不断扩大，分子公司层级越多、资金越分散、结算业务量加大，资金管理风险增大，当前的人工管理手段及功能不完善的信息化平台已经无法满足及支撑企业日益多元化、专业化的管理要求，亟须通过智能技术，建立标准化的接口以打通业务、财务、资金类系统模块壁垒，提供更加便捷的线上化流程，实现资金资源的统一管理，从而实现资金集中管理的效能最大化，及时、准确地进行数据分析，建立集业务、数据、分析等多维立体可视的管理体系。

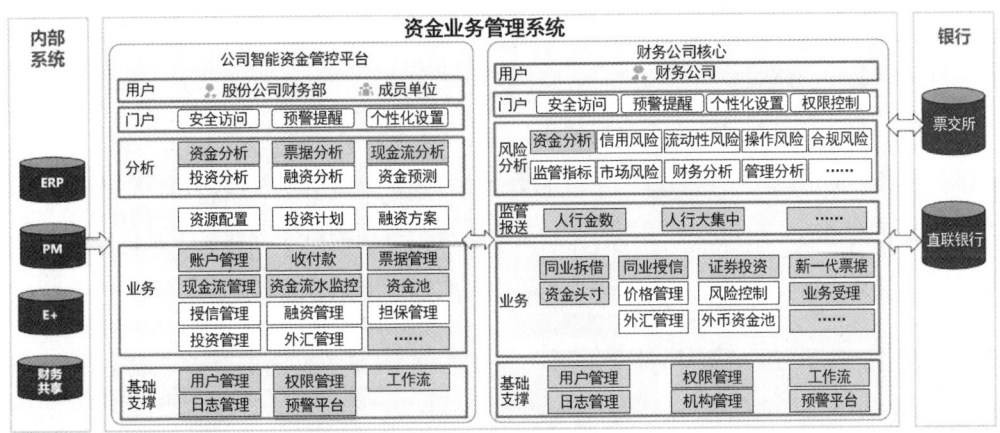

图 6-11　特变电工资金业务管理系统图

随着市场环境的不断变化，业财融合理论不断更新扩大，目前关于业财融合主要有三种理论：信息融合理论、组织融合理论、价值融合理论。信息融合论是指通过系统将不同的部门建立有效关联，部门产生的业财信息在系统内实现自由流转。组织融合论是指财务部门在企业发展中逐步适应业务部门的行为目的和行为过程。价值融合论是指业务是创造价值的部门，而企业的最终目标是价值最大化，因此业务部门与财务部门必须信息共享，行为融合。财务数智化转型背景下，业务决策和财务战略的制定需要更多的协同合作，需要更精准的数据支持和更全面的洞察力。

在数字技术的推动下，重构会计的未来已来。而企业需要恰逢其时把握融合之道，基于众多领先实践总结得出财务数智化建设路径。业财数据的融合，支撑着企业战略发展与经营决策，让经营数据流淌在企业经营的全环节，并形成事前预测、事中控制、事后分析的业财数据链，支持企业的深度业财融合，包括：数智化场景预测、数智化经营管理、数智化评估诊断、数智化改善跟踪，循环往复推动企业逐步迈向高质量发展。

三、促进智能转型

财务数智化已嵌入企业经营管理体系中。智能财务、数字化财务、财务云、财务中台等已"风起云涌"，企业致力于提升财务对企业的业务、管控、决策的全方位支持，重塑企业组织和流程，强化企业管控，实现企业全方位数字化、网络化以及智能化转型。

复星集团移动商旅费控平台（见图 6-12）是集申请、报销、电票归集、发票验真、审批等多功能于一体的移动报销平台，为员工提供个人费用移动报销的全流程服务。同时移动商旅费控平台与前端第三方包括京东、天猫、机酒用车餐饮、个人银行等平台进行深度融合打通，员工可以通过该平台享受个人采购、差旅机票及酒店预订、市内打车及后续关联报销的一站式服务。移动商旅费控平台的落地能极大方便员工报销、业务审批流程，且易于追踪，有效提升财务处理效率，实现智能化管理。

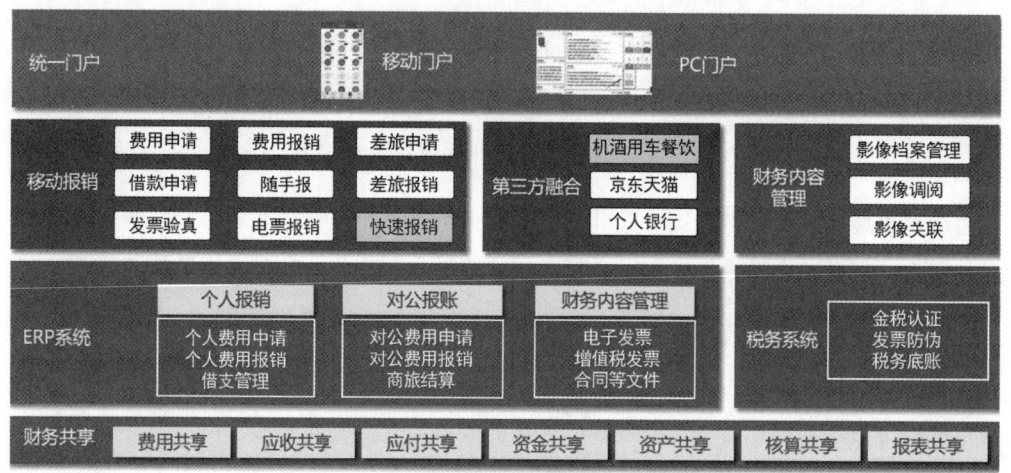

图 6-12　复星集团移动商旅费控平台

复星财务共享中心各项运营指标承载于数字化智能运营看板，动态生成共享运营绩效报表，包含待办清单、任务执行数量、审单时间等基础信息。平台内嵌智能算法，根据时效以及风险因子，对运营风险进行及时预警。

目前，数字化智能运营看板已充分应用于复兴共享中心运营风险管控及绩效管理工作中。复星针对不同岗位的工作内容设立对应的数据指标，用于协助工作开展及运营管理（见图 6-13）。例如实物团队的扫描任务量、资金团队的资金支付清单、总账团队的凭证生成自动化率等均已通过数据量化指标或智能算法将所需数据可视化呈现。

财务数智化作为企业数字化转型的重要环节，需要提升数据质量、工作效率和价值创造，才能更好赋能业务、提升管理和支持决策。通过数据驱动流程重塑，依托技术创新推动管理转型，实现流程全程在线、信息高效转化、管理柔性对接，推动建立数据驱动、智能高效、个性鲜明、使用便捷的财务数智化体系。财务数智化转型不仅是对技术

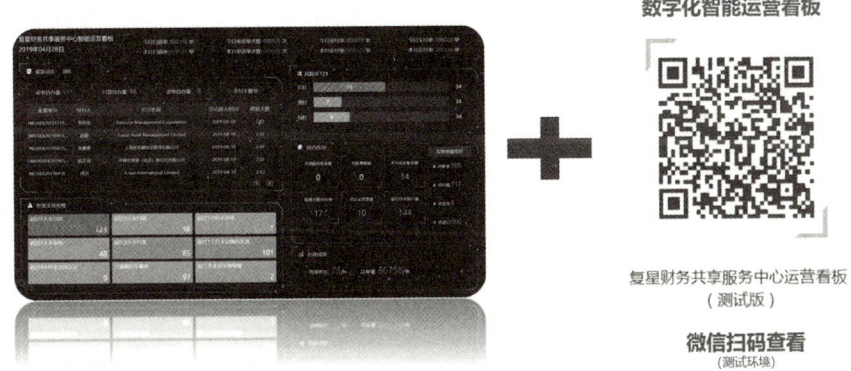

图 6-13　复星集团数字化智能运营看板

的创新升级,而且是以数字信息技术为手段,从公司战略、组织架构、企业文化等多方面着力,最终实现组织的全方位变革赋能管理体系转型升级。企业财务数智化转型革新企业战略能力、业务流程、产品体系以及管理架构,实现零售商、制造商以及环境的三方共赢,重塑组织边界以及价值链关系,实现信息共享,进一步实现企业数字化、网络化、智能化,赋能企业高质量发展。

第五节　企业财务数智化转型赋能企业 ESG

随着人类社会和经济的发展,人类的生存环境发生了巨大的改变,生态环境恶化、不同文化下的社会矛盾、市场主体的短视发展等问题日益凸显,出于对经济、社会和环境发展不充分、不协调的关注,2004 年 12 月联合国发布了《Who Cares Wins》报告,首次提出了环境、社会责任、公司治理(简称 ESG)概念,自此,绿色发展和可持续理念逐渐成为世界经济发展的新趋势。伴随这一趋势的发展,各国政府积极完善对 ESG 的要求。2020 年,欧盟委员会通过《促进可持续投资的框架》,规定了欧盟范围内的分类系统,为企业和投资者在进行可持续性经济活动时提供判断标准。2021 年,美国纳斯达克证券交易所发布了《2021 年 ESG 信息披露简化法案》,在 ESG 披露要求的基础上,对 ESG 披露的标准进行了统一。

中国政府对持续推动 ESG 持续进行了国家战略的设计和制度的完善,战略设计方面，党的二十大工作报告分别对涉及 E（环境）、S（社会）、G（治理）方面提出了战略性安排，例如："积极稳妥推进碳达峰碳中和，推动形成绿色低碳的生产方式和生活方式""健全社会保障体系，强化就业优先政策，健全就业促进机制""基本实现国家治理体系和治理能力现代化"等，2023 年两会多名代表也提出今后 ESG 的战略性建议："应推动建立中国特色 ESG 国际标准和生态体系，引领中国企业走好高质量可持续发展之路"。制度完善方面，2018 年 9 月中国证监会修订《上市公司治理准则》，增加了对上市公司披露 ESG 信息的要求。2022 年 3 月，国资委成立科技创新局及社会责任局，以便指导推动企业积极践行 ESG 理念，更好推动可持续发展。2022 年 5 月，国务院国资委制定印发《提高央企控股上市公司质量工作方案》，将国内 ESG 管理及信息披露要求又提高了一个层级。

由于政府对企业 ESG 的重视程度日渐增加，企业开始探索推进 ESG 的有效路径。实践中发现，财务数智化转型在赋能企业 ESG 方面起着重要作用。财务数智化通过先进的数字技术和数据分析来改善企业财务管理和决策过程，并促进财务数据与业务经营数据的有机融合，以实现经济效益和社会效益双赢，主要包含 ESG 披露、ESG 管理和 ESG 互动三个方面。施耐德电气提到针对 E（环境）来说，数字化的业务可以帮助各企业，从 G（治理）的角度来说，数字化的运营是融合在数字化运作整个体系的设计。此外，提到财务数智化助力企业环保的有 11 家，提升企业社会责任承担的有 7 家，帮助企业绿色发展的有 5 家。

一、企业 ESG 披露

根据信息不对称理论，财务数智化转型的实质是信息聚合和价值重塑，数字化技术和数字化场景降低了企业内外部的信息不对称程度。财务数智化通过业财融合全面收集企业的财务信息与业务经营信息，提升 ESG 信息的数据分析处理能力，进一步提升 ESG 的信息披露水平。

第一，财务数智化转型有利于提升数据收集、处理能力，进而影响企业 ESG 披露的数量和质量。通过应用数据采集、处理和整合技术，企业不但能够更准确、全面地收集财务数据，而且能通过业财融合将业务信息与财务信息形成交叉数据链条，这些数据中也包含了有关企业 ESG 的信息。财务数智化减少了企业数据收集和处理的人工成本，避免了传统手工操作中可能出现的错误和漏洞,在保证数据完整性的同时,也保证了数据的实时性和精确性。这种高效的数据处理能力有助于企业更全面、更准确地披露 ESG 信息。

第二,财务数智化转型有利于提升 ESG 信息的数据分析能力。使用数字化手段(如物联网、云计算等)使数据分析从过去的简单抽样变为总体分析,从因果关系转向相关分析,从报表统计转向数据挖掘和智能分析。不仅大幅提升了处理 ESG 数据的效率和精度,也有效释缓了企业内外部两个层面之间的信息不对称程度。同时数据可视化将 ESG 信息进行直观呈现,有助于各方利益相关者全面了解企业 ESG 表现,并进行比较和评估。

不少企业利用财务数智化转型产生的数据资源,提升了 ESG 信息披露的速度和质量,实现了其生态系统的整体可持续性。例如:施耐德电气在财务数智化的数据基础上,搭建了专用于实现 ESG 信息分析的"施耐德可持续发展影响"系统工具(简称 SSI)(见图 6-14),SSI 是用来实时衡量企业 ESG 可持续发展目标的一个重要工具,每个季度的 ESG 表现将通过 SSI 显示,并与季度财务报表一起公布,SSI 将每个 KPI 的成绩转换为 10 分,基准年成绩为 3/10,2022 年,SSI 取得了 4.91/10 的高分(2021 年为 3.92/10),超过了当年 4.70/10 的目标,并有望实现 2025 年的目标。2023 年的目标是不断加速,达到 6.00/10。企业职能委员会可以通过 SSI 随时对 ESG 实施过程中出现的问题进行纠偏。通过 SSI 的实行,施耐德电气的决策更加精准,政府和投资者对其信任程度也得到了提高。此外,SSI 丰富了公司的融资来源。2020 年施耐德电气宣布推出第一个与 SSI 可持续发展挂钩的可转换债券,另于 2022 年签署了 27 亿项可持续关联循环信贷安排,其利润率与 SSI 的年度表现挂钩。

二、企业 ESG 管理

ESG 管理在实践中主要体现为 ESG 的投资和评级。ESG 管理理论内涵与广义上的企业价值管理理论内涵高度契合。ESG 强调企业经营的可持续性和利益相关方的做法,具备"财务重要性"与"环境社会重要性"的双重重要性属性,与企业价值管理理论中的长期性特点相契合。财务数智化转型将"财务重要性"与"环境社会重要性"通过数据实现有机融合,对提升企业内部的治理行为(例如:投资决策行为)及改善企业呈

图 6–14　施奈德电气的 SSI（2022 年）

现于外部的综合表现都起到了重要作用。

第一，财务数智化转型对企业内部投资决策能够产生重要影响。通过建立与 ESG 相关的数据仓、数据湖或分析平台提升 ESG 数据质量。财务数智化转型可以应用机器学习和自然语言处理技术，结合 AI 智能化应用对业务经营数据和财务数据进行有效融合分析，最终形成经营决策报告及 ESG 报告。通过数智化财务平台的赋能，企业管理层可以很容易判断出 ESG 的主要影响因素，从而及时对各部门管理目标进行动态调整，使 ESG 投资更有效率，进一步提升企业的可持续发展水平。

第二，财务数智化转型对企业的 ESG 评级产生促进作用。ESG 评级作为企业外部评级的重要表征，不仅能够在一定程度上反映企业践行 ESG 行为所具有的综合表现，还具有提升企业声誉价值的作用。财务数智化通过智能化财务体系的建立，实现了无纸化、低能耗、数字化的流程模式，不但降低了运营成本，提升了运营效率，更重要的是降低了原材料和能源的消耗，从而对环境保护起到了积极作用。财务数智化转型过程中对大数据、云计算、物联网、人工智能等数字化技术的整合与应用，也在清洁生产、循环利用、节能减排和减碳降碳等方面发挥着重要作用。大数据赋能下的财务数智化有助于实现碳足迹监测、碳数据分析、碳中和推演，帮助企业与行业实现碳转型和碳资产增值，为企业履行 ESG 责任提供有力的技术支撑和可行路径。此外，财务数智化还会带来组织架构和价值创造的系统性改变，继而引发企业内部治理结构的变革。这一变革引起的系统性改变优化了企业内外部的资源配置，使企业生态突破传统供应链供需边界、传统封闭式生产和运营模式，重塑商业模式，从而有利于简化业务流程，降低企业成本，为社会创造更多的、灵活的就业机会，推动经济可持续增长。

在财务数智化转型的赋能下，中国企业在 ESG 管理方面取得了巨大成效。例如：海螺水泥积极践行 ESG 战略，持续在多项环保技术改革上寻求突破，充分抓住关键工艺节点的科技与技术创新机遇，助力企业实现绿色转型。在转型过程中，集团共计开展 220 个环保技改项目，全年环保技改投入约 8.69 亿元，其中脱硝技改投入约 3.42 亿元，收尘技改投入约 0.96 亿元，无组织排放管控及其他环保类技改投入约 4.31 亿元。通过持续技改与强化治理，海螺水泥主要排放物总量与排放浓度呈现不断下降趋势，各项污染物排放指标均优于国家及地方标准（见图 6-15）。

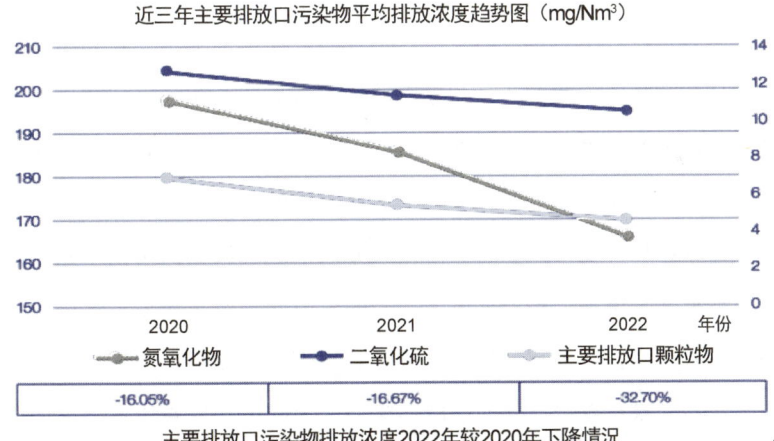

图 6-15 海螺水泥践行 ESG 减排成效

三、企业 ESG 互动

ESG 可持续发展理念与传统企业价值观不同之处在于，ESG 更注重于关注和协调企业内、外部利益相关者的利益和诉求。ESG 的利益相关方包括股东、员工、供应商、客户等。受机会主义驱动，传统企业价值观的影响，企业可能牺牲利益相关方的利益而实现自身利润最大化。而在当前的经济背景下，单纯以利润为导向的价值观已不再适用。且企业需改变自身的战略目标以适应日趋严格的政策监管制度，从而维持企业持续运营的合法性。财务数智化转型成为改善企业与利益相关者互动的一个有效途径。《关于进一步提高上市公司质量的意见》（国发〔2020〕14号）明确应该完善上市公司综合监管体系，推进上市公司监管大数据平台建设，建立健全财政、税务、海关、金融、市场监管、行业监管、地方政府、司法机关等单位的信息共享机制，实现企业高质量发展。同时也鼓励上市公司充分利用数字化技术，进行环境监控，通过直播、视频会、电话会等多种形式，积极与投资者交流互动，保障各类投资者合法权益。

第一，财务数智化转型有利于"利益相关者共创逻辑"的建立。目前普遍存在企业与利益相关方之间信息互动体系不健全的问题，如各方信息不对称，信息传导机制不顺畅等。当企业将财务数智化融入到企业的业务经营、人力资源、资产管理等方面后，就将"利益相关者共创逻辑"融入到了企业的战略体系中，企业在推动ESG时就由过去的被动接受外部监督转变为主动响应，尤其是当财务数智化深度嵌入企业运营管理和业务体系时，企业与用户之间的零距离、用户主导的企业价值主张创新和研发创新成为企业运营管理的全新特征，企业对利益相关方的信息披露体系在数字化情境下也将得到全方位重塑。这时，企业会更加注重产品质量、品牌形象、公司声誉、社会评价、内外部利益相关者的满意度、关心环境保护、社会责任的履行。

第二，财务数智化转型为企业与利益相关方的信息交互提供了技术基础，进而拓展了企业感知、理解和分析利益相关方诉求的空间。借助数字化转型，可以帮助企业向利益相关者输出有效信息，财务数智化转型能够大大降低企业与利益相关方的信息整合成本和互动成本，提高投资者信息获取和解读能力，突破传统要素边界的束缚，形成与利益相关方之间深度价值互惠透明空间；在财务数智化平台的全面赋能下，企业与利益相关者信息互动频次和互动质量显著提高，使利益相关者能够及时了解企业变化，实时与企业进行良性互动。在这种形势下，社会公众和公司可以共同参与信息内容的生产，有利于上市公司投资者关系管理，发挥利益相关方对公司治理的监督作用，降低企业非系统性风险，提升股票价值，进而强化企业履行ESG的动机和意愿。

第六节 企业财务数智化转型赋能展望

面对国际国内市场竞争日益激烈、国家政策支持不断加码、数字化技术迭代升级的宏观环境，企业数字化转型持续推进，企业财务数智转型未来能否赋能企业高质量发展，不仅是财务数智化转型企业本身、转型机构和服务商，还有人才市场未来都面临发展机遇与挑战并存。财务数智化转型赋能成为数字经济时代，企业数字化转型与发展提速的重要因素。

一、国家政策支持财务数智化转型赋能

自 2015 年我国提出"数字中国"，至今已有八年，这些年来国务院和各部委颁布了大量政策和标准引领数智化运营新方向，相关政策主要聚焦于重点产业数字化转型、新业态新模式、新技术基础设施、支持补贴等。2023 年以来国务院和各部委累计出台 30 余部相关文件，数字化转型早已从经济层面上升为国家战略。目前，我国已形成政府主导、多方参与、法治保障的数字经济发展新格局，在基础设施建设、产业融合发展、知识产权保护、技术创新与应用等领域全方位布局，呈现出不断细化、具体化的特征，为政府和企业数智化运营长远发展提供良好的外部环境。

2022 年 1 月，国务院国资委印发《关于推动中央企业加快司库体系建设进一步加强资金管理的意见》（国资发财评规〔2022〕1 号），明确提出"将司库体系建设作为促进财务管理数字化转型升级的切入点和突破口，推动企业管理创新与组织变革"。《关于中央企业加快建设世界一流财务管理体系的指导意见》（国资发财评规〔2022〕23 号）提出以数字技术与财务管理深度融合为抓手，固根基、强职能、优保障，加快构建世界一流财务管理体系。实现技术赋能，主动运用大数据、人工智能、移动互联网、云计算、区块链等新技术，充分发挥财务作为天然数据中心的优势，推动财务管理从信息化向数字化、智能化转型，实现以核算场景为基础向业务场景为核心转换，努力成为企业数字化转型的先行者、引领者、推动者，为加快产业数字化、数字产业化注智赋能。2023 年 2 月中共中央办公厅、国务院办公厅印发《关于进一步加强财会监督工作的意见》明确

统筹推进财会监督信息化建设，充分运用大数据和信息化手段，切实提升监管效能。2023年8月22日，财政部制定印发了《企业数据资源相关会计处理暂行规定》（财会〔2023〕11号）明确企业数据资源进入企业财务报表，这将大幅推动财务数智化转型的进程。

在上市公司协会2022年对推进数字化转型的上市公司调研发现，57%的公司提出了政策需求，占比最高，其中在财政、资金方面需要政策支持需求的占比33.5%。未来政策首先应该落实以上重大政策，不断细化指引，应针对各场景的智慧运营方式，运营各环节的落实方法，制定更详细、明确的指示与支持，针对不同场景的财务数智化和数据资源等提供更加可行可操作的指导政策。其次，应该加强数据和算力基础设施布局，推动算力服务业、大数据服务业、云计算服务业融合发展。再次，加强财务数智化对研发、管理、营销、售后、产业等各个环节的重塑与协同，加大力度建设行业龙头和财务数智化转型成功的案例，推动成功经验的推广。最后，要健全区域间优势互补和协同发展机制，加大对中西部地区财务数智化的政策支持，关注东中西部的联动，形成优势互补的发展格局，为财务数智化赋能大数据产业、赋能全产业链发展创造良好条件。

二、技术创新推动财务数智化转型赋能

在过去五年里，中国产业"云化"初步完成，软硬件基础设施与生态已自成体系，产业开始向"智能化"演变。云计算、大数据、人工智能等数字技术与产业场景进一步融合应用突破，不断强化中国产业发展的"韧性"。2023年ChatGPT的兴起进一步颠覆了数智化对财务的影响，四大会计师事务所和国际各大咨询机构纷纷接入ChatGPT，财务数智化水平进一步提高。

2023年影响中国会计行业的十大信息技术分别是：（1）数电发票（包括电子发票/区块链电子发票）；（2）会计大数据分析与处理技术；（3）财务云；（4）流程自动化（RPA&IPA）；（5）电子会计档案；（6）中台技术；（7）新一代ERP；（8）数据治理技术；（9）商业智能（BI）；（10）数据挖掘。前四种技术得票率均超过40%。同时2023年五大潜在影响技术排名分别是：（1）生成式人工智能（AIGC）；（2）大数据多维引擎与增强分析；（3）AI信任、风险和安全管理；（4）多模态预训练大模型；（5）自适应人工智能。可见潜在技术第一的就是以ChatGPT为代表的生成式人工智能技术。

从未来趋势判断，采供销税一体化将成为现实，多维综合报告、管理报告、即时信息将成为会计信息提供的主流方式，社会化的会计数据服务平台将成为应用的主要平台。财务云将在信息技术的驱动下进一步转型发展成为企业数据中心，基于数据分析为各需求方提供全方位的数据服务，推动管理决策从经验主导向数据和算法驱动转变，助力企业数字化转型。以云化和标准化为重点，通过财务共享中心，云端方案可以降低 IT 硬件和运维的成本，提供 24＊7 的财务服务，更好地处理敏感数据，并满足各种合规要求。电子会计档案将在各不同类型不同规模的企业全面应用。新一代 ERP 将涵盖了传统企业管理又具备承载数字化时代业财融合、数据驱动、智慧赋能新的管理要求的能力。商业智能（BI）将广泛运用把企业内外海量的信息进行实时交互式呈现。

未来首先国家应该在宏观层面和政策措施共同鼓励和培育国家在"大智移云物"方面技术竞争力，提高科技成果转化比例，加大知识产权保护，同时也应关注科技伦理，加强监管。其次，应该有针对性地加大新兴技术的研发和引进，加快技术在财务数智化领域的推广运用，统一当前技术模式下的财务信息口径。再次，应该在法规层面保证数字发票电子档案的合规性，避免推进财务数智化的同时还需要纸质相关档案资料。最后，应加大技术开发人才了解财务和企业运营，更好开发适用于中国企业运营的技术，同时加大财务人员提升财务专业素养的同时学习了解应用智能技术，向复合型人才转型支持技术变革。

三、中介服务助力财务数智化转型赋能

持续膨胀的数字化转型市场催生数智化中介服务的新需求。为在激烈的市场竞争中站稳脚跟，数字化转型已成为企业的重要武器。埃森哲调查显示，截至 2022 年，60% 的企业在未来 1~2 年内有意愿加大数字化投资力度，相较于 2020 的 52%，同比增加 8%，企业数字化转型购买力充足。企业对第三方需求的蓬勃发展，呈现出运营场景和模式多样化、个性化、精细化的特点，多样的需求形成了数智服务提供商的广阔土壤。与此同时，也为国内外咨询机构带来了新的商业机会，中国加入 WTO 后，外资咨询公司在国内市场逐渐占据主导地位，也有不少本土咨询公司逐渐崛起，例如信永中和等知名会计师事务所。随着中国经济和企业的快速发展，越来越多的企业开始注重管理咨询，在这一背景下，咨询行业的知名度和重要性在逐渐提升，随着人工智能、大数据等

新技术的不断应用，咨询服务的形式也在不断变革和拓展。

数智化咨询机构推动财务数智化转型赋能。随着中国企业的发展壮大，"洋咨询"在本土市场的局限性等日益显露，国际咨询公司针对西方企业的解决方案和方法论开始遭遇瓶颈。中国咨询机构在学习吸收西方管理经验的同时，越来越意识到中国企业不能完全照搬西方的模式，总结自己的经验和运营模式是时代提出的要求，也是业务创新的需要。另外，由于信息和经济安全的需要，咨询市场也需要加强引导和统一有效的监管。因此，在财务数智化转型背景下，咨询机构要着力加强适应于中国特色的机制建设，搭建完善的人才培养、员工激励、绩效考核等机制，提升团队能力，关注开发解决方案、推动项目成功实施，落实知识积累与传播、不断积累和总结项目经验和行业知识，并将其运用于新的项目中，从而提高服务质量和客户满意度，强化创新理念。政府及行业协会应持续加强对数智化咨询机构的常态化监督，建立统一且标准化的信息安全监督体系，引导咨询机构提供更有价值的服务。

数智化服务商推动财务数智化转型赋能。数智化服务商在历史性的机遇面前，也面临一些挑战。首先，数智化服务商需要不断更新的技术和知识，提升技术能力和服务水平，以满足客户不断变化的需求。其次，数智化服务商还需要应对人才短缺、人工成本上涨等挑战。在此背景下，数智化服务商的资源整合能力及高质量发展，是其提高服务能力的现实基础。未来企业的发展方向将由内部资源整合转向充分利用外部信息。各企业为提升核心竞争力，与相关企业相互学习、相互交流、相互交换资源，形成合作共赢的发展局面。因此，数智化服务商不仅局限于智能化生产、决策、管理的传统服务，而是将走向智慧学习、创造、增值的创新业务，由短期生产经营效率的增长更迭为可持续发展能力的提升。在高质量发展理念的指引下，数智化服务商应持续寻求创新发展点，不断提升产品和服务质量，为我国企业财务数智化转型和高质量发展贡献力量。

四、人才培养保障财务数智化转型赋能

我国"十四五"规划提出："贯彻尊重劳动、尊重知识、尊重人才、尊重创造方针，深化人才发展体制机制改革，全方位培养、引进、用好人才，充分发挥人才第一资源的作用"。充分体现了国家对人才战略的重视。2023年6月19日，人力资源社会保障部印发《关于印发数字人社建设行动实施方案的通知》提出："以数字化推动人才精准培养

和有效供给，支持人力资源开发创新。加强职称评审、高层次人才管理服务信息化，推进相关人才信息归集共享，健全专业技术人才和技能人才库。作为国家发展战略重点关注领域，我们看到数字技术的迅猛发展对会计从业人员素质及技能提出了新的要求。高校财会人才培养目标、模式及方案的变革可谓迫在眉睫。然而，传统的会计教学模式偏重于会计核算，数智化财务人才培养面临着一些问题和挑战，需要政府、高校、企业、师生等多方共同努力，通过改善培养体系、师资队伍建设、资源投入等多个方面进行。

打造基于财务数智化的培养体系。目前高校对数字化财务人员的培养还未形成标准化体系，在培养体系构架上还存在诸多问题：一是人才培养目标定位不清。传统会计人才培养注重会计理论与实务技能培训，而财会数智化人才需要具备创新意识和实践能力，但目前的人才培养模式过于重视理论知识，对于学生的创新能力和实践能力培养不足。二是专业课程设置方面，"两张皮"现象突出。一方面高校已经开设了智能财务、大数据会计等大数据与财会知识融合的课程，但是技术与专业知识的融合度还比较低。另一方面传统课程的数字化改革进程缓慢，不能适应数字化转型的需求。在积极推动财务数智化转型的时代背景下，未来可通过两种途径完善基于数智化财务的培养体系。一是构建高质量、包容性的财务数智化教学战略目标，通过制定规划加以落实。制定规划的过程包括评估现状、确定发展目标和优先事项、确定预算和资源分配、设计行动计划和实施战略等。转型的目标与规划应与学校战略方向与价值主张相匹配。二是课程设置的转型充分体现全方位、多样化特点。使用多样化的教学目标、教学资源、技术系统、教学方式和评价方法。实现由单一教学向系统教学转变，教学由物理空间向融合空间转变；由单点教学支持向全过程教学支持转变，以及由教学服务群体向教学服务个体的转变。

建设基于数智化财务的师资队伍。目前高校既具有会计背景也有智能化背景的老师较少，老教师大部分接受的是传统会计模式的教育，对智能化转型排斥度比较高，并且即使有老师想推动智能财会教育转型，但是限于知识结构，对于具体应该怎么样去做，老师也很畏惧和迷茫；目前一些学校的数字化课程主要由在信息学院、统计学院等学院的教师教授。其次，大部分老师评职称还是需要发高质量论文以及课题立项，做教学建设相对回报效果比较短，教学激励严重不足。在数智化财务飞速发展的后续阶段，高校应构建教师教学能力发展的完整体系，在精准引进教师要才的基础上，应倡导教学上以点带面，方法上多维交叉，校企间系统融合，团队中以老带新，评价上本位回归（五位一体评价制度），考核上绩效优先，并注重职称激励。社会组织可以给教师提供数字化教学能力发展的各类资源、实施教师数字化教学能力发展项目，开展数字化教学能力认证等。积极发展在线教师数字化教学能力培训项目，尤其是微证书、微学位项目，共同促进教师数字化教学能力的持续提升。同时，教师们也需要不断创新教学理念和提升教学能力，将挑战变为改革传统教学、创新未来教学的机遇。

加大对数智化财务的资源投入。目前对数字化转型的教学资源投入不足，数字化人才培养成本高昂，不仅需要学校教学平台、实验条件等基础设施进行快速提升，而且需要对教师人才队伍进行充分的培训，提升数字化技能，这些都需要投入大量的时间和资金，然而当前大多数高校的学科建设经费紧张，难以满足数字化教学改革和实施的资源需求。在财务数智化转型背景下，打破资源边界，实现资源共享将成为改善资源约束的重要途径。首先是信息资源的共享，网络空间突破了本地教育的时空边界，将其与全球的教育资源联通，关于未来教育的理论建构还是制度设计，都应该深刻体现信息社会数字化转型的事实。因此，需要跳出"教育数字化转型只限于教育视角"的思维陷阱，深刻认识高等教育教学数字化转型的本质，基于网络空间整合社会其他领域的资源和服务，促进高等教育的系统性变革；其次是校校、校企的资源共享，高等教育教学数字化转型不仅体现在教学本身，还将挑战现存大学的实体形态以及运行模式。从实体形态上看，未来高校之间的界限将被完全打破，传统的围墙将不复存在；从运行模式来看，学校与学校、学校与社会全要素之间彼此互通，实现师资、课程、设施、服务等方面的资源共享，最大化社会资源的调用。

五、企业融合亟须财务数智化转型赋能

党的二十大报告提出："加快发展数字经济，促进数字经济和实体经济深度融合，打造具有国际竞争力的数字产业集群"。这是从国家战略层面对字化、智能化赋能实体企业做出的规划及部署。中央多次召开经济工作会议，强调巩固各产业优势并强化转型升级。经过三年疫情的洗礼，大量企业因为各种"不确定性"而时刻面临生存危机；与此同时，也有不少企业在疫情倒逼下不断修炼内功，探索御冬之术——这其中，财务数智化转型已是被验证的大势所趋。随着智能技术的迅速发展和更多应用场景的出现，企

业的财务数智化转型日益呈现以"数字化+智能化"相结合的特征。当前 ChatGPT 的火爆出圈，进一步向企业展示了数智化运营新的可能性，以及加速让可能性落地的确定态势。未来，通过企业财务数智化转型，将从产业链供应链、企业资源配置、数据核算等方面全面提升企业竞争力，实现在新格局下的企业高质量发展。

企业财务数智化赋能产业链供应链融合。国内企业在基础投入不足，创新相对短板，制造业转型升级背景下，产业链上的"断点""堵点"问题突出，在芯片、发动机、材料、数控机床、工业软件等领域陷于"卡脖子"困境。因此，强化科技创新和产业链供应链韧性是我国企业向高质量发展转变的基本路径。可以预期，企业财务数智化的发展将产业链供应链的各环节运营管理集成在一个数字化平台上，以云计算的移动互联网为载体，通过与现代 IT 应用深度融合，不断推动数智化转型，实现产业链供应链重构创新和协同治理。数智融合将生产链的技术经济关系与供应链的各节点企业供需关系集成为一个平台，基于人工智能算法模拟人的"认知"和智能化生产的执行能力，提供"执行大脑"，能够覆盖从需求分析、研发设计、采购供应、生产制造、质量管理、仓储物流到销售服务全流程的细分环节。其次，数智化服务平台可以实现双链价值创造三个层级（产业和供应链层、节点企业层、业务流程执行层）与跨企业协同治理系统的有效集成。通过这些途径，将极大促进产业链协同协作，通过"建链、延链、补链、强链"，培育一批领军企业和"链主"企业，壮大一批"专精特新"中小企业，推动产业链供应链优化升级。从集团产业链视角看，未来更需统筹制定全集团财务数字化转型规划，完善制度体系、组织体系和管控体系，加强跨部门、跨板块协同合作，建立智慧、敏捷、系统、深入、前瞻的数字化、智能化财务。实现全集团"一张网、一个库、一朵云"。

企业财务数智化赋能企业资源融合配置。企业竞争是资源配置效率的竞争，是在不确定性的世界中如何进行精准、高效决策的竞争。随着社会的高速发展，企业的运营规模越来越大，资源的需求也越来越复杂，管理难度也越来越高。在这种情况下，许多企业管理者面临着资源分配管理的困难，尤其是在资源不足的情况下，如何合理分配已经成为企业管理者攸关的难题，资源分配效率在实际工作中也难以达到最优。有些企业过于注重如何分配资源，而忽视了资源的来源和利用。还有些企业缺乏有效的资源分配计划和规划，导致资源的大量浪费和低效利用。企业在财务数智化转型背景下优化资源配置，就是要正确的数据、在正确的时间、以正确的方式传递给正确的人和机器——实现数据的自动流动。可以预见，随着数智化财务的更新迭代，企业内外部的数智化赋能及业财协同将极大改善企业存在的资源重复投入，以及"资源孤岛"两大难题，一方面通过数智化形成的关键的资源组件来打造资源洼地，提高资源的复用性；另一方面则通过跨边界的资源协同帮助企业应对复杂的不确定性因素。在资源协同基础上，企业应积极推进共享模式、流程和技术创新，从核算共享向多领域共享延伸，从账务集中处理中心向企业数据中心演进，不断提高共享效率、拓展共享边界。加强系统、平台、数据安全管理，筑牢安全防护体系。

企业财务数智化赋能数据资源融合价值。在企业转型过程中，数字资源如何精确计量及公平交易一直是数字化转型的两大掣肘，也成为企业自主创新的一大挑战。在国家数据资产新规出台背景下，这一状况将得到根本性改善。2023年8月21日，财政部发布《企业数据资源相关会计处理暂行规定》明确了对企业数据资源的相关会计确认条件和处理方式，并要求于2024年1月1日起施行。未来，在数据资源明确的基础上，财务数智化转型的深入将业务数据、生产数据等积累起来，进行数据治理，并能够有效使用这些数据开展经营分析、商业模式变革支持、客户精准服务、决策支持分析，最终配合数据中心构建底层的"数据仓"和"数据湖"。将企业的标准化数据收集归入"数据仓"，将企业的非标准化数据归入"数据湖"，对各来源不同的经济业务数据进行元数据提取、数据标签化和标准化工作，经过处理后，最终形成企业的可计量的数据资产。在财务数智化赋能下，企业应建立健全数据产生、采集、清洗、整合、分析和应用的全生命周期治理体系，完善数据标准、规则、组织、技术、模型，加强数据源端治理，提升数据质量，维护数据资产，激活数据价值，实现数据与其他要素资源有机融合。